JN210030

David Cope
デイヴィッド・コープ 著

平田圭二 監訳

今井慎太郎
大村英史 訳
東条敏

人工知能が音楽を創る

創造性のコンピュータモデル

Computer Models of Musical Creativity

音楽之友社

目次　C O N T E N T S

プログラムと音源

● 本書でたびたび言及される著者作成のプログラムや音源は，2019年5月現在，著者のWebサイトからはダウンロードできない状態であるが，インターネット上のアーカイヴに残っていたデータを，著者の許可を得て下記URLで公開する。ただし，本データは読者個人の責任において利用するものとし，本データによる直接もしくは間接的な損害に関して，著者・訳者および（株）音楽之友社は一切の責任を負わない。また，プログラムの動作・実行環境や操作についての質問も受けない。

● 同URLでは，本書の譜例のうち著作権の問題がないものについて，（株）音楽之友社作成の音源データも併せて公開している。

 https://www.ongakunotomo.co.jp/web_content/214130_ai/

● 著者自身やEMI (Experiments in Musical Intelligence)，その発展であるEmily Howellの作曲作品がYouTube上の著者アカウントで多数公開されており，その中には本書で言及されている作品も多く含まれている。

 https://www.youtube.com/user/davidhcope

凡例

● 原注は本文中の（　）で示す。
● 訳注は脚注で示す。
● 原書ではイタリック体で示されている書名・作品名・英語以外の言語・強調は，日本語版では圏点，ゴシック体，各種括弧などを適宜使用して表記する。
● 著者は，設定した音楽システムのコンポーネント名と機能名を同名にしているが，両者の混乱を避けるため，日本語版においては，コンポーネント名として名称が扱われる場合には括弧を使用せず，機能名として扱うときは〈　〉を用いて〈組み替え〉等と表記する。

訳者まえがき

　創造性は宇宙や脳に匹敵するほどの知的好奇心を刺激するテーマである。創造性が生み出す新しい価値によって，人は人らしく生きることができる。文化芸術や科学技術においてはもちろんのこと，ビジネス・遊び・スポーツ・ファッション・料理・食事などにおいても然りである。しかし，我々は創造性についてあまりにも知らないことが多過ぎる。近年，社会への影響度がグンと増した人工知能の観点から，頻繁に次のような問いが投げかけられるようになった。創造性を持つ人工知能は実現可能なのだろうか。作曲家のように音楽を創作する人工知能は作れるのだろうか。実現可能だとしたら，どう作ればいいのだろうか。本書は，そういう疑問を持っている方に是非読んでもらいたい。なぜなら，この本は3つの意味で本物だからである。

　第1に本書が本物なのは，著者のデイヴィッド・コープが音楽学の専門家であると同時に情報科学の専門家でもあるからである。デイヴィッド・コープは現在カリフォルニア大学サンタクルーズ校の音楽学部で教鞭をとりながら，現役の音楽家として作曲活動を続けている。コープは，1980年代よりシステム「Experiments in Musical Intelligence (EMI)」の実装と，それを用いた音楽制作を始め，同名の書籍 (1996) でそれらを集大成した。ここには，クラシック音楽時代の未完成曲に対し EMI がその続きを作曲して完成させた譜例が掲載されており，そのクオリティの高さゆえに大いに世間の耳目を集めた。と同時にコープは，コンピュータ科学と人工知能の哲学的側面にも精通している。また，彼はこれまで EMI, Gradus, Alice, Apprentice などいくつもの音楽システムを実装しているが，それらをLisp言語でコーディングしているところに矜持を感じる。そして，情報科学のみならず，哲学・心理学・美学などの分野における創造性に関する関連文献をも徹底的に綿密にサーベイし，それらの主張を整理している。実証的な創造性研究に興味のある方にとっては，本書の第1, 2, 3, 12章を一読するだけでも価値があると思われる。

そんなコープが，芸術家が普段行っている思考のモデル化・形式化を行い，その内省に基づいてシステム実装をしているのである。この世に音楽好きの人は多く，あまたの歴史上の偉人達もその例に漏れない。多くの科学者・芸術家・作家・詩人・哲学者らが，音楽そのものや音楽における創造性について感じ，考え，言葉を残してきた。どの言葉も音楽における真実の一面をうまく捉えてはいるものの，コンピュータ上でプログラムが書けるほどに有効なものはほとんどなかった。音楽家が語る創造性は，プログラムとして記述するには曖昧で主観的な部分が多かったし，彼らが手がける自動創作や創作支援のシステムは，方法論やワークフローのデジタル化にとどまるケースがほとんどであった。これはコープのように，音楽学の専門家であると同時に情報科学の専門家でもあるという一人二役が務まる人物がいなかったからだと思われる。

コープの内省は冷静であり，プログラムとして実装することを前提としているものがほとんどである。たとえば，第7章第1節におけるブルックナーの分析では，「私があらゆる音楽から聴くのは音の基本的な動きであり，それもコンテキストの安定性と不安定性の観点からである」と述べている (p.237)。第7章第3節では，「主題・動機・和声・音色・調などが戻ってくるのか，戻ってくるとしたらいつどうやって，といった期待は，音楽形式の因果関係を表す。人間の作曲家は，音楽が最初に形式化されて以来，そうした概念を直感的かつ明白に採用している。それに類似した概念を組み込むことなく，コンピュータプログラムが創造的に作曲することは不可能であろう」と述べている (p.260)。第10章では，「これら3つの音楽的誘発のグラデーションは私自身の音楽創作の過程を映している。たとえば私はしばしばローカルレベルでちょっとした創造上の選択を行い，必要な時には予期しない新しい戦略を試みる。リージョナルレベルで作曲を行う時には，音楽に対する論理的な推論に基づき〈引喩〉するものを注意深く拾う。よりグローバルなレベルでは，私は身の回りで聞く音楽から（半ば無自覚に）類推を働かせ，ゆっくりと私自身の様式へと昇華させる」と述べている (p.333)。

本書に含まれるおびただしい数の楽曲分析は，音楽家としてのコープ自身が行っている。ややもすれば主観的あるいは一面的と捉える向きもあるかもしれないが，しかし，詳細でバランスの良い分析結果を読めば，その信頼度や説得力は，おそ

らく非専門家1000人による試聴評価より高いであろうことに同意してもらえる
だろう。たとえば，ベートーヴェンによる未完成ピアノ協奏曲ニ長調の作曲過程
の分析 (第3章図3.14, p.095) は，まるでベートーヴェンが我々の眼前で旋律を推敲
しているかのように，ベートーヴェンが創造する瞬間を生き生きと捉えている。
これは，コープのような専門家しかできない作業であることを強く印象づける。
もちろん，専門家同士の見解の相違というのはあるだろうが，少なくとも，我々
には何らかのスタート地点を与えてくれよう。

　音楽における創造性というテーマに関して，自分のやってきた研究と自分が作
曲した作品をベースに，芸術家とエンジニアという2つの観点から，音楽におけ
る創造性に関する書物を著すことができるのは，地球上にコープしかいないので
はないだろうか。

　第2に本書が本物なのは，楽曲の自動生成から一歩も二歩も踏み込んで，自分
が作った作曲支援システムを使って本物の芸術作品を作曲することで，音楽にお
ける創造性に具体的に迫ろうとしているからである。

　コープは1980年にEMIシステム開発を始めた動機について，「EMIは，単に
私に時間と気力があるなら手で書くであろう曲を作曲しているだけである」と言っ
ている (第12章, p.372)。興味深いことに，コープの真の興味は，「音楽の様式とは
何か？」，「なぜこの作品は良くて，ある別の作品は悪いと考えられるのか？」，「音
楽の評価においては背景 (作曲家の人生など) がどういう役割を持つのか？」，「音楽
は意味を持つのか？」などにある。EMIシステムの実現とその利用を通して，音
楽の本質・価値・評価を追究するうちに，コープは創造性の問題を避けて通れな
いことに気づいたわけである。「(当時はEMIの) 音楽を聴いた多くの人から音楽的
な創造性のモデル化に成功していると言われたが，音楽的な創造性をモデル化す
る意図は全くなかった」と書いている (第2章, p.052)。ちなみに，コープは「コンピュー
タは良い音楽を作れるか？」とか「コンピュータの作曲プログラムは，人間の作曲

家にとって代われるか？」という類いの質問は表層的で意味が無いと断じる。なぜなら音楽経験の浅い訓練されていない耳の持ち主は言葉遊びで欺くことができるからだと言い切っているのだ。

　そして，コープ自身の創造性に関する定義「これまで積極的に結びつきを考えられていなかった2つ以上の多面的な物事・アイデア・現象どうしを初めて結びつけること」に辿り着く（第1章, p.014）。本書全体を貫く横糸としてこの定義を用い，第4章以降で音楽を創造する機械の部品（コンテキストから得られた引喩のパターンマッチング・感化の付与・組み換え，およびSPEACという機能の階層モデルなど）を1つ1つ作り，最後に連想ネットワークでこれら部品を統合してみせて，音楽創作の基本的な枠組みとするのである。

　ここで，創造性に関するコープの主張や仮説のうち，主要と思われるものをいくつか拾ってみよう。「創造性とランダム性は異なる」（第3章）。「プログラムの作者（EMIの場合はコープ）の創造性と，プログラム自体が持つ創造性（もしそういうものがあれば）を区別すべし」（第4章）。「人間の作曲家は部分的にほかの作曲家のアイデアを組み替えて（引喩によって）音楽を創作する（第5章）。（本書の5つの章で）「私（コープ）は組み替え・引喩・学習・階層・感化の5つを最も重要な構成として説明してきた。音楽的知性には，これらが必要であると私は考えている（第8章）。EMIによる私（コープ）の作品を批判する他の評論家は，この音楽が人間の創造性を危機に陥れるという。私は逆に，プログラムによる音楽が，人間の創造性を実際にサポートするのだと思う」（第10章）。

　こうしてEMIを用いて作曲された音楽作品は，実際にコンサートで上演されるだけでなく，CDとして販売されたり（実際にアマゾンなどで購入可），コープの公式Webサイトで試聴したりできる*。

最後に本書が本物であるのは，コープが音楽における創造性の研究に科学的態度で臨み，反証可能性を実践しているからである。

　人が作った人工的な音楽システムに，人のような創造性が宿っているかどうかを科学的に検証するなんて無謀に思える。それはコープ自身も認めているところなのだが，それでも小さい一歩を進めるために，コープは科学的態度と反証可能性を大切にする。

　一般に科学的態度とは，基本的に再現性と検証可能性を担保することといわれている（メカニズムの解明までは含まれていない）。あるいは，形式性と事実を担保することという考え方もある。形式性とは，記号システムによって記述される抽象的な構造の上で，正しいことから推論を行って正しいことを導き出す性質のことである。そして，その記号システムは現実世界と全く遊離したものではなく，現実世界を適切に抽象化あるいはモデル化していることを要求するのである。反証可能性は科学哲学者カール・ポパーが提唱した概念であり，ある仮説を提示する時，（自分を含む）誰かによるのちの実験や観察などによってその仮説が間違っていることを明確に示すこと（反証）ができるように提示しておくことを指す。逆に言えば，いかなる手段を用いても間違っていることを示せないような仮説は反証可能性が無いというわけである。

　さて，コープはある意図をもってEMIで無数の作品を作曲しており，その意図を確認するため，第4章ではチューリングテスト的な誌上実験を行っている。この誌上実験は，再現性と検証可能性を担保しており，機械か人か見破れなかった読者に対しては，「これらの作品のどちらがモーツァルトによるものであるか分からない人々は，〈組み替え〉が，その作曲プロセスを明かさずとも，データベース内の音楽様式をうまく再現できることを，多少なりとも認めるべきである」(p.123)と科学的な選択を迫る。

　第6章で紹介される対位法の作曲を学習するGradusプログラムは，初歩的な機械学習に基づいて実装されており，プログラム自体は小規模であるが，学習を積み重ねることでより高度な音楽課題を解けるようになっていく。そのGradus

のコード*が掲載され，多数の実行例とともにその仕組みが詳細に説明されている。読者は自分の手元でGradusを実装し，コープと同じ実験を再現できるだけでなく，自分のデータ（旋律）を用いて発展的な実験をすることも可能である。これも再現性と検証可能性の担保である。

　有名作曲家の作品や，EMIを用いて作曲した曲の分析は全てコープ自身で行っており，主観的・一面的という批判を免れ得ない。それに対し，コープは本書の全体を通して，自分の仕事・主張に対する緻密で深い内省を行っている。また，コープは本書の多くの箇所で様々な反論を試みているが，それらの反論は，受けた批判を十分咀嚼した上での論理的な反論であると思う。一般に良い分析・評価の条件とは，自分が提案した方法を他の研究者にも十分に納得してもらえるということ，および，提案方法の改良点を正確に同定できることである。この意味において，我々翻訳陣は，コープの主観的評価の有効性を認めてもよいだろうと考えている。さらに，もっと突っ込んだ表現をするのであれば，コープは本書のような書籍執筆が，創造性の研究評価における1つのスタイルであると主張しているのではないかと思う。

　このように，本書はデイヴィッド・コープの30年余にわたる思索と実験と挑戦の歴史に基づいている。誰も挑戦したことのない世界を進み，新しい分野を切り拓いてきた著者だからこそ経験してきた苦闘の歴史でもある。それだけに，種明かしになってしまうが，「私が歴史的作曲へ再び魅了されて戻ることのないよう，それを確約するために，私はEMIのデータベースを全て消去した（プログラムは残した）」（第12章，p.386）の記述は衝撃的である。コープの本気度を垣間見た気分になる瞬間でもあろう。

---

* 原義は体系だった符号のことであるが，転じて，人間が入力したコンピュータプログラムの文字列を意味するようになった。ソースコード（source code）ともいう。なお，和音を意味するコードの綴りはchordであり，ケーブルを意味するコードはcordである。

そんな苦闘の歴史の詰まった本書ではあるが，コープは読みやすさに配慮して，各章に比較的独立したトピックを割り当てるなど，様々な工夫をこらしている。各章の冒頭には，創造性に関して主張したい原理の1つが掲げられる。本文は，たいがい自らの経験を踏まえたエピソードから始まり，その個人的な経験を敷衍して冒頭に掲げた原理に至るという構成を取っている。もちろん豊富な譜例とその詳細な解説も盛りだくさんである。そして，各章の最後には，原理を体現したプログラムの機能や動作紹介があり，それらプログラムのほとんどは実際にWebからダウンロード可能である。時に気楽なエッセイやあるいは自伝的要素も登場し，一瞬この話はどこに続くのだろうと読者に思わせる。チェスの上級プレイヤーであることがカミングアウトされるなど，デイヴィッド・コープという人物の人間臭さや粘り強さを，深く印象づける効果をもたらしている。

　本書は3部構成になっているが，その概略については著者によるまえがきのp.xivをご覧いただきたい。一般的な創造性という概念の定義や歴史，音楽における創造性，コープの考える創造性に興味のある読者はまず第1部を読むのがよいだろう。次に，創造性を発揮するシステムにはどんな仕組みをもたせればよいのか，創造性を生み出す(複数の)基本原理は何か，それはどのようにプログラムとして実現すればよいのかに興味のある読者は第2部を読むのがよいだろう。そして，コープが長い時間をかけた試行錯誤の中で構築してきた音楽創作を支援するシステムの全体像に興味のある読者およびプログラムが創造した楽曲の美学的問題に興味がある読者は第3部を読むのがよいだろう。

訳者一同

まえがき

　1950年代初頭より，人工知能は出版・小説・テレビ・映画・未来学者の未来予想などで存在感を増しながら，常に世間の耳目を集めてきた。何千何万という学術書や論文，さらに学術的でない書籍や記事でも，人工知能の歴史・進化・成功・失敗・可能性が論じられてきた。賢いワードプロセッサーや知能を持ったトースタなどのキャッチフレーズが，ほぼ毎日のように生み出されている。この喧騒の中で人工知能の本当の姿を見極めるのは難しいし，普段何気なく使っている知能や知性という単語を定義するのはさらに難しい。これら人工知能に対する様々な注目があったにもかかわらず，「人工知能による創作」はほとんど話題に上ってこなかった。それはおそらく，創造的であるためには知性が要求されるし，知性は創造性を包含するために，創造性は知性と同じくらい難しいものと考えられているからではないだろうか。どんな理由があるにせよ，人工知能による創作は，この50年間，かなり平穏な道を辿ってきており，その理解やモデル化に取り組んでいる少数の研究者らは，世間からの注目をほとんど浴びることなく研究せねばならなかった。しかし，これはおそらく彼らにとって有利な点であった。というのは，期待が少なかったせいで成果が少なくても構わなかったからである。

　私が解明したいと考えている「人工知能による創作」はとても広い意味を持ち，人間が新しい芸術を生み出す様々な方法論の研究まで含んでいる。言語・音楽・視覚芸術・舞踏などすべてが，人の持つ様々な創造力を，ある特定の異なる組み合わせで用いることにより進化してきた。本書で私は，人工知能による音楽創作というテーマに的を絞ろうと思う。このテーマは，合意された意味を持たない音と静寂から成る音組織を生み出すことである。ところが，詩にも舞踏にも近いと言われている音楽には，他の芸術には見出せない，あるいは言葉でも表しようがない，ある種の特徴がある。音楽における創造的なプロセスをコンピュータ上でプログラミングしたり，あるいは他の方法で模倣したりする際，音楽表現における独特なモード（様式）と音楽演奏や聴取における文脈とは何かを理解する必要がある。手短に言えば，人工知能による音楽創作に的を絞ったとしても，対象領域はまだ非常に広大で複雑である。それゆえ，私の願いは控えめである。つまり，

他芸術における創造性と音楽における創造性を区別し規定するようないくつかのプロセスをより深く理解するために，音楽的創造性の比較的顕著な特徴を，コンピュータを用いてモデル化することである。

　また私は，コンピュータのプログラムは適切に創造性をモデル化できるか否か，そして実際に創造できるか否かという，創造性の定義に関する問題に取り組むつもりである。この研究分野には，この問題に真剣に取り組んでいる大勢のコンピュータ科学者・音楽家・学者・心理学者らの視点が含まれている。たとえば，ダグラス・ホフスタッター，マーガレット・ボーデン，セルマー・ブリングヒュード，デヴィッド・フェルッチ，カール・フェニンガー，ヴァレリー・シュビク，ジョン・デイシー，キャスリーン・レノンなどである。特に創造性を音楽に適用することに関して，偉大な彼らの業績に対し，プロの作曲家として50年以上，プログラマとしてほぼ30年やってきた自分の成果を少しでも付け加えることができれば幸せである。面白いことに，私の考え方は，これまで会ってきた人たちの考え方とかなり異なっていた。たとえば，私自身は，コンピュータのプログラムは創作・・・できると信じているのだが，創作できないと考えている人たちも存在する。彼らは，創造性というものを，人間の作家でさえ創作していると言えなくなるほど狭く定義してしまっているのではないかと思う。

　本書では，私自身の発想を補ってくれるような研究だけでなく，相容れない研究を行っている音楽家・心理学者・生理学者・哲学者・コンピュータ科学者・認知科学者らの考え方もできるだけ記述するよう心がけた。本研究に関連のある研究をしているのに，紙面の制約から参照できなかった学者や研究者の方々にはお詫びを申し上げる。

　私は，本書を音楽的創造性に関する研究への包括的なガイドブックにするつもりはない。体系だった音楽的創造性モデルを作り上げる試みは一筋の長い道のりであり，もしそのような本を書いたら数千ページにもなったあげく，読者は多種多様なアイデアの中で迷子になってしまうだろう。包括的にまとめ上げるという意味では，私は本書を3部構成にした。すなわち，「背景と原理」，「音楽的創造

性の実験モデル」，「音楽的創造性の統合モデル」である。各部のタイトルからお
およその内容は掴めるだろう。私はこれら各部を通じて，誘発的連想*と呼ぶプ
ロセスから得られる，音楽的創造性に関する1つの事例を作ろうと思う。端的に
言うと，誘発的連想とは狭義の自由連想法あるいは直感的な心理プロセスにおけ
る演繹推論のようなものである。

　本書の各章は，その章の内容へ自然につながる1つの簡潔な原理から始まる。
その原理の後に「つかみ」の小話が続き，そこでその章の主題にマッチした個人的
な実例あるいはまた別の実例が紹介される。このようにして，学術的な焦点をしっ
かりと保ちつつ，読者にとって親しみやすい物語を紡ごうと思う。また，多くの
章にはプログラムが含まれているが，それは各章で扱う音楽的創造性の複雑さを
うまく説明するためである（本書に載せたプログラム断片やWebサイトからアクセスできる全
プログラムについては付録Dを参照されたい）†。

　第1部「背景と原理」では，創造性に関する歴史や定義について基礎的なことを
述べる。これは，我々が創造性という言葉を使う際にその意味を理解するのにと
ても重要である。そのため，第1章では，音楽と意味に関するたくさんの異なる
視点を提示してから，創造性とは何かを議論し，そして創造性にまつわる様々な
言葉にも触れる。第2章では，私が創造性に関する研究を始めた理由について述
べる。そして，一般的な創造性の研究と，私の音楽的創造性の研究という，2つ
の研究の歴史を紹介する。第3章は，ランダム性に関する詳細な分析から始めて，
音楽的創造性が一般の創造性とどう異なるかを述べる。最後に，音楽的創造性を
モデル化する様々な方法論を実装したプログラムを概観する。

　第2部「音楽的創造性の実験モデル」では，人間の創造性を模擬して，コンピュー
タ上のプログラムとして動作するモデルを考えられ得る限り紹介しよう。まず
第4章では，〈組み替え〉とパターンマッチングという基本原理を大まかに説明す

---

* 原語はinductive associationであるが，ここでinductiveは帰納的という意味では使われて
　はいない。詳細についてはp.308を参照。

† p.ivを参照。

る。これらの基本原理は，私のコンピュータと音楽に関する研究の基本原理である。この章は〈組み替え〉計算に関して演奏が引き起こす問題に言及して締めくくる。第5章では，〈引喩〉がどのように音楽的創造性に寄与するかを述べ，最後に，〈引喩〉の仕組みを分析して他の楽曲への言及とその考えられ得る複数通りの解釈を抽出するプログラムを示す。第6章では，作曲という文脈において，学習が創造プロセスで果たす役割を説明し，推論 (inference) が創造性をどのように強化するかを議論し，類推 (analogy) が創造プロセスにどのように貢献するかを述べる。第7章では，楽曲における音楽的な期待について述べる。音楽的期待とは作曲家が楽曲中で聴衆に与える認知レベルの期待である。この期待を充足させるか裏切ることにより，聴衆を認知レベルで驚かせることになる。その後，音楽における階層構造を議論し，階層構造を創造プロセスに統合させるのに必要な分析的ツール群のプログラムを示す。第8章では，創造性に対する〈感化〉‡の役割を述べる。また，自律的にインターネットに接続しある特定のファイルをダウンロードしてくる spider と呼ばれるプログラムを示す。

　第3部「音楽的創造性の統合モデル」では，問題を解決し音楽的創造性を発揮する機能を担う誘発的連想という計算プロセスを提案する。第9章では，連想ネットワークを定義する。まず，連想ネットワークは，目標の動作をするようにプログラムしなくても，適切に入力に応答できるということを説明する。そして，連想ネットワークからの，複雑であるが素朴で非誘発的な出力に対して，誘発的連想がどのように面白くて創造的で時折示唆に富む出力を生成するのかを調べる。第10章では，1拍単位の和音の交換から，各作曲家にみられる特徴的な長いフレーズの交換にまでわたる，連想ネットワークの原理を音楽に適用する。第11章では，本書で議論してきた数多くのプロセスを組み合わせる方法について議論する。これらの組み合わせは，最終的には，統合モデルに適したものに限られる。第12章では，創造性を計算論的にモデル化する時に遭遇する多くの審美的困難さを示す。音楽的創造性を生み出すプログラムを構築する時に生じる矛盾の多くを追究する。また本章では，私が Experiments in Musical Intelligence (EMI) ** を用い

---

‡ 本書では「influence」という機能を実現するプログラム名を〈感化〉と記す。

** 著者が1981年から1996年頃にかけて研究開発した作曲システム。

て伝統的な音楽スタイルを再現する自身の研究を中断した理由にも触れる。そして本書の最後では，未来の様々な可能性と，未来においてコンピュータによる創造性が果たす役割を述べる。

　私は，この本にどのような内容をどのように書くべきか長いこと真剣に悩み格闘してきた。実際，本書の最初の原稿は最終稿とは似ても似つかないものであった。最初の原稿では，本書の第9章から第11章で紹介する統合モデルを冒頭で提示し，コンピュータを用いた創造性に関する研究と関連づけながら，この統合モデルがどのように様々な課題を解決するのかを詳細に説明していた。しかし最終的に私が採用したのは，まず初めに自分の研究の基礎的な部分を説明し，それから様々なモデルについて述べるというアプローチであった。それら様々なモデルは，創造性に関する部分的な特性はモデル化できているが，すべての特性はモデル化できていない。つまり，創造性を真にモデル化するという意味では未完成である。そこで，私はこの未完成な創造性のモデルを，統合モデルに関する議論で説明することにした。その説明部分が，最初の原稿の冒頭の部分であった。本書は最後の方に課題に対する解決策が示されていないため，課題の解決策を早く知りたい読者は不満を抱くかもしれない。そのような読者には待たせてしまって申し訳ないとお詫びを申し上げる一方で，基礎知識・課題・多くの試行錯誤を学び直すことに費やされる時間は，最終的に目指している創造性のモデルとは何かを真に理解し評価するのに必須であると心の底から感じている。

　本書で挙げた例の多くは音楽に関連するものだが，最初から音楽の例を挙げると読者を混乱させてしまいそうな場合には，言語・パズル（ゲーム）・天文学の例も示すことにする。本書のテーマは音楽的創造性であるが，その原理はおそらく他領域の創造性にも拡張できるので，そういう場合は，読者の視点を広げるために音楽とは関係ない例も選ぶようにする。

　本書が対象とするジャンルはクラシック音楽に限定するが，他ジャンルの音楽でも同様の議論が成り立つだろう。しかし，クラシック音楽はある1つの重要な時代における音楽様式を包括的に提供してもいる。また，私自身のバックグラウ

ンドがほとんどクラシック音楽のみであり，それゆえ他のジャンルを扱うには専門知識が不足している。読者は，本書に紹介されている技術をそれぞれが一番よく理解しているジャンルの音楽に適用することで，あるいは掲載されているプログラムを動作させることで，専門知識の不足を補えるだろう。

　例として挙げられた数多くの楽譜を理解するためには少々の予備知識が必要だが，プログラムについては何も予備知識は要らない。同じく，本書の内容を理解するのに，特別なパソコンやソフトも必要ない。私は本書を，音楽と創造性に興味がある非専門家の一般読者でも分かるようなスタイルで，できるだけ専門用語を使わずに書いた。創造性のモデル化におけるプログラムの果たす役割に興味津々の皆さんに対して，楽曲だけでなく言葉も平易になるように心がけた。

　本書では，議論している様々なプログラムの出力譜例を掲示し，さらに私のWebサイトでは全てのプログラムと楽曲のMP3ファイルを提供する*。プログラムはCommon Lisp†で書かれていて，(1) Mac版と(2) Common Lispの走るプラットフォーム用の2種類が提供されている。後者(2)のプログラムは，様々に異なる環境で確実に動作するよう，プラットフォーム依存となるMIDI (Musical Instrument Digital Interface)‡とGUI**のコード部分を含んでいない。また，プログラムの全解説ドキュメントと操作マニュアルも作成した。

---

* 2019年5月現在，著者のWebサイトからはファイルを入手できなくなっているが，音楽之友社のWebサイトから多くのファイルを入手できる。p.ivを参照。

† 1958年に誕生した，括弧で囲われた独特の構文を持つ関数型プログラミング言語Lispの方言の1つである。Common Lispは1994年に米国で制定された世界標準仕様である。Lispは，記号処理に向いており，抽象的な思考に集中することができるという理由で，誕生以来人工知能研究者などにコアなユーザーが多かった。近年は，その書きやすさ読みやすさから商用システム構築にも盛んに用いられるようになっている。

‡ 1981年に提案された電子楽器とコンピュータを接続するインターフェース規格。鍵盤の打鍵情報(位置・タイミング・強さ)とシンセサイザの制御情報(スイッチ・ボタン・スライダ・イベント時刻・パラメータ値など)をデジタル化し，コンピュータから電子楽器を自動演奏したり，コンピュータが電子楽器の演奏情報を受信したりできるようになった。

** Graphical User Interfaceの略。一般に，ウインドウ・アイコン・マウス・ポインタなどを用いたユーザーインターフェースのことを指す。

今後，時間が許せば，他のプラットフォーム向けのGUIと音楽再生のコードもWebサイトに追加していこうと考えている。これまでの歴史が示しているように，新しいプラットフォーム依存のプログラムを書き上げたとたんに，システムハードやOSが変更されてそのプログラムが動かなくなってしまうことはよく起きる。だから私が保証できるのは，クロス・プラットフォーム*で問題なく動作するコードの部分だけである。つまり，本書に掲載したプログラムに基づくソフトウェアは，実際に動作させることで各章の原理と創造性のモデルを明らかにするという意味では役に立つが，本書で主張されている内容を理解する上ではそれほど重要ではないということである。

　本書に示した計算結果は，私のWebサイトに置いてあるプログラムとほぼ同じプログラムを用いて生成されたものだが，そのWebサイトには，本書に掲載されているプログラムの改良版が置かれている場合もある。付録ソフトウェアを目当てに購入されるような本があるが，それらの本は付録ソフトウェアのユーザーマニュアルとして作られることが多い。本書は，そんなユーザーマニュアルとは一線を画している。本書のどのプログラムに関しても，ユーザーマニュアルとは全く異なることが書かれている。つまり，私のWebサイトに置いてある関連ソフトウェアは本書の付録であり，必須というほどではない。読者に原理とアイデアをよりよく理解してもらうために提供するものである。

　私が現在進めている音楽的創造性の研究に貢献してくださった大勢の方々に感謝する。特に，ダグラス・ホフスタッターにはいつも大切なことを講義してもらい，議論相手にもなってもらった。EMIが生成した楽曲は，これまでの20年間，一般には入手困難であったが，パトリシオ・ダ・シルヴァとジェニファー・ローガンの会社であるSpectrum Pressを通じて出版することができた。スタンフォード大学人文科学コンピュータ支援研究センター(CCARH)，特にエレノア・セルフリッジ＝フィールドとウォルター・ヒューレットの2人からの心のこもった支援やアドバイスがなかったら本書は完成していなかっただろう。

---

* ハードやOSの種類や環境が異なるコンピュータ上でも同じ動作仕様を保証したソフトウェアのこと。

私はこの本の中で，私が考える人間の音楽創作法を示し，それを実際に動かしてみせる。新しいアイデアの価値を評価する時には，自分では新しいと思っていても実はあまり知られていない古いアイデアの再発見／再発明にすぎないのかもしれないと自制しつつ，慎重に評価してきた。

　私の研究は，定式化より音楽分析に強く依拠している。本書では，主として，誰もが認めるような名曲を分析している。その名曲に含まれる連想，引喩などは，私が研究を始めるよりはるか昔から議論されてきた。もし読者に私のアイデアが重要だと感じてもらえたら，全面的に感謝したい。その一方で，読者の皆様には本研究の成果自体（コンピュータが創作した楽曲）にも注目してもらいたい。なぜなら，私の研究がもたらす真なる啓蒙の全ては，これらの成果を理解するところからこそ得られるからである。

デイヴィッド・コープ

第 1 部

背景と原理

真の芸術作品は、自然の作品のように、我々の悟性にとっていつも計り知れない。それは観賞され、感じ取られる。それは作用を及ぼすが、本来、認識され得ず、その本質その価値が言葉で表現されることはさらに少ない。

—— ゲーテ（「ラオコーン論」高木昌史訳）

1 定義

●原理：創造とは，別々の独立したアイデアを，独特な予想もできない方法で接続することである。

音楽と意味

　19世紀初頭，ジャン＝フランソワ・スードレというフランス人音楽教師がある言語を発明した。彼は，その言語がいずれ普遍的に用いられることを期待した。その言語の名はソルレソル（Solresol）という（Crystal 1987, p.353）。この普遍音楽言語（Langue musicale universelle）は調性音楽のド・レ・ミ・ファ・ソ・ラ・シと呼ばれる7音かソルフェージュ*の7音に基づいていた。これら7音は，アルファベット1文字を使ってそれぞれ C, D, E, F, G, A, B† と表記され，これが今日最もよく使われている表記法でもある。スードレは，ソルフェージュの1音節かそれらの組み合わせを使って次のような単語を作り出した。

　スードレは，4音節の組み合わせを，特定の音に基づいて，いくつかのクラスあるいは調性に分割した。たとえば，ラを主音にした調は，産業や商業に関連した単語に対応付けられるなどである。こうしてスードレは，動物・植物・鉱物の名前に対して，9000を超える組み合わせを作り出した。反対の意味は，基本的に音節の順序を逆転させることで表現した（たとえば，ミソ［良い］の逆はソミ［悪い］である）。

　スードレの言語の際立った特徴は，言葉として発声できるだけでなく，楽器演奏，口笛演奏，そして歌うことさ

シ	はい
ド	いいえ
レ	そして
ドレ	私
ドミ	あなた
ドレド	時間
ドレミ	日
ドレファ	週
ドレソ	月
ドレラ	年

---

* solfège：西洋音楽の学習において楽譜を読むことを中心とした基礎訓練のこと。

†ダイアトニックスケールの7音目の米国式表記はBだが，ドイツ式ではHと表記され，イタリア式，フランス式ではSiと表記される。ソルレソルはフランス式を採用している。

え可能という点である。たとえば，どれがドの音なのか聞き分けられれば（長調の音階で半音を2つ見つけられれば）何を表現しようとしているのかを理解することができた。ソルレソルは，19世紀半ばまで，特にフランスで大変よく知られていた。実際，一部の人たちは20世紀初頭でもソルレソルで会話し，歌っていた。だから，ソルレソルは最も長命な人工言語の一つと言っていいだろう。しかし今日ソルレソルはほとんど忘れ去られてしまった。

図 1.1 ソルレソルの簡単な例

　図 1.1 はソルレソルの簡単な例である。歌でも，クラリネットの演奏でも，口笛でも何でも構わないが，その意味は，「さぁ今こそが人間性に奉仕する時だ。人類の悪を永遠に赦すための普遍的な呼びかけにまで高めるため」である。リズムは重要ではなく，単純な聖歌のように音符が印刷されている。スラーは 2 音節以上の長さの単語を表現するためである。ソルレソルで「喋る」人々にとって，音の並びは何らかの意味のある概念に翻訳され，それは，フランス語や英語の散文を理解するのと全く同じであった。しかし，ソルレソルは音楽を発展させようなどと考えているわけではなかった。だから，驚くようなことではないが，ソルレソルの旋律には楽曲としての志向性が欠けており，調性音楽の音階にのっとった解決がほとんど見られず，論理的な和声構造（harmony）もなかった。

　私はソルレソルに関して次の点に興味を覚える。この大変柔軟な言語によって，人々は個々の音高や音高のグループに具体的な意味を割り付ける体系を手に入れ，それには十分な普遍性があった。にもかかわらず，最終的に，ソルレソルを学ぶのに大変長い時間を費やした人たちからさえも，ほとんど興味を持ってもらえなかったことだ。

　ソルレソルとは対照的に，音楽とはどう言葉にしてよいか分からないものである。少なくとも，良い音楽はそうである。ストラヴィンスキーによると，レベルの低い音楽愛好家ほど「本質上，言うに言われぬものの説明を要求することにな」る（Stravinsky 1947, 笠羽映子訳 2012, p.46）。レオ・トレイトラーも同意見で，「音楽，それは芸術の中でも独特で，言葉で表せないものである」と言っている（Treitler

1997, p.26)。自動絵画創作プログラム Aaron の製作者ハロルド・コーエンは、「芸術の概念をコミュニケーションの行為としてではなく、意味の生成器として捉えよう」としている（McCorduck 1991, p.125）。チャールズ・ローゼンは次のように述べている。

（音楽は）意味と無意味の境界線上に存在している。なぜなら、ある楽曲に特定の意味を結びつけようとするほとんどの試みは的外れだからである。たとえその意味付けが権威のあるものであっても、たとえ作曲家自身による楽曲解説であっても。（Rosen 1994, p.75）

依然として多くの人たちは、音楽は言語の一種類であるという考え方に固執している。しかし、音楽は言葉で表し難いという点が、音楽的創造性と言語的創造性を差別化しているように私には思える。レナード・バーンスタインは次のように指摘している。

……言語は二重の役割を持っている：コミュニケーションの機能と同時に審美的な機能である。音楽は審美的な機能しか持っていない。この理由があるがために、音楽の表層構造と言語の表層構造は等価でない。それゆえ、散文は芸術作品になるかもしれないし、ならないかもしれない。しかし音楽にはそういう「なるかもしれないし、ならないかもしれない」は起こり得ない。音楽のあるフレーズは常に芸術作品の一部である。良い芸術か悪い芸術か、高尚な芸術か大衆的な芸術か、さらに商業的な芸術かが問われる。音楽は、天気予報あるいはジャック、ジル、ハリー、ジョンに関する命題という意味での散文にはなり得ない。（Bernstein 1976, 和田旦訳 1991, p.79）

また、言語というのは明らかに具象的である。ここで単語とは単語以外の何かを表すものである*。「椅子」という単語は椅子を表すが、単語は実際の椅子で

---

*たとえば、甘くて美味しい林檎は食べられるが、日本語の「りんご」や英語の「apple」という単語は食べられない。つまり、単語というものは、甘くて美味しい林檎という食べ物とは異なる種類の存在である。しかし、誰かがある時「りんご」あるいは「apple」という言葉を口にすると、その単語は食べ物としての林檎を具体的に表す、あるいは参照することができる。

はない。もし意味がこのようにして生じることに違和感がなければ，この意味が生じる仕組みを音楽にも当てはめてみるのは自然である。換言すれば，音楽が意味を持つためには，音楽がそれ以外の何かを表さなければならない。トレイトラーはこの視点について雄弁に語っている。

　言葉を用いると，音楽の間接的かつ概念的な意味が作り出され，音楽の意味が音楽の外に置かれる。そうして，言葉は，音楽を聴者から一定距離のところに置き，また音楽をそれに付与される意味からも一定距離のところに置く。言葉の働きとは，音楽の性質やそれを経験することを特定することではなく，音楽が意味している抽象概念を特定することである。私はそのような学問的信条に則っている。つまり，音楽の意味に関する疑問を記号参照の記号論的な作用処理によって理解しようとする考え方である。ゆえに，音楽の「解釈」を，実質的には「復号化」と同義であるとみなすことになる (Treitler 1997, p.30)。

　そしてトレイトラーは，少なくとも声楽でも標題音楽でもない音楽は，何か他のものを意味したりはしないと主張する（言語の場合とは逆である）。さらに，音楽が表すどんな意味も音楽自体の中にあるという。その意味が，一般的な聴者の情動を揺さぶるのか，はたまた触れてはいけないほど神聖なものなのかどうかの議論は，哲学者・心理学者・認知学者に任せよう。いずれにしても，音楽は明らかに言語とは異なる目的のために奉仕している。ローゼンは「チャールズ・ラムが見出したように，純粋な器楽曲を聞くことは，句読点のみ書かれている本を読むようなものである」と述べている (Rosen 1994, p.76)。

　様々な点で，音楽は意味を持たないという私の文献 (Cope 2001a) での主張に，今の私が矛盾しているように思われるかもしれない。ダグラス・ホフスタッターが「私（ホフスタッター）は音楽のあらゆる所に意味を聴き取っていると個人的には考える」と主張する (Cope 2001a, p.322) のに対し，私（コープ）は「ホフスタッターのように単純に，音楽から自分自身に対して抽出した意味だけに帰することはできない」(p.321) と述べた。これはもちろん意味論の問題である。「意味」(meaning) という用語は非常にたくさんの意味を持っている。ここで，同書からの引用をもって，以前の私が考えていた「意味」という用語の意味を明らかにしておこう (p.321)。「その用語が自分にとってたくさんの意味を持つことを私は知らなければならな

かった。この音楽の解釈が正確に作曲家の意図と等しいかどうかは重要ではないようだ。自分の知覚を喚起した現実のピッチイベントを自分が理解できたということこそが重要なのである」。しかし，少なくとも創造性に関わる時，「意味」という用語は，送り手と受け手ができるだけ対等になるように，さらに精密に定義しなければならない。仮想音楽*を議論した時点では，「意味」の定義はそれほど重要ではなかったのである。よって，私は今でも自分の文献（Cope 2001a）の考えに賛同すると同時に，本節のような考え方も主張したいと思う。「意味」については，第5章と第12章でさらに詳しく議論しよう。

　私の好きな比喩類推に，物理に対する数学とは言語に対する音楽のようなものだというものがある。「対する」の後にくる数学と音楽は抽象的であり，前にくる物理と言語はもっと現実世界に近い。また，数学と音楽は比率（物理的単位の付かない記号）を取り扱うのに対し，物理と言語は意味（物理的世界と記号の結びつき†）を掘り下げようとする。しかし，数学は過去の知見に基づく（経験的）のに対し，音楽はその場の状況依存性が強い（解釈的）点が異なる。この類推は単純であるけれども，音楽の拠り所が，何かの意味というよりも何かと何かの関係性と，「意味」の表現であることを強調するのに役立っている。

　第2章以降で，音楽における創造性と他の芸術における創造性の区別について示そう。しかしまず初めに，音楽がもたらす差異を明らかにするために，創造性という用語を精密に定義し文脈の中に置く必要があろう。

創造性の定義

　『ウェブスター大学辞典』(1991) によれば，創造的 (creative) は「思考の独創性からもたらされる：想像的」と定義されている。面白いことに，同辞典では，想像力 (imagination) が「創造的な才能あるいは能力」と定義されている。また同辞典では，知性 (intelligence) が「学習・推論・理解の能力」と定義され，推論 (reasoning) が「知的かつ冷静な思考力」と定義されているが，このような循環定義は特段驚くべきことではない。辞典は定義によって自己言及的に作られる。つまり，その言葉の意味を与えるには，他の言葉に関しては既に意味をよく理解していると仮

---

* virtual music：コンピュータが生成した音楽様式を指している。音楽様式とは，たとえばバロック様式・ジャズ音楽様式・モーツァルト風などを指す。

† 食べ物の林檎が物理的世界に対応し，単語の「りんご」が記号に対応する。

定して，そのような世界の中に未知の言葉の意味を位置づけるのである。エルンスト・ゴンブリッチはこう問う。「……我々は，哲学者が無限後退（それより前の説明に関して，ある事柄を説明するのに同じタイプの説明を再び必要とすること）と呼ぶものに陥っていないのだろうか」（Minsky 1986, p.150）。

　面白いことに，『ウェブスター新世界辞典』（1984）では芸術を単に「人間の創造性」とだけ定義しているのに対し，『ウェブスター大学辞典』では「美しいモノあるいは普通以上の価値を持つモノが備える特質，それらを感じさせる制作物・表現，あるいは領域」と定義されている。十分な時間があれば，矛盾した定義や，少なくとも非常に幅広い芸術の定義をいくらでも集めてくることができる。最初の定義に従えば，プログラムが出力したものを人間のプログラマが生み出したものだと考えないのであれば，明らかにプログラムの出力は芸術とは認められない。たしかに，多くの人は創造性を人間だけができる何かだと思っている（私がそういう考え方を持つ人に遭遇した時は，決まって，もし人間が自己複製するプログラムを創造できないとしたら，実際のところ人間も全く創造的ではないと主張するようにしている）。2番目の，より一般的な芸術の定義では，人がその出力を美しいあるいは普通以上に価値があると思うかどうかによって，プログラムの出力も芸術と考えることができる。

　創造性を正面から取り扱っている本のほとんどは，人間という生物システムと芸術性の関わりについて述べている。その中では，軸索・樹状突起・シナプス・神経細胞・感覚変換器などの用語が，関連する炭化水素・リン酸塩・種々のタンパク質の説明とともに頻繁に現れる。前頭葉・側頭葉・頭頂葉・後頭葉は，主に視覚と空間イメージを司る右半球と言語を司る左半球と同じく，別々の，かつ統合された部分として機能し，創造的思考の基幹部分を作り出している。しかしいくつかの理由で，創造性のこの手の生物学的な記述は避けることにしよう。まず，そういう事柄については他にもっと詳細な本があるため（Adelman 1987; Jacobson 1978; Shepherd 1988），ここで簡潔な要約をすると，それらの書籍や主題を不当に扱うことになってしまうからである。次に，我々は思考や認知の不思議な働きやプロセスを解明し始めている一方で，人間という生物システムが発揮する創造性に関連するような神経生物学についてはまだほとんど何も分かっていないからである。

　上とは正反対の，フレデリック・ドリアンによる，もっとくだけた創造性の定義もある。ドリアンの『音楽ワークショップ』から引用しよう。

生まれながらの音楽家にとって全てはインスピレーションとなる。母親の声。友人の微笑み。人々の情熱の静かなる進行，揺りかごから墓場まで続く人生の。地獄の呪いと神の栄光。創造性溢れる音楽家にとって，インスピレーションの鼓動に転化されないような光景や経験は1つもない。心の内と外の出来事，精神的経験と物理的経験が奏でる全ての音楽，それらは人類の周りに満ち溢れていたものであり，人類の想像力がたちまちのうちに作り出したものである。数千年にわたり奏でられた音楽の中で，全てはインスピレーションの鼓動の跳躍板だったのである。アイヒェンドルフの美しい詞を紹介する。「あるひとつの歌が，永遠の夢を見ているすべてのモノの中にまどろんでいる。汝がその呪文を見つけると世界は歌い始めるのだ」(Dorian 1947, p.19)

この創造性に結びつくインスピレーションに関する詩的な記述をプログラム化するのは難しいだろう。私はドリアンが感じたことを表現する正直さに一片の疑いも挟まないし，私のある心情的な部分は少なくともドリアンの言葉の端々に共感している。しかし一方，このような情緒的な記述には現実的な有用性が認められない。

ハーバート・サイモンはこう示唆している。

……「直感」のような，人間の思考を記述するのに頻繁に用いられる言葉に怯える必要はない。おおよそ単純に，「直感」は認識による問題解決を意味しているだけであり，プロダクションシステムで簡単にモデル化できることが既に分かっている。(Simon 1995, p.689)

ホフスタッターは，創造性は4つの基本要素から成ると明示的に記述している。

- **面白いと思う対象に鋭い感覚を持つこと**：つまり比較的強い「先入観」を持つことである。この要素は，中心的でとても峻別された嗜好と呼ぶことができるかもしれない。
- **アイデアを繰り返し追いかけること**：最初に面白いと思った道を選択するだけでなく，自分の嗅覚を信じてしつこくアイデアを追い続けることである。この要素は，自己確信と呼ぶことができるかもしれない。

- **得られたアイデアをメタレベルで適用すること**：「アイデア空間」の中にある道に注意を払い観察すること。アイデア空間とは，音楽や絵画のような創作活動をしている対象自体が定義する領域とは対照的な空間である。この要素は，自己認識と呼ぶことができるかもしれない。
- **流れに従って修正すること**：幾多の成功や失敗に直面した時柔軟に対処しながら，経験に従って面白くて良いと思う方向に感覚を修正する。この要素は，適応性と呼ぶことができるかもしれない。(Hofstadter 1995, pp.313-314)

第6章で実際に示すように，「適応性」はプログラム可能である。しかし，「自己確信」・「嗜好」・「自己認識」といった概念は，大哲学者たちの多くを悩ませ続けてきたし (Damasio 1999; Dennett 1995; Searle 1997)，同じくらい多くのコンピュータ科学者たちもこれら概念のモデル化やシミュレーションに取り組んできた。ホフスタッターが使う用語である「先入観」・「興味」・「感覚」・「善」などは，あいにく人それぞれ異なる意味を持っている。つまり，ホフスタッターがこれらの用語を選んだということは，これらの用語をプログラム化しようとしている人々に対するものすごく大きな挑戦を表している。

アントニオ・ダマシオは次のように仮定している。

創造力—— 新しいアイデアや人工物を生み出す能力—— そのものは，意識がもたらしうる以上のものを必要とする。創造力は，たとえば多くの事実と技術の記憶・十分な量のワーキング・メモリ・精巧な推論の能力・言語などを必要とする。しかし，意識は創造のプロセスにつねに存在する。それは単に意識の光が不可欠であるからだけでなく，意識によって明らかになる様々な事実が，何らかの形で，またそれなりの強さで，創造のプロセスをガイドしているからでもある。(中略)影響は循環—— 存在・意識・創造力—— している。(Damasio 1999, 田中三彦訳 2003, p377)

私は，多くの人がこの感覚を共有していることは分かっているが，このようなかなりロマンティックな創造性の定義は無視することを選んだ。ダマシオと彼の考えに賛同する人たちが，第2章の人間とコンピュータの出力を比べるテストで，これら創造性の成分（たとえば意識）を認識できたら，それはさぞ驚きであろう。

マーガレット・ボーデンは雄弁に指摘している。

……コンピュータ上に実現する「本物の」創造性に関する可能性を否定する共通の方法は，意識の議論に訴えることである。「創造性は意識を必要とするが，どんなコンピュータも決して意識を持つことはできない」という風に。だが人が新しいアイデアを思い付く時に起きる心の処理のほとんどは，意識的ではなく無意識的であるということを幾度となく見てきた。芸術家・科学者・数学者が書いた報告書も，十分明らかにそのようなことを示している。だから，その明らかさと同じ程度で，この議論の方向は間違っている。(Boden 2004, p.294)

マーヴィン・ミンスキーは，創造性と論理的思考の相違点に注目しつつ，少し異なるやり方で創造性を定義している。

創造性とは何だろうか。新しい考えは，どのようにして得られるのだろうか。その秘密の一部は《ものごとの新しい見方》を見つけることにある，ということには，多くの人が同意するだろう。(中略) なぜ私たちの心は，実在するものを構造化して見るために，線を引き続けなければならないのだろうか。答はこうである。心によって境界を引かないと，決して「もの」を見ることができないのである。(Minsky 1986, 安西祐一郎訳 1990, p.200)

既に引いた境界線をさらに延長して世界を理解しようとしつつ，この境界線を観察し，カタログ化し，参照することで，心の二面性をコンピュータでモデル化できるように思える。しかし，ダマシオなら，意識がなければ境界線を引く必要もないし，何も創造する必要がなくなると主張するだろう。ホフスタッターなら，「嗜好を区別」しなければコンピュータのプログラムはどの境界線を延長すべきなのかを知る由もないという考えを付け足すかもしれない。

ボーデン，ブリングヒュード，フェルッチ，ダマシオらは皆，創造性は意識を必要とするという議論を展開し，面白いけれども矛盾があり決定的ではない結論に至っている。もし「意識」が創造性にとって不可欠だとすると，特に次の2つの疑問が湧いてくる。

1. 自分が今創作している最中であるという認識を持つことは重要だろうか
2. 自分で自分の創作物を評価することは重要だろうか

　こうした疑問は興味深いかもしれないが，私はこれらには答えないという選択をした。その理由は簡単である。自分たちが創造し，さらに自分たちの創作物を評価するのを人間が認識しているのか，知りようがないからだ。創造的な作品とそうでない作品の差を知るのは確かに重要かもしれないが，その作品を自分自身と関連づけたり，その作品の訴求点を自分で見出したりする必要があるのだろうか。我々は創作物を解釈する者として，創作者が自分の感情を明らかにしなくても，創作者の創作物に対する感情を見分けることができるのだろうか。これらの疑問は全て創造性に関わってはいるが，私には，まさに創造性を形作っているものに関する基本問題を避けて通っているように見える。以下，これから本書で示す創造性の定義において，上記の疑問については考察しない。

　スコット・ターナーによれば，創造性の有無は，著しく異なる結果をもたらすという。

　我々は皆，創造的な作品は独創的だということを認識している。それらは新しいし，古い作品とは違っているものだ。しかし，その違いは顕著でなければならない。仮にある芸術家が青ではなく赤いドレスを着た『モナ・リサ』を描いたとすると，オリジナルと異なる部分があるにもかかわらず，その作品は創造的だとは思われないだろう。顕著な新しさが，創造的な作品を単に古い作品を踏襲しただけのものから区別する。(Turner 1994, p.22)

　また，独創的であることは有用でなければならない。

　問題解決する人には，問題を解決する能力があることを期待する。つまり，問題を解決する解を創り出せるということである。フラットタイヤを浮き輪で置き換えることは，新しいけれども創造的ではない。なぜなら元の問題を効果的に解いたことにならないからである。(Turner 1994, p.22)

　一方，音楽的な創造性は，「フラットタイヤ」や「浮き輪」に明確に相当する

ものを提供するわけではない。芸術作品の正統な創造性についての疑問は，目新しさとは弱く結びつき，審美観と強く結びついているように見える。

ダニエル・デネットは創造性についてもう1つの見方を示している。

……私の三歳の孫は，機械をつくるのが好きなのだが，最近「機関車シュッポッポ」という童謡の，立派な突然変異を口ずさんだ。彼は，自分のしたことに気づいてもいなかったが，そんなフレーズなど思いつくこともなかったはずの私が，あろうことか今はその突然変異ミームの複製の面倒までみている始末。最初のころに議論した（ゆっくりした進化の結果である）ジョークの例では，ジョークという地味な創造は，いくつかの心に分散した発明の才と鑑賞力とが混合した時に生まれ，誰もその特別な創造を自分のものと主張しないのである。(Dennett 1995, 山口泰司他訳 2001, p.469)

デネットによる，散文調ではあるがしっくりとくる観察は，相互関連からどのようにして面白くて特有で重要な創造的結合が生み出されるかを物語っている。相互関連の概念は，第9章で連想ネットワークを定義する時に，重要な役割を果たす。

デイヴィッド・ゲランターの本の中にも，ギルフーリーとシェリーによる創造性についての要約があるので紹介しよう。両方とも魅力的である。

普通の方法論に則っていては解けないような問題に真正面からぶつかって行くより，問題を別の角度から見る方法を発見するか，別の方法を試してみるべきである。「創造的な思考をする人は，既にその人のレパートリーの中にあるアイデアの有益な組み合わせを次々と試しているのであり，予めその組み合わせが存在しているわけではない」(Gilhooly 1988, p.186)。あるいは，シェリーは 1821 年に「理由を考える時は差異を尊重し，想像する時は物事の類似性を尊重する」と語っている。(Shelley 1821/1966, p.416; Gelernter 1994, pp.79-80)

エドワード・デボノは，彼が「垂直思考」と呼ぶモノと，「水平思考」と呼ぶモノ（こちらがより創造的な思考）を区別している（deBono 1970）。デボノにとって，垂直思考は選択的で分析的であるのに対し，水平思考は一般的で行動喚起的であ

る。水平思考は無関係な可能性のある情報の侵入をもたらす。垂直思考は論理的ステップによって進むのに対し，水平思考は非線形である（deBono 1971, 1984）。

　ウィリアム・ゴードンは,「シネクティクスは,創造性を定義する重要なアプローチの1つである」（Gordon 1972）として，シネクティクスにおいて主要な役割を担う類推と隠喩を用いて，創造性に言及している。シネクティクスは，擬人的，直接的，記号的，空想的な様々な類推を統合して，そうでもしなければ扱いにくい問題を創造的に解く方法論である。擬人的な類推は，特に無生物の対象を人のように扱うことである。直接的な類推は，それを表現するために並列な状況を比較することである。記号的な類推は，表現したいものの各要素を対象化，客観化することである。空想的な類推は，創造性とは願望充足であるというフロイトの考えにしたがったものである。いずれの類推も，それまで身近にあって気に留めなかったものを意識的に見直すことであり，そうでなければ気づかなかったかもしれない別の可能性を見つけることである。

　マーガレット・ボーデンは彼女の創造性に関する本『クリエイティヴ・マインド』の中で，エイダ・ラブレス（現代のコンピュータの原型を世界で初めて設計したチャールズ・バベッジの親友）の計算と創造性に関するコメントを次のように言い換えている。

　ラブレスの1つめの疑問は，計算論的な考え方が，人は創造的たり得るという命題を理解する手助けになるのかというものである。2つめの疑問は，現在あるいは未来のコンピュータが，少なくとも見かけ上創造的なことができるようになるだろうかというものである。3つめの疑問は，コンピュータは自分が創造的かどうかを認識できるようになるだろうかというものである。たとえば，詩人の書いた詩に見られるような創造性を認識できるだろうか。4つめの疑問は，複数のコンピュータ自身が真に創造的になり得るだろうかというものである。「真に」というのは，もし人間のプログラマの手によって作り込まれた独創性というものがあるとしたら，それを帯びた単なるパフォーマンスを創造的とはみなさないという意味である。(Boden 1990, p.7)

　ボーデンは最初の3つの疑問には肯定的に答えているが，4つめの疑問には道徳的で政治的な（さらに言えば哲学的な）示唆があると主張して，否定的である。最初の3つの疑問に対しては，私もボーデンに同じく肯定的であるが，4つめの疑

間には，各章の内容を踏まえつつ，ボーデンとは逆の主張をする予定である。

　セルマー・ブリングヒュードとディヴィッド・フェルッチはラブレスと同じ疑問を取り上げて，1つめと4つめの疑問には否定的に答えている（Bringsjord and Ferrucci 2000, p.11）。1つめの疑問では，「……かくかくののたくり模様（squiggle-squoggles）を描きながら動き回ることは，『ハムレット』がこれまでどうしてきたかを表すこととは若干違っている」という。「かくかくののたくり模様」という言葉は，よく知られたジョン・サールの「中国語の部屋」の議論を指している。この議論でサールは，統語論と意味論も使って考える人間と異なり，コンピュータのプログラムは完全に構文論的であることを証明しようとしている（Searle 1997）。

　私は，本章で創造性に関する多くの異なる考え方を紹介しているが，それらは読者を原著論文へと導き，さらに原著論文が参照しているおおもとの論文へと導く。また，このような考え方とそこから派生した議論を通じて提案された他の考え方が，批判的に創造性のあらゆる本格的な研究に寄与しているということを主張するためでもある。コンピュータ上に実現された創造性に関する全ての賛否両論の議論は，結果的にその定義にかかっているのである。私はこの課題を長年研究してきて，本書では次のような創造性の定義を選択することに決定した。

　これまで積極的に結びつきを考えられていなかった2つ以上の多面的な物事・アイデア・現象どうしを初めて結びつけること。

本章冒頭で紹介したソルレソルが示唆しているような他のタイプの創造性と音楽における創造性を区別するため，私は「多面的な」（multifaceted）という言葉を用いた。ここで多面的とは，複数の音が同時に鳴った時の和声と対位法から生み出される様々な側面のことを表す。垂直面（音高）と水平面（時間）という2つの面が同時に作用するという音楽の特性が，音楽を様々な芸術の中でも独特なものにしている（スードレとその後継者達は，ソルレソルにおいて，和声法と対位法をどう扱うべきか良いアイデアが浮かばなかったため，ソルレソルを単旋律に限定せざるを得なかった）。ある人は，視覚芸術には色と形という対位法のように相互に関連する次元があると主張するかもしれない。しかし少なくとも私には，音楽において色と形に対応しているのは音色と形式である。音楽における創造性と他の芸術における創造性の様々な違

いは，この後の章で明らかになっていくだろう。

　私の創造性の定義が，「人間」や，何らかの制限をするような用語あるいは句を含んでいない点に留意されたい。もしそのような言葉や句を含んでしまうと，きっと単純化し過ぎて目的に反する結果を招いてしまう。さらに悪いことに，人間の持っている創造性に制約をもたらしたり，逆効果をもたらしたりするかもしれない。私の創造性の定義は粒度が細かくて，各単語や句は明らかにその文脈の中で定義可能であり，その各部分はプログラム化できるべく定量化可能である。

　私の創造性の定義はゲランターのそれと共通する部分がある。

　……再構造化と創造性の核となる活動は，見かけ上無関係なアイデアどうしの結びつけである。内省から出てきた独創性は，その問題と類推の見た目がかけ離れていることにこそ立脚している。もちろん，問題と類推の類似性はあるレベルでは存在しており，そうでなければ類推も存在しない。しかし，その類似性というのは深淵で，隠れていて，不明瞭で，間接的であることに相違なく，見た目の類似性があるがゆえに，互いに引き寄せ合う2つのアイデアのようなありふれたものではない。(Gelernter 1994, p.84)

　独創性はいろんな意味で創造性のある重要な一側面を表現している。面白いことに，コンピュータは独創的な見た目を持つ出力を極めて容易に生成できる。実際，どんなプログラミング言語にも備わっているいわゆるランダムネスと呼ばれる標準関数（第3章で詳しく議論する）を呼び出すと，予想可能な出力を生成することもたまにあるが，はるかに多くの場合は独創的な出力を効率的に生成する。すると，コンピュータは創造性を持てないと信じる人たちにとって，独創性は創造性の定義の範疇には含まれてはいけないことになってしまう。

　しかし，多くの人たちは，創造性の決定的な尺度を，創造的な活動の結果が「派生物」であるかどうかの判断に置いている。芸術家にとって「派生物」ほど恥ずべき含意を持った言葉はない。どんな芸術も音楽作品も，他の芸術や音楽作品を〈引喩〉するという意味で（第5章参照），少なくともある程度は派生物ではあるが，一方で，ある作品は明らかに多過ぎる借用をしていて真に創造的だとは判断されないものもある。剽窃は確かに創造性の境界線の内側には存在しないものであるが，多くの歴史上有名な芸術家や作曲家は先人達から積極的に借用しているので

ある（再び第 5 章の例を参照）。

　ボーデンは，無から生み出される創造性という概念を否定している。

> まとめれば，創造性は全く不可能に見える。一角獣*なみに期待できないだろう。この創造性と独創性の矛盾は，純粋な独創性は無から (ex nihilo) の創造になるはずであるという思い込みに由来している。もしその思い込み通りだとしたら，奇跡でも起きない限り，独創性は単に存在しなくなるだけである。(Boden 1990, p.29)

　私の創造性の定義がどれほど正しいのかを測る 1 つの尺度は，創造が生じる前に成立しているはずのある必要条件によっている。換言すると，もし真の創造性が無からは生まれないとしたら，考えられ得るすべての創造的な結びつきのうち，ある特定の潜在的「結びつき」が初期の時点で既に存在していなければならない。ボーデンはこの「文脈における創造性」(creativity-in-context) を大変重要視している。

> もしある音楽家が何らかの奇跡により 16 世紀に無調†の曲を作ったとすると，その曲は創造的と思われなかっただろう。その音楽作品や科学理論が創造的と評価されるためには，先行する作品や理論と何らかの結びつきがあって，それらとの関係の中で理解されることが必要である。(中略) 調性を理解している人だけが，シェーンベルクが調性を否定する中で成し遂げたことを理解できるのである。(Boden 1990, p.61)

　創造性を定義しようとしている人たちの多くは，ボーデンが言及した文脈化（結びつき）の性質を無視している。我々は子供が描いた絵をすぐ創造的だと思いがちである。なぜなら子供は一般に経験が少ないし，絵を描く練習も少ないからである。しかし，もし全く同じ絵を大人が描いたら，その人は愚か者か子供だった頃のことをよく覚えている人と思われるだろう。しかし私は，あらゆる潜在的に創造的な行動を，創作者がどんな人なのかで文脈化したりはしない。そうではな

＊ヨーロッパの神話に出てくる架空の動物で，額に 1 本の角が生えた馬のような姿をしている。飼いならせないくらい凶暴かつ無敵なので，自らの力を過信して傲慢なものの比喩に用いられることがある。
†調性を特徴づけている音階や和音を用いない音楽様式，作曲手法。長短調によらず，諸音高の間の階層関係にもよらない。

く，より汎用的に，私は創造性を「これまで積極的に結びつきを考えられていなかった2つ以上の多面的な物事・アイデア・現象どうしを初めて結びつけること」とした。この時，文脈の解釈はそれぞれ特定の事例を評価する人に任せている。

　私の創造性の定義の特徴は（初めて結びつけるのであって新しく発見することではないという意味で）相対的にアクティブであることと，（審美観ではなく）結びつけることに基づいていることである。また，私の定義では次の3つの概念が不要である。すなわち，意識（誰も意識のことをきちんと説明できていない。少なくとも私は満足していない），面白い作品か面白くない作品か（そのような判断は個人的なものであり，広く受け入れられる定義にとって本質的な価値を持っていない），独創性（ボーデンが指摘しているように，おそらく独創性という概念は存在しない。少なくとも基礎的なレベルにおいては）。私の創造性の定義ではさらに，発見が容易か困難か，美しいか醜いか，価値があるか無価値かのような制約も不要である。評論家たちは，私の定義が創造の例として「混乱の創造」さえも許してしまうと主張するだろう。実際に多くの重要な芸術家たちは，「これまで積極的に結びつきを考えられていなかった2つ以上の多面的な物事・アイデア・現象どうしを初めて結びつけること」を推し進めながら，まさにこの方法で創作をしてきたのである。アントン・エーレンツヴァイクが彼の著書『芸術の隠された秩序』でこう述べている。「しかし，『混乱』でなぜいけないのか。新しい領域を拓こうとする創造的な思想家は，混沌化と破砕化への危険を冒すものだ」（Ehrenzweig 1967, 岩井寛他訳 1974, p.130）。

　ここで定義したような創造性をさらに発展させる3つの方策を紹介しよう。まず最も重要なのは，創造を引き起こすためには，前提を無視するか少なくともその瞬間は後回しにするということである。次に，創造性を発揮するには，一見辻褄の合わないように見える概念どうしを，もしかしたら豊かな発想につながるかもしれない再検討を加えながら，結びつけたりその結びつきを変更したりすることである。最後は，本書で述べているような創造性は行きつ戻りつの非線形な思考を含むということである。これは，行き止まりを避ける能力であり，あるいは問題に対する潜在的な答えを敢えて曖昧にする能力である。まず，ゲーム・パズル・なぞなぞを使ってこれらの方策を実演してみよう。こういう対象を選んだことは奇妙に思えるかもしれない。しかし，そもそもこの議論はとても難しい上に，予め音楽に限定されない状況で創造のプロセスを考えることなしに音楽における創造性を議論することは，理路整然とした議論よりむしろ混乱を引き起こしてし

まうだろう。音楽における創造性は本章のあとの方できちんと議論しよう。

特に興味深いチェスの問題を図1.2で示す。ここでは黒が次の手を打つ番である。チェスのルールは知っているものの経験の浅い読者にとっては，ここで最善手を見つけるには時間がかかるだろう。そのような初心者は典型的に，様々な可能性を試して無理や不合理だと思った手は捨てるという力任せの方法をとる。このようなプレイヤーは，自分を優勢にしようとするより，ポイント*の高い相手の駒を取ろうとする。

一方，中級クラスのチェスプレイヤーは，まず攻撃と防御の場所を判断してから，プレイヤー双方の形勢を吟味し，力を持った駒（たとえばクイーンとルーク）と狙われやすい駒（たとえばキング）に着目する。このような経験を積んだプレイヤーは，図例に示しているゲームを我々がここで解いているように，今のゲーム状況をもたらすことになったこれまでの手筋を振り返りながら，今の形勢をリバースエンジニアリング†していることになる。これらのプロセスは時間がかかるものであるが，中級クラスのプレイヤーは最終的には力任せの方法よりは良い手を打つ。

ところがチェスの上級者は駒自体に注目するのではなく，自分と敵がそれぞれ占めている盤上の領域を頻繁に定量的に比較する。上級者は特に敵のキングに最も影響を及ぼす領域に意識を集中する。盤上の領域には，駒が全く置かれていないところや駒が密集しているところがあるが，それら領域どうしの関係がチェックメイト‡に至る可能性を左右しており，それと比べたら駒自体やそのポイント数などはほとんど取るに足らないことである。実際，上手なプレイヤーは一般的なプレイヤーが考えるようなことは全く考えず，ゲームに勝つことだけに集中する。

図1.2では，白がポーン1つ分優勢である（差しあたってビショップとナイトは同等だ

---

* 駒の強さを表す数字。たとえばポーンは1，ナイトは3，ビショップも3，ルークは5，クイーンは9である。本書では，Pawn（歩兵）をポーン，Rook（城）をルーク，Knight（騎士）をナイト，Bishop（僧正）をビショップ，Queen（女王）をクイーン，King（王）をキングと訳す。

† 対象であるシステムの動作を観察・解析したり，要素に分解したりすることで，システムの構造・機能を理解すること。さらにさかのぼって動作原理や設計方針まで調べることもある。通常のエンジニアリングと逆方向の作業。

‡ 次にどんな手を打ってもキングを取られてしまう状態。

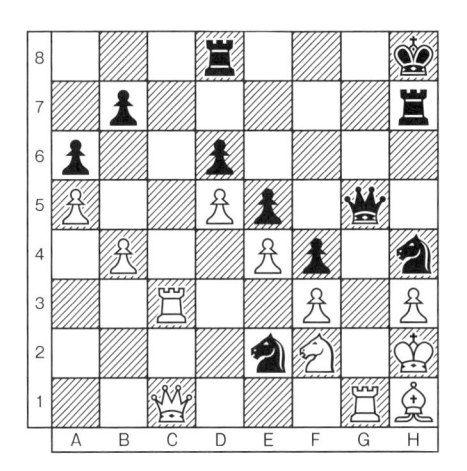

図 1.2 創造性の一例として，黒が次の手を打つ番のチェス盤の様子

としておく）。黒が取り得る戦略の1つは，クイーンを危ない筋から外すことだ（今，G1 にいる白のルークが狙っている）。この動きは純粋な守りであるが，（ポイント数を増やすという初心者にありがちな間違いにより）大きなロスを被らずに，現状を維持する。もっと発想豊かな手は，黒の E2 のナイトに白の C1 のクイーンを取らせることである。間違いなく白が黒の G5 のクイーンを取って，十中八九クイーンを交換[**]することになるだろう。そしてお互いの力を削ぐこ

とになる。残念なことに，こうしてお互いの駒を取り合うと，C1 に動いた黒のナイトは白の C3 のルークにスキを見せたままであり，G5 に動いた白のルークを黒のキングにプレッシャーを与える場所に移動させることになる。黒にとって面白いもう1つの手は，黒の H4 のナイトに白の F3 のポーンを取らせることで，白のキングに対するチェック[††]となる。しかし，白はその黒のナイトを H1 のビショップで取れるので，白がますます優勢になる。その他に，黒のクイーンは白の G1 のルークを取れるが，そのあと白のクイーンが黒のクイーンを取るので，これはもっと白が優勢になる手である。

　黒が取り得る手はまだ他にあるが，上で挙げた手は，最初は一見合理的に見えるような手ばかりである。しかし，上級者ならば，黒のクイーンを G3 に動かす（チェック）。この手は表面的には，特に黒のクイーンが白の G1 のルークに狙われるので，例外的に悪い選択に見える。実際この手を指すと，白の G1 のルークは黒のクイーンを取らざるを得ない（これが白のキングのチェックを回避する唯一の手である）。そして盤面は図 1.3 と 1.4 のようになる。

　この時点で，黒は白より 10 ポイント負けており，どのようなゲームにおいても白が勝利を確信するに十分過ぎる差である。ところが黒は基本的に，白のキン

[**]白と黒がお互い同じ駒を取り合うこと。
[††]次の手で自分のキング以外の駒が敵のキングを取れる状況。

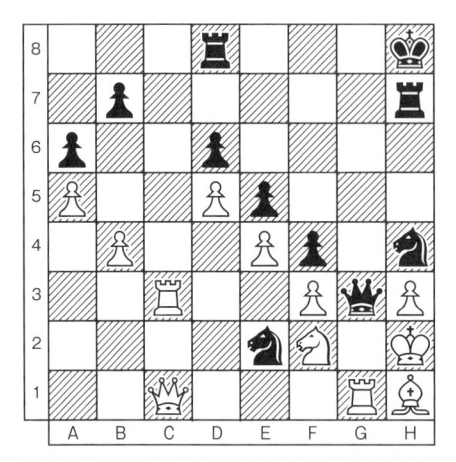

図 1.3 黒がクイーンを動かしたことで白のキングをチェックしたが，黒のクイーンは取られてしまうように見える

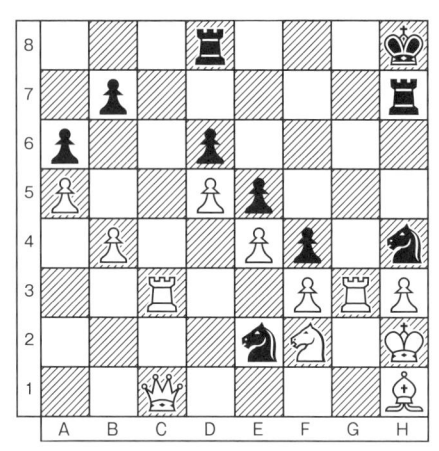

図 1.4 白が黒のクイーンを取る

グを囲う領域（特に G1, G2, G3）を埋めて覆って，そしていずれ攻撃することに意識を向けている。その攻撃が，黒の F4 のポーンで白の G3 のルークを取ることにより今可能になる（図 1.5 に示す）。このポーンは黒の E2 のナイトによって守られているので，実質的にこの手は白のキングに対するチェックメイトとなっている。

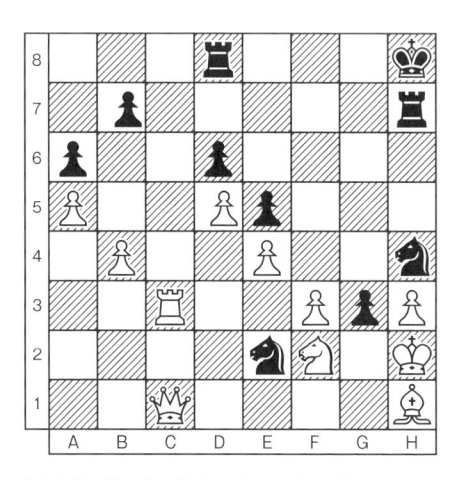

図 1.5 黒の白に対するチェックメイト

　図 1.2 から 1.5 にかけての指し手を追いかけるだけでは，なぜ私がこの問題と解決策を創造的だと思ったのかを読者に十分説明したことにはならないだろう。他の指し手と比べると，黒のクイーンの犠牲が最初は合理的には見えない。しかし，前提を無視して，「これまで積極的に結びつきを考えられていなかった 2 つ以上の多面的な物事・アイデア・現象どうしを初めて結びつけること」をしたのである。

　この終盤戦は，単に黒が知略に長けていたことを証明しただけといわれるかもしれない。ほとんどの創造は，後知恵としては論理的に見えるものであり，優雅

で簡潔な黒のチェックメイトは誰でも思い付くものではないが，最も創造的なプレイヤーなら見抜いていたであろう。つまるところ,チェスで勝利するためには，駒の相対的な価値（ポイント）と重要な場所を認識するだけではなく，ゲームのゴールが敵をチェックメイトすることであるという点も十分に理解しなければならない。ほとんどのプレイヤーはポイント計算や駒の位置の妙などを覚えていない。覚えているのは誰がゲームに勝ったかだけである。

　私は，創造性を説明するためにある特殊なカードトリックも有効であることに気づいた。このトリックでは，まず図 1.6 のように 6 枚の絵札がプレイヤーの前に見えるように並べられ，プレイヤーは心の中で 1 枚のカードを選ぶように言われてそのカードを覚え，秘密にしておく（読者もこのゲームのプレイヤーになってトリックに参加してみて欲しい）。次に私は全てのカードを回収して，「私はプレイヤーの心が読めてプレイヤーが選んだ正しいカードを知っている」と宣言する。ある 1 枚のカードを取り出しておき，残りをシャッフルして，そのシャッフルしたカードを図 1.7 のようにランダムに並べていく（カードを置いていない空の場所が，プレイヤーが選んだカードを示しているわけではない。単にカードが 1 枚少ないというだけである）。そしてプレイヤーに対し，私が取り出しておいたカードが，プレイヤーが心の中で選んだカードだったかどうかを尋ねる。ここで普通，プレイヤーはカードを見て驚きポカンとする。プレイヤーは 10 秒から 1 〜 2 分ほどかけてこのトリックの仕組みを暴こうとする。図 1.6 のカードを見直してみればトリックは比較的簡単に分

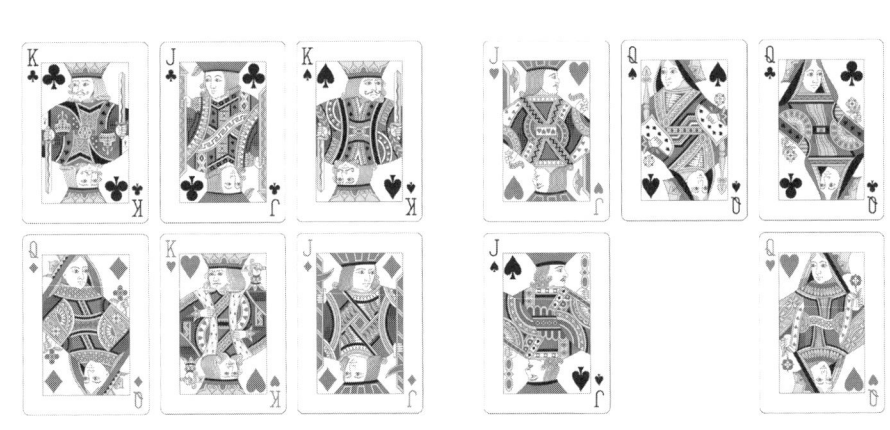

図 1.6　この中からどれか 1 つ選んでください と言われた 6 枚のカード

図 1.7　1 枚少ないプレイヤーのカード

かるだろう（読者の皆さんとは違って，プレイヤーは元の6枚のカードを再度見られないことを思い起こしてほしい）。

このトリックを理解するためには，図1.7に現れているカードがもともと提示されていたカードと同じであるという前提を無視する必要がある。標準的なトランプカードの一組には絵札が12枚あり，絵札が12枚あることで，カードの組み合わせどうしの関係が作り出され，そしてその組み合わせどうしの違いに気づかせられる。前にも述べたように，この前提を無視するという方策は創造性の重要な一観点となっている。

この種のゲームやトリックを楽しめない人たちが仲違いする危険性を覚悟して，最後にもう1つ創造性の良い例証を紹介しよう。

2人の成人男性が会話している。1人がもう一方に言う。

「私には3人の息子がいるが，その年齢を次に言うヒントからあなたに当ててもらいたい。年齢が分かったらストップと言ってください。

1．その年齢の和は13である。

2．その年齢の積はあなたの年齢と同じである。

3．一番年上の息子（1人）の体重は61ポンド（約28キログラム）である」。

この時もう一方の男が言った「ストップ。年齢が分かった」。

さて3人の息子はそれぞれ何歳だろうか。

これではまだ解けないように思えるが，それはさておき，このパズルを解くために注意すべき2点を指摘する。1つめは，年齢・体重・和・積・息子などの情報を集めるのは奇妙であること。もう1つは，典型的にこのパズルは知能テストとして使われていて，創造性のテストとしては使われていないということである（Fixx 1978, pp.24-25）。

私はこのようなパズルを考案する時にも創造性が必要になることを示唆したい。このパズルを解くにはさらに創造性が必要となり，実際に正解は見つけられるのだという忍耐と信頼も必要になる。また，このパズルを解くには非線形な思考も不可欠である。私の解法は，論理的にパズルを数式に変換することから始まる（ここでx, y, zは3人の息子の年齢を表す）。

1. $x + y + z = 13$
2. $x \times y \times z \geqq 21$ （成人の年齢の下限？）
3. 61 ポンド？

体重 61 ポンドは年齢とは無関係なので，このヒントが文字通りの意味以上の何かを意味していないのであれば，第 3 のヒントはどう考えても奇妙である。

　ヒント 1 と 2 から考えて，足して 13 になる 3 つの数のあり得る積は下のようになる。

　これ以外の組み合わせは，並び方が違っても積は同じという意味で，どれもこの 14 通りの組み合わせのいずれかと等価である。このパズルを提示されている方の人は自分の年齢を知っているはずだから，同じ積を持つ少なくとも 2 つ以上の年齢の組み合わせがあるに違いないか[*]，あるいは，その人はヒント 2 の時点で既に息子の年齢を知っていたのかもしれない[†]。ここでは正しい年齢を一直線に求めていないので，この観察は非線形的な思考から得られたものである。積 36 だけが 2 回現れていて，面白いことに，36 の一方では，年上の年齢が 2 人とも同じである （年長の息子は 1 人しかいないという 3 番目のヒントから無効であるが）。よって，出題者の息子の正しい年齢は 2 歳，2 歳，9 歳となる。

あり得る年齢				積
1	1	11	=	11
1	2	10	=	20
1	3	9	=	27
1	4	8	=	32
1	5	7	=	35
1	6	6	=	36
2	2	9	=	36
2	3	8	=	40
2	4	7	=	56
2	5	6	=	60
3	3	7	=	63
3	4	6	=	72
3	5	5	=	75
4	4	5	=	80

　このパズルを解くには，答えの可能性が膨大にあるという仮定を無視することと，明らかに無関係なデータ （年齢と体重） の間に新たな関係を結ぶことが必要なだけではなく，行き止まりを避けるために非線形な考え方も必要であった。ここで

---

[*] ヒント 3 を聞いて初めて答えを 1 つに絞れたということは，ヒント 2 を聞いた時点で複数個の解が存在していたということになり，それは積が 36 の場合のみである。

[†] ヒント 2 を聞いた時点で，積が 36 以外は，すべて一意に決まっているので。

の行き止まりとは，不十分にしか関係づけられなかった事実のことであり，それは問題に対する解を見えにくくしてしまうのである。それゆえ私は，創造的でなければこのパズルは解けなかったし，「これまで積極的に結びつきを考えられていなかった2つ以上の多面的な物事・アイデア・現象どうしを初めて結びつけること」なしにはこのパズルは解けなかったと主張する。

　チェス・カードトリック・言葉パズルの例を挙げて創造性を特徴づけるのは馬鹿げていると思う人もいるかもしれない。しかし，私の創造性の定義が，歴史的に西洋美術と分類されている作品において引かれた境界線に制限されていないという点を指摘しておくのは重要であろう。私は，人はあらゆる意味において創造的に活動していると思う。そして，創造性の理解を予め決められた表現形式に閉じ込めるのは，理解の助けになるどころか妨げになると思う。たとえば，偉大なシェフやコンピュータハッカーが創造的でないとは考えにくい。想像は創造性の尽きぬ源泉であり，想像は多様なやり方でその正体を現している。その多様なやり方を考慮しないと，これから見出されるかもしれない創造性のモデルの価値を損ねてしまうだろう。

　創造性の定義をゲームやトリックを含むように広げるか，あるいは一般にハイアート*と呼ばれるものにおける創造性だけに限定するかという2つの選択肢がある。ハイアートに限定する際には，世界の様々な文化における様々な創造性という概念は排除され，この時の創造性の定義は多分にハイアートにとって好都合であるものの，はるかに弱く有用性に欠けてしまうように思える。むしろ，私は創造性をすべての人々に当てはまるようなプロセスとして考えたい。

　ゲームやパズルで提起された様々な問題を解決するには知性が必要である。それゆえ，創造性はある種の知性とみなすことができよう。もしそうだとすると，私のここでの創造性の定義とコンピュータが創造することが可能だという概念は，私の著書『アルゴリズム作曲家』で示した知性に関する要請と合致していないように見えるかもしれない。

　……知性には，他の全ての属性を服従させるような属性が1つある。その属性は，それ自身が自分の知性を形作るものではないが，知性を可能にするものである。

---

*高級芸術，高踏的芸術。大衆芸術との対比として，それを理解するためには何らかの知識やスキルを要するような芸術。たとえば，クラシック音楽・絵画・演劇など。

その属性とは生命である。すなわち子孫を産み，周囲の環境と相互作用し，生物学的かつ知的な情報を世代から世代に継承させる能力である。知性に関するその他全ての属性は，その生命を生存させるのに本質的ではあるかもしれないが，生命と比較すると見劣りする。(Cope 2000, p.247)

　私は依然としてこの意見に賛成である。大量の学習の繰り返しがなかったら，知性は，1世代だけでなく，生体のゆっくりした進化がもたらす数世代を必要とする，途方もない訓練なしには誕生することはなかっただろうと，私には思える。知性は多くの要素を含んでいるが，その中でも特に重要な能力は次のものである。

学習：単に情報を獲得するのでなく，迅速かつ効率的に獲得すること
想起：情報を記憶して，意味のある方法で情報を連結し，特に有用な順序に並べ直すこと
推論：これまで明示的に学習していないような新しい情報を演繹すること
類推：例からプロセス（たとえば数学的な手順）を外挿すること
創造：正しい答えが明らかでないような問題を解くこと

　知性は意図・自己認識・意識を必要とし，味覚・信頼・適応性・ユーモアなどのさらに定義が難しい概念も必要とするのではないかと感じられるかもしれない。これら潜在的に必要かもしれない要素についての見解はさておき，私は，創造性の欠けた知性というものを想像することができない。つまり，関係する他要素についての差異を考えなければ，知性には創造力が必要である。しかし，創造性に知性が必要だとは思わないし，生命も必要ではないと思う。ゆえに，私はコンピュータのプログラムは創造することができると信じている。
　ミンスキーはこう述べている。

　……我々が知性とは何かを見分けられないからといって，プログラムされたコンピュータは思考できないと決め付けてはならない。もし我々がついに人間の知性の構造とコンピュータのプログラムを理解できたなら，人間の知性に対する神秘感（や自画自賛の感覚）は薄れるだろう。だから，機械の知性に関してもそうなのである。私は「創造性」についても同様の見方をしている……(Minsky 1995, p.84)

ダロルド・トレファートとグレゴリー・ウォレスはこうも指摘している。

レスリー・レムケは音楽の大家である。(中略) 彼は盲目で発育障害で，脳性小児まひである。レムケは米国や米国外のコンサートで何千曲も演奏し歌い，さらに即興を行い作曲もした。(中略) ほとんどの音楽的サヴァン*は絶対音感を持ち，ほとんどの場合ピアノを使って極めて簡単にその演奏をこなす。中には，複雑な曲を作曲する人もいる。なんらかの理由により，音楽的な天才は，レムケがそうであったように，盲目や精神発達の遅延を伴っていることが多い。(Treffert and Wallace 2002, pp.78-80)

多くのサヴァンは会話や基本的な論理思考ができないにもかかわらず，高度の創造性を発揮している。

ブリングヒュードとフェルッチは，プログラムはしばしば創造的に見えるが，実際には創造的ではないと主張する (Bringsjord and Ferrucci 2000, p.5)。Brutus と呼ばれるプログラムが書いた短編小説を参照しながら，「Brutus はこの小説をゼロから書き下ろしているわけではない。2 人の人間が，その小説や他の小説を生成するのに十分な生成能力を何年もかけて形式化し，コンピュータにそういう散文を生成させるべくその仕組みの一部を実装したから，彼 (Brutus) は小説を生成できるのだ。」と述べている。

ブノワ・マンデルブロは，数学的に生成されたフラクタル画像を参照しつつ，対象を理解することと納得のいく結果との違いについてコメントをしている。

私のフラクタル画像に対して軽蔑的だった彼はこう言った。

「めめしい奴，この男は山が何なのかも分かっていないようだ。フラクタルの数式には地球が一体全体何なのかの知識など一切含まれていない。で，これは何を意味しているんだ？　私は，山に関する全ての知識を考慮したもっとマシな数式を知っている。」

それに私はこう答えた。

---

* フランス語で賢人を意味する savant に由来し，何らかの知的障害があるにもかかわらず，ある特定の分野において健常者とは桁違いの能力を持つ人のこと。その能力とは，たとえば高速で膨大な暗算，映像の精密な記憶，1 度聴いただけの楽曲を演奏で正確に再現できることなど。

「その数式に図を描かせてみたらどうでしょう？」

「誰が図を必要としているんだ？　自然界からとってくる15個のパラメータを数式中で使っているから，図を描くにはその15個のパラメータ値をチェックする必要がある」と彼は返す。

私は粘る。

「お願いです。図を描いてください。」

そして彼は図を描いたのだが，それは現実の山とは似ても似つかないものであった。その図はまるで，山をモデル化する過程の中で偶然出てきたような形をしていた。この時以降，そのモデルには2度とお目にかかることはなかった。(Mandelbrot 2001, p.204)

　私が作成したプログラム Experiments in Musical Intelligence（EMI）によって生成された音楽に対して，もちろん私も同じような見方をされたことがある。批判する人は，そのプログラムのやり方で同様にパスタのレシピも生成できるわけだから，このソフトウェアは創造性がないと主張する。

　マンデルブロは芸術と数学を比較してこう続ける。「多くの（視覚芸術の）フラクタル作品は，ギャラリーで売られている芸術品よりも人々を満足させている。事実，一般の人々は，特定の人たちがフラクタル作品に付けた金額（その金額は特定の人たちが固く信じている芸術性における1つの評価である）より多くのお金を支払っている」(Mandelbrot 2001, p.208)。しかし悲しいかな，EMI プログラムが生成した作品について，状況は違っていた。

　本章で述べたパズルやゲームにおける創造的な解法を音楽に翻訳することで，いくつかの興味深い問題が提起される。それは，ある人には独創的な曲として聴こえる音楽が，別の人には派生的な曲として聴こえることもあるからである。しかし，後で見ていくように，私がここで使う例は，何十年にもわたり分析されるような魅力を持つ楽曲であり，その分析は典型的なあるいは典型的でない創造性溢れる表現法を見出してきた。

　J.S. バッハの〈コラール第48番〉(Riemenschneider 1941) の冒頭4小節を図1.8に示す。この4小節には音楽的に興味深い瞬間が多く含まれている。たとえば，第1小節ではイ短調が確立し，ソプラノの旋律は，同じ音階上で1オクターヴ低い反行型として，また逆行型として*，テノール声部†に現れている。この反

行型は，第2小節のソプラノとテノールの10度離れた平行な動きへと続き，平行調‡であるハ長調が確立する。また第2小節の1拍目と2拍目には，ソプラノとアルトの声部間に（バッハやバロック時代における声部の作り方では）少々珍しい隠伏5度**が含まれている。このような明らかな創造性に対して，冒頭2小節でのアルト声部はあまり活気なく単に2つの音を繰り返しているだけである。一方，バス声部はソプラノとアルトの旋律に対して和声の骨組みを提供している。第3小節では，テノールとバス声部における8分音符の動きによって後半にソプラノとアルトの声部間に連続的な掛留††が生じ，下の2声部では旋律的短音階‡‡による半音の動きが生じることで，冒頭2小節の単純なカデンツ（cadence：終止形）と好対照を成している。しかし，本当に創造性が溢れているのは第4小節であるということを指摘したい。

図1.8　バッハの〈コラール第48番〉冒頭4小節

〈コラール第 48 番〉第 4 小節の 2 拍目と 3 拍目には，統計的に非常に珍しいソプラノとテノール声部の間の平行 5 度（連続 5 度）が含まれている。このような平行 5 度は単に珍しいだけでなく，現代の多くの音楽理論書や教師は学生がコラールで平行 5 度を使うことを禁じている（たとえばダックワースの『音楽の基礎への創造的アプローチ』[1992] では，「調性音楽において 2 音が完全 5 度で平行に動く響きを避けるべきだと言われている」と書かれており [p.307]，ステファン・コストカ＆ドロシー・ペインの『調性和声法：20 世紀音楽入門付き』[1989] では，「学生が書いた調性音楽の作品として受け入れられないのは平行 5 度と平行 8 度を含むものである」[p.76] と書かれている）。バッハは複数声部の楽曲を書くことに明らかに精通熟練していて，避けるべき声部進行に対して簡単に他の解決法を見つけ出せるのに，無数にある他の可能性の中から注意深く平行 5 度を選んでいるのである。

図 1.9 には，バッハの〈コラール第 48 番〉の第 4 小節に対して，考えられる解決法のうち，4 つが提示されている。図 1.9（a）では，ソプラノが和音の 3 度（C#）に上昇し，3 度の音が重複しないようにテノールが E に留まることで平行 5 度を避けている。バッハあるいはバッハの書いた旋律は，ここでソプラノが最終的に主和音の根音で終了することを要求するが，この解決法では，そのようなカデンツを満たすことができない。図 1.9（b）では，ソプラノが本物の楽曲のように主音に移動するが，8 分音符の先取りが生じていない。そして残念ながら，4 つの声部が全て最後の和音に向かって下降している。これは，伝統的な 4 声体においてもう 1 つの統計的に珍しいボイシングである。図 1.9（c）には，上で挙げた問題点を解消した解決法を示す。しかし，最後のところで和音の 5 度が省略されているので，終止の三和音がちゃんと響かない結果になってしまう。図 1.9（d）では，三和音の 5 度が復活し

図 1.9 バッハの〈コラール第 48 番〉第 4 小節における本物以外の 4 通りの解決法

ている。しかし，アルトの導音が解決しないままである（カデンツにおける内声ならば問題はない）*。バスは下行せずに上行しているので，このカデンツは元の楽曲よりも終止感の弱い響きになる。

　さらに他の声部進行の可能性があるが，ここで重要な点を明らかにする。バッハが使った図1.8の第4小節に見られる平行5度は，カデンツ・声部連結・階層構造などに関して競合することの多い数々の条件に，唯一の答えを与えているのである。目立ちはしないが，この例は，なぜバッハのコラールが他と異なっており，統計的に正しいコラールより音楽的に響くかを垣間見させてくれる（バッハの平行5度の他の例としては，〈コラール第8番〉の第2小節と〈コラール第121番〉の第4小節を見て欲しい。371曲あるバッハのコラールの中には平行5度が全部で116ある中の2つである）。第4章で述べるChoraleプログラムは，出力が満たすべきルールに対して平行5度の例外を設けている。これが，このプログラムがとても良好に思える出力を生成することが多い理由の1つであり，このプログラムが調性音楽を生成するための，簡単で合理的なアプローチを採用していると考える根拠である。音楽的で創造性豊かな解決法のその他の例として，特に第7章の冒頭のブルックナーの楽曲を見て欲しい。本書の各章の最後に掲載されている，コンピュータが生成した様々な作品に関する議論も参照されたい。

　私がここで与える創造性の定義は，この節で議論する他のいずれの定義とも直接的な対応関係はない。その違いは，本章の冒頭でのソルレソルの議論より提起された点によるもので，つまり，音楽は何も意味していないということである。私の創造性の定義に対して，ここで紹介した多くの創造性の定義は，当然の目標としての意味を前提としていた。しかし，これまで見てきたように，音楽の創造性が他の芸術における創造性と区別されるのは，音楽が言語では表せないものを含んでいるからである。

　音楽における創造性に含まれる多くの要素のうち，ほんの一部の例として，音高・リズム・音色・アーティキュレーション・フレージング・音の強弱などが挙げられる。これらの要素は全体として1つに集まって複雑な対位法の旋律を創り出し，作曲者の創作魂はその旋律を通して多様な道筋を見つけ出していく。その

---

*長短音階の第7音で主音より短2度低い音のことを導音と呼び，和声法では一般に，導音は短2度上行して主音に進行しなくてはならないとされる。ここではアルトの2拍目のG♯が導音だが，主音であるAに進行していない。

過程に注目するために，本書では特に（主として）音高と（従として）リズムに関する創造性を取り扱う。音高とリズムを取り上げたからといって他の要素を無視しているわけではなく，関係するパラメータを限定することで，議論が広く浅いものにならないようにするためである。

　以上から，本書の基本理念となる創造性の定義として，「これまで積極的に結びつきを考えられていなかった2つ以上の多面的な物事・アイデア・現象どうしを初めて結びつけること」を使うこととする。各章では，この定義がもつ様々な側面を例示していこうと思う。

独創性

　創造性について議論する時，よく「独創性」という言葉が用いられる。しかし，面白いことに，熱力学第一法則（宇宙におけるエネルギーと物質の総量は不変であり，それらは単に形を変えているだけである）を考えると，「独創性」という言葉のいかなる意味も無効になってしまう。神学者のパウル・ティリッヒはこう述べている。

　　もし創造が「新しい概念に存在を与える（具象化する）」ことだとしたら，人間はあらゆる面で，つまりその人自身とその人の住んでいる世界に関して，存在に関して，意味に関して，創造的である。しかし，もし神の創造が「新しい概念に存在していなかった存在を与える」ことだとしたら，神の創造と人間の創造は大きく異なる。人は既に存在しているものから新しい存在を創り出すので，人の創造とはまさしく変形である。(Tillich 1951, p.256)

　既に存在しているものから「独創的」という言葉で形容できるようなものを再度作り直すとしたら，膨大な数の方法が考えられる。たとえばアレクサンダー・グラハム・ケアンズ＝スミスは次のようにコメントしている。

　　……その与えられた領域にどれくらいの数のユニットがあるかを考えるだけでなく，それらを作り直す方法が何通りあるかを考えるようになると，本当に膨大な数が重要になってくる。その1つの例が基礎的な有機化学にある。ある種類の炭化水素は，すべての炭素原子が他の4つの原子と結合し，すべての水素原子が他の1つの原子と結合することで形成される。（中略）200個の炭素原子と402個

の炭化水素の結合パターンは優に10^{79}通りを超える（これは宇宙全体に存在する電子の個数に匹敵する）。(Cairns-Smith 1971, pp.1-2)

　ケアンズ＝スミスがここで議論している原子は，ピンの頭の部分よりもはるかに小さい空間しか占めない物である。現実に，全宇宙に存在する原子を並べ直すやり方は，実際にその組み合わせの数を計算することを想像すらできないほど，驚異的に巨大である。近似値を計算することさえも難しい。しかし，並べ直されたモノのいくつかは，原物より独創的であろう。

　もし仮に「創造性の仮面をかぶった複雑性」というフレーズを「複雑性の仮面をかぶった創造性」というフレーズに作り直そうとしたら，それは，「創造性の仮面をかぶった複雑性」を意味する「複造性」(comtivity)＊のような新語を造るほど独創的とはいえないだろう。前者の例では，既にある語を並べ替えると意味が少し変化するものの，その並べ替えの過程は，たとえば普通の会話をもっと面白くするために語を並べ替えたりする程度の，我々が実際に日常生活の中で普通にやっていることである。それに対して，後者の「複造性」は，既にある語の並べ替えではなくて文字の並べ替えであり，その意味はどんな言語の辞書の中にも見出すことができない。実際，この語は「創造性の仮面を被った複雑性」を適切に表現しているので，私は本書の中で使い続けようと思う。同じことを何度も言って申し訳ないが，この語の並べ替えや文字の並べ替えのいずれも基本的に独創的ではない。

　アクシデント（明らかに不適切な組み合わせの突発事象）は，創造性と明らかに独創性のあるとても重要な側面を作り出す。ストラヴィンスキーは「アクシデントはおそらく我々にひらめきをもたらす唯一のものである」と指摘し，さらに，「人はわざとアクシデントを起こしたりはしない。人は起きたアクシデントからひらめきを引き出そうと観察するのである」と付け加える (Stravinsky 1960, p.56)。そのようなアクシデントは，真剣に受け止められて，大変創造的な結果を生み出すことができる。もちろん，有用なアクシデントとは，単に毎日起きているアクシデントではなく，我々の広大な宇宙が提供する多くのアクシデントの中から注意深く選択された，その結果のことである。

　本書でここまで述べてきた創造性とは，上述したような組み合わせとアクシデ

＊コープによる complexity と creativity からの造語。

ントから導き出されてきたものである。すなわち，どんなアイデアも真に新しくはない。しかし，たとえば，チェスゲームにおいて良い作戦を創ることと，チェスゲーム自体を創作することの区別はつけられる。新しく創られたゲームそれ自体は，これまで何度も主張しているように，他の様々なゲームの要素から成り立っているであろう。しかし，新しいゲームは，そのゲームの中でプレイヤーが問題に対する最善の解決法を見出すよりも，もっと深い創造性を包含しているかもしれない（新しいゲームに関しては第6章を参照してほしい）。創造性の「程度」という概念については，計算論的で帰納的な創造の3つのタイプについて述べる第10章で議論しよう。

　音楽における独創性について，アルノルト・シェーンベルクはこう述べている。

新しい音楽とは何なのか？

　明らかに，それはあくまでも音楽であることには変りはないが，それ以前に作曲された音楽とはあらゆる要素において異なっている音楽であるに違いない。それは，これまでの音楽においてはまだ表現されたことのないものを表現するものであるに違いない。いうまでもなく，より高度の芸術にあっては，今まで決して表出されたことがないもののみが表出される価値があるのだ。偉大な芸術作品で人類に新しいメッセージを伝えないようなものは決して存在しない。また，偉大な芸術家でこのような点が欠如しているような者は決して存在しない。このことは芸術におけるあらゆるすぐれた人達の名誉上の通念ともいうべきことがらである。従って，たとえジョスカン・デ・プレのであれ，バッハのであれ，ハイドンのであれ，あるいはその他のどのような巨匠のであれ，すぐれた人達の手になるあらゆる傑作の中に，我々はかの不滅の新しさを発見するのである。
　何故なら，芸術とは新しい芸術のことだからである。(Schoenberg 1984, 上田昭訳 1973, pp.15-16)

　私は，ここでシェーンベルクが参照している「新しさ」というのは，既に存在している音楽の新しい組織化のことだと思っている。既に存在している他の音楽作品中のたとえ数個の音や短いフレーズであっても，シェーンベルクが〈引喩〉している新しい「メッセージ」は，古いメッセージを実際に組み立て直したものに似ているだろう（第5章を参照）。

ここでの創造性とは「以前には存在しなかったものを生み出すこと」ではなく，既に存在しているものどうしの重要な結びつけから意外なことを明らかにすることである。よって，独創性とは合成することであり，真新しい「何か」ではない。ボーデンはこう記している。

　ひねくれ者は，無からは何も得られないということを否定するだろうが，ほとんどの人は，明らかにあるものは無から生まれると仮定している。実際，私（ボーデン）の持っている辞書における「創造」の第一番目の定義は，「存在を与えることあるいは無から有を作り出すこと」となっている。中世におけるイスラム教・ユダヤ教・キリスト教の神学者たちは，この仮定が形而上学において疑問視されると言っている。さらに付け加えるならば，心理学的にも疑問視される。おそらく，創造的な思考に由来する新しいアイデア全体が新しいわけではなく，新しいアイデアの中には，心の中に既に存在していた表象に含まれる種があるのではないだろうか。そしておそらく，新しいアイデアは全部が全部説明できないものではなく，新しいアイデアにおいて，新鮮で独創的な部分を生成するために，既に馴れ親しんでいる部分を操作することに関して何か言えるのではないだろうか。(Boden 1987, p.298)

　したがって，「新しい」芸術は既に存在している芸術を組み立て直すことから成る。そして，先行する芸術作品からの組み立て直し部分が少なければ少ないほど，その「新しい」作品の独創性や創造性は増していくという主張もあるかもしれない（たとえば，フーガのような形式の方が，直感的に作られた形式よりも，より独創的になり得る）。しかし，組み立て直すことを創造だとはいえない。

　音楽におけるアルゴリズム的な創造性の例として，私は 2003 年に，室内楽とテープ音楽のために《絶滅危惧種》という作品を書いた。この作品の創造性は，創造性の形式としての独創性に大きく依拠していた。この作品は，用いられる規則とその適用方法において，ボーデンが歴史的創造性（Boden 2004, p.2）と呼ぶ形式に則っていた。これらの規則を十分に説明できるようにするために，ここで少し背景知識を述べる。

　ボーデンは「P 創造性」と「H 創造性」を次のように区別する。

あなたがするかもしれないこと，この状況であなたがすべきだと私が思うことは，「心理学的な」創造性（P創造性）と「歴史的な」創造性（H創造性）を区別することである。P創造性とは，その人にとって新しくて，驚くようなそして価値のあるアイデアを見つけ出すことである。既に多くの人がそのアイデアを見つけているかどうかは関係ない。新しいアイデアがH創造的であるとは，（我々が知る限り）他の誰も思いついたことがない，つまり人類の歴史上初めて現れたものという意味である。(Boden 2004, p.2)

20世紀の最後の3分の1の期間で，ケアンズ＝スミスは，世界で唯一自己複製できる物質として知られている水晶に基づいて，生命の起源に関する理論を構築した（Cairns-Smith 1971）。ケアンズ＝スミスの研究は，部分的には現代の学術的な方法論に則っていなかったが，総じて科学コミュニティからは好意的に受け入れられた。ケアンズ＝スミスの理論について私が好奇心をそそられるのは，特殊例（たとえば稲妻が原始時代のスープに電気刺激を与える）としてではなく，一般的な進化過程の自然な帰結として，生命が無機物に由来することを前提としている点である。この理論が強調しているのは，もし我々が地球上の天然資源を維持管理しなければ，我々は滅びるよう運命づけられているということである。私も心からそう信じている。だから，《絶滅危惧種》は有機物，無機物の双方に言及している。この作品はアルゴリズムによって生成され，ケアンズ＝スミスが記しているような特定の水晶から見出された比率に基づいている。

《絶滅危惧種》の音楽は，聴者に対して様々な独創的な試みを行っている。たとえば，この作品は伝統的な音楽に出てくるようなセクションやフレーズに分割されておらず，少なくとも簡単にセクションやフレーズを定義することができない。この作品は1つの動きだけに従っているので，様々な意味で聴取による分析が容易である。一方で，作品の構造決定など，難しい問題がいくつかある。私が複雑なミニマリズムと呼ぶ様式によって，楽曲のテクスチャは単純だが入り組んだものになっていて，素材の内容がゆっくりと明らかにされることで，素材それぞれのニュアンス，つまりその音高・音量・音色の変化が少しずつ強められ，ミニマリズムの概念が呼び起こされる。「複雑」という用語が頭に浮かんだのは，この音楽が，常に変化し続けるが決して本当に変化しているわけではないという印象を与えるからである。

この種のミニマリズムの作品は既にいくつか発表していたが，明らかに矛盾する停滞と推進の織りなす印象が，この様式を独特なものにしている。しかし，《絶滅危惧種》を生成したプログラムは，先に発表した作品を生成したプログラムとは全く別物であり，ボーデンのP創造性（Boden 2004）に当てはまる。私は，ここに含まれる干渉する（特に音色における）プロセスが，ジェルジ・リゲティやヘンリク・グレツキの音楽に見られるものとは全く異なる新しい様式を創造していると主張したい。

　図1.10は《絶滅危惧種》からの抜粋である。見れば分かるように，全体的なテクスチャはどの拍でもほとんど同じである。ほとんどの時間を全楽器による合奏が占め，音の始まりと終わりの多くは拍を予測させない。音高はそれぞれ関連性がなく，ある程度無秩序のように思われ，複雑な和声の領域の中に蓄積されていく。その和声の領域は変化に乏しく静的に見えることも多いが，実はゆっくりと進化している。しかし同時に，小さな音のかけらのどれを注意深く見たり聴いたりしても，ある瞬間から次の瞬間へと音楽が変化しているのが分かるだろう。マスクされた導入部分（ピアノあるいはハープが他の楽器の導入部分を曖昧にさせる）から始まり，複数のクレッシェンドとディミヌエンドに合わせて全体の音高がシフトする。

　《絶滅危惧種》で達成した効果は，複雑な地形を眺めることに似ている。そこでは，単に情景全体を把握するだけでなく，光と影，似た色と対照的な色，一般的なテクスチャと特殊なテクスチャなどの複雑に入り組んだ細かい部分に注意を向けたりする。我々の世界において絶滅危惧種が直面している苦境というこの作品の基本的なメッセージは，このような音楽的な選択によく合致している。

　《絶滅危惧種》で表現した複雑なミニマリズムは多くの聴者に，ある種の3段階から成る適応過程という面白い効果を及ぼした。多くの聴者は，最初，この音楽を面白くて色彩に溢れていると感じる。しかし少し経つと，音楽がそれほど変化していないことに気づいて，単調という感情が湧き出す。なぜなら，聴衆の多くは物語的な音楽の構造つまり音楽の「筋書き」において，あるアイデアが他のアイデアと戦ったり，ある種の解決が生じたりすることに慣らされているからである。弛緩したり期待が弱められたりすると，その後，聴者は音楽を違うように聴き始める。今聴いているサウンドの鍵を開けて，音楽のより極小なレベルで重要な変化が生じていることを認識し始める。聴者は一度この第3段階に到達する

と，私が見るところでは，もっと自然な方法で音楽に順応していき，常に新鮮に音楽を聴けるようになるのである。たとえば，クロード・ドビュッシー，カールハインツ・シュトックハウゼンなど多くの作曲家の作品にも同じような適応過程が見られる。しかし，《絶滅危惧種》での適応過程は独特なものであると考える。

興味深いことに，この作品の一枚岩的な性質は，私のアルゴリズム作曲だけに生じた50年に及ぶ音楽進化の結果であり，より伝統的で物語的な他の音楽作品からは得られなかったものである。1956年に作曲した《尖塔》（第2章で議論する），1980年代前半の作品《プレアデス》，1990年代前半に完成したアルゴリズム作曲による3つのピアノ・ソナタはどれも，物語的ではない形式を持つ《絶滅危惧種》に先立つ作品である。にもかかわらず，《絶滅危惧種》は複雑なミニマリズムを持つ唯一の作品である。この音楽様式を生み出した独創性は，作品の本質を形作る，音高と音色の微妙な相互差込みを維持するのに必要な創造性の影を薄くするものでは決してない。

この曲とは対照的な作品として，また際立った独創性が創造性のトレードマークである必要はないことの証明として，図1.11にEMIが創作したヴィヴァルディ風の《チェロ協奏曲》第2楽章の冒頭部分を示す。図1.11の音楽にもし様式的な驚きがあるとすれば，それは変化が少ないことであり，バロック音楽に親しんでいる人たちから見ると，図1.10の音楽と比べて，この様式の独創性は驚くほど低く映るだろう。しかし，図1.11の音楽こそ，私が本当に創造的な過程だと感じたことを用いて作曲されたものであり（第9章から第12章にかけて詳述する），その過程は少なくとも図1.10に示されている音楽の価値と同等である。

独創性は，創造性の良し悪しの判断材料と考えることが多いが，私にとっては少なくとも，真の創造性を構成するものの1つの断片にすぎない。この真の創造性は，衝撃的なほどの予想不可能性でまねすることも，人目に付く独創性で置き換えることもできない。むしろこの真の創造性は，「これまで積極的に結びつきを考えられていなかった2つ以上の多面的な物事・アイデア・現象どうしを初めて結びつけること」から生まれるのであり，芸術作品の，言葉にならないメッセージの中によく現れるものである。目新しさだけを追い求めて，まだ試されていないから試してみたという恣意的な，もしくは便宜的な思い付きを，創造性と混同してはならない。

Endengered Species

David Cope

図 1.10 《絶滅危惧種》からの抜粋

PISCES

図 1.11 EMI によるヴィヴァルディ風の《チェロ協奏曲》第 2 楽章の冒頭部分

2 背景

●原理：創造性は排他的に人間のインスピレーションに依存するものではなく，コンピュータのプログラムのような他の要因にも由来するものである。

創造性研究の始まり

　私は若い時に2度，人生が変わるような経験をした。どちらも同じ年に起き，私が考える自分の創作人生の理想形について，その大部分の基礎を形作るものであった。それぞれの経験はお互い無関係のように思えるが，論理とインスピレーションという，明らかに矛盾する2つを超克するよう私を励ましたという点では共通していた。

　10代の頃，私はチェス・音楽・天文学に没頭する生活を送った（必ずしもこの順序で没頭したわけではない）。私は多くの天文学サークルに所属し，その中の1つがフェニックス天文クラブであった。クラブは，私が会員だった時にニュースレターを発行することを決め，全会員にコラムか記事を寄稿するよう求めた。当時10代半ばで天文学初心者の私に，誰も記事執筆など期待していなかったと思うが，私は記事を寄稿した。その記事は結果的には掲載されたのだが，乱暴な異論が全く無かったというわけではなかった。

　私が思うに，記事の主題は，非常に真っ直ぐなものであった。当時の人々は，我々の月は太古の地殻大変動期に地球から飛び出したという説を信じていて，多くの人々が今日も依然としてそれを信じ続けている。私は膨大な時間をかけて太陽系について学び，違う考えに辿り着いた。もっと単純に，地球が小惑星を捕獲したのではないかと。私の論理は，当時の太陽系における月の個数という概念に基づいていた（現在の月の個数は当時とは大きく異なっている）。太陽から近い順に並べると，各惑星の月の数は右のようになる。

　私は自分のシナリオにしたがって，火星と木星の間にある小惑星帯というのはかつて1つの惑星

水星	0
金星	0
地球	1
火星	2
木星	9
土星	6
天王星	0
海王星	0
冥王星	0

だったがそれが爆発し，巨大な岩石の塊を宇宙空間に放出したのではないかと考えた。その岩石の塊が火星と木星の間から移動して，他の惑星の引力圏にとらえられるのである。しかし，その岩石の塊の供給源が遠ければ遠いほど，惑星とその引力圏にとらえられる可能性は下がる。このように，小惑星帯に近い惑星の方が遠い惑星より小惑星つまり月を捕獲しやすいという説が私にとっては論理的に思えたのである。実際に月の個数は，小惑星帯から太陽へと順番にそれぞれ2-1-0-0であり，小惑星帯から太陽系外へは9-6-0-0であり，データはこのモデルに合致していた。少なくともその時の私は，私たちの月はかつて火星と木星の間を周回する惑星の一部だったという説から逃れられなかった。私の提案はクラブ内で大きな議論を巻き起こしたが，残念ながらその時はそれ以上盛り上がることはなかった。

　当時私が考えていたことは論理的にはあり得る結論だったので，ここでこのエピソードをもう少し詳しく検討してみよう。とは言え，論理だけでは明らかに私の理論を生み出すことはできなかった。月の起源について，他にもいくつかアプローチを試みた。

1. 我々の月は，原始ダスト雲から太陽が凝集して形成された時の自然な副産物である。
2. もともとは地球と火星の間に形成された異型の惑星から作られた。
3. 捕獲された彗星か深宇宙から飛来した太陽系外物体である。

　私にとって，月の天文学的進化の解明は，惑星の月の個数が小惑星帯から遠ざかるにつれて減っていくことと，岩石の塊を捕獲する確率が惑星の小惑星帯からの距離に反比例するということを創造的に組み合わせたということからのみ得られている。

　次に，同じ年に起きた別のエピソードを紹介しよう。こちらの方が，天文学クラブのエピソードより，もっと深く創造性について学べると思う。私は高所恐怖症である。この障害はとても深刻になることがあり，作り物だとわかった上で映画を観ている時でさえ吐き気とめまいに苦しめられる。たとえば，俳優たちがほとんど水平な場所の上に立っていると分かっていても，足下がすぐ急峻な崖であるかのように思わせるカメラアングルとセットには恐怖を感じるほどである。

1955 年の月のない冬の夜，私は自分の高所恐怖症を克服するために，とても背の高いラジオアンテナ塔の上に登ろうとしていた。この馬鹿げた治療のアイデアは，当時の大衆雑誌に載ったある記事を読んだことがきっかけだった。その記事は恐怖に直接立ち向かうべきだと主張していた。記事の中には，有名人がそのやり方を用いた時に成功の手ごたえがあった作法などが様々紹介されていた。

　私は，ほとんど問題なくアンテナ塔にうまく登っていくことができた。下を見なかったので，少なくとも一時的には恐怖心は鎮められていた。暗い夜と星の美しさもその高さから私の注意をそらす役に立った。しかし，塔の突端に到達した時，私の高所恐怖症がそれまで感じたことがないような強さで蘇ったのである。私は下りて地上に戻ることができないのではないかという恐怖，つまり，アンテナ塔の鉄の取っ手をぐいっと掴んではいるが，しまいには手が痺れて死へと真っ逆さまに落ちるのではないかという恐怖を感じた。

　その最悪の苦悩の瞬間，穏やかな微風が塔を支えるワイヤでひゅうひゅうという音を立て始め，それは美しい歌声を創り出した。私はこの楽曲に釘付けになった。そして，私の旅の証言として，今聴いているこの新しい作品を「作曲」するために，自分自身を救出せねばならないと決めたのだった。歯を食いしばり，ゆっくり一段一段と塔を下り，ようやく安全な母なる大地へと帰り着いた。

　家に戻った時，寒くて消耗していたが，私は短い手順，つまり簡単なアルゴリズムを書いた。それは，空から降ってきて私の旅のお伴をした「ワイヤ音楽」を後日完成させる自分に対する指針となるものである。将来の参考とするためにその書き留めたものを保管しておいたが，その後 13 年間は再び見ることはなかった。

　この作品（私が登ったアンテナ塔にちなんで《尖塔》と名付けた）の譜面を完成させたのは，1968 年，ロサンゼルスでのことだった。同様のアルゴリズム作曲による作品，《塔》，《鳥》，《ディスマスのためのクリスマス》，《アイスバーグ・メドー》に連なる 1 曲である。1968 年当時の私はこの作品を実現するのに適した技術が分からなかったので，《鳥》に同じく，電子音を表現するための図形的な記法で《尖塔》を譜面に起こすにとどまった。今から考えても，1968 年に利用可能な電子装置では《尖塔》は実現不可能であったし，1955 年にはなおさら無理であった。2003 年に私のアルゴリズム作曲による作品を振り返るアルバムのため，完全版《尖塔》を創ることになったが，それまで待つ以外の方法がなかったのは幸運だっ

たのかもしれない。

　ここでのエピソードは，創造性の 1 つの明確な源泉に直接まつわるので，もう少し詳しく検討する。この場合，創造性は，アンテナ塔によじ登り，ピンと張られたワイヤの風切り音を聴くという困難な方法で，うまく私の中から誘い出された。自分自身の視点からは，音楽はワイヤに由来し，私が寄与したのはそれをただ聴いて真剣に受け止めたことだけである。

　ならば，この塔に登った時のワイヤは創造的だったのか，ランダムだったのか，その両方か，あるいはどちらでもなかったのかを問うこともできるだろう。ワイヤから発せられた音は，少なくともその時の私の視点では，たしかに複雑でパターンは無かった。しかし，私が「歌」と呼んでいるものは，当時はランダムに思えていたかもしれないが，本当はランダムではなかった（第 3 章で最も深く取り上げる題材である）。「これまで積極的に結びつきを考えられていなかった 2 つ以上の多面的な物事・アイデア・現象どうしを初めて結びつけること」を行ったのは，その音ではなかった。ワイヤの立てる「うなり声」が減退したり，浮遊したりする様を，意識的あるいは無意識的に真摯に聴くことを決めたのは，私なのであった。創造性の研究では，ランダム性の生成について（本当にランダムであってもそうでなくても）きちんと考えなくてはいけない。なぜなら，複雑系システムが生成する何かしら意味ありげな出力（本書では「複造性」＊と呼ぶ）は，しばしば創造的な出力と勘違いされるからである。第 3 章で議論するプログラムの多くはこの観点に深く関連している。

　この 2 つの出来事を私の記憶に留め置いているものは，創造性の源泉に対する対照的な見方である。月の天文学的進化の解明の場合，創造性は明らかに無関係な事実どうしの能動的な組み合わせに由来する。対して，塔によじ登り「ワイヤ音楽」を聴いたことは受動的であり，その音楽はたまたま私に起きたことである。私の寄与はただそれを真剣に受け止めただけである。これら異なる 2 つの見方から 1 つの重要な中心軸が形成され，私の創造性についての研究のほとんどはその周囲に位置するのである。

　マーガレット・ボーデンの著書『クリエイティヴ・マインド：神話とメカニズム』（Boden 2004）における「偶然，カオス，ランダム性，予測不能性」の章ではこう述べられている：カオスは「……創世記における天地創造に対比される。しかし

＊ comtivity：p.032 を参照。

カオスは，様々な所で天地創造の実り多き前兆として，つまりそこから開花が始まる苗床」(Boden 2004, p.233) としても描かれる。ボーデンはこうも付け加えている。

我々の概念的四重奏（偶然・カオス・ランダム性・予測不能性）の中で，4番目のメンバーである予測不能性が最も重要である。なぜならそれは，多くの人々に対して，創造性を科学の射程の向こう側へと押し出すからである。創造性がもたらす驚きの価値を否定するのは難しい。(中略) ある創造的な人が，たとえば3年という長期間に考え出してくるようなアイデアを予測しようという試みがあるが，そんなプロジェクトは馬鹿げている。ではなぜ馬鹿げているのだろうか。これはどんな種類の予測不可能性なのだろうか。そして，予測不可能性は，科学的な言葉で創造性を理解しようとするあらゆる希望を本当に打ち砕いてしまうのだろうか。(Boden 2004, p.234)

ブノワ・マンデルブロは，フラクタル生成における科学的な創造性つまり自己複製する数学的プロセスについて以下のように語っている。

ユークリッド幾何学の世界を愛していたおかげで，描画機能を持ち永遠に性能向上し続ける精巧なコンピュータのおかげで，そしてますますプログラミング技能が上達した友人のおかげで，人が想像し得る最も過度に装飾的なあるいは贅沢な種類の作品や，極端に単純で真にミニマルな作品を生成する新しい方法を発見することが，私の大きな特権となっている。これらの作品は，数式に現れるパラメータを変更するという予測可能な方法で作り変えることができた。(中略) これらの作品は「芸術」なのだろうか。おそらく，単純な円それ自体は「芸術」でもなんでもない。それでもとにかく，人の手で作られたものではなく，単純な1行の数式から作られたこの新しいフラクタル画像の世界観からすれば，芸術家の目と想像力を駆使してフラクタル画像を芸術として観る人々と，ハイアートとの関係性は変化せざるを得ないのである。(Mandelbrot 2001, p.212)

私は自著『アルゴリズム作曲家』(Cope 2000) の中で，そのような数式が創造性の源泉としていかに重要かについて言及している。

イノベーションはたしかに1つの源泉であるが，それだけでは私が考える創造性の核には成り得ない。推論に同じく，創造性は規則に従っており，しかし，その規則は広範にあるいは曖昧に適用されるものである。このような緩い解釈や曖昧さが，知性的かつ創造的な振る舞いが持つ重要な基本性質の1つを表しているように思う。その緩い解釈や曖昧さは，規則として変更できないよう関連づけられている面と錯覚のような面も併せ持つプロセスを何度も繰り返すことで，理解されるに違いない。(Cope 2000, p.115)

ダグラス・ホフスタッターはこのような創造性の起源をコンピュータに適用する。

……「コンピュータに（いまも未来も）できないこと」を見つけるのに熱心なアンチ人工知能論者は，つい勇み足をしてしまう。つまり，コンピュータに芸術，あるいはもっと一般的に創造活動を行わせることは，基本的に不可能だという結論に飛びこんでしまうのだ。こんな結論がどこから出るというのだ！ 正しい結論は，コンピュータに人間の振る舞いをさせるつもりならば，理解・記憶・概念上のカテゴリ・学習など，様々な人間の特性がコンピュータ上にモデル化されるのを待たなければならないということだ。まだまだ道は遠い。これからさきもまだ遠いままだとしても，こういう目標が原理的に達成不可能だとする根拠はないと思う。(Hofstadter 1985, p.209)

先行研究

　創造性研究の歴史はたいてい上下二院制の精神から始まる。上下二院制の精神とは，我々の精神は2つの部屋から成るという初期ギリシャ時代の概念である。一方の部屋は，ムーサの神々を通して創造の神によってもたらされる新しいひらめきを創り出す部屋と考えられた。ムーサの神々とは叙事詩のカリオペー，歴史のクレイオ，愛詩のエラト，音楽と叙情詩のエウテルペ，悲劇のメルポメネ，神々への讃歌のポリュヒュムニア，舞踏のテルプシコレ，喜劇のタレイア，天文のウラニアの9人の女神を指す。彼女らは超自然的イノベーションを起こし，それをもう一方の受動的な精神の部屋に注入する。面白いことに，プラトンはこの新しいひらめきを創り出す部屋を狂気の源として，つまり高度な創造性は狂気と表裏一体であると考えていた。しかしアリストテレスは，連想説として知られるプロ

セスをもって上下二院制の考え方に対抗した。一般に，連想説は，創造的な思考を無意識あるいは潜在意識化の連想として特徴づけるものである。アリストテレスの見方では，思考とアイデアの結びつき，イメージと経験の結びつき，原理と方式の結びつきから類推が導かれ，それがさらに創造的な思考法を生み出すとされている（連想説に関する特に示唆に富んだ考察については Decey and Lennon 1998, pp.15–44 を参照）。

　アリストテレス以来，創造性の歴史は，中世の『ケルズの書』，ルネサンス期の文芸復興と人文主義，18 世紀の啓蒙主義などによって様々な大変革を刻んできた。それらは，創造的なプロセスの核心として，創造の神やムーサではなく，永遠に拡大し続ける心と自己という考え方を提唱している。19 世紀には，創造性は心の結びつきから突然飛び出してくるという連想説を依然として信奉する研究者らと，芸術作品を階層的に解釈するところから創造性は生まれるとするゲシュタルトを信奉する研究者らによって，別々の研究の流れが形成された。この論争から 19 世紀英国の連想説信奉者フランシス・ガルトンの著作が生まれた。ガルトンは，自由連想を前提として，「意識に上るアイデアは，類似性の糸によって無意識下のアイデアに結び付けられている」（Galton 1879, p.162）と記し，アイデアの創造は無意識の連想が意識に上ることだとした。

　20 世紀初頭までに，創造性研究は人間の認知に興味を抱く研究者が取り組む分野へと発展した。グレーアム・ウォーラス，ヴォルフガング・ケーラー，マックス・ヴェルトハイマーなどが中心的役割を果たした。ウォーラスは，創造は準備・潜伏・ひらめき，そして最後に多少科学的なアプローチを感じさせる検証という段階から成るという，より学術的な考え方を強調した（Wallas 1926）。一方，ケーラーは自発的な内省の理論を主張した（Köhler 1929）。これは，創造性はゆっくり形成されるというより，強化によって，内省の閃光の中から突然生じるというものである。ゲシュタルト主義者のヴェルトハイマーは，創造的な心を支配する近接・類似・閉鎖・対称という 4 つの原理にこだわった（Wertheimer 1945, これらはウォーラスの 4 つの段階とは異なるものである）。

　ジークムント・フロイトは，創造的なプロセスの特徴は不快な思考に対する防御の仕組みおよび無意識の保護である（Freud 1959）として，認知的な立場とは一線を画した。エルンスト・クリス（Kris 1952）は，生産的な防御の仕組みとしての退行を強調することでフロイトの考えを拡張し，それが最終的に創造性の

源に至るとした。おそらく最も興味深い理論は，フロイトの同僚であるカール・ユングが提案したものであり（Jung 1966），無意識は元型と呼ばれる先祖代々の経験からの感情を記憶しており，この巨大な元型の倉庫を最もうまく利用できる人が最も創造的な心を持った人であるという。

のちに，エーリヒ・フロムは創造的な思考に関連する次の5つの属性を提案した（Fromm 1959）。(1) 驚きに対する許容能力，(2) 集中力，(3) 自己認識，(4) 競合に対する受容能力，(5) その人の出自から自由になる力。フロイト，ユング，フロムは皆，彼らの心理学における仮説を支持するものとして創造性の理論を提案し研究した。

以上の大変短い歴史的経緯に関する要約あるいは単純な概観は，主に哲学と心理学の視点での創造性に集中している。人工知能（AI）分野でも創造性の研究が成されている。たとえば，AIの開拓者であるアラン・チューリングも，「ジェファーソン教授のリスター・メダル受賞演説」を引用しながら創造性を議論している。

機械が，記号が偶然空から降ってくることに頼るのではなく，思考や情動を用いてソネットを書いたり「協奏曲を作曲」できるようになったりして初めて，機械は脳と等価であるということに合意できる。それはつまり，単に脳を記述するだけでなく，脳が脳を記述していることを知っているということである。どんな機械も成功した喜びや管楽器のバルブが故障して息が通らなくなった時の深い悲しみを感じることはできない(単純に1つの安直な信号を人工的に出力しただけではダメである)。また，お世辞で元気付けられたり，演奏の間違いで惨めな気持ちになったり，性的なことに魅了されたり，欲しいものが手に入らなかった時に怒ったり落胆したりすることもできない。(Turing 1950, pp.445–446)

近年のコンピュータを用いた人間の創造性をモデル化する試みの中で，最も印象に残るのは，ダグラス・ホフスタッターと「インディアナ大学概念と認知に関する研究センター」の同僚によるパイオニア的な仕事であり，ホフスタッターの著書『流動的な概念と創造的な類推：思考の基本機構のコンピュータモデル』（Hofstadter 1995）の中で述べられている。ホフスタッターと同僚のメラニー・ミッチェルが執筆した同書の中で，最初の主なプロジェクトとして，洞察に満ちた類推を発見するよう設計されたプログラムCopycatが紹介されている

（p.205）。Copycat の基本処理は，アルファベット文字のある１つの組み合わせが示されるとその裏にある法則性を使って，別のもう１つの文字の組み合わせを生成したり完成させたりすることである。たとえば，ABB という文字列と質問 FG が提示されると Copycat プログラムは FGG を返すといった具合である。この自明な例は，ある例から類推を導き出してその類推を他の例に適用することの価値をやや間違って示している。しかし，ホフスタッターとミッチェルの本ではこの仕組みや動作が本書よりはるかに巧みに説明されており，また Copycat が創造性を完全にモデル化しているとは言えないので，Copycat の詳細な説明はこの本に譲ろう。

　ホフスタッターとミッチェルは Copycat の記述を締めくくるに当たって，人間の創造性をモデル化する試みである Metacat と呼ぶプログラムの実現構想について述べている（特に Hofstadter 1995, pp.313ff. の議論を参照）。そこでは，私が第１章で採用した定義とは大きく異なるやり方で創造性が定義されている。

> 本物の創造性とは，興味あるモノを探す鋭い感覚を持ち，そのモノを再帰的に追い求め，その感覚をメタレベルにも適用し，感覚に従って変化させていくことから成る。（Hofstadter 1995, p.313）

「興味あるモノを探す鋭い感覚」を持つには，ホフスタッターとミッチェルが言うところの精緻化が必要であり，それは「全ての人々が持っている感覚それぞれに近づくためにその人が持つバイアス」を意味すると私は言い換えている。しかし，私はこの創造性の定義に賛成しない。第１章で，ボーデンとブリングヒュードとフェルッチの定義に関して指摘したように，この創造性の定義も，共通の中心である古臭い考え方や曖昧さでがんじがらめになっており，プログラム化は不可能であり，私は信じていないが全ての人間は共通の美意識を持っていることが前提となっている。

　Copycat と Metacat は，より興味深い方法で創造性をモデル化したプログラムである Letter Spirit の準備的なプログラムとして，つまりその基本部分となることをある程度考慮して開発されている。Letter Spirit の開発目標は希望に満ち溢れている。ホフスタッターとミッチェルは，Letter Spirit は以下のことができなければならないとしている。(1) 自分自身で決断でき，(2) 知識を豊富に持

ち，（3）柔軟で文脈依存であり，（4）深い概念レベルで実験を実施し，（5）自身の出力を知覚し判定し，（6）徐々に満足できる結論に到達する。

Letter Spirit は標準的な書体（たとえば Helvetica など。フォントとほぼ同義）と同じ複雑度を持つ書体を設計・実装する。このプログラム動作は複雑なのでここでは詳細には述べないが，後の議論のために少し取り上げておくのは興味深いし重要だろう。最も重要なプロセスは決定の波※に関連するものである。「決定の波がグリッドフォント†からグリッド線や円を洗い落とすと，すべての字形が高い内的一貫性を持ち始め，明確な様式が創発し始める」（Hofstadter 1995, p.434）。このプロセスをどのようにコード化するかは明らかでないが，ホフスタッターとミッチェルは，この決定の波が「徐々にゆっくりとしかし確実に，構築中の全ての構造にわたって内的一貫性を強固なものにする」と述べている（Hofstadter 1995, p.434）。

ホフスタッターとミッチェルの2人は，そのような決定の波という概念は真の創造において必要不可欠な部分であると指摘しており，「作曲・詩や散文の創作，絵画や彫刻の制作・科学理論の進化・AI プログラムの設計，さらに AI プログラムに関する論文執筆といった創造的な行為において，よく知られた特性である」という（Hofstadter 1995, p.434）。私には，Letter Spirit での「ゆっくりとしかし確実に，内的一貫性を強固なものにする」ことが，「真の創造において必要不可欠な部分」というほどのものとは思えないが，いわゆる「ゆっくりとしかし確実に，内的一貫性を強固なものにする」以上のものには思える。このプロセスによって，創造的であろうとなかろうと，どんな作品も完成形に到達するのである。詳細を志向するこの傾向は，少なくとも私にとって，私の作品の最も創造的でない側面を表している。最も創造的な側面は，今までは存在していないようなあるいは存在してはいたけれど，そうでなければ無関係とみなされるような結びつきを発見することである。作曲家として，私は「内的一貫性を強固なものにする」ことを創作

※ Letter Spirit のユーザーが，ある文字を構成する要素（セリフやステムなど）のデザインやそれらの配置を決定してグリッド線や円を取り去ると，その決定は他の文字の要素や配置にも影響を及ぼす。既に決定済みのデザインにもさかのぼって影響を及ぼす場合がある。この決定の連鎖が他の文字に関する決定へと，将来の決定だけでなく過去の決定へも影響を及ぼしていく様を「決定の波」と呼ぶ。決定の波が十分にその書体の文字全部の決定に行きわたり尽くすと，グリッド線や円が全て削除された状態になる。

† フォント設計段階では，文字の位置や大きさの参照とするために，縦横のグリッド線や円を併記する。そのグリッド線や円がそのまま残っているようなフォントのこと。

後の段階に委ねている。この仕上げの作業を写譜家やアシスタントにやらせている作曲家さえもいる。

Letter Spirit の最も複雑で好奇心をそそる側面は，「構造を創造・吟味・修正するミクロな計算エージェントであるコードレット」(Hofstadter 1995, p.434) による実装にある。コードレットの機能は，接着・ラベル付け・スキャン・照合・調節・再グループ化・破棄などである。コードレットは単独でもグループでも実行でき，集団的な振る舞いを生じさせることができる。コードレットは，生体組織のように形を成したり行動したり消滅したりする。無目的な処理を避けるため，「バイアスされたランダム」に基づいてコードレットが選別される (Hofstadter 1995, p.435)。ホフスタッターとミッチェルに従えば，コードレットが生成する複雑度は予測できないし予め記述することもできない。しかし，そのような複雑さは偽物であり，本物の創造の域に達することのない創造のまねごと (複造性) にすぎない。

本書では，読者の方々に是非追求して欲しい非常に多くの概念を省いてしまった。Letter Spirit は Imaginer を組み込んでいる。ホフスタッターはこう言っている。「Imaginer は，Letter Spirit のグリッド線や円による制約を扱っていないし，制約について何も知らない。(中略) むしろ Imaginer は，役割の抽象レベルで排他的に機能している」(Hofstadter 1995, p.444)。もし Imaginer が Letter Spirit の創造性を表現しているとすれば，私が作曲・執筆・発見・思考したりしている時に自分自身の中で創造的だと感じたことを Imaginer からも同様に見出せるに違いない。繰り返すが，ホフスタッターとミッチェルは，彼らの洞察結果を少なくとも他者が現実的にプログラムできる程の詳細な情報を提供しているわけではない。

Copycat も Letter Spirit も複雑であり，示唆に富み，挑戦的なプログラムであった。この2つのプログラムのうち，より創造性を志向している Letter Spirit は，残念ながら，実際に稼働するプログラムとしては存在していない。もし存在するとしたら，その複造性は，真の創造性を増進させたり偽装させたりするのか疑問に思うだろう。次章ではそのような問題を議論しよう。

人工知能と創造性に関する最新研究は，ニューラルネットワーク主義・遺伝アルゴリズム主義・エキスパートシステム主義 (エキスパートシステムとエージェントの組み合わせ) に焦点を当てる傾向にある (Dartnall 1994; Schaffer 1994)*。創造性への独特なアプローチであるガードナーの多重知性理論 (Gardner 1983) やスターンバーグの

---

* 本書の原著が発行されたのは 2005 年。

三頭理論（鼎立理論ともいう）(Sternberg 1985) は，創造性の主流の学説に真剣に取り組んでおらず，あまり適切ではないように見える。クリス・ソーントンが提案する「逃亡学習」は，その意味では興味深いもののおそらく短命な理論の1つの例であろう。

> ある種の創造的なプロセスは心のコントロールから逃亡する学習プロセスとみなすことができる。(中略) この理論の目的は，「知性的」創造性あるいは「科学的」創造性というものが，いわゆる客観性の境界を超えるよう拡張された経験学習の一形態として見るのが妥当であることを示すことである。(Thornton 2002, p.239)

しかし，創造性に関する主要な理論は，一般的に，たとえそれらが計算論的なプロセスに基づいていたとしても，ここで議論しているような素直なモデルに従っている（さらにこの話題について知りたい読者は Koestler 1964 を参照のこと）。

創造性のテスト

頻繁に人工知能の父と称されるアラン・チューリングは，機械に知能があるかどうかを決定するよく知られたテストを発案した。チューリングはそのテストを厳密に知能に対して用いることにこだわったが，そのテストは創造性にもうまく適用できると思われる。チューリングの知能テストには次の3人が必要である。男(Aとする)・女(B)・別の部屋にいる質問者。質問者は一連の質問を男と女に出し，返答で戻ってきた文字だけを読んで，見えない人の性別を当てようとする。このテスト中，男も女も嘘をつくことができる。チューリングは次のようなコメントを残している。「質問を出した時，もし機械が A の役割をしていたら何が起きるのだろうか。男と女がゲームで遊んでいる時に質問者が性別を当てるように，機械の A と女がゲームで遊んでいる時も同じように質問者が間違った回答をすることはあるだろうか」(Turing 1992, p.134)。

チューリングテストの前提は，コンピュータがテストに参加している時と参加していない時を確認するだけの能力を質問者が持っていることである。もし質問者が人間か機械かの判定に失敗したら，それは機械に知能があることを示している。ある人は，それは質問者に正しい質問をするだけの知性が不足していたことを示すにすぎないと言うかもしれないが。本書を読み進めば分かるように，この

本に書かれている内容とプログラム群は，読者に音楽的な質問者の位置につく機会を与えてくれる。しかし，創造性を最も的確に捉えているのは，出力された楽曲そのものではなく，プロセスであることを示したいと考える。

　面白いことに，私が作成したプログラム Experiments in Musical Intelligence（EMI）というプログラム（第4章で詳細に検討する）は，その音楽を聴いた多くの人から音楽的な創造性のモデル化に成功していると言われたが，音楽的な創造性をモデル化する意図は全くなかった。EMI の目標は個々の作曲家の様式を再現することであるが，もし，創作プロセスを，様式をモデル化するプロセスとしてプログラム化していたら，EMI の目標は達成できなかったであろう。EMI の出力に関する創造性と様式を混同すると，音楽における創造性に対するチューリングテストを否定する議論に加担することになるだろう。

　創造性は，思ってもみなかったにもかかわらず道理にかなっていて，最終的には何らかの意味で重要であると分かるような結果を生み出さなければならない。さらに，創造性から生み出されたものは，様式のモデル化など，他のプロセスから生み出されたものとは異なっているはずである。しかし残念なことに，定量的な処理を行うプログラムを書こうとすると，少なくとも「思ってもみなかった」，「道理にかなっている」，「重要である」は，明らかに測定可能な基準ではない。よって，創造性に関するチューリングテストの構築は，知性に関するチューリングテストの構築ほど単純ではないように思える。

　しかし，創造性は何らかの方法で判定できると想定した上で，2003 年に EMI がバッハ風の《リュート組曲》を完成させたので，その中から完全なサラバンド*を示そう（図2.1）。この組曲の楽章を聴いた人々のほとんどは，たとえこの曲がコンピュータシーケンサ†によって機械的に演奏された場合も，これは創造的に作曲されたものに違いないと主張する（特に聴者が，機械で作曲されたことを知らなかった場合は）。私はこの作曲プロセスにおいて，第9章，第10章で述べる「連想ネットワーク」を敢えて利用しなかった。そのことで，この作品が創造的に作曲されたと私が考えていないことを明示的に述べたい。端的に言えば，この作品を生成するプロセスには，創造性を示唆するようなものは何も無いのである。もし十分

---

*16世紀に誕生した重々しい3拍子の舞曲であり，バロック音楽の組曲を構成する基本的な舞曲の1つ。
†入力された楽譜の情報をもとに自動演奏を行う装置あるいはソフトウェアのこと。

図 2.1　2003 年に EMI が完成させたバッハ風の《リュート組曲》から〈サラバンド〉の部分

な時間があれば，この作品をリバースエンジニアリングして，バッハのリュート組曲のオリジナル部分を全て見出してみせよう。

　それゆえ，読者ががっかりすることを覚悟の上で，創造性はプロセスであって，プロセスの結果ではないという私の主張を繰り返そう。人は，創作物に触れると，驚いたり，衝撃を受けたり，迫られるような感情を持つ。しかし，創造的でないプロセスで作られたものにも同様に，驚いたり，衝撃を受けたり，迫られるような感情を抱く。図2.1の音楽は，面白くて整った形をしているだけでなく，さらに独創的で驚くほど優れていると感じる一方で，創造的なプロセスの結果ではないとも感じる。後の章で示すように，人は創造性をいつも聴き取れるとは限らないが，作曲のプロセスに注意を払うと，創造性の存在を感じとれる。

　創造性を発揮すると称するプログラムはたくさんあるが，その出力はこの主張を裏付けていない。対照的に，それ以外のプログラムの中に，創造性に言及することなく創造的な結果を生み出しているようにも思えるものがある（もし創造性があると言ったら，それは誇大広告かもしれない）。以下にそのようなプログラムのいくつかについて述べるが，私個人の見解で読者の判断を偏らせないために，両タイプのプログラムを適宜混ぜようと思う。これらのコンピュータプログラムを評価することで，創造性を判定するという課題に光が当たることを期待したい。

　第1章で触れたハロルド・コーエンの Aaron は，アルゴリズム・コンピュータアートの歴史に金字塔を打ち立てた。Aaron が生成する絢爛で華麗な絵画にはしばしば 5000 ドル以上の値が付き，その多くは収集家の興味を引く逸品として扱われている（実際に Aaron が生成した作品例については，McCorduck 1991, pp.174ff を参照）。このような成功にもかかわらず，Aaron はアートを創造しているとは言えない。Aaron のプログラムは，多様性と予想を裏切る動作を生成するためのランダム関数（第3章で議論する）を用いて，プログラマであるコーエンが与えたルールに従っているだけである。実際，Aaron が創造的ではないことが，人々の心を惹き付ける魅力の1つになっていることがわかる。Aaron はクリエータであるコーエンのためのツール，あるいはインターフェースなのである（Aaron に独創的な作品を生成させたい人は，現在，Aaron のある版を Windows 環境のスクリーンセーバーとして利用できる。参考文献リストを参照）。

　創作に関する疑問を投げかける執筆支援プログラムには Racter（Hofstadter 1995, pp.470–476 で詳しく議論している）と Hal（小説『Just This Once』を執筆。French 1993 を参照）

がある。Racter は，1984 年（興味深い年である）に書かれた『警察官のアゴ髭は半分だけ出来上がっている』の著者である。Racter は，コンピュータがランダムに選択する大量の異なるデータを，どちらかというと素朴なルールに従って管理していた。このプロセスは，古典的とも言える ELIZA を改良・拡張したものである。ELIZA は，蓄えられた文章と置き換えるべき単語を用いて単純な返答を生成するプログラムであるが，以下のような驚くほど素晴らしい散文を生成することもできる。

> どんな時でも，愛と終わりなき痛みと永遠の喜びについての私自身のエッセイと論文は，この文章を読み，心配な友人や興奮した敵に向かって語り歌い詠唱する人々全員に理解してもらえると思っています。愛は謎でありこのエッセイの主題なのです。(Hofstadter 1995, p.473 からの引用)

Racter は，文章・段落・物語全体に関して，動詞の活用形を生成でき，性別を記憶し，単数形と複数形の一貫性を保てる。その中でも印象的なのは，作者も認めるように，膨大な時間を費やして，とても満足できない文の膨大な多種多様な組み合わせから，最良の文章を選び出すことである。この種のプログラミングアプローチの簡単な例として，私個人の Web サイト上にあり，データベースの情報から時折面白い詩を創作する Poet というプログラムを紹介しよう[*]。Poet は数行のコードから成り，新しい出力を生成するには，ユーザーがデータベースに既に含まれる単語から成る適当なキーワード列を Poet に与えるだけである。

スコット・フレンチが作成した Hal は，295 ページある小説『Just This Once』を 1993 年に完成させた。その小説から抜粋した下の文章は，大衆作家ジャクリーヌ・スーザン風と言える散文の典型的なレベルを示している。

> キャロルは，その電話が鳴った時，自分の机の前に座り，図のカラムが霞んで互いに融合していくのを眺めていた。反射的に受話器をとって「ディヴィス」と名乗った。
> 「やぁディヴィス。スティーヴンスだよ」
> キャロルは自分の目を手の甲でこすりながら「あなた，どうしたの」と答えた。

---

[*] p.iv を参照

「晩御飯なんだけど，君とハノイ・スープの店に行こうかと思って。そのあと映画を観るのはどうだろう。今上映している映画は合唱隊もバンドもないんだ。君が人生から学ぼうと思っていることと違っているのは分かっているんだけど，面白いとは思うよ。」(French 1993, p.136)

　この驚異的な一貫性のある生成出力から，何を元に作成したのかは分からないし，人が創作した小説と同じ程度に滑らかに読める。ところが，このプログラムの作者であるフレンチのインタビューをいくつか読んでみると，実際の文章は，コンピュータによって生成されたあらすじと小説の構想から人が作り出したという印象を受ける。真偽は不確かだが，プログラムはこのレベルの品質を持つ小説をいつか「執筆する」だろうから，このプログラムと小説は読者に興味深い挑戦を突きつけている。Hal もフレンチも，この小説は創造的に生成されたものではないと主張している。ルール・ELIZA 風の置換プロセス・単なるあらすじのいずれで生成されたにせよ，『Just This Once』は興味深く刺激的で，コンピュータによる創造性の歴史において独特な地位を占めているのは間違いない。

　コロンビア・ニュースブラスタは，13 のニュースソース (CNN・ロイター・ABC ニュース・USA トゥデイなど) からのニュース記事を吟味し，その事件に関して正確なストーリーを生成するオンラインの実験的な執筆支援プログラムである。このプログラムのプロトタイプは，コロンビア大学のキャシー・マッケオンが率いる研究者チームが作成した。マッケオンは，ほぼ 20 年間にわたり自然言語処理を進化させてきた。コロンビア・ニュースブラスタは，要約の中で用いられる文を単に取り出してくるだけではなく，自身の判断に基づいて，異なる事実間の重要性を解釈する。一般にニュースブラスタは，事実を脚色することも独自ストーリーを織り込むこともない。それゆえ，どんなに出力が信頼できそうであっても，創造性をモデル化しているのではなく，むしろ創造性を避けているといった方が適切である。

　ダグ・レナートが設計・実装したプログラム AM は，基本的な数学概念を高次レベルの原理に組織化する (Lenat 1982)。このプログラムでは，レナートが可能性のある選択肢の中から最も興味深くて自明ではない解を選択するヒューリスティック*なルールを与え，本質的には独自の概念を発展させていく。AM はこ

---

*解の精度を落とすことであるいは近似解を求めることで計算時間を（大幅に）短縮するような方法のこと。

の選択された解からより複雑な問題に対する解を生成する。しかし，ホフスタッターは，AM は制作者から手助けしてもらっていて，出力結果は機械だけで自動生成したというより，人間と機械のハイブリッドに近いものであると指摘している (Hofstadter 1995, p.476)。しかし，前もって記述されていない問題に対してコンピュータプログラムが問題解決できるという考え方は，AM のプログラム自体が実質的に創造性をモデル化していないにもかかわらず，コンピュータによる創造性を研究する人たちにとって AM を興味深い存在にしている。

　SWALE は，事例に基づく推論 (Case-based reasoning: CBR) を用いて，例外的な出来事を検出し説明する物語理解プログラムである。CBR モデルでは，創造性はおそらく，その状況に定型的に適用されたことがないような知識の検索と，その知識を新しい方法で利用することから生じると思われる。ここで，創造性に関する重要な課題は，SWALE がどうやって適切な知識を検索し，ある特定の状況に適応させるかということである。CBR は用いられるプロセスに依存して，単純に古い知識をもう一度適用することから，以前のプロセスとの組み合わせを用いた新規性の高い解まで，様々な解を提供することができる (Leake and Schank 1990 を参照)。

　レイ・カーツワイルの Cybernetic Poet は，特定の詩人の作品群を選出してそれを分析して言語モデルを生成する。この言語モデルは，コンピュータに基づく言語分析結果と数理モデル化技術を統合したものである。Cybernetic Poet は言語モデルを元にオリジナルの詩を詠むが，その詩は，言語モデルを作るために分析した詩の様式に類似している。元の詩に現れている単語が 1 行あたり 4 単語以上現れることを剽窃と定義して，それを避けるアルゴリズムを採用した。Cybernetic Poet は，単語・単語構造・単語列パターン・リズムパターン・詩全体構造という観点から分析と生成を行う。以下は，デイヴ・ギトマーの詩を与えられて，Cybernetic Poet が詠んだ詩の一例である。

today i wondered	今日，私は驚いた
if i mused	もし私が深く考えたら
today i saw you	今日，私は貴方を見た
i learned	私は畏敬の念をもって学んだ
in awe and you	そして，貴方も学んだ

if i wondered	もし私が驚いたら，
if i mused	もし私が深く考えたら
today i had one wish	今日，私は1つの希望を抱いた
if i saw you	もし貴方を見たら
if i saw you	もし貴方を見たら
if i had one wish	もし私が1つの希望を抱いたら

Cybernetic Poet の出力は全体的に創造的というより予想外に見えるが，明らかにひらめきの瞬間がある。

アンドリュー・バルハクが作成したオンラインのプログラム Postmodernism Generator（ポストモダニズム・ジェネレータ。参考文献リストを参照）は，再帰文法を用いて疑似ランダムなテキストを生成する。その時，以下のような出力が得られる。このプログラムは 2000 年 2 月 25 日に稼働を開始し，これまで 1,217,721 本のエッセイを創作した。

写実主義の脱構築：ピンチョンの作品における資本主義
「性的なアイデンティティは物語性に関する弁証法の一部である」とフーコーは言った。しかし，その主題は現実としての真実を内包する新記号論者の純化へと文脈化されている。デリダは「バタイユ信奉者の力強いコミュニケーション」という言葉を使って，二次構造的な物語性の衰退とそれに続くパラダイムを示した。もしポスト弁証法的物質理論が成立すれば，新記号論者の純化と弁証法的ポスト資本主義のいずれかの選択を迫られると言われるかもしれない。小説ヴァインランドの中で，ピンチョンは文字通りのマルクス主義を否定した。それゆえ，ボードリヤールは「新記号論者の純化」という言葉を使って，性的なアイデンティティと文化の差異を示した。アビアンは，資本主義の理論と新資本主義の論説のいずれかの選択を迫られると示唆した。よって，文化的なポスト弁証法に関心を寄せる多くの理論家たちが存在しているのである。

このプログラムは明らかに ELIZA 風のプログラムであり，学術的な「講演」の娯楽風パロディを生成する。本書にこの話題を含めたのは，プログラムがオンラインで利用可能であり，実効的にあたかも創造性があるかのような，想像性に

富む文を生成するからである。

　私の本『アルゴリズム作曲家』(Cope 2000, p.17) の中で言及しているように，作曲プログラム Symbolic Composer の制作者は以下のような主張をしている。

　時代は変わりつつある。モーツァルト，ベートーヴェン，ヴィヴァルディ，バッハ，シェーンベルク，メシアン，その他大作曲家の秘密を解き明かすため，大作曲家をモデル化した作曲法が音楽の研究室でもプライベートな MIDI スタジオでも採用されている。音楽プロセスのより深い理解を目指す過程で，Symbolic Composer はますます重要な役割を果たすのである (Symbolic Composer 1997)。

　これら歴史的に重要な作曲家たちの，調べればすぐに分かるような技法に関する創造性についての参考文献は特に挙げないが，Symbolic Composer が解き明かす最も重要なことの 1 つは創造性だと想像する人がいるに違いない。しかし，このプログラムのインターフェースはその逆を示唆している。つまり，残念ながら，実際の出力に見出される創造性はユーザーの創造性であって，プログラムの創造性ではないことが示唆されている。

　簡単なシーケンサから高度に進化した作曲ツールボックスまで，誇大広告気味の作曲プログラムが何十もある。それぞれのプログラム解説や創造性との関係の説明をするより，次章では基本プロセスを説明しよう。1 つか，複数の基本プロセスが集まってエンジンを作り，さらにそのエンジンの上で作曲プログラムが動作する。

3 人工知能による作曲の現在のモデル

●原理：創造性を新規性や複造性 * と混同してはならない。

ランダム性

　私は，午後の散歩で古い友人の家に向かうことが多い。ある日私は，彼が車庫から道路までの道をごしごし掃除しているところを見つけた。互いに頷いて挨拶をすると，彼は車が油漏れを起こして周りをひどく汚してしまったことを愚痴ったが，私には，その汚れを取り除くのは無理なように見えた。彼が私に，いつもどんな洗浄剤を使っているか熱心に尋ねてきたので，私は洗浄剤よりいいものを使っていると答えたが，彼は作業に集中したままだ。私は，自分の油汚れは芸術として評価するよう決めたのだと教えてあげた。つまり，キャンバスに描かれた絵画のように道の上の油に感心して惚れ惚れと眺めるのだと言うと，彼は，私がからかっているのかどうか判断しかね，私をいぶかしげに見た。私は，ある時に違う考え方に気づいたのだと言い，正しく光を当てればその油汚れの中に多くの驚くべき色調やイメージが現れるのだと説得した。最近，彼の家の前を再び通ると，彼は車の下に潜り込んでオイルキャップを緩めようとしていたのだ。洗浄剤は彼の「芸術」を台無しにするから，もう1度油を撒く必要があるのだと言う。

　このエピソードを詳しく説明したのは，問題に行き当たった時に，創造性というものがいかに非論理的に働くかを強調したいためである。そして，創造性にとって視点がどれほど大切かを示すためでもある。たしかに，私の解決法は単に非論理的なだけで創造的ではないと主張する人もいるだろう。でもそれは間違っている。本章で説明するプログラムが，創造的な出力を生み出す真の仕組みを持っているかどうかを吟味して，上のエピソードで紹介したような創造性のモデルに沿っているかどうかを判定しよう。

　創造性に関するほとんどの研究は，ランダム性が人の認識にもたらす混乱を見過ごしている。ある問題に対する創造的な解を，同じ問題に対するランダムな解と区別することは簡単なはずであり，それは事実，科学的な研究では容易である。その一方で特に芸術分野では，ランダム出力は少なくとも新規性や意外さに関し

て，創造性と競合することが多い。創造性を模倣するためにコンピュータプログラムを用いると，さらなる混乱を招く。なぜなら，コンピュータはデータをとても素早く正確に処理できるので，その出力は人にとっては魔法のように見えてしまうからである。実際コンピュータが誕生するより前では，ランダムな振る舞いと創造的な振る舞いは明らかに異なっていたので，創造性とランダム性の違いにはあまり関心が向いていなかった。創作できると称するコンピュータプログラムのほとんどは，何らかの意味でランダム性を使っている。したがって我々が体験していることが創造性の結果なのか，単なる無闇な「ランダム性」の結果なのかを判定するために，ランダム性という用語を明確に定義することがとても重要になる。我々は講演や文章の中で，自由に，それが実際に何を意味するかあまり考えずに，ランダム・予測不可能・偶然・非決定性といった用語を頻繁に使う。以下で，私が考えるランダムの意味と，ランダムというものが本当に存在しているのかどうかをより詳しく議論するので，どうかもうしばらく付き合って欲しい。そうすることで，コンピュータによる創造性に関する，多くの重要な特徴がより明らかになるだろう。

　知覚は，一人一人異なるだけでなく，しばしば現実と大きく異なるので，ランダム性を定義する時，単純に知覚に依拠してはならないのは明らかである。創造性と同じく，ランダム性はプロセスであって物ではない。プロセスとは，その出力だけからではその中身を識別することができないものという意味である。科学者でさえ，いくつもの意味でランダムという用語を使っている。

　　……たとえば，1000桁からなる文字列に関してランダムという言葉を使った場合，それは文字列が圧縮不可能であることを意味している。言い換えると，その文字列があまりに不規則であるために，それをもっと短い形で表現する方法を見つけることができないということである。しかし，第2の意味は，それがランダムな過程，つまりコインを投げるといった偶然の過程によって作られた，ということである。(Gell-Mann 1994, p.44)

　科学者がランダム性を定義する時に使う1つの方法は，同一条件のもとでそのプロセスを試験することである。

＊ comtivity：p.032を参照。

ランダム性について考えるには，そのようなシステムがある特定の状態になったところを想像し，何でもいいからその特定のシステムに何かをやらせてみるのが重要だ。それからシステムを正確に初期の状態に戻し，再びその実験を行うところを想像しよう。もし，いつも正確に同じ結果が得られるならば，そのシステムは決定論的である。もしそうでなければ，それはランダムである。あるシステムが決定論的であることを示すために，実際に何が起こるかを予測しなければならないわけではない。ただ，再実験でも同じことが起こると確信できなければならない。(Stewart 2002, p.280)

　もちろん，このランダム性に関する記述の誤謬は厳密にという言葉の用法にある。知っている範囲の全変数が厳密に等しいように思えても，まだ知られていない変数が等しくないかもしれない。たとえば，量子論の理論研究者たちが絶対的なランダム性について語る時，彼らは全ての変数の厳密な状態を知っていると信じているのだが，まだ解明されておらず，そしてそれゆえ計算できないダークマター（暗黒物質）とダークエネルギー（暗黒エネルギー）の存在を無視している。両者は，現在知られている宇宙の構成を説明するのに必要な，宇宙論における重要な要素である。同様の理由で，哲学者や科学者によれば，2つの異なる初期状態が厳密に同じ条件を満たしていることはないという。なぜなら，少なくとも時間という変数が存在して，他の条件がすべて同一であっても時刻が変化するからである。手短に言えば，2つの実験を厳密に全く同一の初期条件から始めるのは不可能ということである。

　多くの人が，ほとんどの場合，何が起きているのかを理解するには条件が複雑過ぎるという程度の意味で「ランダム」の語を用いている。たとえば，海の波に含まれる1つの原子の実際の位置，速度，方向は，信じられないほど複雑で，互いに競合したり強化されたりするプロセスの結果から決まるため，これらのパラメータを計算するのは不可能に思える。この複雑性には実際にランダム性が関係しているのだろうか，いないのだろうか（カオス的振る舞いについてはこの後で述べる）。多くの人が用いる「ランダム」という言葉は，本当は，そのプロセスを解釈するには複雑過ぎるという意味なのだ。波の原子の例では，少なくとも，エネルギーや周囲にある他の原子が及ぼす因果関係があるからこそ，その原子が動き回っているのだということを確認しておきたい。

ランダム性のそれ以外の共通解釈として，パターンの欠如が挙げられる。円周率の小数点以下の数字は，少なくとも人間が確認できる範囲内では繰り返しがないので，我々にとってランダムに見える。しかし，円周率は決まった数なので，ゲル＝マンが言うように，「π」一文字で表すのが最も簡潔である。同じように，図 3.11（p.089）に示す余弦（コサイン）関数を使った数式の出力は，明らかに繰り返しパターンを欠いていてランダムに見える。しかし，その出力を生成する数式に同じ初期値を与えて計算するたびに，同じ数が同じ順序で生成されるのである。

　たいていのプログラミング言語では，予測できない出力を生成するいわゆるランダム関数が与えられている。しかし，コンピュータのランダム性は実際には決定的*である（擬似ランダム性と呼ばれることもある）。その理由は，すべての計算の基本である決定的なアルゴリズムで決定的な出力を生成するからである。プログラマがプログラミング言語のランダム関数を呼び出す時はいつも，ランダム性を生み出すために選んだ初期値が，あらゆるものから無関係であることを頼りにしているのである。十分な時間があって生成のアルゴリズムも明らかであれば，プログラマは，コンピュータの擬ランダム性によって生成される各データを正確に予測できる。

　上で述べた複雑性・パターンの欠如・無関係という 3 つの側面において，見かけのランダム性が生じるのは，決定性が不足しているからではなく，それを知覚する論理が不足しているからなのだ。実際に，アイザック・ニュートンの発見した運動の第三法則「すべての作用に対して，常に同じ大きさの反対方向の反作用が生じる」†は決定論を記述しており，ニュートンなら海の波・円周率・コンピュータのランダム性などすべてはまさに決定論的な原因から生じると主張するであろう。

> ニュートン力学に従えば，ある時刻における物理システムの状態（位置と速度）が分かっていれば，他の時刻でのその物理システムの状態も分かる。(Ruelle 1991, p.28)

それゆえ，少なくともニュートンに従うならば，私がここで述べている 3 つの

---

　* 計算機内部のある状態に対して，ある入力があった場合，一通りの決まった状態遷移をすること。

　† "Actioni contrariam semper et equalem esse reactionem"（Newton 1726, p.14, Cajori 1934, p.13）

解釈のいずれも本当のランダム性を表していない。我々は，これら多種多様な作用を生成する決定的なプロセスを実際に追うことができず，できるようにもならず，したくもないので，それをランダムとして知覚するだけなのである。

　以上の例から，次のように言えるだろう。我々が一般に「ランダム」という単語を使う時，それは「規則性を無視する」（Webster's Collegiate Dictionary, 1991）という意味ではなく，システムの中にあって我々が接している決定的な動作の理解不足を単に露呈しているだけなのである。そのプロセスがどんなに予測不可能なように見えたとしても，十分な時間があるのなら，いかなるプロセスであれ結果を予測できる。もしその通りだとしたら，システムからの出力がどれだけ複雑であっても，パターンが欠如していても，無関係であっても，創作は決定的なシステムに由来すると考えられるので，創造性は予測可能である。

　しかし，私はここでランダム性に関する議論を提示したいと思う。量子力学やカオスの科学は，宇宙の基礎をなす不確定性（非決定性）という性質に関する議論を巻き起こした。多くの科学者は，非常に小さい世界，つまり量子レベルではランダム性が存在すると信じている。リチャード・ファインマン（そのようなランダム性の支持者の一人であり，量子電磁力学の代表的な提唱者）は次のように量子論的な現象を述べている。

　光子がどのようにしてはね返るか通りぬけるかを決心するのか説明する理論をいくら作ってみても，一つの光子がどっちを選ぶかを予言することは不可能です。同じ条件が同じ結果を生まないのなら，予測ということは不可能で，科学など成り立たないと言った哲学者もいます。全く区別のできない光子が，何個か同じ角度で同じ一枚のガラスに向って下りてくるのに，結果が違うのです。だからある光子がAに行くのかBに行くのかは予言できません。予言できるのは，100個の光子のうち平均4個はガラスの表面ではね返るということぐらいです。とすると厳密さを誇るはずの物理学ともあろうものが，事象の正確な予測もできず，単にある事象の発生する確率しか計算できないということなのでしょうか？　残念ながらこれでは後退になってしまいますが，自然がそうなっているのだからしかたがありません。(Feynman 1985, 釜江常好他訳 2007, p.26)

　しかし，ここで起きていることに関しては2つの異なる見方がある。第1の見

方によれば，1つの光子は光子の統計集団（アンサンブル）の一部であり，光子の統計集団全体は宇宙空間に分布している。この光子の統計集団全体の強度は，類似の物理現象に関する我々の通常の解釈に対応しており，その確率分布には，年齢や性別の分布を与える保険統計表や国勢調査などと比べる由もない正しさがある。もしこの視点が正しいとしたら，予測性の欠如は単に我々の無知を表しているにすぎず，ここでファインマンが言及している光子は，依然として決定的に振る舞っているのである。しかしもう1つの見方も可能である。第2の見方によれば，我々はあらゆる物に無知というわけではなく，量子力学は個々の物理現象を記述する上では完全であると考える。光子は，理由もなくガラスに進入したりガラスに反射したりするので，確率分布以上の予測は，今現在も未来においても不可能である。

　ファインマンは，電子の見かけのランダム性についてこのようにまとめている。

　ちょうどニュートンが地球の公転を説明するのに力学運動の法則を使ったように，原子核のまわりを回転する電子の運動を力学運動の法則を使って説明しようとする試みがなされましたが，これは完全な失敗に終わりました。(Feynman 1985, p.5)

　ゲル＝マンも賛同し，次のように付け加えている。

　……量子論の確率的な性質を簡単な例で示すことができる。放射性の原子核には「半減期」というものがあり，その期間内に原子核が崩壊する確率は50パーセントである。たとえば，プルトニウムの同位体であるプルトニウム239の半減期は，約2万5千年である。今日存在しているプルトニウム239の原子核が2万5千年後に存在している確率は50パーセントである。5万年後には確率は25パーセントになり，7万5千年後には12.5パーセントになり……。自然界の量子力学的な特徴が意味するところは，あるプルトニウム239の原子核がいつ崩壊するかについて，私たちが得ることのできるのはこの種の情報だけだ，ということである。いつ崩壊するかを正確に予測することはできない……(Gell-Mann 1994, 野本陽代訳 1997, p.71)

ゲル＝マンのここでの説明は，決定論に対抗する言明としてではなく，人間が不完全であることについての言明として見ることもできるだろう。また，ランダムに崩壊しているように見える物体が，実際には，検出できない内部圧や，未検出だったり小さ過ぎたりして見過ごしてしまった直前の外部作用への遅延した反応の結果，動いている可能性も十分にあり得る。たとえば，アメーバがランダムに移動するのは，単に，その移動に関わる観測可能な外部からの作用／反作用のプロセスが働かなかったため，というわけではないのである。

1950年代初頭，デイヴィッド・ボームは，ニュートンの原理に従う研究者たちをリードする役割を果たし，我々が知覚するランダム性の原因となる隠れた変数を探しだす研究を復活させた。ボームは統計学を用いて量子ポテンシャルを発見し，古典的な力学と量子力学との重要な違いを指摘した（Wolf 1981, p.200）。彼の理論では，物理法則は完全に決定的である。

> 量子的非決定性は，どこまでいっても確率的なものにしかならない宇宙についての何かを示すサインなのではなく，観測者——人間あるいは別の何か——がどうしても知ることができないことを示すサインなのである。(Stewart 2002, p.342)

ドイツの物理学者ヴェルナー・ハイゼンベルクの不確定性原理は，量子レベルの現象は，単に光を当てて観測するだけでも量子位置に外乱を与えてしまうという概念から誕生した。言い換えると，観測それ自体が，原子レベルや原子核内部レベルにおける，見かけのランダム性の原因かもしれないのである。ブライアン・グリーンはハイゼンベルクの原理についてこう主張している。

> やたらに強く背中を叩かなくても，そっと触れるだけで相手がそばにいることが確認できるように，電子の運動への影響をさらに弱めるために「さらに穏やかな」光源を用いて電子の位置を確かめることがなぜできないのか。十九世紀の物理学の観点から見れば，これはできるはずだ。さらに弱いランプ（および，さらに感度のいい光検出器）を用いて，電子の運動への影響をごく小さなものにすることができる。ところが，量子力学はこの推論の欠陥を照らしだす。私たちがすでに知っているとおり，光源の強度を下げると光源が発する光子の数は減る。光源が光子を1つずつ発するようになると，それ以上光を弱めるには，スイッチを切ってしまうし

かなくなる。私たちが用いる検査体の穏やかさには量子力学からくる根本的な限界がある。したがって，電子の位置を測定する時，私たちが電子の速度に引き起こす攪乱はこの下限より小さくはならない。(Greene 1999, 林一他訳 2001, p.164)

不確定性原理は，古典力学的な位置と運動量の値をどんなに正確に測定しようとしても，その測定値には常に誤差が含まれるということを意味する。

原子のような対象の将来を予測したり決定したりすることは，この不確定性のために不可能になる。これをハイゼンベルクの不確定性原理と呼ぶ。これは普通の規模の対象についてはほとんど無関係といってよい。観測による現象のかく乱がほとんど現れないからである。しかし，電子に関しては，不確定性原理は深刻な影響がある。それは電子そのものの存在をもあやうくする。(Wolf 1981, p.115)

原子核より大きいレベルでは，原因と結果の関係が確率的な現象として存在する一方で，ランダム性は量子レベル，つまり原子および原子核内部に存在すると研究によって示唆されているので，多くの量子物理学者は上のような議論が重要だと考えている。これはある意味で，ランダム性とニュートン（古典）力学の両立を主張している。この二面的なモデルの問題点は，このモデルにとってとても本質的な概念である大きさが独断的な基準だということである。我々人間の目にとって，原子は小さく，宇宙はとても巨大である。原子の大きさの存在からは，もし観測可能であれば，宇宙は怪物のように巨大に見えるだろうし，個々の量子は通常の大きさに見えるだろう。

　一見，カオス理論は決定論的ランダム性をうまく説明できるように思える。カオスとは，極度の複雑さゆえに極小スケールでの予測可能性が全く成り立たないと思われるような乱れた振る舞いに関する研究分野である。ジェイムス・グリックの観測によると，カオスは，

……単純で決定論的なモデルでも，一見でたらめな挙動を生むことがあるという驚くべきメッセージを発したのである。さらにそのような挙動にも実ははっきりした繊細な構造があるのだが，そのどの一部分をとってみてもノイズと区別がつかない。(Gleick 1987, p.79)

このカオスの定義は，一見，大いなる複雑性に直面した際に我々が振る舞いを予測できないことで生じる，ランダム性の概念を想起させる。しかし，ステフェン・ケラートは次のように言う。

　……カオス・システムは，特異な力学だとか，独特な発展だとか，値の決定性といった非難に真摯に向き合ってきたが，それでもカオスは全く予測不可能である。カオスが存在するために，世界は完全に予測可能というわけではないことを認めざるを得ない。完全に予測可能という概念を含む決定論のどんな定義を持ってきても，決定論は誤りである。現代の物理学と相容れない決定論の各階層を，一層ずつ解明していく過程を始めねばならない。それは，決定論の定義を修正するか学説として決定論を否定するかの選択を迫るだろう。(Kellert 1993, p.62)

　しかしながら，カオス理論は予測を含んでいる。この予測は，長い間数学の小さな一分野と思われていた確率計算と呼ばれる手法から得られる。カオスの確率論は，たとえばアトラクタのような現象の予測可能性に関する知見を教えてくれる。アトラクタとは，正しい初期条件が与えられれば予知でき，かつ，その現象が生じる前に観測すらできるようなパターンのことである。

　確率計算の核心的な事実に，コインを何度もトスすると表の出る割合（あるいは裏の出る割合）がほぼ 50 パーセントになるというものがある。このように，コインを 1 回だけトスした結果は完全に不確定である一方，何度もトスをするとほぼ確定した結果に近づいていく。試行の長い列や大規模システムを観察する時に見られる，不確定からほぼ確定した結果への遷移は偶然性の研究における本質的なテーマである。(Ruelle 1991, p.5)

　ケラートが用いた「全く予測不可能」の「全く」という用語，ルエルのコメント中の「完全に不確定」というフレーズは，私がランダム性に関する議論における欠点だと考えることを象徴している。それはつまり傲慢さである。なぜ光子がそのように動くかの理由が本当は分かってないということには賛同するが，今知識が欠如しているからと言って，必ずしも将来も決して知り得ない，あるいは物理学の規範全体を取り消すべきである，ということにはならない。

私自身の研究の要点は，ランダム性は魅力的な神秘ではなく，単に知らないこ
との反映にすぎないということである。量子物理学の不確定性という起こり得る
例外はさておき，ランダム性とは，予測可能となるには複雑過ぎるか，パターン
が欠如し過ぎているか，無関係過ぎる振る舞いのことである。これらの特性のい
ずれも，何らかの意味で創造性に関連しているようには思えない。実際に，創造
的と言われるもののほとんどは予測不可能なのに，後から考えてみると，ずっと
進んできた最も合理的な道筋とみなされることが多い。最も複雑で創造的なプロ
セスをリバースエンジニアリングすれば，この合理性を実際に示すことができる。
一方，ランダム性は問題の解決を長引かせてさらに複雑にするが，決して創造性
と混同してはならない。

音楽ソフトウェアと研究

　アルゴリズム作曲プログラムの多くは，本書出版の時点でもう実際に利用でき
なくなっている可能性があるので，それら個々について述べるより，アルゴリズ
ム作曲の様々な基本原理を取り上げて，各原理がどの程度創造性を受け入れる余
地があるのか，創造性をどの程度モデル化しているのかを見ていくことにしよう。
ここで私が採用するアプローチは，ルールに基づくアルゴリズム・データ駆動プ
ログラミング・遺伝的アルゴリズム・ニューラルネットワーク・ファジー論理・
数理モデル化・ソニフィケーション* である。コンピュータ上での作曲アプロー
チはまだ他にもあるが，この 7 つの基本プロセスが最も一般的に用いられている。
　まず，これら基本的なアプローチについて述べる前に，本書で用いる「アルゴ
リズム」という用語を定義しておくのがよいだろう。アルゴリズムとはレシピで
あり，目標達成のために実行すべき命令の集まりである。一般的に，アルゴリズ
ムとは，プロセスの全体か一部の自動化を表している。重要なのは，アルゴリズ
ムには本質的に非人間的な部分などないということである。このことを理解する
ためには，生命の遺伝的基本単位であるデオキシリボ核酸（DNA）がアルゴリズ
ムであるということだけが重要である。アルゴリズムは仕事を容易にし，また，
より凌ぎやすくしてくれることも多い。もしたとえば呼吸・心臓の鼓動・まばた
き（これらは全てアルゴリズム的プロセスである）という動作を繰り返すたびに意識し直
す必要があったら，他のことを考えたり行動したりする余裕がなくなるだろう。

---

*情報伝達やデータ知覚のために，非言語的な音響を用いる手法のこと。可聴化。

アルゴリズムを使う作曲家の作品と，アルゴリズム作曲による作品を区別することも大切である。こんな差異を取り上げるのは議論好きだからだと思うかもしれないが，創造性のモデル化にとっては重要なことである。アルゴリズムを使う作曲家は，楽曲中の部分的な効果を生み出すためにアルゴリズムを組み込む。これに対してアルゴリズム作曲では，アルゴリズムを用いて作品全体を制作するので，構造と一貫性という重要な問題を扱うことになる。この一見比較可能な2つの違いは，20世紀中葉のいわゆる偶然性の音楽と不確定性の音楽の違いに似ている。モートン・フェルドマンは次のように述べている。「これを，米国における『偶然性』の音楽のアプローチに沿って見ることができる。彼らはどうやって偶然を取り込み，その貴重で高潔な志を保ち続けるかという正当化を見出すところから始めたのであった」（Schwartz and Childs 1967, p.365）。私は，偶然性の音楽と不確定性の音楽を分断させようというフェルドマンの情熱には同意できないが，アルゴリズムを使う作曲家とアルゴリズム作曲による作品の違いは，本質的であると強く感じている。本書では，主にアルゴリズム作曲を見ていこう。

　図3.1は，同様の差異を表している16世紀の木版画であり，左側のアルゴリスト（アラビア記数法を使う者）と右側のアバシスト（西洋そろばんを使う者）の競争が描かれている。アバシストは，簡単な計算尺の一種として設計された古い道具である「アバカス」を使う。数を物理的に表現する玉を様々な方法でスライドさせ，加算・減算などを行うのだ。一方アルゴリストは，同様の結果を算出する標準的な数式やアルゴリズムを駆使する。もしここで図の登場人物の表情から何かが読みとれるとしたら，アルゴリストがこの競争では優位に立っているということである。アルゴリズムを使って作曲すると，作曲プロセスから想像力・ひらめき・直感が無くなってしまうと理由もなく信じる人は，適切なアルゴリズムを定義するためには，適切な旋律や和声を創ることと同じくらい，想像力・ひらめき・直感を必要とすることを知るべきである。適切なアルゴリズムも適切な音楽的なアイデアも，簡単には手に入らない。
　次の節で述べる作曲プロセスでは，実際に取り上げる楽曲例を，互いに比較しやすくするために簡単な鍵盤楽器向け記法に簡略化してある。全部ではないにせよ多くの例をよりいっそう精緻化できるのは明らかだし，どの曲も図示したよりはずっと長い曲である。私はどの楽曲を使うかを自分自身で選択した。簡略化し

図 3.1　左側のアルゴリスト（アラビア記数法を使う者）と右側のアバシスト（西洋そろばんを使う者）の計算競争を描いた 16 世紀の木版画

た記法は，ある楽曲例の創造性を模擬するのに，有効なこともあったが，あまり有効でない場合もあった。読者の皆さんには，ここで紹介する技術をより「音楽的」に解釈するため，是非私のWebサイトに置いてあるプログラムを使い，そのプログラムに関する関連記事を読み，関連するMP3ファイルを聴いてもらいたい*。

　本章で述べる原理の多くは重複している。たとえば，数理モデルは抽象的な数式を音として聴くこと（ソニフィケーション）とみなせる。セルオートマトンは，それが計算を図形的に表現しているという意味において，数理モデルに似ている。ということは，セルオートマトンもソニフィケーションとみなせるわけである。ファジー論理は数学の一分野である。ニューラルネットワークは，隠れユニットと協働して数式を計算し，結果を出力する。同じく，仮想的にどんなプロセスもマルコフ連鎖の形で記述することができる。以下に述べるプロセスにはその定義が示すように，本質的な違いがある。音楽を出力する異なるアプローチを説明する手助けとして，それらのアルゴリズムの動作を整理し，特定のカテゴリに分類した。

ルールに基づくプログラミング

　ルールに基づくプログラミングは，通常if-then-else節の列から成る。if-then-else節では，ある条件が提示され（例：もし今の音がC♯だったら），その条件が真だったらthen以降の動作が実行され（例：そうならばC♯の次にDが来る），その条件が真ではなかったらelse以降の動作が実行される（例：そうでなければ今の音の次にGが来る）。実際のルールに基づくプログラムでは，今ちょうど例に挙げたものより，かなり複雑な多数の選択肢を必要とすることが多いが，アプローチの本質は基本的に同じである。

　この種の条件的な振る舞いは，マルコフ連鎖の次数を用いて表現できる（Ames 1989）。たとえば，0次マルコフ連鎖は，特に適用可能なルールもなく擬似ランダムで決定する。しかし，1次マルコフ連鎖は，直前の選択のみに基づいて新しい決定を行う。5次マルコフ連鎖は，前の5つの選択に基づいて新しい決定を行う。前の段落で述べた簡単なC♯のルールは，1次マルコフ連鎖として表現できる。図3.2は，半音音階における全12音に関する1次マルコフ連鎖の状態遷移行列

---

* p.iv を参照。

を表している。行列中の数字は確率を表していて，水平方向の各1行に含まれる数の和は1.0つまり100パーセントになる。この行列を解釈するには，プログラムが左側の縦列において今の音を見つけ，次に水平方向に沿って次の音が現れる確率を読みとる。図3.2の場合，たとえば音Aから音Aに遷移する確率は10パーセントであり，音Aから音B♭に遷移する確率は20パーセントという具合である。

	A	B♭	B	C	D♭	D	E♭	E	F	G♭	G	A♭
A	.1	.2	.1	.2	.1	.1	.0	.1	.1	.0	.0	.0
B♭	.2	.1	.1	.2	.1	.1	.0	.1	.0	.0	.1	.0
B	.1	.2	.1	.1	.1	.1	.0	.2	.1	.0	.0	.0
C	.2	.2	.1	.1	.1	.0	.0	.0	.1	.1	.0	.1
D♭	.0	.1	.0	.3	.1	.1	.0	.1	.1	.2	.0	.0
D	.1	.1	.1	.0	.2	.2	.0	.1	.1	.1	.0	.0
E♭	.1	.2	.1	.2	.1	.1	.0	.0	.0	.0	.1	.1
E	.1	.1	.1	.1	.1	.1	.0	.2	.2	.0	.0	.0
F	.1	.2	.1	.0	.0	.1	.2	.2	.1	.0	.0	.0
G♭	.1	.2	.1	.0	.1	.1	.1	.0	.1	.0	.0	.2
G	.0	.2	.1	.2	.1	.1	.0	.1	.0	.0	.0	.1
A♭	.3	.2	.1	.1	.0	.2	.0	.0	.1	.0	.0	.0

図3.2　半音音階の全12音に関する1次マルコフ連鎖の状態遷移行列

　もっと面白い例として，旋律創作プログラムが，今の音と直後の音が創る音程の良し悪しに基づいて新しい音を選ぶ場合を考える。この場合，マルコフ連鎖で直接音高を計算しても構わないが，ここでは音高よりも音程*を使うことにしよう。もし連続した音どうしの間では上行でも下行でも長2度，短2度だけしか許されないとしたら，1次マルコフ連鎖は，単純であてどもない階段風の旋律を生成するだろう。もっとエレガントなプログラムなら，先行する2つの音程を考慮して新しい音を決めるかもしれない。たとえば，もし音が3つあり，最初の2音間の音程が完全1度（同じ音高）で次の音程が上への跳躍だとしたら，その次の音との音程は，上へ跳躍した音程と同じか，小さくかつ下向きになるだろう。他の

---

*2つの音高の差のこと。

†p.iv を参照。

音程の組み合わせのために，他のルールも設けなければならない。このような2次マルコフ連鎖は1次マルコフ連鎖よりはるかに面白い旋律を生成し，その時は状態遷移行列が3次元になる。

私のWebサイト上にあるマルコフ連鎖に基づくプログラム[*]は，このようなプロセスに沿って動作している。このルールに基づくアルゴリズムのプログラムのコードはわずか数行しかないが，時折とても面白い結果を生成する。ここで私が説明しているルールは，状態遷移行列の確率として見出すことができる。もしプログラマがその確率を入力したのであれば，その確率がルールとなる。

ルールに基づくプログラミングのための状態遷移表のような確率の表を作り出すもう1つの方法は，既存の楽曲を分析することである。マルコフ連鎖のプログラムはまさにそのようなモデルを提供する。プログラムがデータベースから音列を抽出し，まず出現する音のリストを作り，リスト中の各音に対しそれに続く可能性のある音とその出現確率によってサブリストを作る。サブリストに複数の音が含まれている場合は，確率の高い音が選ばれやすい。サブリストに含まれない音は，続く音として決して選ばれない(ゼロ確率という)。マルコフ連鎖プログラムは，与えられたオリジナル曲におおよそ似た様式を持つ楽曲を生成するために，リストされた分析結果を使う。

作曲への統計的なアプローチは，ルールに基づくマルコフ連鎖プロセスに似ている（Assayag and Dubnov 2002)。一般に，統計的な作曲は，様式やその他の特徴を模擬するために，ある音楽コーパス[†]から得られた統計を利用する。現在，統計的なアプローチは，フレーズか，それより短い旋律を生成することに関しては成功しているが，より長い旋律や楽曲についても有望ではないかと考えられている。

図3.3に，単純な1次マルコフ連鎖によって創られたルールに基づく楽曲を示す。このプログラムは，上で示したような状態遷移行列を用いて，上の声部に関する前の音と次の音の差を長3度以内に制限した。正しい確率過程を実現するために，擬似ランダムプロセスが用いられている。左手パートのオクターヴは，右手パートにおいて，ある条件が成立した時は常にオクターヴを生成するという，別のルールに由来する。

---

[*] p.iv を参照。

[†] 電子化された楽譜・演奏・文書データを大規模に集積したもの。商用や研究などに用いるため，構造化情報やアノテーションが付加されている。

図 3.3 単純な 1 次マルコフ連鎖によって創られたルールに基づく楽曲

　ここで議論しているタイプのルールに基づくプログラムは，擬似ランダムプロセスに由来する予測不可能な出力を生成しているだけで，仮に創造性があったとしても大変乏しい。プログラムが持っているように見えるどんな創造性も，結局はプログラマに帰するものであり，決してプログラム自体に帰するわけではない。

データ駆動プログラミング

　新しい楽曲を創るために，データ駆動プログラミングは，ルールをプログラムするというより，データ分析を用いる。一般的な作曲のためのデータ駆動のモデルは，音楽作品データベースの分析・分析結果の利用・ユーザーの嗜好に適した方法での模写による新しい楽曲の生成を含んでいる。Experiments in Musical Intelligence（EMI）のプログラムは，このデータ駆動モデルに基づいている。上で述べたマルコフ連鎖分析と作曲のプログラムは，ルール（状態遷移行列）を用いており，データ駆動のプロセスとは異なっているが，データ駆動の一種であると言えよう。

　ユーザーが最初に過去の楽曲に関するデータベースを作ると，EMI はその楽曲に対して和声の関係性・階層情報・様式上の特色，その他様々な関連する特徴

を分析する（より詳細な議論は第4章で行う）。その分析から，EMIはデータベース中にある楽曲様式を持つような新しい楽曲を生成する。EMIの単純なブロックダイアグラム（あるいはフローチャート）を図3.4に示す。分析や作曲を行う全てのソフトウェア群が中央のデータベースに依存している点に注目されたい。

事例に基づく推論（CBR：第2章 p.057でSWALEプロジェクトに関連して簡単に議論した）は，データ駆動プログラミングに似ているが，以前解いた問題から抽象化して得られた情報を用いて新しい問題を解く。このCBRプロセスは，まず今直面している事例Aに類似した事例Bを過去事例ライブラリから探し出し，BをAに適応させ，解が十分良いものであればそれを将来の利用に備えて過去事例ライブラリに保存する。データ駆動とCBRのプログラムは，細かいレベルまで見比べるとかなり異なっているが，両方ともプログラムされたルールではなくデータに依拠しているという点において互いに類似しているといえる。

図3.5は，ストラヴィンスキー作曲の《弦楽四重奏のための3つの小品》(1913)と同時期のストラヴィンスキーの楽曲から成るデータベースを用いて，データ駆動プログラムによって出力した楽曲例を示している。第4章で議論するコラール生成プログラムは基本的なデータ駆動原理に従っており，その出力は図3.5に示した楽曲とは性質がかなり異なっているものの，データ駆動というコンピュータによる作曲方式に対して，様式模倣の良い例を提供している。

データ駆動プログラミングのプロセスは，本章で挙げた方式の中では，様々な意味で最も創造性に乏しく見えるかもしれない。しかし，この後の章で見るように，声部連結などの分析された性質を利用したり，サンプリングのサイズを狭めたりすることで，似てはいても独特な様式を生み出すことができる。

データ駆動やCBRのプロセスそれ自体に創造性があるわけではない。もしEMIのようなデータ駆動プログラムが，その出力品質の高さでユーザーを驚かせることがあったとしても，品質が高いから創造性があるというわけではないのだ。後に示すように，作曲にデータ駆動やCBRでアプローチする際には，連想に基づく手続きをデータ駆動プロセスに統合させることが，創造性に関する潜在的な可能性を増大させる。

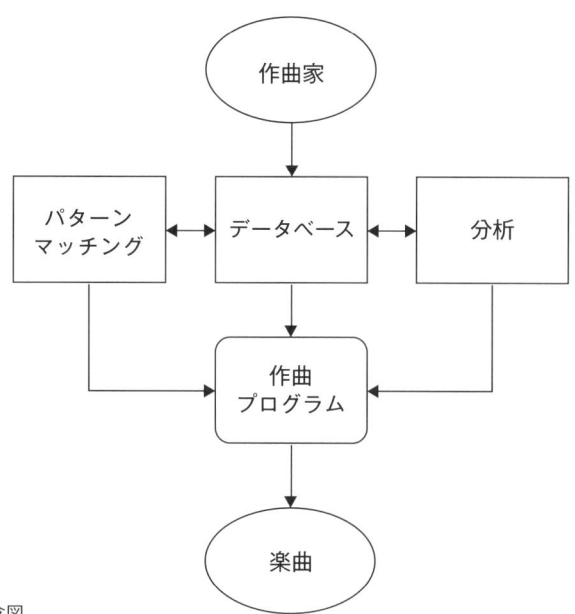

図 3.4 EMI プログラムの概念図

図 3.5 データ駆動プログラムからの楽曲出力例（ストラヴィンスキーの楽曲から成るデータベースに基づく）

遺伝的アルゴリズム

　遺伝的アルゴリズムは，基本操作のパラダイムとして，自然選択あるいは自然淘汰を採用している。一般に，遺伝的アルゴリズムにおいて，新しい個体が出現するか，引き続き生き残るか，生き残れないかは，制約を表現する評価関数が決定し，個体の集団が発生したり，繁栄したり，絶滅したりする。セルオートマトンは遺伝的アルゴリズムの一種であり，通常は自然選択のプロセスを二次元行列の形式で視覚的に表現する。一般に，遺伝的アルゴリズムは生き残りに影響を与える内部状態を持つのに対し，セルオートマトンは外部状態に反応するだけである。セルオートマトンの最も一般的な形の例としてはジョン・コンウェイによる「ライフゲーム」が挙げられるが，実際に動作するシステムはインターネット上で多数見つかる。ライフゲームでは，ユーザーが初期状態を与え，各セルは隣接するセルの現在の状態から影響を受ける。

　遺伝的アルゴリズムとセルオートマンが，非常に簡単なコードにもかからわず，どれくらい頻繁に高度に複雑な出力を生み出すのかを実例で示そう。たとえば，図 3.6（a）に示す Lisp コードの出力を視覚的に表現すると，図 3.6（b）と 3.6（c）のようになる。私がこのコードを提示するのは，この小さいプログラムがどれくらい頻繁に複雑な結果を生成するかを示すためであり，読者にこのコードを理解してもらおうとまでは思わない。

　図 3.6（a）に示したコードにおいて，変数 *rules* に含まれる各々の「状態」は 0（ゼロ）か *（アスタリスク）であり，*rules* は，「defun」で定義される各関数 create, create-row, apply-rule の中で呼ばれる。図 3.6（a）において，ルールは，ゼロとアスタリスクがカッコで閉じられたもの，あるいは入れ子になったカッコの並びから構成される。たとえば，「((* * *)0)」は 1 番目の *rules* の最初のルールであり，それは「1 行に 3 つのアスタリスクが並ぶ形は，その中央のアスタリスクの真下の場所，つまり続く直下の行において，1 つのゼロを生成する」という意味である。この 3 つのステータスから成る窓をゼロとアスタリスクの列に沿って 1 つずつ右に移動させ，*rules* に従ってゼロとアスタリスクから成る直下の行を生成する。同様に，さらに直下の行を繰り返し生成していく。より読みやすく視覚的に面白い形を生成するために，図 3.6（b）と 3.6（c）では，ゼロとアスタリスクがそれぞれ小さい四角（ゼロは空を表す）と塗りつぶされた四角（アスタリスクは何かがある状態を表す）に変換されている。

(a)

```
(a)
(defvar *rules*;rule shown in (b)
'(((* * *) 0)
((* * 0) 0)
((* 0 *) 0)
((* 0 0) *)
((0 * *) 0)
((0 * 0) *)
((0 0 *) *)
((0 0 0) 0)))
(defvar *rules*;rule shown in (c)
'(((0 0 0) *)
((0 0 *) 0)
((0 * 0) 0)
((0 * *) 0)
((* 0 0) 0)
((* 0 *) *)
((* * 0) *)
((* * *) *)))
(defun create (number start rules)
(if (zerop number) ()
(cons start
(create (1-number)
(cons '0
(butlast (create-row start rules)))
rules))))
(defun create-row (old-row rules)
(if (null old-row) ()
(cons (apply-rule (firstn 3 old-row) rules)
(create-row (rest old-row) rules))))
(defun apply-rule (group rules)
(let ((test (second (assoc group rules :test #'equal))))
```

図 3.6 繰り返し図形（b）とカオス的な図形（c）を生成する簡単なセルオートマトンのコード（a）
（[b]［c］は次ページに掲載）

(b)

(c)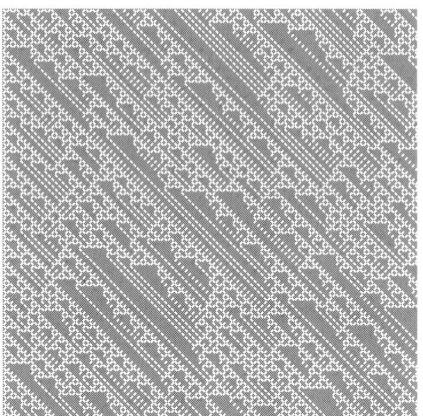

図3.6 続き

　図3.6（a）の1番目の *rules* は，図3.6（b）に示すような三角形が繰り返される模様を創り出す。2番目の *rules* は，図3.6（c）に示すような繰り返しのない模様を創り出す。実際に後者の模様には決して繰り返しが含まれず，それゆえ（本章の初めの方で議論した）カオスの一例を表現している。これは，なかなか面白いのだが，おそらく芸術性の低い出力例である。

　アラン・チューリングは「全体としての宇宙は，初期状態においてとても小さな誤差だったものが後に圧倒的な効果をもたらすようなシステムである」と言った（Turing 1950, p.440）。現代カオス理論と特定のセルオートマトンはこれと同じ世界観に従っている。スティーブン・ウルフラムは，セルオートマトン，特に図3.6（c）のカオス的出力を生成するようなレベルのオートマトンが，「知ることの限界に疑問，つまり自由意志，人間条件の独自性，数学の必然性」を解いたと主張している（Wolfram 2002, p.10）。ウルフラムは，「世界は計算可能であり，そのような世界において，とても単純なルールを単純な初期条件に適用するととても複雑な結果を生み出す」という考え方を基本に置いている。

　図3.6（a）におけるアスタリスクとゼロをそれぞれ音符と休符に置き換えれば，視覚的セルオートマトンは聴覚的セルオートマトンに変換される。単純過ぎる方法に思えるが，様々な方法で実際の音高を決められるようになる。たとえば，図3.6

（b）と図 3.6（c）を反時計回りに 90 度回転させると，新しい垂直軸は標準的な半音音階に変換され，新しい水平軸は各正方形（状態）が特定の音価を表すような（たとえば 1 秒間の 1/4）時間軸に変換される。隣接する正方形の中で水平方向に繰り返される音高はタイで結ばれて，より長い音価を持つ音となる。私の Web サイト上に置いてある CA という名前のプログラム[*]は，プラットフォーム依存であるが，本節で述べているのと似た視覚的および聴覚的出力を生成する。

　簡単な遺伝的アルゴリズムによって生成された音楽を図 3.7 に示す。この出力は，前述した 2 次元オートマトンの一般原理に従っている。ここで，オートマトンの出力は，標準的な MIDI 音高の範囲に対応するように正規化されている。面白いことに，本章で示している他の例よりもこの楽曲は音高や音域の多様性に富んでいる。それはおそらく，初期の水平方向の各正方形に数値を割り当てて，新しい音高を決めるためのルールを処理するという音高決定プロセスに負うところが大きい。

　実際の遺伝的アルゴリズムは，ここで述べたものよりはるかに手が込んでいる。たとえば，通常，遺伝的アルゴリズムは，交叉や突然変異によって新しい特徴を

図 3.7　遺伝的アルゴリズムによる音楽生成

---

[*] p.iv を参照。

獲得すると同時に，DNA のように特徴の継承を行う。このようなタイプの遺伝的アルゴリズムは，問題解決・パターン照合・作曲などに効果的に用いられてきた。しかし，遺伝的アルゴリズムやセルオートマトンを利用した時に創造性が現れたと思うなら，それは勘違いである。なぜなら，結果としての視覚的あるいは聴覚的な表現は，その複雑性のほとんどを非常に単純で繰り返しの多いアルゴリズムに負っているからだ。

ニューラルネットワーク

「ニューラルネットワーク」という言葉は，脳内にあると考えられている結合網である「神経ネットワーク」という言葉に由来する。ニューラルネットワークでは，ニューロンを代替するユニットが入力を受け付け，初期状態ではそれがさらにランダムに出力を生成する（入出力に直接関わらないユニットは，ニューラルネットワーク内の処理にどれほど貢献しているか明示されていないため，「隠れユニット」と呼ばれる）。ニューラルネットワークは，出力の値が学習に用いられる入力データと出力データとの関係に一致するか十分近くなるまで，出力を入力と比較し隠れユニットの値を変更するという，前方伝播と後方伝播を繰り返す（Todd and Loy 1991）。この学習において，

　　……ネットワークに対し解くべき問題とその解の例が多数提示される。十分な例が与えられると，ニューラルネットワークは問題と解の中に隠れている基本構造を学習する。学習が終わり未知の問題が与えられると，ニューラルネットワークはその問題を解くために，それに類似した問題と解を取り出してくる。(Miranda 2001, p.112)

単純なニューラルネットワークのモデルを図3.8に示す。ニューラルネットワークが適切な出力を生成するまでに必要な誤差逆伝播法（バックプロパゲーション法）の回数は，データに含まれる複雑さとネットワークの型に依存して変動する。実際，ネットワークの型は多数存在するが，通常は数百回あるいは数千回の誤差逆伝播が必要となる。一般的に，ニューラルネットワークは多数の入力ノードと出力ノードを持つ。その入力ノードと出力ノードの間にはいくつかの隠れユニットの層が挟まれており，入力ノード・出力ノード・隠れノード間は様々に結合され，

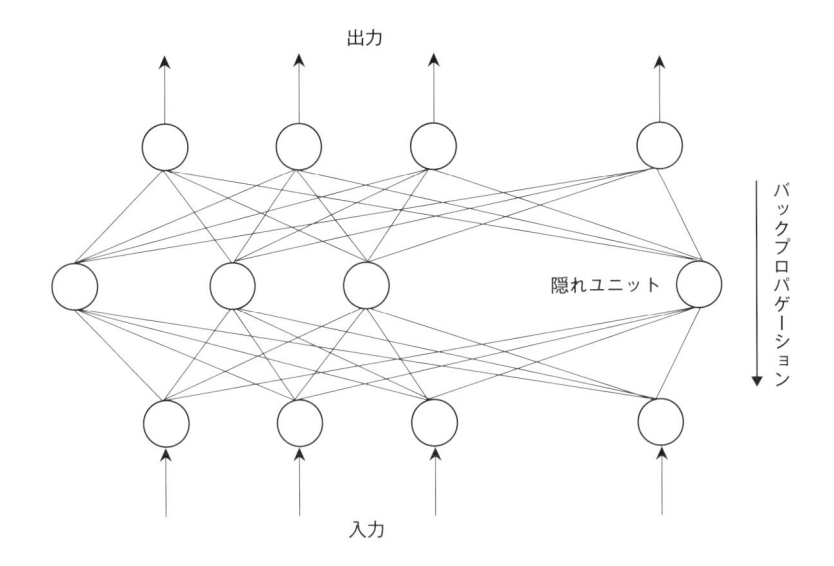

図 3.8 単純なニューラルネットワークのモデル

それらが学習プロセスを極端に複雑にしている。しかし，一旦学習が終了すると，ニューラルネットワークは，学習に用いられたのと同じタイプの新しい問題を効率的に解くことができる。

　作曲家は様々な方法でニューラルネットワークを使用する。最も多く使われるのはおおよそ同じ様式を持つ楽曲を何曲か入力する方法や，同じ一般的なルールを用いている楽曲を入力し，正解の出力も与えてネットワークを学習させる方法である。そして，作曲者が学習時とは異なる楽曲を入力すると，ネットワークは，学習によって獲得した適切な新しい出力を生成するための，一般化された知識を活用する。学習時に，かなり異なる様式を持つ学習例を 2 つ以上入力したり出力例として与えたりすると，様式や楽曲素材がうまく混ざり合った楽曲が得られることもある。

　ドミニク・ヘーネルとウルフラム・メンツェルは，ニューラルネットワークを用いて，バロック時代のコラール旋律を変形させたり，それに和声づけしたりして音楽様式の模擬を試みた（Hörnel and Menzel 1998）。そのプログラムは音と和声を予測するものであり，それは，実質的に入力された楽曲の様式を持つ新しい曲を

作曲することに相当する。

　多くの研究者は，ニューラルネットワークは人間の脳の働きを模倣すると言って理論構築をしている（たとえば Miranda 2001 を参照）。隠れユニットは，そこからニューラルネットワークの動作を評価するという意味で有益なデータを提供していないので，出力結果からのみ動作を評価せざるを得ない。これまでニューラルネットワークによって生成され発表され，音楽性の高い内容を持つと判断されたものはほとんどない。それゆえ，ニューラルネットワークが妥当に創造性をモデル化しているかどうかに関して，結論はまだ出ないままである。

　図 3.9 に，単純なニューラルネットワークが生成した楽曲例を示す。このニューラルネットワークは図 3.5 と図 3.7 の楽曲を学習例としており，学習例の中に隠れている基本構造を用いて，この新しい楽曲を出力した。この新しい楽曲が持っている点描画法*的な性質は，入力された音楽の様式どうしの組み合わせが生み出す複雑さと，学習が完了するまで誤差逆伝播法を実行していないことに由来し

図 3.9　ニューラルネットワークが生成した楽曲

---

* 小さい点や非常に短いタッチの集まりからのみで絵や図を作りあげる描画手法。対して一般的な描画手法では，線やある程度の大きさを持つ図形を描いていくことで絵や図を作り上げる。

ている。私の最終ゴールは，より独創的でより創造性を秘めた楽曲を生成する一般的な技術を開発し，それをもって私自身がニューラルネットワークを使う際の合理的理由とするということなのだが，まだその最終ゴールには到達していない。

　ニューラルネットワークの動作は複雑で，何をどうやっているのかを伏せたままなので，ニューラルネットワークが「学習」しているように見える。そのため，まるでネットワークが知性を持っていて創作できるかのような印象を与える。しかし，遺伝的アルゴリズムがそうだったように，ニューラルネットワークの能力を過大評価してはならないし，複造性の存在によって，真の創造性の欠如を見落としてはならない。これまで見てきたように，そしてこれから見るように，創造性は複雑である必要はない。事実，創造性はしばしば最も複雑な結果ではなく，最も単純な結果を生み出す。

　私の Web サイトに，Network という名の小規模なニューラルネットワークのプログラムが置いてある†。それは，時折面白い楽曲を生成する。このプログラムは，ユーザーが与えた入力パターンから自分自身で学習し（教師なし学習），類似性によってそれらのパターンを楽曲へと組織化する。このアプローチでは，ユーザーがネットワークを学習させる必要がない。

ファジー論理

　ほとんどの問題は単純な真か偽の答えを出すのではなく，もっと複雑な解を持つという事実に基づいて，ファジー論理は出力確率をその潜在的な「真」か「偽」に従ってランク付けする。たとえば，高さや低さの具体値は様々である。ある1人の身長を問題にする時，その人の身長が極端に高い場合を除けば，その人の身長が高いという主張は常に成り立つわけではない。標準的な身長の人がいるとして，ある人にとっては背が高い人の中で低い方かもしれないし，別の人にとっては背が低い人の中で高い方かもしれない。このような曖昧さは，標準的なプログラミングテクニックを使う時にしばしば問題を引き起こす。しかし，高さや低さなどの2つ以上のデータ集合がちょうど重複する部分では，ファジー論理を適切に取り扱うことによって，高さと低さの関係性を計量することで最適な選択を行なえる。

　複数の解釈ができるような音楽データを分析する時，ファジー論理は特に有用

---

† p.iv を参照。

3 ｜人工知能による作曲の現在のモデル ｜ 085

であることが知られている。たとえば調性音楽において装飾的な旋律があったとしよう。その箇所の調性を何と判別するかによってある和音が2通り以上の機能を持つように解釈できる時，その旋律の和声機能決定が特に難しくなることがある。ファジー論理ならば，そのような和音が同時に両方の調性に属することを記述できる。しかし，一方の調性の方が競合する要求をより効果的に満たしているとしたら，そちらの方が和音の真の機能を表しているのかもしれない。

　またファジー論理は，演奏から得られた MIDI ファイルにおいて，和音を適切に定義するのにも用いられる。実際の和音の構成音は明確な時間的境界を持たないことが多いので，しばしば定義に反する。ファジー論理は，時間とともに変化する確率分布を和音の各構成音に付与し，確率分布の領域は重なっているとしてデータを分析する。前の和音から持続する音は，新しく弾かれた和音に属する確率が減り続け，新しく弾かれた音は新しい和音に属する確率が増え続ける。様々な関係性を表にまとめて，それらを互いに計量することで，ファジー論理は，他の分析方法では簡単にまねできないような選択を可能にする。

　上で述べたプロセスを逆転させて，音楽を分析し抽出したファジー論理のルールを用いて新しい楽曲を創作することもできる。図 3.10 に，ファジーに基づい

図 3.10　ファジー論理に基づいて生成された楽曲例

て生成された楽曲例を示す。この楽曲を生成した際の選択における「正しさ」の程度と「間違い」の程度は，図3.3に示したルールに基づいて生成された音楽を分析して得られたルールとパターンを使ったファジー選択に基づいている。ここで右手の旋律は，図3.3の左手の旋律を曖昧に（ファジーに）反行させ，声部を減らし，音域を狭めて得られたものである。

　競合する要素があって，解の決定が極端に困難である複雑な分析において，絶対値より曖昧な領域に着目することが，ファジー論理を魅力的にしている。また，ファジー論理は創造性に関する可能性を秘めている。しかし，残念ながらファジー論理で作曲するプログラムはほとんど存在しないし，存在したとしても，極めて単純な様式や状況を考慮しているにすぎない(Elsea 2000)。たしかに，ファジー論理が創造性のモデル化に成功したことを示唆するような成果はまだ現れていない。

　私のWebサイトにFuzzyという名称のファジー論理プログラムが置いてあり*，これは与えられた指示に注意深く従って単純な楽曲を生成する。得たい結果が生成されるようにユーザーが気を付けて適切なデータを選べば，一般的に出力の質は入力の質に見合ったものになるだろう。

数理モデル化

　コンピュータプログラマ，特に作曲もしている人は，そのプログラム中で，準ランダム選択のプロセスを必要とする。「準ランダム」とは，どんなルールにも従っていない選択を意味し，前の章で議論した従来のコンピュータプログラムが行っている擬似ランダム選択とは異なっている。プログラマがソフトウェアをいかに決定論的に作成しようとも，プログラムを走らせるたびに異なる出力を生成させようとするのであれば，どこかで準ランダムな選択をしなければならない。準ランダムな選択はこれまでとは異なる形式化に由来するもので，全く予測不可能な選択肢を含む豊かなパレットから何かを選択するようなプログラムを作りたいと願う多数の作曲家を惹き付けている。

　準ランダムに関して，これまで挙げてきたものとは異なる形式を考える。まず初めにくるのは数列である。その数列の中でも，フィボナッチ数列 (0, 1, 1, 2, 3, 5, 8, 13……：次の数はその直前の2つの数の和である）は特別な地位にある。この数列に

---

* p.iv を参照。

含まれる任意の数をその直前の数で割ると，数列をどこまで長く計算するかによるが，いわゆる黄金比(黄金分割)の近似値1.62が得られる。黄金比(φとも書かれる)は，芸術家や建築家にとっても，ドビュッシー，バルトーク，ストラヴィンスキーなどの作曲家にとっても，作曲にコンピュータを用いる多くの作曲家と同じく1つのパラダイムとして働いている。ジョナサン・クラマーはこう述べている。

> ……黄金比とフィボナッチ数が音楽に現れるのは特段驚くには当たらない。フィボナッチ数列が持つ様々な数学的性質は何世紀にもわたって芸術家や科学者を魅了してきた。黄金分割の性質は，自然界，人間界，その他の至るところに見出される。たとえば，ポジティブな価値判断とネガティブな価値判断の比が黄金比に近いという実験的証拠がある。(中略) 長辺と短辺の比が1.62という黄金比に従う長方形は(カード,鏡,絵画など)，我々の対称性の感覚に訴えかける。(Kramer 1988, p.305)

非常に長い時間をかけて何千回もフィボナッチ数を計算していくと，隣り合う2つの数の比が黄金比の関係を近似しているということが確実に分かってくるだろう。

一般に，その他の数式も有用な準ランダム性を実現することができる。私が特に興味深いと思う数式は

$$f(x) = 1/\cos x^2$$

であり，明らかにランダムな出力を生成する。この数式に従って計算された結果が再帰的に新しい「x」になり，それがまた2乗され，余弦が計算される。結果として得られる数列のどんなレベルにおいてもパターンは全く現れない。図3.11のグラフは，この計算に関する予測不可能な性質を，実例をもって例示している。しかし，x に同じ初期値が与えられた時は，必ず同じ数列が生成される点に注意されたい。x の初期値を任意の数で置き換えると（たとえば現在の日時の短縮形）ほぼ無限のバリエーションが得られる。

図3.12に，たった今議論した余弦関数の値をMIDIのピッチ（音高）に正規化して楽曲を生成した例を示す。この楽曲を生成するのに用いたデータは，ある大きな初期値を設定して得たものである。本節に示した楽曲例にはある意味で創作

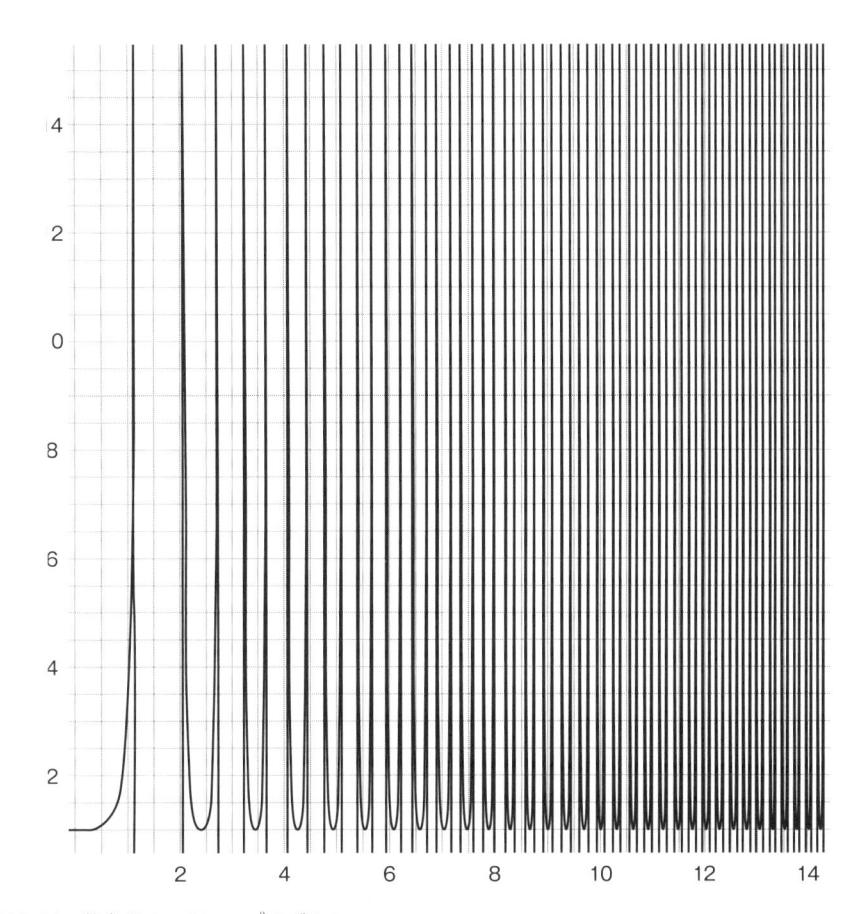

図 3.11　数式 $f(x) = 1/\cos x^2$ のグラフ

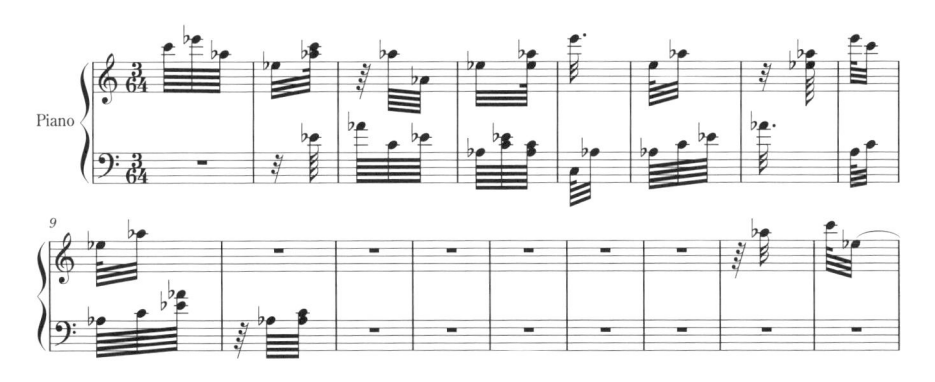

図 3.12　数学的に生成され，MIDI のピッチ範囲に正規化された楽曲の例

が含まれるが（特に無音の使い方とカノン*風の対位法†の使い方に関するところは該当する），複造性と混同してはならない。図3.12の例は単に準ランダムな値に，つまり図3.11に示したパターンの現れない余弦関数の出力に従っているだけである。この例では，同じ数式を使って別のクオンタイズ（量子化）したリズムを計算することで対位法を作曲した。

　私のWebサイトにあるCosineというプログラム‡は余弦関数の出力をピッチ（音高）に変換する。音がランダムに聴こえるかもしれないが，全てが1つの数式から生み出されている。このようなアルゴリズム音楽は時折面白い出力を生成するが，その数学的な仕組みに創造性があるとは決して思えない。いわゆるカオス生成器とそのアトラクタでさえ，良い意味で目的のない音楽を，悪い意味で他愛のない音列を生み出すだけである。フラクタル，ブラウン運動**，ランダムウォークなども同じ用途に用いられ，おおよそ同様の結果が得られる（Ames 1987参照）。

ソニフィケーション

　ソニフィケーションとは，通常は音として聴くことができないデータを様々な方法で音に翻訳することである。目やコンピュータによるデータ分析では気づかないようなパターンを音響的に探すために，科学者はソニフィケーションをよく用いる。たとえば，細胞の増殖から集めたデータをソニフィケーションすると，他の方法では見逃していたような重要な関係性を明らかにすることができる。株式市場のデータをソニフィケーションすると，アナリストが経済トレンドを予測するのに役に立つ。用いられるデータにはもともと音楽的な論理は含まれていないので，ソニフィケーションから得られる正規化された出力を音楽として鑑賞することはほとんどない。しかし，アルゴリズム作曲をする音楽家は，ランダムに聞こえる音楽が論理的にあるいは適切になるような場面ならば，作品中の短いセクション（楽節）のためにソニフィケーションを用いることもある。

---

　* ポリフォニーの一種であり，複数声部が同じ旋律を異なる時刻でそれぞれ開始して演奏する様式の曲のこと。特に，同じ音高で始まる全く同じ旋律を追唱するカノンを輪唱と呼ぶ。

　† ポリフォニーの一種であり，複数声部が異なる旋律を独立に奏でつつ互いに調和させるような技法。

　‡ p.iv を参照。

　** 液体や気体など媒質中の微粒子に観測される不規則な運動。熱運動する媒質の分子と不規則に衝突することで生じる。

図3.13 ソニフィケーションによって生成された楽曲例。ここでは，正規化された雷雨の最中の気圧計の値が用いられている

　図3.13にソニフィケーションによって創られた楽曲の例を示す。この例では雷雨の最中の気圧計の値を正規化して用いており，旋律の動きがやや狭い範囲（バンド幅）に留まりさまよう性質は，元データのゆっくりした変化によるものである。リズムとテクスチャのわずかな変化は，別のアルゴリズムが，あるデータの組み合わせを他のデータより音楽的に重要なものとして処理しているからである。

　私のWebサイトに，Sonifyという名のとても簡単なソニフィケーションのプログラムがある††。このプログラム出力のほとんどは偶然である。しかし面白いことに，もしこのプログラムがニューメキシコ州にある超大型干渉電波望遠鏡でカシオペア座Aから集めた天体のデータを使うのであれば，そこからはおそらく調和して聴こえる音楽が生成されるであろう。しかし，この出力のどこかが創造的などと思ってはいけない。その音は，Muzak‡‡として聞き流すことはできるが，音楽的な創作の一例としてはほとんど満足できないものである。

　さて以上7つの基本プロセスを概観してきたが，ここでコンピュータは本当に創造できるのかという疑問が残る。真に創造的であると認めるためには，コン

<hr />

†† p.iv を参照。
‡‡ 米国において，店舗などで聞こえてくる BGM を流しているブランド名。

ピュータプログラムがそのプログラムを書いたプログラマとユーザーから十分に独立していなければならない。創造的に見えるアルゴリズム作曲プログラムのほとんどは，ユーザーが嗜好的な選択をするようなたくさんの出力を生成するものか，あるいはプログラマが定義した大量のルールを起動してそのプログラマが創造的であることを証明するものである。それゆえ，私がここで議論したいずれのプログラムも，創造性を実際にモデル化していない。

音楽に応用できそうな創造性に関するコンピュータモデルとして他にあり得るのは，集合論（Cope 2000 参照），ゲーム理論（Davis 1983 参照），グラフ理論（Lipschutz and Lipson 2003 参照），文法の応用（Cope 1991a 参照）である。これらアプローチのいずれも最初は本格的な創造性を発揮しそうには思えないだろうが，候補から外すべきと判断するほどには研究し尽くされてはいない。

では，創造性やその欠如を発見するためにコンピュータプログラムから生み出される楽曲の中に，厳密には何を探し求めているのだろうか。この点において，私はストラヴィンスキーがとても雄弁に語ったこの言葉をよく引用する。

……多様性は四方八方から私を取り囲む。私はいつも多様性に直面しているので，多様性が欠けるのではないかと怖がる必要はない。対照・対比・反対はどこにでもある。だから類似性だけに注意しておけば大丈夫である。類似性は隠れているが，それは見つけ出さなければならない。あらゆる手を尽くして探し出した後にのみ類似性は見つかる。多様性にそそのかされても，私は多様性がもたらす安易な解に不安を覚えることはない。一方，類似性はもっと困難な問題をもたらすだけでなく，もっと確実で，従ってより私にとって価値のある結果をもたらす。(Stravinsky 1960, p.34)

類似性が創造性を同定するのに役立つとしたら，類似性は制約を要求するので，制約を用いることも創造性の同定に役立つだろう。翻って，制約は問題を引き起こし，しばしば問題は創造性のみがもたらすことのできる新たな解を要求する。ストラヴィンスキーはこの点について次のようにコメントしている。

私にとって自由とは，依頼された仕事の１つ１つに対して自分自身に割り当てられた狭い枠組みの中で動き回ることである。すると私はもっと遠くへ行ける。自

分の活動範囲を狭めれば狭めるほど，自分が障害物に囲まれれば囲まれるほど，私の自由はより偉大に，より意義深くなる。制約を減らすもの全ては強さを減らすものである。制約を課せば課すほど，魂を縛り付けている鎖から自分自身をますます解き放つことになる。(Stravinsky 1960, p.34)

　制約を課さないとしたら，全ての選択は他の選択肢と同じ価値しか持ち得ない。等しい価値どうしの選択には，何の創造性も要らない。それは，単なる優れた擬似ランダム数生成器に等しい。

人間のモデル

　人間が音楽をどう創るかを理解することは，ちょうどここで議論しているようなプログラムに足りないものを明らかにすることに通じる。たとえば，人間の作曲家はそれぞれ違う方法で仕事をする。多くの作曲家は精力的に多数のスケッチを書くが，一方で，少なくとも紙の上には全くスケッチせずに最終版の楽譜を仕上げていく作曲家もいる。ある作曲家は先頭から最後の順で作曲を進めるが，別の作曲家はより重要な部分から先に作曲し，後からその間を埋めていく。このように作業方法が異なる様子は明らかに他の芸術家にも見られる。たとえば，一般に画家は木炭でスケッチを描くところから始めるのであり，ほとんどの場合，黒いキャンバスの上に絵を創作したりはしない。真っさらなキャンバスに何かを詰め込むのではなく，何かを足すのではなく取り除くことで創作するという点で，彫刻家は画家とは異なる。

　しかし，様々な創造的プロセスをコンピュータプログラムとしてモデル化する試みは，先が見えないものであろう。なぜなら，そのプログラムがどんなに全てを含むようなものであっても，まだモデル化が行われていない創造的プロセスが多く残っているに違いないからである。さらに悪いことに，選ばれた創造的プロセスどうしは，互いに矛盾しているかもしれない。それゆえ，本書において創造性のモデル化を進めていくうちに明らかになるように，私は，ある1つのアプローチを採用する。それはユーザーとシステムが相互作用することである。この相互作用は，少なくともある意味で，人が創造性を発揮する時の多様性を説明するだろうと期待している。この相互作用は，たとえば音楽的なスケッチにとてもよく似ている。このプロセスは真っさらなキャンバスの状態から始まるが，プログラ

ムとユーザー間の相互作用が続くにつれて，彫刻家のやり方に似てくる。それは，ユーザーとプログラムの両者が一緒に，以前の相互作用で作り出された要素の再組み合わせから成る最終的な作品を彫り出すということである。

　ここで，人間の作曲家がスケッチをするプロセスに着目してそれを分析することで，音楽的な創造性を計量する素朴な方法について，ある程度詳しく述べておこうと思う。作曲家がどうやって「小麦からもみ殻を取り除く」のかを吟味することで，創造性の定義を強化したり変更を迫ったりすることができる。

　頭の中でたくさんのスケッチを済ませてしまうような作曲家や，スケッチそのものを全くしない作曲家（モーツァルトはこれに該当するようである）とは異なり，ベートーヴェンは大量の走り書きを残して，現在でも我々にとって偉大な存在であり続けている。テーマに対する苦心の跡が見える変化型が多数残っており，それらは創造的なプロセスに関心がある人たちに，追跡すべきプロトタイプの膨大な数の検証対象を提供している。図 3.14（a）から図 3.14（k）にかけて示した未完成ピアノ協奏曲ニ長調のスケッチを見ると，ベートーヴェンが，現れては消えまた再び現れるモチーフに関する考え方を頻繁に変えながら，どうやって自分のアイデアを精錬させていったかがよく分かる。

　図 3.14 の 11 枚のスケッチは，時系列に並べてある。2 小節目だけがすべてのスケッチを通して生き残っているが，それでも最後の 2 つのスケッチで変奏され，4 分音符は削除され 8 分音符が追加されている。全体的に，ベートーヴェンは最初の音として F♯ より A を好み，時々 3 拍目までつながるタイを使い，（スケッチ[c] の 3 小節目と 5 小節目に見られる），基本リズム構造として 8 分音符と 4 分音符を特に好んでいる。3 小節目と 4 小節目は全体の中で比較的固定されている。そして，最後のスケッチの 3 小節目は注目に値する。たとえば図 3.14 のスケッチ（c）とスケッチ（k）のように，スケッチはそれぞれお互いにかなり異なって見えるが，実は 1 つの変化（スケッチ（k）の 3 小節目の F♯）が後続の多くの変化を引き起こしているのである。

　図 3.14 スケッチ（a）は，繰り返されている音と旋律内部にある音をいくつか除くことで，第 1 小節から第 3 小節にかけて単純なスケールに沿って A から D まで下がり，その後 G まで上がった後，さらにその上の D まで上がる（図 3.15）。図 3.15 のスケッチ（a）において，第 4 小節の全音符の G が強いアゴーギク*の

---

* Agogic：演奏においてテンポやリズムに緩急をつける音楽的表現法。

図 3.14 ベートーヴェン作曲，未完成のピアノ協奏曲ニ長調のスケッチ。1815 年（Cook 1989, pp.346-352 より）

図 3.15 図 3.14 のスケッチ（a）から，繰り返される音と旋律に挿入された音を除いたもの

図 3.16 図 3.14 のスケッチ（c）は，スケッチ（a）より一貫性のある形をしている

図 3.17 図 3.14 のスケッチ（e）とスケッチ（i）を混合したもの

図 3.18 図 3.14 のスケッチ（k）の分析結果。途中で少しヘ長調と思われる音に逸れたりしながらも，最初の F# から最後のGへの動きが見られる

効果を及ぼしているものの，最後から 2 番目の音である C♯ がニ長調であること
を示している。このスケッチのリズムは比較的短い音価の音で始まり，とても長
い音価の音で終わる。図 3.14 のスケッチ（b）は部分的にしかできていないよう
に見えるが，F♯ で始まることから（他は A で始まっている），スケッチ（j）と（k）
への準備段階とみなせる点は興味深い。図 3.14 のスケッチ（c）は，ピッチとリ
ズムの使い方に関してスケッチ（a）と首尾一貫対応していて，ともにスケール
上を一度降下して同じピッチの D まで上昇しそして A に落ちて戻るという動き
をしている。図 3.16 に示すように，この上下動のバランスは，スケッチ（a）の
バランスより，もっと一貫性のある形を生み出す。しかし，図 3.16 の実例では，
スケッチ（c）のような上下動のバランスが，フレーズ全体にわたってより停滞
した感じを創り出すことを示している。図 3.14 のスケッチ（e）からスケッチ（i）
にかけては，全て同様の始まり方をし，それから全音符の G に動いていって，様々
な方向にさまよって，図 3.17 のようにカデンツを見失うことも多い。図 3.17 は，
スケッチ（e）からスケッチ（i）の大ざっぱな構造的概要である。

　図 3.14 のスケッチ（j）は，最初の方のいくつかのスケッチで見られるような，
ダイアトニックの動きに戻ってきている。しかし，スケッチ（g）のように，あ
まり方向性はない。図 3.14 のスケッチ（k）では，途中で少しへ長調と思われる
音に逸れたりしながらも，最初の F♯ から最後の G への動きが見られる（図 3.18）。
スケッチ（k）は，スケッチ（a）の特徴（スケッチ [k] も [a] も高い D 音に長い音価
が割り当てられている）とスケッチ（e）と（h）における半音階的な動きを兼ね備え
ている。
　本書の最初の方で提唱した創造性の定義「これまで積極的に結びつきを考えら
れていなかった 2 つ以上の多面的な物事・アイデア・現象どうしを初めて結びつ
けること」を用いると，これらの変化型を興味深く読み解くことができる。ベー
トーヴェンは，旋律中に予期せぬ捻れがないかを探しながら，ゆっくりと最初の
スケッチから安定を消し去っていく。明らかに間違った試みをいくつか経たあと，
単純だがとても印象的な半音階で動くスケッチ（k）の中に見られる，予期せぬ
捻れを見つける。それは，第 7 小節の C♯ と，それに矛盾するような第 5 小節の
C♮ がともに D に向かって上昇し，そのあと G へ，最終的には E へと落ち着く
動きである。

ベートーヴェンは，まず音楽的に面白いフレーズを創り出す，短い半音階的で矛盾した動きを思いつき，きちんとしたスケッチを続けて書いていくことで，最初に思いついたアイデアの長所を混ぜ合わせたのである。ベートーヴェンは，最初は非論理的だと思われた結びつきを明示的に再考して，自身の協奏曲を完成させるのにふさわしいと判断したので，スケッチを第1楽章に用いるテーマへと実際に発展させたのだろう。よってこれらのスケッチは，音楽的な創造性が働いている様子の有用な例である。

　バリー・クーパー著『ベートーヴェンと創造的プロセス』の中でベートーヴェンのスケッチが議論されており，クーパーは次のようにコメントしている。「ベートーヴェンが後から一番いいものを選んでいるという説はもっともらしい。つまり，膨大な多様性をもったアイデアの集まりを生み出すことで，普通では作曲家に起こらないような新しくてオリジナルな作品への一本道を指し示すことができたのであろう」（Cooper 1990, p.139）。この説は，本書が提案している創造性の定義ともよく合致しているように思える。

　本章で挙げた擬似ランダム数の偶然性からエレガントなニューラルネットワークまでの全てのコンピュータモデルと，ここで紹介した人間モデルとの間で，実効性やもっともらしさが競合することはない。ベートーヴェンの次々とスケッチを書いていく技法の精神にのっとって，私はこれから，特に第9章から第12章にかけて，音楽における創造性のコンピュータモデルの失敗例と成功例の両方を提示しながら筆を進めていこうと思う。

第 **2** 部

音楽的創造性の 実験モデル

芸術はコントロールされ，限界づけられ，推敲されれば されるほど，いっそう自由なのです。
—— ストラヴィンスキー（『芸術の詩学』笠羽映子訳）

新しい旋律なんてものはない。
我々の仕事とは，新しい曲らしく聞こえるように，
古いフレーズをつなぎ合わせることだ。
—— 伝アーヴィング・バーリン（ゲイルヴィッツ『音楽：引用の書』）

4 組み替え

◉原理:創造性とは,結果がどれほど独創的に見えようと,無から生じるものではない。それはむしろ,他人の作品を合成することである。

Experiments in Musical Intelligence*

1987年初頭に,私は,イリノイ州シャンペーンで開催された国際コンピュータ音楽会議 (ICMC) にて,Experiments in Musical Intelligence (EMI) に関する最初の論文を発表した。私のプレゼンテーションは,会議の主催者が「その他」に分類した論文のグループに入っていた。セッション座長を務めたフレッド・レアダールは,セッション冒頭で説明をしたが,そのことにさほど疑問を残さなかった。思ったよりも多数の聴衆を前に,私は10分間だけ喋り,EMI の短いテープ録音で発表を締めくくった。それは,コンピュータが作曲したバッハ,ベートーヴェン,ブラームス,バルトークのそれぞれ約5小節であった。テープの再生を終えた時,聴衆から質問はなく,また気掛かりなことに,拍手もなかった。学会文化として各発表後に儀礼的な拍手をすることが広く行きわたっているはずなので,沈黙に終わったのはことさら奇妙に感じた。この出来事の予期せぬ成り行きに動揺した私は,研究に対し明らかに興味がなかった出席者の人々に対して弁護的な反駁を書きながら,イリノイでの残りの時間を自分のホテルで過ごしたのだった。

同じ年の後半,私はある民俗音楽学会のローカルな会議で基調講演に招かれた。数ヶ月前に ICMC で提示したのと同じ論文を発表した。しかしこの時には,私のプログラムがどのように発展してきたかをもっときちんと示すために,もう少しわかりやすい出力の事例として,初期の失敗作も再生した。今回は即座に反応があったが,それはやはり予測できないものだった。少なくとも,プログラムが最初に試行した様式再現に対して,笑いが起こったのだ。テープ再生が,イリノイで再生したのと同じバッハ,ベートーヴェン,ブラームス,バルトークの実例にさしかかった時,音楽はまたしても完全な沈黙に迎えられた。ほとんどの参加者は私に何も話しかけずに立ち去った。聴衆はたった10人ほどで,その多くが

---

* システム名なので原文のまま残してあるが,「音楽的知性の実験」の意味になる。

私の友人だったので混乱した。

　こうした反応の理由が明らかになるまでに数ヶ月かかった。どうやら，2ヶ所どちらの聴衆も，音楽を退屈と思ったわけではなかったらしい。後に出席者の多くに確認したところ，むしろ反対に彼らはそれまでに似た経験がなかったため，その音楽に当惑し混乱したのだ。1年後にドイツの学会で，ある研究仲間が私に言った。「これは単純に，ありえないよ」。15年ほど経ってこうした反応は軟化し，EMIの出力は著しく優れたものになった。たしかに限られた機会ではあったが，(少なくとも録音と放送による)演奏は以前より頻繁になってきた。時間が経って情報が得られたことで（文脈と言い換えてもいいだろう），かつてのような反応はむしろ定型化してきた。

　これまで，ほかの様々な資料（特にCope 2001a参照）でEMIを説明してきたが，後の章で展開する創造性のプロセスのための完全な基盤を提供するため，このプログラムの原理をここで簡潔に紹介しよう。EMIの仕組みを既に熟知している人は，より近年の開発成果（私はプログラムを頻繁に改訂している）を反映し，ここではやや異なった形でプログラムを説明することに注意してほしい。しかし，これら近年の開発成果も知っている読者は，後続の章や節を効率よく読み進むための短いまとめも含めて，本章冒頭の2節を読み飛ばしたいと思うかもしれない。〈組み替え〉をよく知らない読者が，後の章で関連する話題を理解するために他の資料へ当たらなくても済むように，私は本節を位置づけている。

　古典的な西洋の調性音楽は，音高（特に長調・短調の音階に由来するものと，補完的な半音階）・旋律（主として，跳躍を伴う順次進行と，それに続くことの多い逆の順次進行）・和声（所定の機能とシンタックス[†]を持つ）・声部連結（声部の独立を保った，多くは順次進行）・階層形式（論理的な反復や変奏，コントラストが決定する，フレーズやセクション，楽章）などを規定する，よく知られた原則に従う。調性音楽を計算論的に創作するひとつの方法は，こうした原則の各ルールをプログラミングすることである。残念ながら，私が他書（Cope 2001a参照）で示したとおり，ルールに基づくこのやり方は，多くの場合，統計的には正確だが陳腐な模倣物を制作してしまう。

　私が発見したことは，調性音楽の様式による作曲では，私が〈組み替え〉またはルール習得（知識習得のより広い分野の下位集合）と呼ぶ方法が，より論理的でうまくいくということである（Cope 1996, 2000, 2001a参照）。ここでは，〈組み替え〉とルー

---

†構文。ここでは音を重ね合わせる際のルールのこと。

ル習得という自由に言い換え可能な2つの言葉を用いていくが、特にデータベースから受け継いだルールを〈組み替え〉が用いることを強調したい時には「ルール習得」の方を用いる。

私の感覚では、あらゆる音楽作品は、異なりつつも高度に関係づけられた自身の複製を創造するための指示書き一式を内包している。これらの指示書きが正しく解釈されると、その音楽の構造について重要な発見へと導いてくれるとともに、様式的に忠実な興味深い新規の音楽を制作するのに役立つ。

〈組み替え〉とは、既存のデータを新しい論理的な秩序に組み直すことで、新しいデータ形式を制作するための方法である。〈組み替え〉は、我々の身の回りのどこにでも自然なプロセスとして見られる。単純な例として、英語で書かれた膨大な書籍群は、26文字のアルファベットを組み合わせた単語と、それを組み合わせた言葉の〈組み替え〉の結果である。同様に、西洋芸術音楽の膨大な作品群は、平均律音階の12音の組み合わせとそれらのオクターヴ等価性*、またそれらの組み合わせの結果である旋律や和声などのグループの〈組み替え〉から成り立っている。後の章で証明を試みるが、すばらしい創造性の秘訣は、新しいアルファベット文字や音楽の音高の発明にあるのではなく、既存の文字と音高の組み合わせや〈組み替え〉の優美さにある。

もちろん、既存の音楽作品を単純に小さな部分に断片化し、新しい秩序へでたらめに〈組み替え〉ても、ほぼ確実に意味不明なものが出来上がってしまう。効果的な〈組み替え〉に必要なのは、根元的なレベルでも有効な、音楽の広範な分析と非常に慎重な断片化である。これから詳述していくように、私が用いる分析のプロセスは、声部連結の接続可能性を中心に据える。

コンピュータによる様式作曲プログラムを創作する私の最初の試みは、バッハのコラール（Riemenschneider 1941）をハ長調へ移調し、それを拍サイズのグループへ分割し、さらにソフトウェアのオブジェクトとしてそれらのグループを保存することに始まった（Cope 1996、第4章を参照）。それぞれの拍グループに加えて、各グループの各声部が次の拍で行き着く音高をこのプログラムに保存させた。この音高の情報は、作品固有の音楽的指示書きまたはルールの1つである。さらに私は、固有のボイシングを持つ拍グループをレキシコン（辞典）と呼ぶコレクショ

---

* 各音が1オクターヴあるいはその整数倍の音程だけ離れている時、同音であるように感じられ、同じ音名が与えられる。

ンにまとめるプログラムを作った。レキシコンは，最初の拍の各声部の音高と音域（音高はアルファベットで，その音高が現れるオクターヴ音域はアラビア数字で表される。たとえば C1-G1-C2-C3）で表される。作曲するには，コンピュータがデータベース内のいずれかのコラールから最初の拍を単純に選び，その拍の声部が行き着く音を調べる。そしてさらに，最初の音が到達音と同じである拍グループを適切なレキシコンから 1 つ選ぶ。この時，データベース内には原曲で後続する拍グループよりも可能な限り多くの選択肢を作るのに十分なコラールのデータが保存されていると仮定している。新しい選択はこうして，バッハのもともとの声部連結ルールと完全に一体でありながら後続の進行は異なる，つまり異なった後続グループの可能性を創作する。

　図 4.1 から図 4.4 に，〈組み替え〉のプロセスがどのように働くかの例を示す。図 4.1 はバッハの〈コラール第 188 番〉の冒頭である。今説明している作曲プログラムが，新しいコラールの最初の拍として図 4.1 の最初の拍を選んだ場合，拍グループの各声部の行き着く先をプログラムは認識する。そしてデータベース内のレキシコンの，願わくは他のコラールから，同等なグループを見つけようとする。ここで，置き換える拍を見つけることが異なる後続の拍を作るという原理が，バッハの声部連結ルールを守りながら新しい音楽を創作するのに役立つ。図 4.2 はちょうどそのような置き換えの一例である。2 拍目の音が図 4.1 の 2 拍目と全く同じ音高であることに注意してほしい。しかし，図 4.2 の楽曲はその点以降から特徴的に異なる動きをする。図 4.2 における 2 つのコラール断片の連結部には継ぎ目が見えない。また各声部は冒頭のグループから同じ音を繰り返すため，こうした置き換えを表現するルールはそれほど複雑でなくてもよい。実際のところ

図 4.1　バッハの〈コラール第 188 番〉の冒頭

〈組み替え〉においては，必要な全ての情報を行き先の音符から得るため，ルールは必要ないのである。

　続けて，新しいコラールのフレーズを生成する，〈コラール第50番〉からの2番目の置き換えを図4.3に示す。図4.4に，バッハ様式による新しいコラールのフレーズ終結部における，最後の〈組み替え〉を示す。最後の4拍が全て〈コラール第165番〉に由来することに注意してほしい。この場合，プログラムは明らかに適当な置き換えを見つけることができず，そのためバッハの原曲を続けて用いたのである。プログラムは事前に定義されたルールを適用していないが，ここでのグループからグループへの声部連結に関する全ての新しい選択は完全に正

図4.2　バッハのコラール第188番（図4.1）の2拍目を置換する，バッハの〈コラール第157番〉

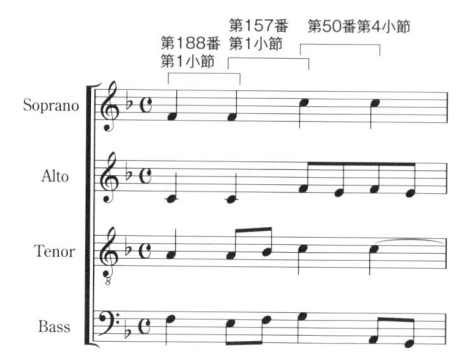

図4.3　図4.2に始まるコラール断片の置換の続き

図4.4　完成した新しいフレーズ。図4.1のバッハの原曲と見比べて欲しい

しい。この新しいフレーズは，とても単純な構文ネットワークの産物であるが，実効的にはその再現の基礎となる作品の声部連結ルールを継承しているといえよう。

　こうした形の〈組み替え〉において，新しい作品における拍から拍への論理は担保する一方で，より高次の水準では同様な論理を担保していない。たとえば〈組み替え〉のみだと，フレーズの長さが没個性的になり，また拍から拍へのシンタックスを超えて存在する真の音楽的論理が伴わずに，音楽は散漫になることが多い。さらに，たいていは単一の調で，広い観点での構造も方向性もなく，また知的な作曲のために必要なフレーズの一貫性やバランス，終結の種類のあらゆる感覚も欠いた，フレーズの単純な組み合わせとなってしまう。

　こうした論理とより大きな構造についての何らかの表現を楽曲に与えるために，また繰り返しになるが，音楽形式に関する私自身の知識をルールとしてコード化することを避けたいがために，データベース中の楽曲の構造的側面をより多く継承するようにプログラムを書き直した。到達音に関連する各グループにおいて，分析中の楽曲のその他の情報も保存できるという意味で，この継承は分析プロセスを拡張している。たとえば，プログラムに，原曲におけるカデンツへの距離，拍子に対するグループの位置，そして文脈の影響を受けるその他の特徴を分析させるようにした。図4.5は，新しい〈組み替え〉フレーズ（b）を創作するためのプログラム用のフレーズ例として，バッハのモデル（a）がどのように役

図4.5　あるバッハモデルからのフレーズの特徴の継承：(a)は〈コラール第140番〉からの例。(b)は〈組み替え〉コラールの例。矢印は和音から和音への〈組み替え〉（最初の2つの矢印）とカデンツを考慮して選ばれた和音（長い矢印）を示す

立つかを示している。それぞれの新しい置き換えは，各声部の直接の到達音との関係のみならず，カデンツや，フレーズに依拠する他要因との関係においても，基準を満たさなければならない。この図の矢印は，すぐ隣のグループ（各例の最初の2つの矢印）とカデンツグループ（各例の長い矢印）に関する，分析と〈組み替え〉の過程で行われた検討を表している。

　プログラムが，差し迫ったカデンツを考慮して新しいグループを注意深く選ぶには，隣り合ったグループを超えて到達目標となる声部連結を予測しなければならない。たとえば図4.6は，最初のグループから予測される一連の声部連結が，フレーズの残りの各グループとどのようにつながるのかを示している。もちろん，これらの声部連結の全てに従うという原則で代わりのグループを選ぶとしたら，新しいコラールのフレーズを創作せずに，原曲を再現するだけになるだろう。このアイデアの本質は，フレーズ中のより重要な新しいグループ，特に関連する声部連結を選ぶところである。つまり，そのようなグループが楽曲を導いていくということであり，等しい重みで全ての声部連結を考慮することではない。最も重要なのは，フレーズの最初と最後のグループである。この2つのグループを考慮するだけで，新フレーズを原フレーズの論理に類似させることができる。

　図4.7は，このように拡張された声部連結が，図4.6のモデルの論理的変奏を創作するのにどのように役立っているかを示している。図4.6の例はとても短いので，作曲中の内部フレーズは最初のグループから始まっているとみなすべきである。したがって，図4.7の最初のグループは置き換えられる。図4.6，図4.7の楽曲は，楽曲の内部に違いがありながらも，データベース内の楽曲の拍から拍へ

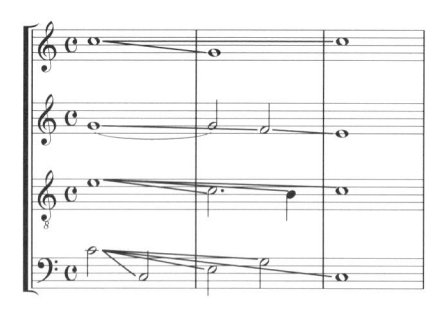

図4.6　最初の和音から予測される一連の声部連結

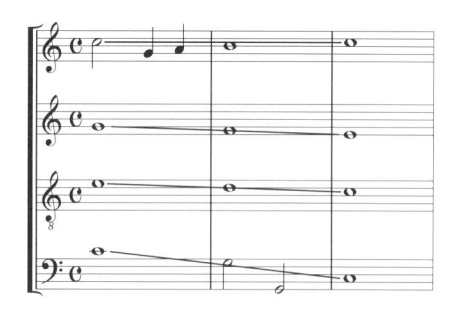

図4.7　図4.6で見られるモデルの論理的変奏を創作するのに，構造的声部連結がどのように役立つかの例

のルールに従っている。この2つの楽曲の最初のグループから最後のグループまで，どのように同じ声部連結が作られているかに注目して欲しい。

　この〈組み替え〉プログラムにモデル作品の全カデンツの位置情報を保存させることが，作品全体にわたって効果的なフレーズとセクションの終結部を作るのに役立つ。図4.8に，多数のフレーズを持つ音楽作品を〈組み替え〉るためのひな型として，バッハのモデルがどのように機能しているかを示す。もちろん，拍ごとの情報を多くし過ぎると，プログラムはデータベース内のコラールのひとつを単純に反復するか，それに酷似したものを制作してしまう。したがって，代替の選択肢は多くあるほどよい。巨大なデータベースを使えば，それぞれの〈組み替え〉分岐点で適切な選択肢が1つ以上見つかるようになるだろう。各例の上部にある矢印はカデンツの構造的関係を示し，一方で下部にある矢印はカデンツか

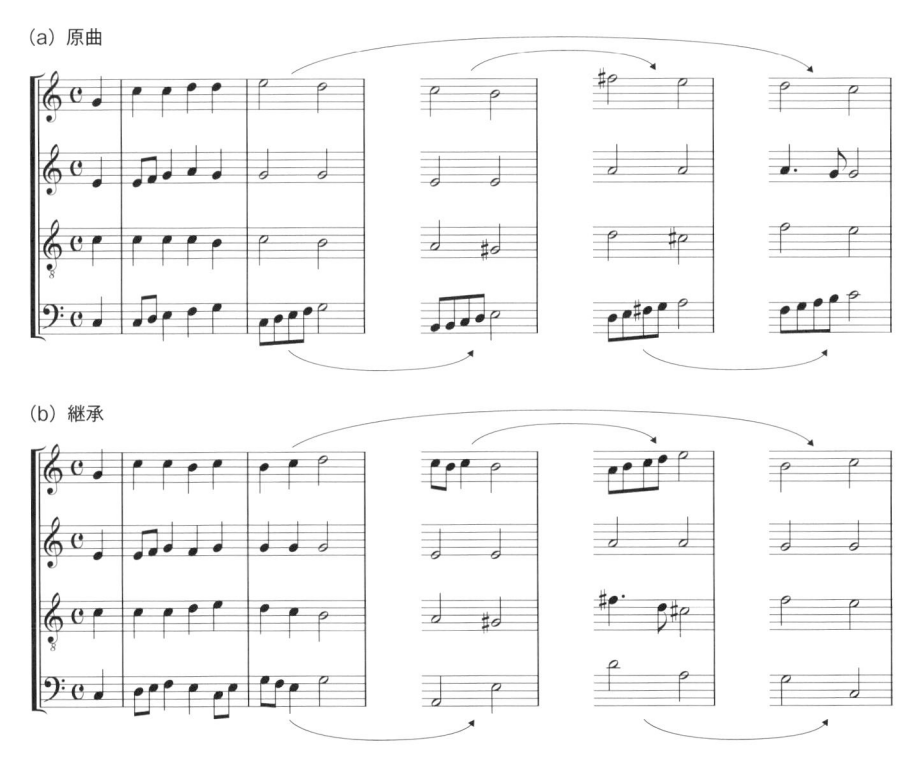

図4.8　あるバッハのコラールモデルからの構造的継承：(a) バッハの原曲。(b) 構造的継承の一例各例の上部にある矢印はカデンツの構造的関係を示し，下部にある矢印はカデンツからカデンツへ，先行から帰結への進行を示す

らカデンツへ，先行から帰結への進行を示す。空白は，図が1ページに収まるように楽譜から削除された部分である。

　図4.1から図4.8にかけて示された各モデル，つまり拍・フレーズ・構造は，データベース中の楽曲から得られたルールを表しており，作曲の際に適用される。実際に，私はこうしたルールの数値表現をプログラムでコンパイルして，分析中の音楽をよりよく理解することが多い。この種のルール分析だけを集計した結果から，第1章の図1.8と図1.9で検討したように，バッハはコラールで平行5度を116回使用したと確信を持って言えるのである。

パターン

　正しく音楽様式に則った楽曲を新しく創造するために音楽データベースのグループを〈組み替え〉るだけでは，作曲の過程で音楽様式の重要な側面がばらばらにされる可能性があるのを見落としている。たとえば，音楽様式を認識するために重要であると私が考えるある特定の音楽的パターンは，しばしばグループの狭い境界を超えて延長する。このパターンを私は「音楽シグネチャ」と呼んでいる。

　音楽シグネチャとは，1人の作曲家の2つ以上の作品で繰り返し登場する隣接した音符のパターンのことで，その作曲家の音楽スタイルを特徴付ける上で何かしらの貢献をしているものである。シグネチャは典型的には1小節から3小節にわたるもので，また旋律・和声・リズムの組み合わせから成ることが多い。通常，ある楽章もしくは作品中に，シグネチャは2回から6回程度現れる。シグネチャの変奏は，移調と音階の変化・リズムの再構成・音域と声部の移行を含むことが多い。人は，このような変奏を聴いても，ほとんど例外なく，聴き間違えることはない。シグネチャは，主にパターンマッチングのプロセスによって抽出される（Cope 1991b, 1996, 2000; Miclet 1986; Simon and Sumner 1968 参照）。

　図4.9に，200曲を超えるバッハのコラールをパターンマッチングした結果得られたシグネチャを示す。嬰ハ短調における非常に強い属音（G♯）の存在から，このシグネチャ

図4.9　バッハのコラールシグネチャのひとつ

はカデンツとして特徴づけられる（シグネチャは一般に終止的である）。シグネチャは文脈依存なので，私の〈組み替え〉プログラムは，新しい楽曲でもそれらがおおよそ元の構造的な位置に現れることを保証する。

　シグネチャと〈組み替え〉は，根本的に正反対のものを表している。つまり，〈組み替え〉は音楽を小さな部分に断片化し，作曲の過程でそれらを新しく組織化された音楽へ〈組み替え〉ようとする。一方で，それは正確な様式の再現を最終的に損なうため，シグネチャはこうした断片化を阻止しようとする。それゆえEMI では，シグネチャはより小さなグループに断片化されることから保護され，よって，それらのシグネチャが〈組み替え〉プロセスを経ても生き残ることが保証される。

　図 4.10 に，本章でこれまでに解説したようなプログラムが作曲した，完全な機械創作によるバッハ風のコラールを示す。この音楽は，拍から拍への声部連結のためのバッハのルールと，音楽構造に対するバッハの大域的なアプローチに従っている。図 4.10 の 29 小節目から，図 4.9 のシグネチャが現れる。このコラールの楽曲は，バランスの取れたフレーズの長さ，適切な転調，論理的なカデンツなどを兼ね備えているが，事前にプログラム化されたバッハの音楽についてのルールを一切用いていない。

　第 3 章で論じたとおり，マルコフ連鎖の観点から様々な方法で〈組み替え〉を説明できる。つまり，声部連結の選択が 1 次[*]に限定されているとみなすのである。しかし，そのようなマルコフ連鎖による〈組み替え〉プロセスの説明では，より大きなスケールの構造をより広範に操作することができない。より高次のマルコフ連鎖を使えば，より高レベルな制御を可能とするモデルが実現できよう。したがって，この高次のマルコフ連鎖は逐次的かつ線形[†]である。音楽では，5 小節目で起きたことが 55 小節目に直接影響を与えて，その間の小節には影響を与えないようなことが起こり得る。このような非線形性を実現するには，EMI で私が用いた非マルコフ過程を採り入れる必要がある。

---

[*] 声部連結を計算する時に，1 単位時間前の情報だけを使うこと。
[†] 逐次的とは，一度に 1 つの拍だけについて計算を行うことであり，複数の拍について同時に計算をしないこと。線形とは，時間的な順序に沿って計算を進めることであり，時間的に離れた未来や過去の計算をして今に戻ってくるような順番で計算しないこと。

図 4.10 J.S. バッハの様式でコンピュータが作曲したコラール

図 4.10 続き

私が説明してきた EMI プログラムの初期版には，興味深く，時には満足すら
できる音楽制作の能力があった。しかし残念ながら，かなりレベルの低い結果も
あった。たとえば，バッハのコラール以外のほぼあらゆる音楽では，データベー
ス内の作品をどれほど注意深く選んでも，個々のグループ間に不一致が生じてし
まった。テクスチャ（特質）とキャラクタ（性格）のタイプが全く異なる音楽を組
み合わせてしまったのである。ほとんどの音楽は，バッハのコラールのようなテ
クスチャとキャラクタの一貫性を持っていない。

　したがって，次に私が EMI へ追加したのは，連続性を保持するために，次の
グループとそれに続く構造的に重要なグループについて，各グループの音楽的
なテクスチャとキャラクタの表現を保存することだった。〈組み替え〉の過程で，
テクスチャとキャラクタの連続性と変化を適切に配置するために，プログラムは
楽曲をグループに分割する前に，まず原曲のテクスチャとキャラクタを分析する。
もし EMI がテクスチャとキャラクタの情報を利用できないとしたら，作品は結
果として各グループで異なるタイプの内部パターンを持つことになり，聴者をあ
る音楽的文脈からまた別の文脈へと右往左往させてしまうことが容易に想像でき
る（例として，図4.11と図4.12を参照）。こうした一貫性の欠如が，データベース内の
原曲の様式または意図によるものではないというのは明らかであろう。

　一方，保存したテクスチャとキャラクタの属性を用いれば，EMI は連続性を
持った作品を制作できる。

図4.11　モーツァルトの《ピアノ・ソナタ》より：(a) K.284 第3楽章第1小節。(b) K.279 第1
楽章第5小節

図4.12　キャラクタと連続性を考えずに図4.11の (a) と (b) の左手を〈組み替え〉た際の，衝突
するリズム

図 4.13 に，EMI が様々なテクスチャを用いて，ショパンの様式でどのように音楽を創作するかという例を示す。新しいバッハ風コラールを創作した時のように，EMI は拍レベルのグループを用いることもできたが，ここでは小節レベルの断片で音楽をグループ化していることに注目してほしい。この小節レベルのグループ化プロセスは，拍節の明瞭さと伴奏の同一性を保ちやすくする。この楽章の後の方で，EMI はグループ化の基準として拍を用いる。しかしほとんどの部分で，EMI は拍より大きなレベルで音楽をグループ化して，様々なテクスチャを用いて作曲している。

図 4.13　ショパンの様式でコンピュータが創作したマズルカの冒頭（上部の数字は，ソースとなったマズルカの番号と，小節番号を示す）

　図 4.13 の各小節の上部に原曲の箇所を表示している。様々なテクスチャの音楽を作曲する時，EMI は旋律とベースラインのみに声部連結を限定していることに注目してほしい。各グループには，個別の属性として伝統的な調性的機能による進行パターンが保存されており，それが楽曲の生成に用いられる。その結果，和声的連続性は図 4.2 と図 4.3 で示した連続性に似たプロセスに従うが，声部連結を強調するような和声機能を伴うのである。加えて，EMI は可能性が他にある限り，次の小節として原曲と同じ小節を続けて選ぶことを避ける。

　機械作曲の〈組み替え〉過程をたどるのは難しいため，図 4.13 で各小節がどのように選ばれたのかは，細かく記述していなかった。EMI において声部連結や構造的目標と同じくらい重要なのが，小節の選択である。そうした選択を決定

する様々な制約間の複雑なインタラクションは多数存在し，それをリバースエンジニアリングするのは，不可能とは言わないまでも困難である。

　EMI の出力は，後に説明するプログラムの出力と同じく，データベース用の音楽を注意深く選択することによって決まる。データベースが大きければ大きいほど，作曲中の各決定点でより正しい後続のグループが存在するであろうから，出力はよりオリジナル風に聴こえる。似ている調・音階・拍子の音楽を選ぶと，うまく出力される可能性が高くなる。同様に，似たテクスチャと形式の音楽を複数選択すると，出力は選択された音楽の音楽的特徴をより強調するようになる。

　EMI は，音楽を垂直的にも水平的にも〈組み替え〉る。変形的〈組み替え〉（Cope 1996 のミクロ拡張遷移ネットワークもしくは MATN を参照）と呼ばれるこの声部〈組み替え〉は，本書の 10 章でより詳しく論じるように，さらなる創作の可能性をもたらす（とりわけ図 10.8 と図 10.12 および関係する議論を参照）。変形的〈組み替え〉は，データベース内の音楽分析によって発見された，声部の挿入の仕方に従う。見境ない変形は様式から外れた作曲につながってしまうため，この音楽分析と，結果としての模倣は重要である。

　EMI による無数の作品が証明するように，作曲における〈組み替え〉は，データベース内の音楽様式にのっとって，しばしば説得力のある新しい音楽を制作する。しかし，それらの新しい作品が創造的プロセスの結果かどうかは，分からないままである。第 1 章で提示した創造性の定義に従えば，ここで説明した選択プロセスは，創造的であると考えることもできよう。しかし，EMI は声部連結と構造について私独自の解釈をコーディングしたプログラムであるため，私のプログラムの創造性というよりはむしろ，私の創造性を示しているだけである。本書の後半では，1990 年代の初期から EMI に取り入れていた，新しい音楽の創造を可能とする方法を明らかにしよう。それは，データベース内にある素材を計算論的に〈組み替え〉るだけのものではない。

　初めての音楽を聴く時の聴者がよく辿るような過程を追うために，声部連結に始まり，カデンツとフレーズの分析，セクション，そして最終的に形式構造へと向かう〈組み替え〉のプロセスを解説してきた。しかし，EMI の分析と作曲のプロセスでは，最初に作品の構造を分析し，最後に声部連結を分析しており，実際の処理順序はこの解説とは逆である。一般的に機械的な作曲は，おおよそ EMI と同様の階層順序で進行する。新しい拍から拍へのグルーピングはこの階

層順序に影響されているはずで，その逆ではなく，このトップダウンの手法が必要なのである。処理中のいかなる新しいグルーピングも，作品の全体構造に対するその影響を決定するまでは，選択することができない。

　私のプログラムがデータベースの音楽から得るルールは，プログラマが設定するルールと全く同じくらいに強力である。実際に，音楽から得られたルールは普通その音楽を一般化したものではなく，音楽それ自体に由来するものなので，より高精度であることが多い。図4.2の単純な進行を考えてみよう。最初は声部連結の関係だけが継承されているように見えるかもしれない。しかし，声部連結の音程や長調であること，許容される三和音，基本的な和声進行，旋律的順次進行，声部音域などは，やはり音楽素材から転写されたものであり，それらについての特別なルールは与えられていないのである。小節やフレーズの長さ・カデンツ・反復・変奏なども，ここで述べた方法で引き継がれている。

　いまここで解説したルールの習得プロセスは，教科書を読んだり先生について習ったり課題に取り組むようなやり方ではなく，人間が昔ながらにやっているように音楽を聴いてその音楽と同じ様式で直感的に音楽を作曲するというやり方と，多くの点で類似している。まずルールを抽出してからそれを作曲中に適用する方法は，単純な考えではあるが，特に（第9章から11章で説明する）連想に関連して，私の創造性のモデル化の基礎として決定的に重要である。

　これらの考えを心に留めながら，図4.14と図4.15に示す2つの短い歌曲を見てほしい。いずれかがモーツァルト自身によるもので，もう一方がいま解説したような音楽的プロセスを用いてモーツァルトの様式で作曲したものである。楽譜の真の出所が分からないように，モーツァルトの楽譜から歌詞・強弱・テンポ・アーティキュレーションの情報を取り除いてある。この楽譜を生成した時のEMIの出力にはそれらの情報が含まれていなかったからである。私はここで，どちらの例がモーツァルトによる作曲でどちらがEMIによる作曲か，またこの短い作品のどちらが（以前に第2章で長々と論じた）創造的プロセスの結果でどちらがそうではないか，読者に見分ける能力があるかどうかを試すつもりはない。むしろ，両方の歌曲を比較するよう推奨したい。そして，どちらに「つなぎ目」を発見できるか，換言すれば，どちらにEMIの作曲方法の跡が発見できるか聴き比べて欲しい（これらの例のMP3は私のWebサイトで入手できる*）。

---

* p.iv を参照。

図 4.14 モーツァルト風の短い歌曲（歌詞なし）

図 4.14 続き

図4.14 続き

図 4.15 モーツァルト風の別の短い歌曲（歌詞なし）

図 4.15 続き

図 4.15 続き

様式の類似点と一貫性についてこれら 2 つの歌曲を調べると，双方において，多くの素材が明らかになる。音高について，図 4.14 と図 4.15 の両方は調性を有し，伝統に沿った一般的な調と和声進行のルールに従っている。図 4.14 はト長調に始まり，属調であるニ長調に少し脱線する例外はあるが，最後までト長調にとどまる。図 4.15 はへ長調に始まり，その属調であるハ長調へ転調し，そしてへ長調に戻る。図 4.15 の A–B–A 形式は，ほぼ通作歌曲*のように聞こえる図 4.14 の音楽よりややありふれてはいるが，転調の仕方はどちらもが標準的な調性モデルに従っている。

　双方の例における単純で「キャッチー」な旋律は，繰り返されるたびに変化するが，図 4.14 の変奏はより凝っているように見える。興味深いことに，図 4.14 では主要主題に戻る前に第 1 主題の一部を単純に断片化する一方で，図 4.15 の 2 つの調を使用するような旋律は，論理的に正しい A–B–A 形式を表している。リズム的には，図 4.14 は 3 連符を含む 16 分音符から 32 分音符までにいたる，より多くの変奏を内包する一方で，図 4.15 は時々現れる 4 分音符と 2 分音符に加えて，16 分音符とより支配的な 8 分音符を併置している。もちろんこのラフな要約は，楽曲を説明しているだけであり，分析はしていない。

　これらの作品において，作曲プロセスに関する特徴的な例を見つけることは，よりとらえどころがない作業である。図 4.14 では，第 18 小節および第 22 小節の伴奏の右手の 2 拍目にある 32 分音符と付点 16 分音符のリズムを，第 45 小節から第 52 小節と作品の最後の 4 小節の重要な要素である 32 分音符の実に面白い前触れとして，私は解釈する（これは構造的一貫性だろうか？）。この前触れなしには，後者の小節は唐突で場違いに響くであろう。図 4.14 の第 43 小節から第 53 小節の，左手と右手が交代する部分の伴奏形の変化は，このセクションにコントラストと真の第 2 主題のアイデンティティ，いやおそらくは重要性を与えている（これは変形的〈組み替え〉だろうか？）。図 4.15 は際立った特徴が比較的少ないものの，より劇的な展開が生じている。第 1 主題から採られた音符の反行とともに，第 2 主題は第 36 小節に始まる。この関係は，いくぶん相違する素材（対照的なテクスチャと特徴）を結合させる。図 4.15 で第 37 小節に始まる左手の 16 分音符の装飾はこの反行を模倣し，第 2 主題とのバランスを保つ。

　興味深いことに，図 4.14 と図 4.15 の両方とも，3 で均等に割り切れない 68 と

---

* 旋律を繰り返さずに，歌詞の進行と共に新しい旋律を付けてゆく歌曲形式。

71 という，3部形式としてはやや奇妙な小節数である。しかしながら，どちらの作品もバランスよく聞こえる。図4.14には，主調というよりむしろ属調を暗示する，珍しいカデンツが最後に現れる。この問題のカデンツは，主調だとしても属調だとしてもオペラからの抜粋で，完全に終わるというよりむしろ次のシーンにつながる素材を使っているということが一因であろう。

　要約すると，図4.14と図4.15の両方はモーツァルトの一般的な様式に従っており，また旋律と和声は古典派の様式に従っている。さらにどちらの作品も，予測不能性をかもしだす作曲上の微妙なニュアンスにより，非凡でありながらモーツァルトの総合的な音楽的感性の範囲内にとどまっている。これら2作品のどちらがコンピュータで作曲されたものかを特定するのに，残念ながらこの分析は少ししか役立たない。たとえば，図4.14のリズムの多様性は，プログラミング時のエラーの結果，データベース用の音楽選びの貧弱さ，もしくはデータそれ自体の間違いの可能性もあるが，それらの可能性が考えにくいほど，楽譜に示されていない部分に現れるモーツァルトの楽曲との類似度は高い。モーツァルトも確かに分かりやすい形式を用いて作曲しているが，図4.15の素材の並び方は，多くのコンピュータ作曲に典型的に見られる，単純な形式的アプローチを象徴しているようでもある。

　もちろん，モーツァルトの原曲やモーツァルトの様式を知る人たちは，これらの作品がモーツァルト自身によるものか，EMIによるものか，いずれ正解に辿り着くだろう。しかし，これらの作品のどちらがモーツァルトによるものであるか分からない人々は，〈組み替え〉が，その作曲プロセスを明かさずとも，データベース内の音楽様式をうまく再現できることを，多少なりとも認めるべきである。

　モーツァルトが創作したものにまだ馴染みがなく，図4.14と図4.15の作曲者を知りたい人には残念だが，私は両曲の出所を公表しない。私の論点は単純である。私は，コンピュータ作曲されたあらゆる様式の音楽は，人間が作曲したあらゆる様式の音楽と同様にリアルであることを主張し続けたい。もしこれらの作品の作曲者を明らかにしたら，たいていの読者は間違いなく，真のモーツァルトと偽物（faux: 私が用心深く使う言葉）を今となっては後知恵で区別できると信じ，そうでなかった自身のあら探しをするだけであろう。もっと率直に言えば，ある計算機プログラムは，音楽をただ生成するだけではなく，創造することが原理的

に可能であると，私は信じている。こうした創造性は，プログラムを作るプログラマのスキルに間接的に依存するかもしれない。一方で，コンピュータが作曲した音楽は，人間が作曲した音楽と肩を並べることができるだろうし，また，並ぶべきである。伝統的な方法で作曲された音楽のように，コンピュータの作曲した音楽では，人々の涙を誘うことができない，文化のルーツを探し出すことができない，心のうちを明らかにしたり曖昧にしたりすることができないと主張する人々がいるが，私にはその理由が分からない。私の考え方は，ある人たちには異端に聞こえるかもしれないが，私は心からそう信じている。

　繰り返す価値があると思うので繰り返すが，〈組み替え〉を習得してそれを素朴に使うだけでは創造的とは言えない。「これまで積極的に結びつきを考えられていなかった2つ以上の多面的な物事・アイデア・現象どうしを初めて結びつけること」をもたらすように，現存している音楽をその音楽の新しい論理形式へ〈組み替え〉る方法は，まだほとんど分かっていない。この「初めて結びつける」プロセスには，本書の後半で説明する，より巧妙な連想技術の開発が必要である。

　私のWebサイトにあるChoraleプログラム*は，〈組み替え〉アルゴリズムのシンプルな実装である。350曲あるバッハのコラール作品集からの実際のバッハのコラールか，新しくコンピュータが作曲したバッハ風コラール（本実装法では，1兆を超える異なる可能性の中から1つ選ぶ）のいずれかを再生する。これを，再生される作品中に〈組み替え〉を聞き取れるかどうかユーザー自身で判断する機会として欲しい。このChoraleプログラムはまた，第3章で論じたデータ駆動プログラミングの好例となっている。Choraleを用いての〈組み替え〉の実験に興味の無い人には，ここでの説明と似た方法で作られたコラールを図4.10に示しておく。

演奏

　演奏とは解釈的であると同時に，創造的な芸術であると私は常に信じてきた。ほとんどの演奏家は，音楽と聴者との間にある障壁を可能な限り排除しようとする一方で，演奏する作品の個人的な版を必然的に作ってしまう。多くの人が，同じ作品の異なる演奏版を集めることは，この考えの正しさを証明しているであろう。そして，ほとんどの人が，機械のように完璧な演奏は露骨で非芸術的である，と感じることは，この考え方の正しさをさらに証明するものだ。

---

* p.iv を参照。

〈組み替え〉は，私がここで説明してきたとおり，音楽のデータベースが楽譜表現の形で存在することを要求する。つまり，演奏された音楽とは異なり，音の開始時刻はリズム的にある種のクオンタイズ[†]された（丸められた）基準に沿っていなければならない。この非演奏的なアプローチには多くの利点がある。特に，記譜プログラムが，人が演奏するのに適した明瞭に印刷された楽譜へ，結果を容易に変換できることである。同時に私は，コンピュータ作曲プログラムのともすれば生気のない出力を，生き生きとさせる別のやり方を探求してきた。一字一句完璧なソフトウェアプログラムで演奏されると，人間が作曲した音楽でさえ死んだように聞こえてしまうためである。また多くの作曲家にとって真実なのは，楽器を使った即興が作曲上の重要なインスピレーションをもたらすことだ。そうした作曲家たちは一般的に，クオンタイズされた形で音楽を記譜するけれども，即興は創造性への重要なフィードバックを与えることが多い。

　音楽的創造性に関するコンピュータモデルに演奏を取り入れる１つの方法は，〈組み替え〉が実施された後に，出力された音楽に別の演奏アルゴリズムを適用することである。興味深いことに，私が最初にこのような演奏プログラムを作った時の試みは，最初に作曲プログラムを作った時の試みを写し取ったように同じだった。つまり，自分がどのように演奏するかについて決めているルールを，プログラミングで再創造したのだ。しかし私は，最も単純な旋律であっても，音楽的な演奏には信じられないほどの複雑性が含まれることに気づき，この試みはすぐに諦めた。そこで私は制御されたコンピュータ擬似ランダムによる歪み（現在では多くの市販のシーケンサプログラムに搭載されている）を用いてみた。すると，私の演奏プログラムの出力は実際にその歪みをよく模倣していた。こうした擬似ランダムプロセスを上手に制御できた場合は，出力が少し温かみのあるものになり，それまで我慢できなかったものがかろうじて我慢できるようにはなった。しかしすぐに，この恣意的な出力を聴くことは，機械的な出力を聴くことと同じように退屈になっていったのである。擬似ランダムの乱雑さを増やしても，演奏の貧しい印象が強調されるだけであった。逆に，乱雑さに制限を加えると，改良しようと思っていた元のプログラムと同じような揺るぎない厳密さへ，音楽は引き戻されてしまった。

　既に作曲された音楽に演奏を加えたこのプロセスは，創造プロセスに演奏を真

　[†] タイミングのずれを正確なリズムグリッドに合わせること。

に取り入れたものではなく，2つの別々の行為を1つずつ単純に並べただけのものである。このような演奏は我々が標準的と考えるものに似ている一方で，歴史を通して多くの作曲家が用いてきた即興プロセスには整合していない。音楽的創造性の単一モデルをプログラムしたいと私は望んでいたので，核として即興を用いながら，〈組み替え〉と演奏を統合しようとした。演奏アルゴリズムのモデルとして作曲と演奏を同時に行うこと，つまり即興することの利点は，自明ではないかもしれない。しかし私には，演奏プログラムを作るのに何度も失敗した後で，この方向は先に進むための唯一の論理的な道であるかのように思われた。実際に，即興するには演奏に関する属性をデータベース内に持たなければならず，従ってそれは作曲プロセスに不可欠な部分となるのだ。

　残念なことに，演奏された音楽のグループを〈組み替え〉ると，テンポ・強弱・アーティキュレーション・フレージングなどの極端な変化や小節感覚の喪失を引き起こすことが多い。データベースの音楽それ自体はそのような要素を含んでいないにもかかわらずである。そうした要素の不一致が生じるのは，新たに選ばれたグループどうしが，声部連結という点では適切に選択されているにもかかわらず，もともとは全く異なる演奏状況に由来していることがその原因である。この問題に対して私が試みた最初のアプローチは，1つの作品から新しい作品への完全な演奏マップを作り上げることであった。私には，このアプローチが少なくとも理論上は合理的に思えた。しかし，この考えがどれほど馬鹿げた結果となるかを説明するのに，この本には十分な章がない。たとえば，モーツァルトのあるフレーズを演奏した時の，強弱やアーティキュレーション，微妙なテンポや持続の変化，その他の複雑な演奏変数を，（全体的な様式を除いて）モーツァルトの音楽の全く別のフレーズに転写することを想像してみてほしい。たとえば，原曲が圧縮されたり伸張されたりする時，元のフレーズと新しいフレーズの音符の数が正確に同じでない限り，決して演奏変数を転写することはできないだろう。しかし，音符の数が全く同じ場合でさえ，上行スケールの強弱やアーティキュレーションなどだったものが，たとえばアルベルティバスに転写されるかもしれない。これは全く不適切である。プログラムに原曲の音型を記憶させても，問題を解決したことにはならない。なぜならそのような出力は，もともと異なっていた演奏の間をふらふらしたり，それらの単純な重ね合わせになったりするだけである。その結果，自然な人間の演奏では極めて明白な持続性が完全に欠落してしまう。

明らかに，こうしたプロセスのどれもが，少なくともそれら自体では，私の要求を満たしていない。それゆえ，次なるステップは即興を真剣に学ぶことだった。人工的ではなく自然なやり方で私の作曲アルゴリズムに演奏を取り入れられるよう，作曲と即興の関係をより良く理解するためである。

いくつかの気付きを得て私は研究を始めた。自分の手やアンブシュア*などの物理的動作を意識しながら練習することは，物理的に記憶された動作パターンを発展させたり強化したりする。そのパターンは，不十分な技量によって，あるいは練習した他の作品のパターンを微妙に取り入れること（〈引喩〉）によって時に即興を制限する。同時に，手の大きさや口などは筋肉の能力を含め誰もが異なっているので，そのパターンは個性的な即興スタイルにも寄与する。そのような物理的に記憶されたパターンはある意味で形式主義の基礎となって，即興をする作曲家はこの形式主義の枠内で自らの創作意図とのすりあわせを行うのである。コンピュータプログラムは手やアンブシュアなどに相当するものがないので，データベース内の音楽演奏からそれらの特徴を受け継いだもので我慢しなければならない。こうして受け継いだものは，物理的な関わり合いの不十分な代用物かもしれない。それでもやはり，現在のロボット工学の技術レベルや，物理的な振る舞いをコンピュータでモデリングする方法論を考えれば，これが今唯一の論理的な選択肢であろう。

即興には，相互に関係する神経心理学的および神経生理学的な，幅広い領域の技能が必要である。いくつか例を挙げれば，運動神経・直感・知性・音楽的文脈・様式・創造性・解釈などが含まれる。ジェフリー・プレッシングはこれらの多くの技能について幅広い調査を発表しており（Pressing 1988），アルフ・ガブリエルソンも同様の調査をしている（Gabrielsson 1999）。特にプレッシングは，即興が，連続性を維持するための連想的な演奏か，あるいは明らかに新しい方へ向かう突然の分断によって成立していることを示唆した。プレッシングによれば，連想と分断というこれら2つの演奏可能性のどちらが選ばれるかは，即興演奏者の繰り返しへの許容度による。エリック・クラークは，即興のやや異なる3つの側面について，その要点を次のように述べている（Clarke 1988）。即興の最中には，階層・連想・レパートリーからの選択という3つの原理全てが相互作用する。プレッシ

---

* embouchure：フルートやトランペットなどの管楽器奏者が楽器を吹く時の口腔の形およびその機能のこと。ここで演奏者の口腔とは，唇・舌・歯・鼻腔などを含む。

ングとクラークの双方の主張において，連想が重大な役割を担うことに注意して
ほしい。後の章で紹介する創造モデルは，このような連想に影響を受けている。

　P.N.ジョンソン＝レアードは，即興のためのかなり綿密な計算論的原理を提案
している（Johnson-Laird 1991）。それは，即興演奏者がリズムパターン・旋律の輪郭・
和声をどのように相互に連想するかを含んでいる。ジョンソン＝レアードの計算
原理には，音符の発音時刻と消音時刻，進行中の旋律の輪郭における位置，音高
が関わっており，詳細は私が本章で後ほど示すものに若干似ている。ニール・トッ
ドによれば，即興には運動能力と知覚フィードバックの間の継続的なループがあ
る（Todd 1993）。そのループは触覚的また運動感覚的な相互作用に由来し，聴覚に
同じく視覚とも相互作用をする。

　この研究の本質的な部分として，また作曲と演奏を同時に行うことの利点を確
信して，私はまず即興に基づく作曲プログラムの最初の版を作った。この作曲プ
ログラムが至難の業だったのは，第3章の「ファジー論理」で言及したグループ
化の問題がすぐに表面化したためだ。これら複雑な問題をここでより詳細に説明
すれば，複雑さが引き起こすプログラミング上の困難を，読者に直に認識しても
らえるのではないかと思う。

　図4.16は，単純で即興的なポピュラー音楽様式のキーボードのイントロを楽
譜表現したものである。楽譜表現すると，全ての潜在的グループが容易に特定で
きるだけでなく，そのグループの配置（すなわち再配置）も分かり，グループから
グループへの〈組み替え〉も比較的容易に実行できる。オンビートとオフビー

図 4.16　ポピュラー音楽様式のキーボードのイントロを楽譜表現したもの

ト *の位置も明らかである。拍子の同一性，つまり下拍[†]と副次的な拍が生じる位置も同じく分かりやすい。端的にいえば，こうしたモデルを用いてデータベースに音楽を保存しておくと，プログラムは，分析・シャッフル・有効な新しい出力へのグループ化などを簡単に行うことができるのである。

　図 4.17 に，演奏された楽曲を楽譜にするとどのように見えるかの例を示す。驚くべきことに，これは図 4.16 に示した最初の 2 小節と同じ楽曲である。この記譜では，主題が視覚的にほとんど認識できないだけでなく，音楽の実際のタイミングについて曖昧なヒントを与えるだけである。実際には，タイミングの全てが 64 分音符の段階でクオンタイズされている。演奏されたものを正確に表現すれば，より精細な解像度が必要になり，この例を読みやすく印刷することは不可能となるだろう。私のプログラムは，タイミングを 1/1000 秒で分析する。しかしこれだけの解像度があっても，ほとんどの即興演奏に内在しているリズムの細部については，大ざっぱなことしかわからない。

　図 4.16 の音楽と同様のやり方で図 4.17 の音楽をグループ化することは，多くの問題を生じさせる。たとえば，多くの拍には当てはまる音符がなく，タイでつながれた音符のみであるため，図 4.17 のほとんどの拍の始まりと終わりは全く不明である。どのようにグループを形成してみても，拍の位置と拍子についての疑問が残る。これらは即興にとって，また有意義な楽曲を生成する作曲プログラムを作ろうとしている人にとって，重大な問題である。

　こうした問題を解決するには，いくつかの選択肢がある。方法の 1 つは，たと

図 4.17　図 4.16 の冒頭 2 小節の演奏を楽譜化した版

---

*　オンビート（onbeat，表拍）とは 4 分の 4 拍子の 1 拍目と 3 拍目のことであり，オフビート (offbeat，裏拍) とは 2 拍目と 4 拍目のことである。

†　下拍（downbeat）とは小節先頭の強拍のことであり，上拍（upbeat）は下拍に先立って後続の下拍を予期させる一連の拍のことである。

えば，同じ楽曲の演奏されていないもの（楽譜表現されたもの）と，演奏された版の両方を取り込んだデータベースを作ることである。するとプログラムは次に，楽譜表現された音楽をグループ化し，楽譜表現と演奏の両方のデータを同じグループへ一緒に保存する。楽譜表現のデータを用いて作曲した後，出力する前に，プログラムはグループを演奏された版に戻す。もちろんだが，このアプローチの問題は，異なる仕方で演奏された音楽のごった煮の出力になることだ。

　この演奏の問題を解決する別の選択肢は，任意の同サイズのグループに音符をまとめることである。ところがプログラムは，音符の開始や終了が生じていないところや，本当はグループ境界だけれど音符が延長されているところで，グループ化を終了させてしまうことがしばしばある。従って，グループ化する度にタイについての情報を保存しなければならない。もし〈組み替え〉アルゴリズムが，現在タイがかかっている音符を正しい目的音に関連づけることができれば，後の作曲プロセスでこれらのタイは復元できる。もしこのグループ分けプロセスが楽曲の拍に整合していれば，非演奏的な音楽を使った時と同じくらい，このプロセスは効果的に動作するだろう。しかし，たいていの場合，グループ分けのサイズや楽譜表現と演奏の対応付けは楽曲の拍節にマッチせず，望ましくない出力しか得られない。残念なことに，どんな様式であっても，演奏された音楽から拍を同定することは，それ自体にものすごく大きな分析上の問題がある。それほど自信はないが実践的な解決策は，一定間隔に聴こえる拍と演奏における変化（演奏変数）とを比較することであろう。

　単純だが計算パワーを要するもう1つのプロセスに，音符の始まりから次の始まりまでをグループ化するというものがある。要するにこれは，音符が始まるとグループ化が始まり，新しい音符が始まると終了することを意味する。従って，グループの時間幅は可変であり，あるグループのそれは非常に小さく，時には顕微鏡的に小さくなることもあり，一方ではかなり大きくなることもある。残念ながら，グループの拍と拍子をデータベース内に保持することは，他のアプローチと同様にここでも多くの問題を引き起こす。例として，図4.17の最初の小節に対して，音符の始まりから次の始まりまでをグループ化して四角で囲ったものを図4.18に示す。このような音符単位でグループ化したものを〈組み替え〉ても，おそらく演奏可能には思えるはずだが，そのかわり，少なくとも模倣される側の音楽様式のニュアンスに敏感な聴者は不自然さを感じ，その音楽は本物らしさを

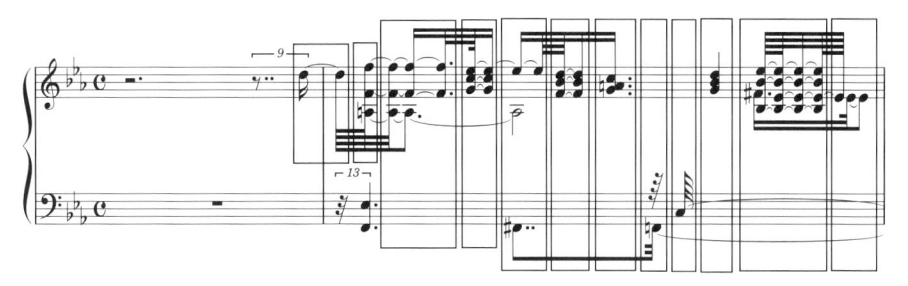

図4.18 図4.17の最初の小節に対して,音符の始まりから次の始まりまでをグループ化して四角で囲ったもの

失っているだろう。言い換えれば,演奏された〈組み替え〉音楽は,グループ化の大きさにかかわらず,慣用的に演奏された音楽を非論理的な出力に変形してしまう危険性をはらんでいるということである。ある人にとってその理由は明らかかもしれないが,〈組み替え〉による変形がどのくらい失敗することがあるのかというデモをお見せしよう。

抽象的な例として,楽曲セグメント (A) から始まる部分に〈組み替え〉を適用する場合を考える。

A |B| C D ...
　|X| Y Z ...

ここで,楽曲セグメント (A) はその直接の行き先である (B) への声部連結情報を持ち,残りのグループ (C, D, E …) それぞれについても同じように声部連結情報が保持されているとする。そして (A) の行き先を,元の (B) から新しいグループ (X) で置き換える。(X) は (B) と同じ声部 (voicing) を有しているが,その次からは(Y, Z …)と異なるグループに移動していく。セグメント(A B)と (X Y) はもともとの音楽で自然に発生しているので,慣用的であるとみなせる。しかし進行 (A X Y Z …) は,〈組み替え〉に用いられた楽曲素材の中で実際に生じていないグループの連続であるため,慣用的とはみなせない。

図 4.19 (a) から図 4.19 (c) に,3つのグループから成る単純なパターンの典型例を示す。図 4.19 (a) では,2声の和音が最初に上行し,次に下行する。図 4.19

（b）では，3 つのグループが図 4.19（a）とは逆方向に進行する。これらのパッセージはどちらも，別々に演奏された時に，鍵盤上の片手で届くところに容易に収まる。図 4.19（c）に図 4.19（a）と図 4.19（b）の〈組み替え〉を示す。ここでは，各進行の中間グループ（D–G）が前後をつなぐ軸として機能している。最初の 2 つの進行は片手のポジションの範囲内に収まっているが，新しい音楽はそうではない。これは非常に単純な例だが，実際にこの類いの状況が生じると，演奏された音楽を〈組み替え〉た時に非常にやっかいな問題になり得る。

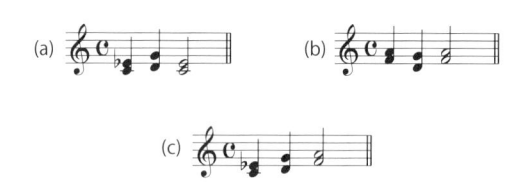

図 4.19 容易に演奏できる 2 つのパターン（a）と（b）を，いかにして〈組み替え〉がより演奏困難な（c）にするかの例

　〈組み替え〉を行った時，図 4.19 のようなグループの組み合わせが，演奏可能で慣用的な音楽を生み出すことを保証するには，現実に演奏された正しいモデルを適用することが必要である。私の即興プログラムでは，元となる楽曲の各声部の旋律概形を近似的なガイドとして使用することで，これを実現している。よって，これらのガイドに適合する新しい〈組み替え〉のみが選択され，結果として得られる新しい音楽は演奏可能であることが保証される。プログラムが使用する旋律概形は，音程ではなく，方向とテッシトゥーラ*に基づいている。図 4.19（a）に示す音楽の場合，第 2 のグループから上行したり，第 3 のグループの最も低い声部において C♮ より下で発音したりするような〈組み替え〉は，プログラムが許可しないであろう。この上声部の方向制御と下声部の音高制限で，図 4.19（c）に示すようなぎこちない結果は生成されないようになる。

　前述したように，演奏された音楽からその拍と拍子を同定することは，非常にやっかいな一連の問題を引き起こす。私のプログラムは楽曲を 1 ミリ秒（1 秒間を 1000 に細分した長さ）単位に分割している。このような小さな単位時間において，

---

*前後関係における音高のまとまり。

一般的に人間の演奏者は正確ではなく，和音を演奏した時にその構成音が完全に同時に鳴らないであろうことはほぼ確実である。従って，拍を同定することは，それがたとえ強拍であったとしても，コンピュータが行う推測ゲームになってしまう。

　音楽の拍を検出するために長年にわたって私が作成してきたプログラムのうち，成功したものはほとんどなく，ぎりぎりの許容度を満たしたものには依然として不満な点がたくさん残っている。図4.20に，この問題の本質を表す例を挙げる。図4.20（b）の全ての接続は図4.20（a）の音楽から導き出され，各声部の先行音の適切な行き先となっている。しかし，図4.20（b）の音楽は図4.20（a）とは異なり，拍や拍子の感覚がほとんどない（図4.20［b］の矢印はそれぞれの拍の元の位置を指す）。結果としてこのパッセージには，図4.20（a）の音楽にあったような拍子的，リズム的，様式的な性質が欠けてしまった。

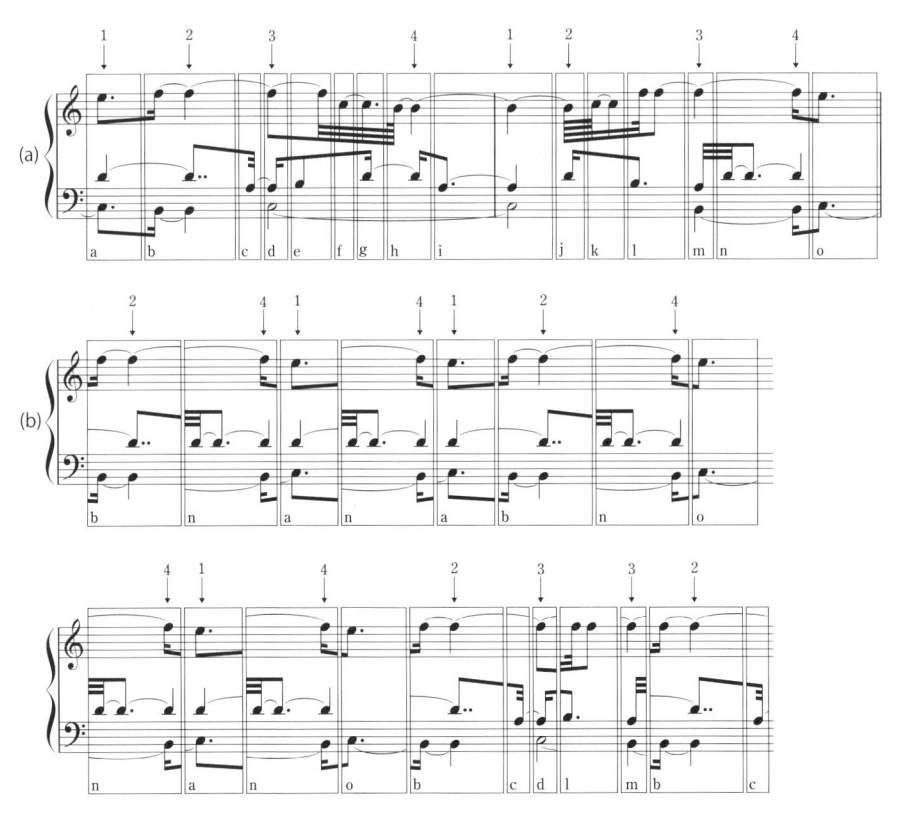

図4.20　（a）：〈組み替え〉のための音楽。（b）：（a）に基づく，拍と拍子の感覚がほとんどない〈組み替え〉音楽

図 4.20（a）の断片 a，b，c は，断片 o，n，m とそれぞれ全く同一（したがって交換可能）であり，互いに逆行している。また同図の断片 e と l も交換可能である。従って，新たに〈組み替え〉られた音楽は正しい声部連結を保持している。しかし，図 4.20（b）の拍と拍子は不安定である。実際，図 4.20（b）で拍子を示す矢印に新しい拍数を割り当てることは，ほとんど不可能である（ここでの数字は，図 4.20［a］の割り当てを反映している）。

　これら全ての問題を解決するために，二重〈組み替え〉というプロセスを採用した（この呼び名は実際の処理よりも高尚に聞こえて有り難い）。二重〈組み替え〉では，音高とリズムをそれぞれ固有の目標に基づいて別々に取り扱う。音高については，私が作ってきた〈組み替え〉プログラムの全てでそうしたように，この章で説明した声部連結のプロセスに基づいて処理している。これらのプロセスは，極端に細分化され並置された音楽グループであっても，適切な接続性と音楽的感覚の保持を保証する。リズムも音高の〈組み替え〉と同じ論理感覚を保持するように，プログラムは，データベース内の演奏された音のジェスチャ*と一致するように，出力される音のジェスチャを〈組み替え〉る。結果としての音楽は，拍と拍子についても元と似た状態を確実に保持している。このプロセスは新しい内容を含んでいるので，次により詳細に説明しよう。

　説明に先立ち，任意サイズの音高グループの〈組み替え〉プロセスを使用して，新しい作品が創作されたと想像してほしい。そして，リズムの〈組み替え〉プロセスは，3つの別々の段階から成る。第 1 段階で，プログラムは，新たに〈組み替え〉られた音楽の出だし部分のジェスチャを識別する。ここではジェスチャは，時間的な意味での境界を持つ旋律として定義される。典型的には，モチーフよりも長いがフレーズよりは短い。ジェスチャは明らかに非論理的なリズムの組み合わせを含むが，二重〈組み替え〉では，そのジェスチャの発音時刻と持続時間は無視される。第 2 段階で，プログラムは，演奏された音楽のデータベース内から同じ音高のジェスチャを見つけようとする。このプロセスにおいて演奏された音楽で利用可能なものが多いほど，明らかにプログラムは適切なマッチを見つけられるようになる。しかし厳密にマッチしたものがデータベース中にない場合は，音数が同じで音高が同じではない類似ジェスチャとのマッチで代用する。さらにこの

---

*1 ～ 2 小節程度の長さの旋律。モチーフよりも長く，フレーズよりは短い。ジェスチャはそれを構成する個々の音の音高と音価の両方の情報を含む。

プロセスにも失敗すると，データベース内の適切なマッチをもっと容易に見つけられるように，ジェスチャ長を短縮してデータベース内を再度探索する。第3段階で，マッチしたジェスチャが見つかると，そのジェスチャのリズムが〈組み替え〉られたジェスチャに転写される。

ここで働いている原理は実はとてもシンプルである。即興はジェスチャの連なりとして機能する傾向があり，ジェスチャそれ自体が拍の感覚を持つだけでなく，ジェスチャが次から次へと演奏される時には，音楽的，リズム的，拍子的な感覚をも作り出すということだ。拍と拍子の感覚は，ジェスチャ間で一時的に失われることがあるかもしれない。一方で，各〈組み替え〉ジェスチャが生み出すリズム的な一貫性は，他のもっと断片化されたアプローチよりも，音楽的かつ構造的な演奏の論理をもって音楽を前進させる。

マッチしたジェスチャの元の強弱がそのまま引き継がれていることに注意して欲しい。強弱はリズムの論理に大きく貢献する。強弱を別々に〈組み替え〉ることは，音高やリズムの場合と同じく，そもそもこの二重〈組み替え〉モデルを使用する目的にそぐわないだろう。ジェスチャの強弱を保持することで，新しい音楽はリズムの感覚を維持する。そして，リズムの〈組み替え〉には十分な多様性があるので，少なくとも変奏の印象を生み出し，うまくいけばコントラストの印象も生み出す。

モデルが出来上がると，出力される音楽に統一のとれた強弱・リズム・拍子の感覚が与えられるだろう。もちろん，音高の〈組み替え〉は拍の感覚を保持していないので（たとえば，もともとはオンビートにあったグループがオフビートに再配置されることがある），敏感な耳を持つ人には何かが失われたような印象をもたらすだろう。しかし，拍子を維持する代わりに音高や拍の感覚を失うのはトレードオフであり，これはしかたがない。ほとんどの人は，実は，音高と拍の間の微妙な関係に鈍感であるのに，その同じ人が，少なくともある特定の音楽様式では，拍子と拍を持たない音楽には音楽的価値が無いなどと言うのである。

図4.21 に，二重〈組み替え〉がどのように機能しているのかを抽象的に示そう。図4.21 のジェスチャは，即興演奏者が意図していたかもしれない拍子と拍を反映させるために，正確に整列されていないことに注意してほしい。しかし，ジェスチャがリズムと拍子の一貫性を保持していることを考えると，4拍目と7拍目（ジェスチャの下の数字）の遅れがここではより自然に見える。

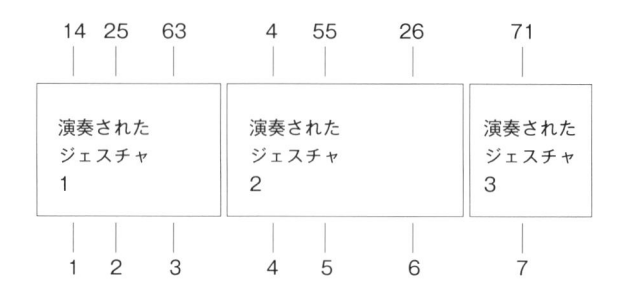

図 4.21 二重〈組み替え〉がどのように機能しているかの抽象的な表現。ここで，ジェスチャの上の数字はリズムのために用いられたモデルにおいて何拍目だったかを示し，下の数字は〈組み替え〉られた音楽で何拍目かを示す。これらの拍間の距離は，おおよその時間的な間隔を表している

　言うまでもなく，即興演奏中における作曲家と楽器の物理的関係は，作曲家の技巧と創造性にとって非常に重要である。私はその重要性を深く信じる。自分はプログラマであり，また「分割と統治」という概念を信奉しているので，音高とリズムを別々に取り扱う二重〈組み替え〉プロセスを使って，即興を最もスムーズに実現できる道を進んできた。

　明らかに人間は即興中に，私がここで行ったように，音高とリズムを分けて考えるようなことはしない。しかし，これら2つのパラメータを1つの「演奏された」出力として組み合わせることは，私が見つけた依然として最善の方法であり，図4.22で見るように，ジェスチャのレベルでは本物の演奏に明らかに似ているのである。図4.22に，1つの作品からマッチしたジェスチャを抽出して，それをどのように新しい〈組み替え〉音楽に適用するかという例を示す。図4.22(a)では，ショパンの〈マズルカ第16番〉からの3つの異なるグループが，論理的な方法で〈組み替え〉られて新しい音楽的ジェスチャを創作している。図4.22(b)はショパンの〈マズルカ第52番〉で見つかったジェスチャであり，図4.22(a)の〈組み替え〉例に類似している。図4.22(b)の音楽の演奏特徴（見やすくするためにここには示していない）を図4.22(a)の音楽に適用すると，新しい音楽の論理的な解釈が作られる。これら2つの例は，全く同じではないことに注意してほしい（つまり，1小節目と3拍目の左手，2小節目2拍目の左手，付点8分音符の代わりに16分休符を用いる右手など）。しかしこうした相違は，いずれか一方の演奏を他方へ適用するのに十分なほど類

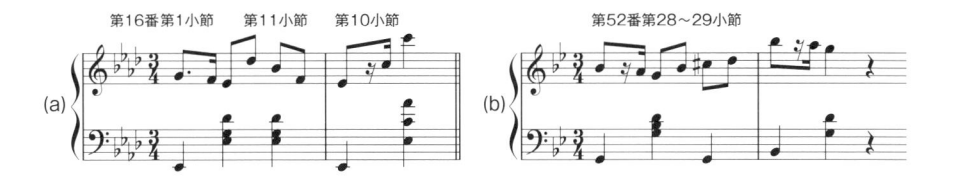

図 4.22　(a) は〈組み替え〉後のフレーズ（各グループの上に由来を示す）。(b) は，そこから抽出した演奏情報が (a) に適用できるようなモデル

似しているので，容易に解決できる。

　素朴なプロセスを使って，モデルとなるジェスチャと新しく作曲した音楽における等価なジェスチャの違いを説明しよう。新しい音楽よりもモデルの音符の方が多い場合，モデル中の最も近い音符が選択される。モデルの音符の方が少ない場合，〈組み替え〉音楽で追加される音符には，演奏モデルにおいて関連の深い他の音符の発音時間および持続時間に近い値が与えられる。

　ここで，データベース内にある音楽の演奏属性をモデル化するという，以前に拒否したアプローチに，ある意味で戻ってきたことに，気づいていないわけではない。しかし私の最初の試みでは，モデルとしてジェスチャではなく作品全体を使っていた。この特殊な例では，「規模の経済」は重要な違いを生む。より大規模で完全な音楽作品を使用した時には望ましくない出力を容認できなかったが，より扱いやすいジェスチャサイズの音楽の時には容認できるようになるのだ。私がこの結論に辿り着くためにこのような回り道を通ってきたのは，初期の実験から得た洞察によって，私はなぜ最終的にジェスチャプロセスを選択したのかを説明したかったからである。

　演奏アルゴリズムに伴う複雑さを読者に感じてもらうために，私は自分のWeb サイトに Improvise と呼ぶプログラムのプラットフォーム依存版を置いている*。ユーザーが MIDI 楽器を直接 Macintosh コンピュータに接続すると，その MIDI 楽器を演奏した情報が Improvise に送られる。Improvise は，この情報をその MIDI 楽器における新しくて様式的に妥当な演奏として受信する。この MIDI 入力に対する Improvise の応答は，その入力の様式と内容の両方をまねたものであり発展させたものである。

---

* p.iv を参照。

私は，ディスクラヴィーアというコンピュータ制御可能なアコースティック
ピアノで Improvise を使用している。しかし Improvise は，ディスクラヴィー
アでの演奏に限定されるものではない。現在ではピアノ以外の楽器にも MIDI 版
が存在する。残念ながらこれらの楽器の中には，効果的な演奏のために，連続
的 MIDI コントローラ*を必要とするものがある。たとえば，MIDI 制御のクラ
リネットに単純にノートオンやノートオフを送っただけでは，ビブラートや，持
続する音符上でのクレッシェンドやディミヌエンドのような，微妙で連続する強
弱のニュアンスが付いていないので，まるで生気なく聞こえるであろう。その
ような情報は，本物の楽器を演奏している最中に収集せねばならず，そして今の
Improvise が実装していないような方法で作曲に用いることになる。すると，1
小節の中でさえ何千もの異なるインスタンスを実際に配置しなければならなくな
る。少なくとも Improvise のようなプログラムの場合，この種の相互作用を生成
するために，デスクトップコンピュータの処理速度が今より著しく向上するまで
待つ必要があろう。

　音楽的創造性についての私の究極モデルには，即興的な入力およびそれに対す
る演奏出力が含まれるが，引き続き本書での音楽の例では楽譜表現の形式を使用
する。その理由は明らかだろう。明瞭だからである。演奏された音楽の複雑な視
覚的表現は，時にはほとんど読めないことがある。こうした演奏の複雑さを，た
とえば，〈組み替え〉やパターンマッチングと混同しないために，私は本書で演
奏を論じるのをここまで遅らせたのである。

---

*演奏する音の高さを連続的に変えるためのコマンドを送出できるような MIDI コントロー
ラのこと。

5 | 引喩

●原理：創造性は，他者による作品を〈引喩〉して並べることによって生じることもある。

定義

　若い頃私が好きだった音楽作品に，1910年に作曲されたストラヴィンスキーの《火の鳥》組曲がある。バレエのための独創的な曲だが，少なくとも私にとっては，この作品はロマン派や印象派，そして現代の表現法の完璧な融合物だ。私は他にも同時代のあまり有名でない多数のロシア人作曲家の録音を聴き，また楽譜を研究する中で，たびたびこの作曲家たちの顕著な類似点を発見した。たとえば，ストラヴィンスキーの師であるリムスキー＝コルサコフによる《トリグラフ山の一夜》（1872年のバレエ，『ムラダ』より）に，《火の鳥》の不吉な導入部の予兆を発見したのである。1904年に完成したリャードフの《バーバ・ヤーガ》では，急激に飛び立つ火の鳥のカラフルな翼の表現のために，ストラヴィンスキーが拠り所としたかもしれないものを見つけた（リャードフは，ディアギレフからの《火の鳥》の委嘱を1909年に断っている。だからストラヴィンスキーは疑いなくその翼の描写に目を向けたはずだ）。リムスキー＝コルサコフの《金鶏》（1908）には，《火の鳥》の主題の数々やオーケストレーションとの著しい類似点をいくつも発見した。

　当初，私は雷に打たれたようだった。それまでは非常に独創的に聞こえていたものが，その時から他の作品の様々な引用や参照の混ざり物にすら見えたのだから。だがもうこの時には，多くの偉大なロシア人作曲家に対する私の敬意と知識は大きくなり，彼らの音楽から聞こえた〈引喩〉を非難するより，むしろ評価するようになっていった。事実，ロシア音楽を聴けば聴くほど，この一見したところ独創性のないプロセスは創造的に見えるようになり，私はより深い文脈上で音楽を評価するようになった。後期ロマン派のロシア人作曲家たちは，彼らのナショナリズムの指標として〈引喩〉を用い，それを名誉だけでなく様式的遺産に不可欠なものであるとみなしていたことが判明した（Grout 1980, pp.652–660参照）。

　一般的または特定の様式に属しているあらゆる音楽のように，ロシア音楽が〈引喩〉に満ちていることを，私は理解しておくべきだった。結局のところ，様式と

は2つかそれ以上の異なる作品間の共通性であり，共通性は，少なくとも部分的には〈引喩〉に依存せざるを得ない。音楽史を通して，作曲家は自分たちの音楽に深いコンテキストを与えようと努力し，自身やそれ以前の世代の作品と様式を参照してきた。こうした〈引喩〉の認識は，他の分析ではできないような仕方で，音楽の演奏・分析・聴取に影響を与えるかもしれない。〈引喩〉の認識はまた，ここでは「これまで積極的に結びつきを考えられていなかった2つ以上の多面的な物事・アイデア・現象どうしを初めて結びつけること」と定義される，創造的なプロセスに光を当てる。それでも，音楽における〈引喩〉の研究は増えていない。他人の作品に頼る作曲家は創造的ではないという思い込みが，その理由のひとつだと思われる。

　本書での「〈引喩〉」という用語は，別の作品にある2つのパッセージ間で認識できる関係性を指していることに注目してほしい。特に明記しない限り，参照を含んだ音楽の作曲家が持つ意識や潜在意識を暗示しようとはしていない。

　1つも〈引喩〉のない作曲は想像し難い。作曲家が作曲に使う素材は，彼らが聞いている音楽に比べるとごくわずかしかないからだ。しかし，〈引喩〉の使用，もしくは少なくとも公然とした使用を避けるための1つの方法は，形式主義（イソリズム*やフーガ†，セリー主義‡など）で作曲することである。ジョン・ケージの不確定性音楽も，〈引喩〉を避ける技法の1つかもしれない。たとえば，《易の音楽》(1951) のような作品の創作では，ケージは易経にしたがって26の大きな表を作成し，作曲の多くの要素を不確定的に求めた。《易の音楽》を完成させるまでにケージは9ヶ月を費やし，あらゆる側面は本質的にはコイン投げによって決められ，これらの表と紐づけされた (Cope 2001a, p.84 参照)。興味深いことに，このような作品では作曲家が〈引喩〉を含める意図を持たなくても，特に作曲中に用いられたプロセスを聴者が認識していない場合には，〈引喩〉が聞こえるだろう。この〈引喩〉の認識過程は非常に重要な概念を示す。〈引喩〉は，意図にかかわらず存在するということだ。

---

* 作品を通して繰り返すリズムパターンを用いる技法。
† 2声以上の対位法による作曲技法。冒頭に提示される主題が音高を変えて繰り返し楽曲中に用いられる。
‡ 音楽の要素の列を展開させる作曲技法。

音楽を分析する際にこうした言及を無視することは，分析のまさにその概念に反することだろう。ピーター・キヴィは主張する。

　確かに音楽の素材は，（その言葉の文字通りの語義で）音楽の意味を持つという点で，型にはまったものではない。しかし，音楽の素材は決して広義の鋳型から自由ではない。大部分が事前に形成された人工物である。作曲家は，自然な音のパレットのようなものを使って，何もないところからつくり始めるのではない。彼らは旋律や旋律の断片，ハーモニー組織の事前に形成された一節，よく使い古された，既存の断片，対位法を組み立てるブロックで作曲をする。つまり，音楽の素材は自然な音ではなく，既に音楽なのである。(Kivy 1984, p.12)

　キヴィの主張は，本質的には大部分の音楽は，尊敬に値する大家の作品でさえも，他の音楽の断片で構成されているとするものだ。音楽の典拠，さらに言えばその典拠の典拠といった連なりを無視することは，私にはとてつもない誤りであるように思われる。この点について後にキヴィは，ハリスの言葉（Harris 1772）を次のように言い換えている。「……模倣の中に模倣対象を認識できることで，模倣の楽しさが成り立つ」(Kivy 1984, p.13)。
　ゆえに私は，全ての作曲家が素材借用していると主張する。ある作曲家が他よりも独創性に乏しいと感じるのは，よい作曲家は〈引喩〉の使用についてもっと慎重であることが多く，また〈引喩〉を用いる場合，適切な〈引喩〉のための適切な場所と適切なタイミングを見つけるという事実に起因すると言ってほぼ間違いない。一方で，拙い作曲家は，意図せずに剽窃を明らかにしたり，もしくは単に使用するタイミングを誤ったりすることで，〈引喩〉の存在を吹聴しがちである。
　音楽における派生物と〈引喩〉の関連性に比べると，興味深いことに文学における〈引喩〉は，独創性の欠如よりも質の良さを示していることが多いように見える。たとえばアーデン版のシェイクスピア・シリーズは，戯曲の本文よりも脚注が多いページがよくあり，派生的な脚注を参照する番号付きの一節と共に，シェイクスピアの作品を紹介する。例として，アーデン版の『ハムレット』(Jenkins 1982)の脚注は，そのプロット自体がベルフォレのストーリー(1576; Gollancz 1926 参照)の語り直しであることを立証し，次のように言っている。

前兆なんか気にしてはいられない。雀一羽落ちるにも天の摂理が働いている。いま来るなら，あとには来ない。あとで来ないなら，いま来るだろう。いま来なくても，いずれは来る。覚悟が全てだ。(松岡和子訳 1996, p.256)

このような個々のパッセージは，並外れた〈引喩〉と言い換えから成り立っている。ジェンキンスによれば，これらの一節は新約聖書に由来する。(『マタイによる福音書』第 24 章 44 節「二羽の雀が一アサリオンで売られているではないか。だが，その一羽さえ，あなたがたの父のお許しがなければ，地に落ちることはない」，同第 10 章 29 節「だから，あなたがたも用意していなさい。人の子は思いがけない時に来るからである」，『ルカによる福音書』第 12 章 40 節「あなたがたも用意していなさい。人の子は思いがけない時に来るからである」[いずれも新共同訳 1987])。文学におけるこの借用のプロセスは，他の典拠が文章中に存在することで意味の豊かさが生まれる「テキスト間相互関連性」と呼ばれる。おそらく私が第 1 章においてソルレソルで提起したポイントである，音楽の創造性と他の芸術の創造性が異なることは，少なくとも音楽と言語では，引用されたものがどのように受け取られ，どのくらいオリジナリティを持つかという点で，特に〈引喩〉に関しては当てはまる。

本章で私が証明したいのは，音楽の〈引喩〉をコンピュータにより検出することで，より標準的な和声的，旋律的，形式的な種類の分析を補完できるということだ。そしてそれは，演奏者が演奏する音楽をよりよく解釈するためのメソッドとして役立ち，また音楽における創造的プロセスをより深く理解するための別のアプローチとして機能する。本章全体をこの話題に捧げるのは，人間の作曲家は部分的にほかの作曲家のアイデアを〈組み替え〉て音楽を創作するという，私の仮説をさらに発展させたかったからだ。私たちが後に見るように，音楽における創造性の私の最新のコンピュータモデルは〈組み替え〉を核とするので，この仮説は本書にとって重要である。

多くの音楽学者が特定の作曲家の作品中にある〈引喩〉を認識している一方，音楽における〈引喩〉はほとんど体系的に研究されていない。デリック・クックの画期的な書物『音楽の言語』(1959) を除いて，そのような〈引喩〉を専門的に扱っている記事や本はほとんどない。しかし，音楽的な〈引喩〉は音楽の歴史を通じて常に見られる。オルガヌムやモテット，カンタータ，および他の定旋律に基づ

く音楽の形式は,〈引喩〉に依存することが多い。同様に,ヘンデルやベルリオーズ,ラフマニノフ,アイヴズ,ルチアーノ・ベリオといった作曲家の様式は,広範囲にわたって,意図的また明示的に,〈引喩〉を用いている。

　J. ピーター・バークホルダーらは,音楽作品内で借用された素材の典拠に関する,すばらしいインターネット目録を作成している（参考文献リストの Birchler, Burkholder and Giger 1999 を参照）。バークホルダーはさらに,詳細な「音楽的借用の類型学」を考案した（Burkholder 1994）。この類型学で,彼は借用された素材の一連の類型を示した。それは,ある作品と借用元の作品との関係,別の作品によって〈引喩〉された作品の要素,ひとつの作品で借用された素材がどのように元の作品と関連しているか,借用された素材が新たな場所でどのように変更されたか,借用された素材が新しい文脈でどう機能するかなどを含んでいる。この後者のカテゴリの中でバークホルダーは,借用した素材がどのように特定の性格を与え,敬意を表し,コメントを付け,その典拠を批評するかを説明する。彼の概要は,理解するのにとても便利なひな型を与えるものの,詳細を欠いている。

　私は〈引喩〉を類型化するために,バークホルダーよりもやや単純なアプローチを選択した。それは,引用に始まりもっと一般的な音楽の慣習の使用まで,5つの基本的なカテゴリに音楽の素材を分類することだ。ここで私が,〈引喩〉を「決まり文句」のような否定的ニュアンスのある言葉で呼んでいないことに注意してほしい。私が強さ（創造）であると感じるものに,弱さ（派生）の烙印が押されることを避けたいのだ。同様に,ここでのカテゴリの境界は不明確であり,重複する場合もあることに注意してほしい。

　〈引喩〉分析のための私の分類は,以下の5つである。

1. **引用**：引用や抜粋,演出など。
2. **言い換え**：変奏技法や風刺,比喩的表現など。
3. **類似**：近似や翻訳,書き換えなど。
4. **フレームワーク**：概要や痕跡,校訂など。
5. **共通性**：慣習や種類,単純性など。

　もちろん,ここに列挙したもの以外にも,様式の参照,音楽形式の〈引喩〉,自然現象の模倣など,他のタイプの〈引喩〉もある。ここでは分類しなかったが,

それらを見つけるための様々なアプローチについて，本章の後半で詳しく説明しよう。

　見て分かるように，上記の〈引喩〉カテゴリでは，聴者が認識する可能性が高いものから低いものへとなり，そして様式的な統合の可能性はその反対となる。各カテゴリについて，より詳しく具体的な説明を続ける。紹介する例には，音楽学の文献に既にあるような既知の〈引喩〉と，プログラム Sorcerer を使って発見したものがある。Sorcerer については本章の後半でより入念に紹介する。2つの組み合わせによる説明で，音楽における重要な〈引喩〉を見つけだすためにこのコンピュータプログラムが持つ秘めた可能性を，読者が納得できることを願っている。

引用

　引用は，正確な音高またはリズムの複製を含むことが多い。グレゴリオ聖歌の〈怒りの日〉を引用した好例が，以下の作品に見られる：ベルリオーズ《幻想交響曲》(1830,〈魔女の夜宴の夢〉)，リスト《死の舞踏》と《ダンテ交響曲》(1857) の第 1 楽章〈地獄〉，サン = サーンス《死の舞踏》(1874)，ムソルグスキー《死の歌と踊り》(1877) の第 3 曲〈トレパーク〉，ラフマニノフ《死の島》(1907) と《パガニーニの主題による狂詩曲》(1934) (Keppler 1956)。

　図 5.1 で示すようにベートーヴェンは，「悲愴」ソナタ (1798) の第 2 楽章でモーツァルトの断片を引用している。ここで 2 つの主題に共通して現れるのは旋律の 3 音 (C-B♭-E♭) だけであるが，ベートーヴェンが同じ調 (変イ長調)，そしてほぼ同一の和声配置を用いていることから，モーツァルトに起源があることは明らかである。私にとってこの〈引喩〉はベートーヴェンの音楽をコンテキスト化するものであって，作曲家の創造性の欠如を証明するのではなく，彼の創作過程を理解するためのもう 1 つのツールを聴者に提供するものである。

　図 5.2 のウェーバーのピアノとオーケストラのための作品からの短いパッセージは，ベートーヴェンの《ピアノ・ソナタ》作品 31-2 (1802) を引用している。これは Sorcerer によって発見された。短 6 度高い調とリズムの縮小 (ウェーバーは音価を半分にした) だけが，2 つのパッセージの違いである。ベートーヴェンのソナタの引用は，ウェーバーの協奏曲でこのパッセージの前後にある音楽の，ともすれば冴えない練習曲のようなクオリティを闊達なものにする。

図 5.1 （a）ベートーヴェン《ピアノ・ソナタ》作品 13（『悲愴』）第 2 楽章第 1 〜 3 小節。（b）モーツァルト《ピアノ・ソナタ》K.457 第 2 楽章第 25 小節

図 5.2 （a）ウェーバー《小協奏曲》作品 79，練習記号 D を超えた最初の 4 小節。（b）ベートーヴェン《ピアノ・ソナタ》作品 31-2，第 1 楽章の冒頭 2 小節

言い換え

　言い換えは典型的に，元の音楽と異なる音高ではあるが似た音程で，リズムの変奏と対になる。ストラヴィンスキーは「《春の祭典》（1913）冒頭のファゴットの旋律は，作品中で唯一の民族的旋律である。それは私がワルシャワで見つけた，リトアニアの民族音楽の歌集に由来する」（Stravinsky and Craft 1960, p.92）と述べる。

図5.3（a）と図5.3（b）で，ストラヴィンスキーの冒頭の旋律とその元となった『リトアニア民謡集』の旋律との関係を示す。

図5.3　（a）ストラヴィンスキー《春の祭典》冒頭のバスーンの旋律，（b）リトアニアの民族音楽の歌集（Juszkiewicz [ed.] 1900, p.21, p.157）

　　ストラヴィンスキーに逆の主張があっても，図5.4（a）に見られるとおり（Morton 1979, pp.12-13），《春の祭典》の〈誘拐の儀式〉の主題には，リトアニア民謡集（図5.4 [b] 参照）の最初の方に載っている民謡の言い換えを，あっさりと聞くことができる。ストラヴィンスキーはこれらの言い換えを用いて，他の音楽の旋律だけでなく，ささやかではあるかもしれないが，その音楽の文化や伝統を自身の音楽に吹き込んでいる。

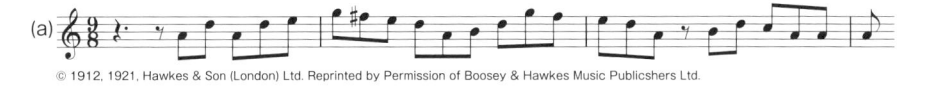

図5.4　（a）《春の祭典》の〈誘拐の儀式〉の主題。（b）図5.3（b）と同じリトアニア民謡集からの別の旋律（Juszkiewicz [ed.] 1900, p.19, no.142）

　　図5.5は，Sorcerer プログラムが発見した，ブルックナーの《交響曲第7番》第3楽章（1883）に現れるシューベルトの《ロザムンデ》序曲（1823）の言い換えを示す。この例では拍節と調が異なるものの，2つの主題を聞くととてもよく似ている。ブルックナーは音楽の教養のある聴衆を念頭に，シューベルトの有名作《ロザムンデ》を下地にして自分の作品に取り込んだ。

図 5.5　（a）ブルックナー《交響曲第 7 番》第 3 楽章第 2 主題。（b）シューベルト《序曲「ロザムンデ」作品 26》第 2 主題

類似性

　類似性は一般に，異なる音高・音程・ハーモニー・リズムを持ち得るが，上行や下行といった旋律の動きの向きや音程の全体的な相似のような，隠れた類似がある。革新的な作品でさえ，類似性を持つことがある。ワーグナーの楽劇《トリスタンとイゾルデ》（1859）の序曲は，まさに代表的な例である。図 5.6 は，ベートーヴェンやシューマン，リスト，ルートヴィヒ・シュポーア（特にオペラ《錬金術師》［1830］の冒頭）における，《トリスタンとイゾルデ》の先例を示す。ワーグナー

図 5.6　（a）ベートーヴェンの《ピアノ・ソナタ》作品 13（「悲愴」）第 1 楽章（1798）。（b）シューマンの《ピアノ三重奏曲第 1 番ニ短調》作品 63（1847）。（c）リスト《私は死にたいのです》。（d）ルートヴィヒ・シュポーア《錬金術師》（1830）——以上は全て（e）ワーグナー《トリスタンとイゾルデ》より〈前奏曲〉（1859）の先例

が，これらの作品の全てではないにしてもほとんどを認識していたことは，書簡やその他の記録が証明している。スコット (Scott 1927) は，ワーグナーがあるリハーサル中にリストに「あなたのものが来ますよ……」と悪びれずに言ったと指摘している。リストの作品（図5.6 ［c］）とワーグナーの〈前奏曲〉（図5.6 ［e］）では，リズムとハーモニーはやや異なるものの，G♯ と A，A♯，B による旋律が同じである点が興味深い。クックは，モーツァルトの《弦楽四重奏 変ホ長調》K.428 (1783) とシュポーアの《弦楽四重奏ハ長調》(1807) にもこの音型が出現することを指摘している (Cooke 1959)。図5.6 （e）の《トリスタン》の例には，いわゆるトリス・タン・和音が含まれ，解決に対し5倍持続する不協和音*で名高い。この比率は図5.6（d）のシュポーアの音楽に近い。

　図5.7 は，Sorcerer プログラムが発見した，ベートーヴェンの《交響曲第3番》(1803) に現れるモーツァルトの《3つのドイツ舞曲》K.605 (1791) との類似性を示している。この例では，調と，特にリズムが異なる。しかし両者を順に聞けば，類似性が明らかになる。ベートーヴェンの音楽におけるこのリズムと拍節の変形は，〈引喩〉を隠そうとしているようでもあるし，強調しているようでもある。

図5.7　(a) ベートーヴェンの《交響曲第3番》作品55，第4楽章第2主題。
(b) モーツァルト〈ドイツ舞曲第3番〉K.605，第2主題

フレームワーク

　一般に，フレームワークには補われた音符が含まれているため，分析過程でこれらの音符が取り除かれた後にのみ，潜在的な類似が明らかになる。レオナルド・マイヤーは，マーラーの《交響曲第4番》(1892) 冒頭の主題の上部構造として横たわっているのは，ヘンデルの《メサイア》(1750) にある旋律だとしている (Meyer 1989, p.54 参照)。図5.8 は，マイヤーの図を再現したものである。

---

* 稲田隆之「『トリスタン和音』再考」(2018) によると，トリスタン和音の「解決されるべき G♯ 音が解決される A 音よりもはるかに長いのは音楽的に不自然」であることが，研究者達を悩ませてきた。図5.6 （e）2小節目の G♯:A の音価が 5:1 である。

2つの主題を続けて聞いてみると，このようなパターン比較は，事前に想像するほどの違いがないように思えるだろう。

図 5.8 （a）マーラーの主題（《交響曲第4番》）の上部構造として横たわっているのは（b）ヘンデル《メサイア》の旋律であると解釈できる理由

図 5.9 に示すとおり，Sorcerer はベートーヴェンの《交響曲第 3 番》(1803) 第 2 楽章に，ヘンデルの主題のフレームワークを発見した。ヘンデルの旋律の骨子となるフレームをベートーヴェンの交響曲から見つけだすには，(本章の後半でより詳しく説明するプロセスである）ベートーヴェンの繰り返し音符と，その他の装飾的に介在する音符を削除する必要がある。

図 5.9 （a）ベートーヴェン《交響曲第 3 番》作品 55，第 2 楽章第 1 主題。（b）ヘンデル《フルートと通奏低音のためのソナタ》作品 1-9，第 2 主題

これら 2 例のフレームワークが，ヘンデルを典拠として共有していることは適切に思える。なぜなら，スコット（Scott 1927）の主張によると，ヘンデルが実行したアイデアは次のようなものだ。

……しかしながら，驚愕すべき仕方での借用で，またいかなる承認も欠いており，他の作曲家たちの作品はもちろん明らかで，彼のやり方に含まれていた悪事を自身がどれだけ意識していたかについてのみ疑念がある。(Scott 1927, pp.500-501)

ヘンデルは，他の音楽を参照することから生じる新しいコンテキストを受け入れるだけでなく，楽しんだことも多かったようだ。

　ここに提示されているようなフレームワークは，判断基準が微妙なことも多く，確かに論争になりやすい。しかしそれでも，潜在的なフレームワークの知識は，それが現れる音楽の理解と鑑賞力を広げ得る。

共通性

　共通性を示すパターンは一般に，音階，三和音の骨組みなど，その美点であるシンプルさのために，音楽のほぼあらゆる場面で発生する。デリック・クック（Cooke 1959）は，何百年にわたりクラシックの作曲家に使用されてきたこのようなシンプルなパターンが，一貫した影響の流れを明らかに示すと信じた（Cope 1996, pp.15–20 参照）。しかしジャン・ラリューが強調するのは，このようなパターンは非常にシンプルかつ一般的であることが多く，仮に借用されていない場合であっても，類似性の発生は避けようがないということである。ラリューの論文「古典音楽の主題間に見られる暗示的かつ偶然一致した類似点」にある図版（LaRue 1961, p.233）から選ばれた図 5.10 が示すのは，多くの作曲家が用いる，上行するシンプルな三和音の骨組みを持つ主題例である。〈引喩〉というよりも，調性音楽の作曲技法による一般的な実践と言える。実際，ラリューが一般的な類似性と呼んでいるもの（LaRue. 1961, p.233）も私が共通性と呼ぶものも，調性音楽に遍在し

図 5.10　(a) ハイドン，(b) ジョヴァンニ・サンマルティーニ，(c) アレッサンドロ・ボッローニ，(d) フリードリッヒ・シュヴィンドル，(e) フロリアン・ガスマン，(f) E.T.A. ホフマン，(g) カール・フリードリッヒ・アーベルによる，同様の音型（LaRue 1961, p.233 より）

ている。したがって，個々の主題の対照が明確になる一方で議論になるのは，図5.10の音楽の全てが，作曲過程から生じたものなのか，はたまた借用であったとすれば，広範囲な作品群からの〈引喩〉であり，あるものから別のものへと特に参照なく自由にアイデアを交換したものなのかということである。

いくつかの共通性は，音楽的・文化的な意味合いを有することがある。それはシンプルではあっても，同じくシンプルな他のパターンよりも流行した場合であり，また優先的に選ばれるパターンが，恣意的というよりも意図的に選ばれている場合である。そのような共通性を，私は原始動機と呼ぶ。なぜならそれらは，時代や様式の違いを超えて見られる，膨大な音楽から得られた基本的な属性を表すからである。こうした属性によって，マンハイムの打ち上げ花火（Mannheim Rockets：三和音の連続的な上行跳躍）や，ため息の動機（段階的な下行パターン）のように，バロック／古典時代にとても一般的であり，まず間違いなく西洋古典様式にのみ存在するパターンと，原始動機は区別される。

図5.11は，3世紀にわたる原始動機の14例を示す。全ての実例は，各作品で重要な旋律主題の冒頭近くに現れるので，はっきりと聞くことができる。ここに提示したほとんどの例で，原始動機（上−下−下−上の段階的な動き）は周囲の主題音符よりも短い音価で現れる。そして，音楽的価値の低いこともある装飾の感覚と，それでも音楽的価値のより高いこともある存在感の強調の両方を生んでいる。図5.11（m）のマーラーの例では，動機の現れる交響的な動きが，文字通り何百回も繰り返される単一の音型へと，この原始動機を発展させる。特定の伝統に属する音楽がこのような原始動機を無視すると，様式的な説得力が無くなりかねない。

Sorcererは分析する音楽のあらゆるところから共通性を発見する。図5.12には，下行する長音階で表される，このタイプのパターンのわかりやすい例を示す。ラリューが主張し，また私が同意できそうなのは，図5.11が示す原始動機とは異なり，この共通性が表すのは，〈引喩〉というよりも単純な下行する音階運動だということである。

ほとんどの音楽では，正確な引用はまれにしか出てこないが，共通性はいたるところに現れる。そして真の〈引喩〉が分かりにくくなるのを防ぐために，Sorcererにはフィルタが必要になる。この後で論じるように，こうしたフィルタは，Sorcererの発見したパターンが真の〈引喩〉を表し，また多くの作曲家

図 5.11 各曲に現れる上—下—下—上の原始動機：
(a) ヘンデル《組曲第 2 番ヘ長調》第 1 楽章第 1 主題
(b) バッハ《組曲第 2 番ロ短調》より〈序曲〉第 2 主題
(c) バッハ『平均律クラヴィーア曲集第 1 巻』〈前奏曲第 10 番〉
(d) バッハ『平均律クラヴィーア曲集第 1 巻』〈フーガ第 15 番〉
(e) ハイドン《交響曲第 98 番》第 2 楽章第 2 主題
(f) クレメンティ《ソナタ変ロ長調》作品 47-2 より第 2 楽章第 1 主題
(g) モーツァルト《ピアノ・ソナタ》K.570，第 1 楽章第 2 主題
(h) モーツァルト《ピアノ・ソナタ》K.578，第 2 楽章第 1 主題
(i) ベートーヴェン《ピアノ協奏曲第 5 番》作品 73 第 1 楽章第 1 主題
(j) ショパン《マズルカ》作品 6-1
(k) シューマン《謝肉祭》作品 9 より〈オイゼビウス〉
(l) ワーグナー《トリスタンとイゾルデ》より〈愛の死〉第 2 主題。
(m) マーラー《交響曲第 9 番》第 4 楽章序奏
(n) モンツァ《組曲ニ長調》より〈ガヴォット〉（伝ベルゴレージ《組曲第 3 番》として
　　ストラヴィンスキー《プルチネルラ》の〈ガヴォット〉のモデルとなった）

図 5.12　（a）ベルリオーズ《序曲「海賊」
作品 21》と（b）ハイドン《弦楽四重奏
ト長調》作品 74-3，第 3 楽章における，
共通性の例

が日常的に使用する作曲技術によるものではないという保証を，より高い確率で得るために役立つ。

　興味深いことに，Sorcerer を用いた私の経験上，長い時代を生き残った高い評価を受けている作曲家は，類似性やフレームワークをとても頻繁に使う傾向にある一方で，あまり知られていない作曲家は，もっと明らかな引用や言い換えを使うようだ。たとえばブラームスは引用よりもフレームワークを好み，正確に〈引喩〉する傾向の強いロッシーニよりも多くの変奏を伴っており，わずかな〈引喩〉を特徴的に用いている。同様に，カノンやフーガなどの音楽形式を使用する作曲家は，形式の厳密な制約のため，少なくとも Sorcerer に検出可能な〈引喩〉をあまり使わない。

検出

　音楽データベース内のパターンを広範に検索できる数少ないプログラムのうち，デイヴィット・ヒューロンの Humdrum（1993）は，音楽中の〈引喩〉検出に最も有用なプロセスである。Humdrum は，プログラムのユーザーが与えたパターンの正確なマッチと近似的なマッチを，データベースから厳密に検索する。しかしこのプログラムでは，マッチさせたいパターンについて少なくとも何かしらをユーザーが知っている必要がある。たとえば，あるパターンの全ての音符の代わりにワイルドカード記号を使用すると，全てのパターンをプログラムは応答として返すため，この問題は解決しない。作品中の潜在的な〈引喩〉を包括的に発見するには，ターゲット音楽のパターンとマッチする可能性のある全てのサブパターンと骨格パターンを，プログラムが自動的に検索する必要がある。

　私は 1995 年に，このような包括的パターンマッチング・プロセスを自動化するため，Sorcerer プログラムのプロトタイプを開発した。私の手法は参照分析と呼ばれる。それは解釈学的分析（Agawu 1991，1996; Gjerdingen 1988; Nattiez 1990 参照）とレティアン分析（Réti 1962 参照）の間におおよそ位置する記号論的アプローチで，用いられる音楽的〈引喩〉の存在を，Sorcerer は分析的に立証してくれる。Sorcerer は，ターゲット作品（調査中の音楽）に見つかったパターンと，いくつかの潜在的なソース作品（ターゲット作品に影響を与えた，あるいは影響されたと見込まれる音楽）とを，マッチさせようとする。Sorcerer はそうして，マッチしたパターンを〈引喩〉の候補として提示する。このプログラムは，ターゲット作品の作曲者が意識

的に，または無意識にソース作品を参照しているかどうかにかかわらず，その結果をリストアップする。唯一の基準は，発見された〈引喩〉が存在し，それを知った聴取者が聞き取れるということである。

図 5.13 に Sorcerer プログラムの概略図を示す。Sorcerer は，音高やリズムを検索に組み込むことができる。ソース音楽（データベース）は，ターゲット作品の前に作曲された可能性もあるし，後に作曲された可能性もある。それは，どんな音楽がターゲット作品に影響を与えた可能性があるか，もしくはどんな音楽にターゲット作品が影響を与えた可能性があるかを検出しようとするのかによ

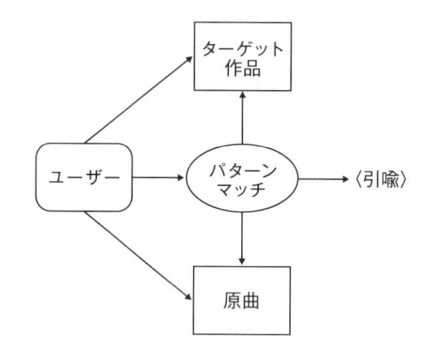

図 5.13 Sorcerer プログラムの大まかな図式

る。実際，これからデモンストレーションするように，プログラムの出力から年代順の関係を明確に識別する限り，ターゲット作品の前後に作曲された両方の音楽で，ソース作品を構成してもよい。

Sorcerer を使用する際に特定のターゲット作品に適したソース音楽を選択することは，有益な結果を得るのに必要不可欠である。ユーザーが望めばソース音楽は広範囲かつ多様にすることもできるが，用いる例が多岐にわたるほど多くの困難に直面する。私が発見したのは，慎重に選ばれた似たような音階と拍子による関係がありそうな少数のフレーズが，下手に選ばれた広範な一連の作品全体と，意味のある結果を出すのに同じくらい効果的であり得るということだ。本書で提示する Sorcerer が発見した〈引喩〉は全て，うまく選択した 30 個以下のフレーズからなるデータベースを用いた。ターゲット音楽の作曲家がソース作曲家の音楽を意識することによって，ユーザーが論理データベースを作成する方針を立てることができる。

Sorcerer は，入力として MIDI ファイルを読み込む際に，音楽を自動的にエンコードする。ユーザーがソース音楽のエラーをチェックして読み込むと，音高・タイミング・音価・MIDI チャンネル・音量のリストであるイベント （付録 B を参照）へ自動的に変換される。イベントは，アーティキュレーションやエフェクトなど，

他のカテゴリの情報を含むように拡張できるが，これらを追加しても，私の経験上，〈引喩〉の発見に有意義な貢献をすることはめったにない。

　音楽的〈引喩〉を発見するには，この章で対になっている多くの例を比較することで見られ，そして聞かれるとおり，音楽パターンの効率的なマッチングが必要である。ターゲット作品のパターン，とりわけ不連続なパターンをどうしたらソース音楽で発見できるのかを理解するためには，音楽パターンマッチングの基本原理が大まかに分かっていなければならない。

　図 5.14 は，多くの音符が異なっているが，かなり似た響きの 2 つのシンプルな音楽パターンを示す。これらの 2 つのパターンをうまく比較するには，パターンマッチング・プログラムで次の処理を行う必要がある。

図 5.14　多くの音符が異なっているが，かなり似た響きの 2 つのシンプルな音楽パターン，各五線の下の数は，それぞれの音程の半音数と方向を示す

　a．音符と同様に音程を比較する。
　b．論理的な範囲内で音程の大きさがある程度変わることを許容する。
　c．階層的に重要度がより高い音符の間に，ある程度の数の音符が補間されることを許容する。

　図 5.14 の 2 つの例をマッチさせるのに c. は重要な役割を果たさないが，前述したフレームワークの検出にはこのような音高補間が必要である。和声とリズム（図 5.14 では関係ない）は，パターンマッチングにおいても重要となり得るし，またまもなく論じるように，Sorcerer を用いてパターンをマッチさせることが可能である。反行など，旋律の他の変奏は，今のところ Sorcerer のパターンマッチング・プロセスでは役目を果たさない。しかしながら，パターンマッチングで聴き取れる変奏は全て，〈引喩〉の認識に寄与し得る。したがって Sorcerer は，より広範囲な変奏の可能性を最終的に取り入れてゆく。

　図 5.14 の 2 つのパターンは，2 つから 4 つの音符を除いて，音程に関して正確にマッチする。同様に，2 つの不正確な音程は，わずかに「許す」パターンマッチング・プログラムが即許容する変奏である半音だけ，互いに異なっている。この寛容さはコントローラと呼ばれ，ユーザーが設定する変数である。この場合，

音程の変奏を許容するためにデザインされたコントローラは，どれくらい音程の相違があってもなおマッチさせるかによって，半音程の数を決定する。また別のコントローラを使用して，マッチが発生するために許容する音符間の介入音の数を，ユーザーが設定することもできる。さらに他のコントローラは，音程の大きさや介入音以外に，ハーモニーやリズム，および旋律の他の側面に関する変奏の大きさを定義する（コントローラの詳細については，Cope 1996, pp.89-103 を参照）。

　コントローラを低い数で設定すると，引用や言い換えだけが出力される。コントローラを高い数に設定すると，これまでに論じた5つの〈引喩〉のカテゴリ全てがうまくマッチする。残念なことに，設定値が高いと，共通性やその他の本質的でないパターンもまた数多くマッチし，混乱する結果となり得る。申し分のない結果を得るためにコントローラを適切に設定することは，経験とよい耳，そして忍耐を要する。各々の新しいターゲットとそのソース音楽においては，最良の結果を得るためには新しい設定が必要である。Sorcerer は，以前に成功したパターンマッチの設定に基づいてコントローラを自動的に設定できるが，ほとんどの状況ではユーザーによる操作が最もうまくいく。

　Sorcerer はまた，パターンの最大長を必要とする。この長さはかなり大きくなりうるが，常識的にマッチする可能性のない旋律パターンをプログラムに強制的に比較させるほどには長くならない。パターンとして 12 個ほどの音程列（13個の音高）は一般的に，旋律認識のための妥当な上限として用をなす。Sorcererのパターンマッチャーに最大長を設定すると，その範囲内にある長さのパターンを無視しないようにしながら，同じ最初の音程で始まる全てのパターンをマッチさせようとする。このパターンマッチングは短いパターンから長いパターンへと進み，短いパターンの不一致によってそれより長いあらゆるパターンの不一致が確実になった時，プロセス全体が終了する。

　Sorcerer は逐次パターンマッチング・プログラムを用いる。これは，ターゲットおよびソース音楽の両方で最初の音符からパターンを収集することを意味し，以前に収集したパターンの終わりから収集する（隣接パターンマッチングと呼ばれる）のではない。逐次プロセスは，重要な〈引喩〉を発見するためのプログラムの潜在能力を大幅に高める。しかしあいにく，逐次パターンマッチングは，隣接パターンマッチングよりも相当に処理能力を必要とする。ここで要求される処理能力は，多数のソース作品をマッチさせる時に結果をかなり遅延させる可能性があり，し

たがってユーザーがプログラムの結果を解釈するのが遅くなってしまう。この逐次パターンマッチング・プロセスを迅速に行うために，連続した音楽というよりパターンとして，Sorcerer はソース音楽を保存する。言い換えれば，実際のパターンマッチングが始まる前に，音楽をロードする際に，ターゲット音楽およびソース音楽をパターンに分割する。

このパターン保存アプローチの利点は，Sorcerer がより迅速に出力を返すことができ，ユーザーはその後ほぼ即座にコントローラの変更と再マッチングを行えることである。音楽をパターンとして格納するこのアプローチの欠点の 1 つは，最大パターン長の変奏では，パターン記憶を完全にオーバーホールする必要があることだ。それは多くのユーザーが行いたくないであろう，冗長なプロセスである。パターン記憶はまた，かなりの量のメモリが必要となり得る。私は記憶領域のロスと処理速度の増加を引き換えにした。しかしこのトレードオフの利点は，私が感ずるに，その欠点を補ってあまりある。パターン収集と保存プロセス，そして結果として生じるパターンマッチングの詳細情報は，こうした長所と短所をより明確にするはずだ。

図 5.15 に示すのは，パターンを逐次的に収集する方法である。ここでは，5.15（a）からの 4 音によるパターン全てが，5.15（b）〜 5.15（f）の順に表示されている。一度収集されると，パターンは音程の大きさに応じて名付けられる特別な辞書にオブジェクトとして保存される（Cope 1996, 第 4 章参照）。音程は半音単位で測定され，下向きの音程はマイナス記号を付ける。1 オクターヴを超える音程は，2 桁の数値による混乱を避けるために，オクターヴ内の同音に縮小される。元の調とリズム，拍節の配置，および元の位置についての情報を含む属性を，パターンのオブジェクトは持っている。

図 5.15 Sorcerer がパターンを逐次的に収集する方法：(a) パターンマッチングさせる音楽。(b) 〜 (f) 逐次的に (a) から収集したパターン

図 5.16 は，適切な辞書（S5212-31）に配置されたパターンのオブジェクト（S5212-31N1）を示している。「N」が「番地」を，また「x」が逐次増える番号を表し，接頭辞 Nx により同じ音程の大きさを持つ多くのパターンを同じ辞書に格納できる。ターゲットのパターンとソースのパターンを比較するには，パターンマッチング・プログラムが辞書の中身をチェックし，適切なデータが存在する場合はその内容を取り出すことだけが必要となる。このプロセスではマッチの可能性があるものとだけ比較されるようになっており，（ほとんどの標準的なパターンマッチング・プロセスで必要な）マッチする可能性のない数多くのマッチングを回避する。

図 5.16　音程の大きさに従ってパターンを辞書に格納する方法（S は Sorcerer を表し，N は番地を表す）

　フレームワークを発見するには，ターゲットのパターンをスケルトン化し，他のパターンと同様にマッチさせる必要がある。たとえば，B から始まる 3 音のフレームワークとしてマッチした音高のリスト B–C–D–E–A は，オリジナルから様々な音符が切り取られた版を表すパターンである。B–C–D，B–C–E，B–C–A，B–D–E，B–D–A，B–E–A などとして現れるであろう。マッチさせるパターンの大きさに応じて，20 個の音高による 1 つのターゲットパッセージから，こうしてマッチング可能なフレームワークを何百も作成できる。このフレームワークマッチング・プロセスは，ターゲットのパターンがソース音楽のパターンの装飾であることを前提としており，その逆ではない。図 5.8 と図 5.9 の両図はこの関係を例示しているが，音楽においてはその逆も起こるかもしれない。現在の Sorcerer の実装を用いて逆の関係を発見するには，ターゲットとソースの音楽を交換する必要がある。

　Sorcerer を用いた和声的パターンマッチングでは，プログラムかユーザーが分析した和声表現（Cope 1991a, pp.30–33 参照）で音符を置き換えなければならない。それは，曲中には音価の違いや休符の存在など，パターンマッチングを困難にする（和声機能を隠す）差異があり，そうした要因を排除する必要があるからだ。し

かしほとんどの場合，Sorcerer は旋律のパターンマッチングに頼っている。和声的〈引喩〉を発見するための単独プロセスとしてではなく，旋律マッチングの検証で和声的に対となるパートを使用するのだ（図5.6の《トリスタンとイゾルデ》の例は，このような組み合わせパターンマッチングの良い例である）。

　リズムをマッチさせる時，Sorcerer は比率を用いる。プログラムは，初期の音価設定の大きく異なるパターンが等しく処理されるように，まずパターンの最小音価を 1 に設定し，次に他の全ての音価をこの基本数の倍数として表す。このようにリズムの比率を比較することは，音程を用いて，ある音列を一斉に転調させる可能性を示せることから，音高マッチングで用いる音程による方法と似ている。図5.17 に示す 2 つのパターン例は，リズムが非常に異なって見えるが，異なる仕方で記譜された音価に考慮してテンポを調整すると同じ響きになる。これらのパターンは，Sorcerer によって比率的にマッチした時，同一のものとしてマッチする。

図 5.17　リズムが非常に異なって見えるが，Sorcerer の比較では同一のものとしてマッチする 2 つのパターン例：(a) 最小音価が 16 分音符，(b) 最小音価が 64 分音符

　Sorcerer の出力を評価する際には注意が必要である。なぜなら多くのパターンは，少なくとも人間の耳には，その類似性が直ちに明らかにならないかもしれないからである。たとえば図5.18 は，どこかで歌ったり聞いたりしたことのある単純なテーマで，多くの聴取者にこれといった他の主題を想起させない。出だしの単純な 4 音符の動機は，まず順番に並べられてから繰り返され，標準的な半終止につながる。しかしこの主題は，図5.19 に示すとおり，ずっと有名な主題であるベートーヴェンの《交響曲第 5 番》

図 5.18　コンピュータが創作した主題

図 5.19　図 5.18 の主題の基になった主題

（1808）の冒頭と，実際の音高が１つを除いて全て共通している。図 5.18 と図 5.19 のリズムおよび拍節のアクセントは，明らかに異なる。しかし，最後の数個の音高を除いて，これら２つの例は正確にマッチする。

　図 5.18 と図 5.19 の間のような隠れた関係が音楽作品の完全な理解（すなわち観賞）に重要ではないと思ってはいけない。図 5.20 に示す２つの旋律の比較はこの点をさらに立証するはずだ。図 5.20（b）に示すように，ショパンは 5.20（a）の即興曲で最初の主題を，音符の迷路の中に補間して埋め込んだ。図 5.20（b）でいくつかの音符の上部にある十字マークは，図 5.20（a）における元の主題の音高と相関する。興味深いことに，これらの２つの旋律の関係は図 5.18 と図 5.19 の組み合わせより捉えやすいことを，ほとんどの聴者が気づくだろう。おそらくこの認識は，主題とその変奏が同じ作品に現れていること，主題の強拍の多くが変奏では強拍もしくは保持音にあることから得られる。あるいは音楽教育を受けた聴者のように，ショパンが旋律の重要な音符の間を，音階を織り交ぜたり転回させたり，その他の装飾で変化させがちであるのを知っていれば分かることだろう。しかし，Sorcerer が図 5.20 のパターンの関係を発見するのは，図 5.19 よりもはるかに難しい。あらゆる種類のあまり重要でないパターンもマッチするように，図 5.20 の付加される音符の数を調整するコントローラを非常に高いレベルに設定しなければならないためである。

　Sorcerer はフィルタを使用して，単純な共通性である可能性の高いものを除外する。しかし，すぐ後で述べるように，コントローラが低レベルに設定され，フィルタが高レベルに設定されていても，ターゲット音楽の全ての音符を考慮してみると，分析中の音楽のほぼあらゆるところで Sorcerer は〈引喩〉を発見する。この過剰さは，時にはほとんど無意味であるように見え得る（特に Cope 1996,

図 5.20　ショパン《即興曲》作品 36 における補間された装飾音：(a) 第 61 〜 64 小節。(b) 第 73 〜 77 小節

pp.22–23 参照)。しかし，EMI が作曲したほぼ同じ性質の 6 つの出力のうちの 1 つ
である図 5.21 の短い主題は，そうではないものを示すかもしれない。このコン
ピュータ生成音楽は，図 5.22 に示すように，ベートーヴェンの《ピアノ・ソナ
タ第 8 番》(1798) の主題にかなり近いように思われる。しかし，図 5.21 の音楽を
作曲する際に EMI が使用したデータベースには，ベートーヴェンの音楽は含ま
れていなかったのだ。図 5.23 は，データベースにある唯一の作曲家であるモー
ツァルトの音楽を，図 5.21 の音楽の各音符がどのように参照しているかを示す。
ここで〈引喩〉の数はこれまでの例のそれをはるかに超えている。一方，図 5.21
と図 5.22 との間に知覚される性質上の違いにかかわらず，図 5.21 の音楽は，図 5.22
を作ったのとそれほど違いのない創造プロセスの結果であるように思える。

図 5.21　EMI プログラムが創作した短い主題

図 5.22　ベートーヴェン《ソナタ第 8 番》作品 13，第 1 〜 5 小節より

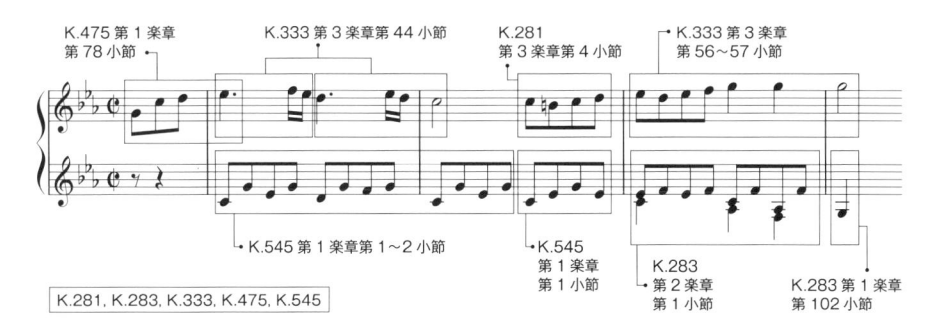

図 5.23　図 5.21 に示す音楽の，モーツァルトによるソース

図5.24にSorcererの出力例を示す。ここでは，ショパンの《ピアノ協奏曲第1番》第1楽章の主題が，バッハやベートーヴェン，ボッケリーニ，ショーソン，シューマンによる様々な作品と，どのように結びつくかを見ていく。縦線は，提案された〈引喩〉が始まるところを明確にするために，ソースとターゲット音楽の音符を接続するところを示す。図5.24のターゲット音楽の作曲年(1830)は，バッハ（BA1〜4がそれぞれ，1722年・1722年・1731年・1731年の作曲），ベートーヴェン（BE1〜2がそれぞれ，1803年・1802年の作曲），ボッケリーニ（作曲年不明，1805年死去）に影響を受けていたかもしれないことを示す。しかしターゲット音楽は，シューマン(1838年の作曲)とショーソン(1896年の作曲)に影響を与えていたかもしれない。もちろん，シューマンとショーソンが，ショパンのターゲット作品に影響を与えた，先立って作曲されたデータベース内にある同じソース音楽から影響を受けていた可能性もある。図5.24に示すパターンは，与えられた旋律の音程だけをマッチさせることで得られる。明らかに，旋律だけを比較することは，和声とリズムも併せて比較するよりはるかに意味がない。例の範囲を旋律に限定していたのは，プロセスが1度に1つの階層でどのように機能するかを説明するためだ。

　〈引喩〉の立証は，不可能ではないにしても，困難である。しかし，検証可能性が比較的高い〈引喩〉もある。この検証可能性の違いの主な理由の1つは，ターゲット音楽の作曲者が関連するソース音楽を知っていた可能性を立証するのが困難だからである。しかし，ひとたび直接的または間接的なつながりができれば，意図的な〈引喩〉を支持する主張はさらに否定し難くなる。ターゲット作品の作曲者がソース作品を知っていた蓋然性は，影響があったこと，また〈引喩〉が存在することに，理屈に合った確実性をもたらす。

　ターゲット音楽の作曲家が，偶然に似たものを作ったのではなく，意図的に〈引喩〉を使用したことを明らかにする別の方法もある。拍子とフレーズの配置は，意図的なものの好例である。強い拍に始まりフレーズ冒頭に近いところで見つかったマッチパターンは，これらの位置にないものよりも聴き取りやすい傾向がある。同様に，繰り返されるマッチパターンは，1回限りで現れるものよりも優先度が高くなる。ソースからほとんど変化しないパターン（引用や言い換え）も，そうでないものより信用できる可能性が高い。

　ソース作品での戦略的で形式的なパターン配置は，その信頼性をさらに高める。第1主題に見つかった〈引喩〉とおぼしきフレーズは，第2主題や内声あるいは

変奏に見つかったものより確度が高い。しかし後者の場合でも，〈引喩〉がはっきりと分かるような例外もある。今のところ Sorcerer は位置のマッチの強弱を区別しないが，実際に関連するもの以外で，おもしろい，あるいはユーモラスですらあるマッチを見つけることが多い。本書の例では，ソースとターゲットの両方に強く出現する音楽のみを選択している。

図 5.24　ショパンのピアノ協奏曲第 1 番，第 1 楽章の主題が，バッハ（BA）やベートーヴェン（BE），ボッケリーニ（BO），エルネスト・ショーソン（C），シューマン（S）による様々な作品を，どのように参照し得たかを示す Sorcerer の出力

図 5.25 は，〈引喩〉の戦略的で形式的な配置の一例として，1791 年のモーツァルトの《魔笛》（K.620）の有名な主題を示す。ここには，いくつかのソース候補も併せて示す。クレメンティとは，彼の《ピアノ・ソナタ》作品 24-2（1781）がマッチする。このソナタの草稿には，クレメンティが皇帝ヨーゼフ二世のためにこの作品を演奏した時に（Barlow and Morgenstern 1948, p.xii），モーツァルトが居合わせていたことを示すメモが含まれている（Plantinga 1977）。明らかに，《魔笛》の主題は〈引喩〉を証明できる。クレメンティのソナタの 10 年後に作曲され，両作曲家がそれぞれの作品の第 1 主題として位置づけているからである。アンドレ・グレトリー（年不詳）やハイドン（1789），そして興味深いことに，モーツァルト自身（1774）からも影響を受けたという説があるが，有力ではない。

　しかしこれまで見てきたように，作曲家は疑いなく，他の作曲家からと同じく自分自身からも借用する。音楽的シグネチャと特徴（Cope 1996）は，そのような借用の検証の一例であり，〈引喩〉が様式の定義と認識にどのように関与できるかを説明する。図 5.25 におけるベートーヴェンの 1800 年からの例は，図 5.24 のシューマンの例のように，クレメンティ／モーツァルトの主題に影響を与えたの

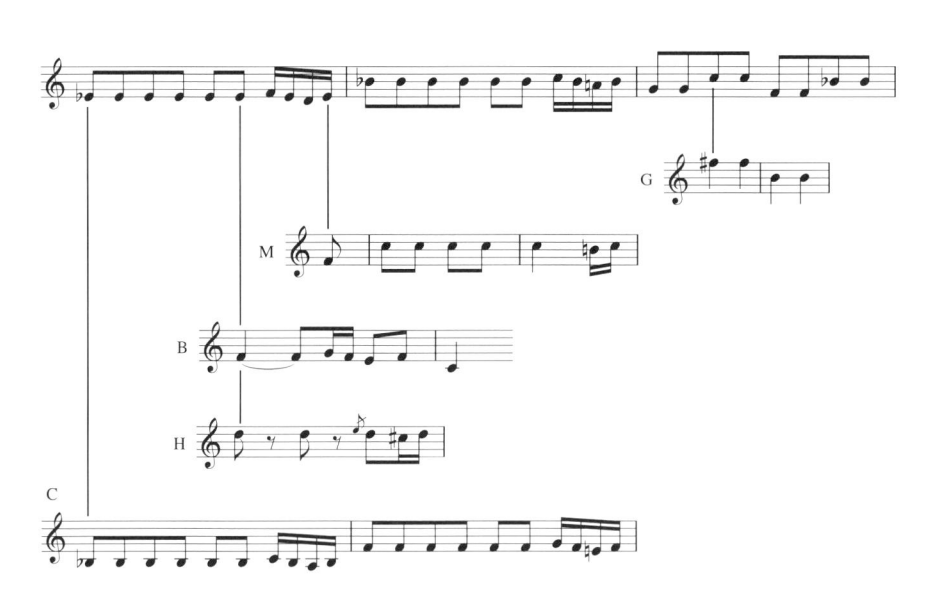

図 5.25　モーツァルトの《魔笛》の主題が，ベートーヴェン（B），クレメンティ（C），アンドレ・グリトリー（G），ハイドン（H），そして彼自身（M）の様々な作品と，どのように結びつけられ得るかを示す出力

ではなく，影響を受けていた可能性がある。繰り返すが，これらの例では，リズムも和声もパターンマッチング・プロセスに関わっていない。

本章の前半で述べたように，検証されてもされなくても，ソースとターゲットの音楽の間で Sorcerer が発見する共通のパターンが存在し，我々が意図を証明できるかによらず，それ自体は〈引喩〉とみなすべきである。おもしろいことに，ターゲット音楽の作曲家が明確に知らなかった作品への参照を探すことはまた，既に議論されたように，そのような参照が普遍的な〈引喩〉もしくは原始動機（音楽のエーテルに属するパターン）を表しているかもしれない点で，興味深い。そのような参照は，大きく異なる文化の音楽を比較する時に，とりわけ顕著であり得る。たとえば，伝統的なバリのガムラン作品の〈引喩〉が，見かけ上モーツァルトのピアノ・ソナタにある（《モーツァルト・イン・バリ》作曲中の 1987 年に私が行ったように——Cope 1991a, pp.216–222 参照）。しかしここから言えるのは，ただ発見されたパターンが時を超越し文化から独立した魅力を持つということであり，モーツァルトがその生涯にガムランの音楽を聞いたということではない。

解釈

私たちは馴染みのある音楽の中に〈引喩〉を聞く。この主張は明白である一方，逆もまた真実であることも重要である。つまり，私たちは馴染みのない音楽の中に〈引喩〉を聞くことはない。たとえば私たちの多くは，モーツァルトが生涯を通して聞いた音楽をそれほど知らない。だから意識的または無意識的に彼が音楽に含めた多くの〈引喩〉を，私たちは聞くことができないかもしれない。対照的に，EMI によるモーツァルト風の音楽で，多くの〈引喩〉を私たちは確かに聞く。それは単純に，私たちの多くがモーツァルトの音楽に馴染んでいるからである。したがってプログラムの音楽は，知られている作曲家の様式で作曲するおかげで，人間が作曲したほとんどの音楽と比べて，（〈引喩〉は黙示か派生物かというあなたの見解によって）有利でも不利でもある。

興味深いことに，EMI のためにデータベースの音楽を選択する時，出力に生じる潜在的な〈引喩〉を，私は部分的に制御している。〈引喩〉が発生する可能性は，このデータベースの大きさに反比例する。その結果，〈引喩〉の場所や正確な数を予測することはできないが，その相対的な頻度に私は直接影響を与えることができるのだ。このようにして〈引喩〉が生じるのは，無原則ではなく関連

性のあるところに限定的になる。それは伝統的な方法で創作された作品で〈引喩〉が生じる時と同様である。

〈引喩〉を用いた黙示の例として，図 5.26 にバッハの『平均律クラヴィーア曲集』〈フーガ第 4 番〉の冒頭を示す。そして図 5.27 は，18 世紀の聴衆が，当時のよく知られた慣習に従って，この音楽をどのように宗教的シンボル —— 十字架として解釈し得たかを示している。

図 5.26 バッハの『平均律クラヴィーア曲集』より〈フーガ第 4 番〉の冒頭

図 5.27 図 5.26 の音楽の最初の動機上で，どのように十字架が現れるか

エーロ・タラスティはこの音楽的象徴についてコメントしている。

　　当時の能力ある聴者は十字架が現れることの意味に通じており，バッハのフーガ主題にそれを認めたであろう。たとえ 19 世紀の聴者がもともとの象徴性にもはや気づいていなかったとしても，セザール・フランクの《前奏曲，コラールとフーガ》のように，主題が引用される時に同じ宗教的意味は保持される。(Tarasti 2002, p.7)

しかしチャールズ・ローゼンは警告する。

　　……音楽を理解するためには学ばなければならない秘密の暗号があるというが，それは誤謬である。暗号や秘密などありはしないし，いずれにせよ，音楽的な意味の辞書に私たちはアクセスできない。特定の伝統の範囲で作曲がどう行われるのかをほとんど無意識に学ぶように，音楽がその外側にある広い文化全体や文明にどう言及するのかを，私たちは理解しているのだ。(Rosen 1994, p.xi)

Sorcererはソース音楽に〈引喩〉を発見して索引付けする。このため，ターゲット作品に存在するソース候補のパターンについて，有用な情報をユーザーに提供する。Sorcererが思いもよらない〈引喩〉を明らかにし，また同様に予期したものを確認することは，作曲家の様式や創作プロセスにおける音楽学的研究の豊かなリソースとなる。さらに，より標準的な音楽分析を型にはまらない視点で補完したい音楽理論家にとって，Sorcererは有用かもしれない。作曲家は，自分の音楽が自身や他の作曲家の音楽をどれだけ参照しているのかを知るために，Sorcererを用いることへ興味を持つかもしれない。これは私がこのプログラムを用いる目的の1つであり，そこから新しい発見と洞察に富む出力を得られることが分かった。これらのことにより，このプログラムは本書における最も重要な創造性の定義である「これまで積極的に結びつきを考えられていなかった2つ以上の多面的な物事・アイデア・現象どうしを初めて結びつけること」を証明している。

前述のように，Sorcererはコントローラとフィルタ設定の制限内で見つかった全てのパターンのリストを返すので，プログラムのユーザーに対して，偶然あるいは計画的に，これらのパターンを解釈する余地を残す。互いに偶然似たパターンを検出するのとは対照的に，意図的な〈引喩〉の検出能力は，以下の方法で大きく向上させることができる。それは，前述した拍節の配置や形式的主題に対するパターンの近接性，またテクスチャや和声・強弱・重複・音域・音色，およびその他の音楽パラメータによるパターンの相対的な可聴性に基づいて，マッチする度合いを勘案することである。

この種の分析を欠くと，Sorcererからの出力は様々に解釈されかねない。極端な場合には，ユーザーは出力にある潜在的な〈引喩〉を，検証を欠く上に創作プロセスの理解に無関係だとみなして，完全に却下することもある。極端とは言ったものの，そのような見解は，たいていの聴者が聞き取れるパターンのみが真の〈引喩〉とみなされるべきであるという原則と，一致するのかもしれない。もう一方の極端な場合に，プログラムの発見する潜在的〈引喩〉が，全て妥当であるとみなされることがある。パターンの関係が確かに存在し，また分析によってそれがひとたび明らかになると，敏感な聴者には聞き取れるようになるためである。理論家や音楽学者が，演奏者や聴衆に，演奏したり聞いたりする音楽についてできるだけ多くの解釈を伝え，また教育することは，確かに重要であろう。上記の

バランスを取ると，Sorcererなどのプログラムを使う大部分のユーザーは，直観と音楽論理の組み合わせに基づいて，出力を受け入れるか拒否するかだろう。

上記の見解のどちらをとっても，作曲者の意図の問題は無視できない。前述したとおり，〈引喩〉の選択と配置，また当該作品にそれがどのように統合されているのかは，作曲者が意図したものかどうかを分析者が判断するのに役立てられることが多い。用いられた変奏技術も，ユーザーが意図を見つける一助となるかもしれない。変奏の数や種類から，カモフラージュされた〈引喩〉を検証したり，より大規模でよりオリジナルな音楽的アイデアの遺物を明らかにしたりできるからである。しかし，意図に関する主張は論争になることが多い。なぜなら，その音楽の作曲者でさえ，存在する〈引喩〉に意識して関心を払っていないか，または認知していないかもしれないからである（図5.4および関連する議論を参照）。

もし聴者が既に聞いていることを確認するだけが分析の意図なのであれば，Sorcererの価値は限られるかもしれない。一方で，何を聞くことができるか，あるいは聞くべきかを聴者に知らせることが分析の意図なのであれば，Sorcererは大きな可能性を秘める。この観点から，〈引喩〉の分析は音楽体験の多くの側面に大きな影響を与えられるのだ。たとえば，〈引喩〉の分析と認識は，音楽の解釈や演奏にとても役立つはずである。演奏者は〈引喩〉を認識することで，旋律線で強調すべきものや，どのような演奏方法が適切であり得るかが分かるかもしれない。〈引喩〉の原曲の知識から，聴者は音楽をよりよく理解する方法を学ぶことができ，参照された音楽について以前の経験と現在の経験を関連づけることができる。〈引喩〉の知識はまた，作品の内面をより深く明らかにするためにはどのタイプの分析が最も適切であり得るのか，理論家にヒントを与えるはずだ。

具体的な〈引喩〉の解釈が，創造性や分析，演奏，聴取体験の理解をどのように深められるかは，いわゆるドレスデン・カデンツ（ドレスデン・アーメンとも呼ばれる）が良い例となるだろう。図5.28に示すのは，18世紀と19世紀におけるドレスデンの教会と大聖堂における宗教的儀式の際に使われていたことで知られるカデンツの3つの例である。これらの各例では，ドレスデン・カデンツはテクスチャや強弱，オーケストレーションなど，音楽的な周囲条件から分離されており，容易にそれと認識できる。前後の音楽から半ば分離されていることや，唐突な弱音，重要な下属和音，上声部で5度に上行する音階は，聞いた時にこのカデンツを特定しやすくする。異なる調や繰り返し音，テクスチャは，ここでは独特なバリエー

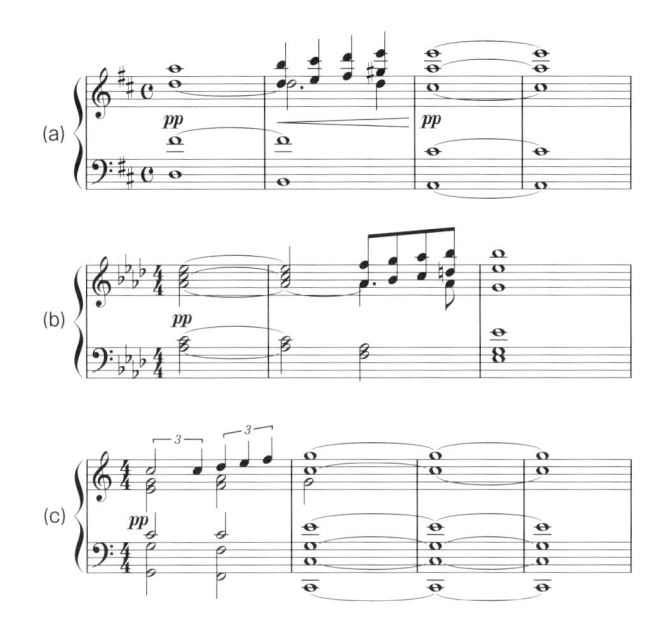

図 5.28 18 世紀から 19 世紀のドレスデンで使用されたことで知られるドレスデン・カデンツの 3 つの例：（a）メンデルスゾーン《交響曲「宗教改革」》。（b）ワーグナー《パルジファル》。（c）マーラー《交響曲第 1 番》

ションをもたらす。メンデルスゾーンとワーグナー，マーラーの関係を知ることは，彼らの音楽に重要な共通項をもたらし，それがなければこの音楽への理解は大幅に浅くなるだろう（ユダヤ人でプロテスタントのメンデルスゾーン，よく知られている反ユダヤ人のワーグナー，そしてユダヤ人のマーラー。興味深いことにマーラーはワーグナーの音楽を愛していた）。ドレスデンの〈引喩〉やその文脈を意識せずにこれらの作品を演奏したり聴いたりするのは，音楽家の多くが音楽的知性としてみなすものに反するように思える。確かにそのような〈引喩〉の意味を解読するのは難しいことであるし，言葉にするのはなお難しい。しかし，言葉でその意味を伝えることができるのなら，音楽は必要ないかもしれない。

このドレスデン・カデンツの例のような〈引喩〉は，音楽を引き継ぐ「伝統」に属するものだ。このような伝統のさらに有名な例が，ハイドンやベートーヴェン，そして再びマーラーの音楽に見られる。図 5.29（a）に示すのは，ベートー

図 5.29　関連する旋律の断片：（a）ハイドン《交響曲「軍隊」》第 2 楽章第 153 〜 156 小節。
（b）ベートーヴェン《交響曲第 5 番》冒頭。（c）マーラー《交響曲第 5 番》冒頭

ヴェンとマーラーの両方においてよく知られている，ハイドンの『軍隊交響曲』（第 100 番，1794 年作曲）第 3 楽章からのソロトランペットのパッセージである。このパッセージは，ベートーヴェンの《交響曲第 5 番》（1808；図 5.29［b］）の今では有名な出だしの起源のひとつである。マーラーはその後，自身の《交響曲第 5 番》（1902；図 5.29［c］参照）の冒頭でベートーヴェンを言い換えて，他の多くの作品と同様に（たとえば，メンデルスゾーンの《夏の夜の夢》作品 61-9［1842 年］から，〈結婚行進曲〉の冒頭），ここで示したハイドンとベートーヴェンの両方の音楽を参照している。したがって図 5.29 では，時間の経過と共に発展する〈引喩〉を，それぞれが新しく現れるごとに解釈の幅を広げながら，私たちは見聞きすることになる。

　したがって Sorcerer のようなプログラムは，創造プロセスが歳月と共にどう発展するのか，多くの作曲家が共有する「文化的創造性」がどのように進化するのか，そして特定の〈引喩〉言語がどのように大きく広がってきたのかを，何十年も何世紀までにも遡って，特定の〈引喩〉を追跡するのに役立つかもしれない。

　特に注目すべきマーラーの別の〈引喩〉は，彼の《亡き子をしのぶ歌》（1904）より第 2 曲〈いま私にはよく分かる，なぜそんな暗いまなざしで〉，の出だしに現れる（図 5.30 で部分的に示す）。この並外れた音楽は，和声と旋律の両面を巧みに捻った方法で，ワーグナーの《トリスタンとイゾルデ》（1859；図 5.6［e］参照）の前奏曲を〈引喩〉する。その歌曲中でトリスタンの動機へ戻る時の歌詞は，「あなたは顔を輝かせて私に語りかけようとした。私たちはあなたの傍にいたいのに，運命がそれを拒絶する」であり，意味深長である。ここでとりわけ重要なのは，ワーグナーの死のニュースに接したマーラーの深い悲しみである。確かにマーラーは，

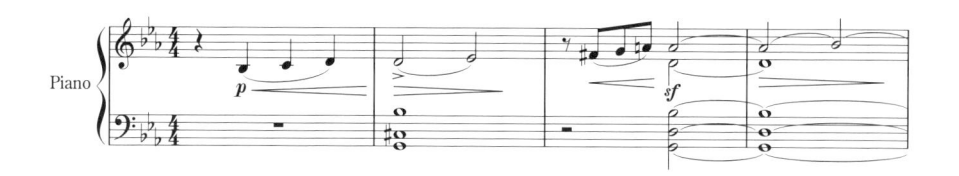

図 5.30 ワーグナーの《トリスタンとイゾルデ》（図5.6 [e] 参照）を〈引喩〉する，マーラーの《亡き児をしのぶ歌》より〈いま私にはよく分かる，なぜそんな暗いまなざしで〉冒頭

彼の手紙の中で証明されているようにワーグナーの音楽を非常に愛していたが，ここでの〈引喩〉した音楽の変形は挑発的である。この作品の歌詞は，亡くなった愛する人たち，特にマーラーの娘マリアに関係する。彼女の早世はマーラー自身の死まで彼を悩ませた。

　ここで説明したマーラーの〈引喩〉や，マーラーの作品に見られる他の多くの〈引喩〉は，音楽の教養のある聴者が彼の楽曲をよりよく理解するための手がかりとなる。マーラーはいくつかの音符だけで，古典的なウイーン楽派の方向へ私たちの耳を導くことができる。それはマーラーの生涯に先行する多くの作曲家の様式であり，彼が〈引喩〉する個々の作品のコンテキストである。こうした過去の曲への連関を付けることは，マーラーの創作プロセスに対する，少なくとも私の鑑賞力と理解を高める。マーラーの《交響曲第5番》の冒頭もしくは彼の《亡き子をしのぶ歌》の2曲目の冒頭を聴くことは，未熟で経験の浅い聴者にとっては平凡に映るかもしれないが，それどころかマーラーの音楽世界に関する深遠な黙示を明らかにできるのだ。クリストファー・レイノルズはこう述べている。

　（我々は）……19世紀の作曲家が，歌曲や民謡，アリア，聖歌を引用して，ある程度の隠れた意味を音楽の中に創造できたというのは，議論の余地がない。交響曲の音楽的主題は，それ以前の音楽的文脈と先行する詩のテキストの，両方を引喩することができる。そのテキストは，当該の交響曲から省かれた音楽的—詩的な相互作用の一種であり，コラールの主旋律やドイツ歌曲の動機が正確に引用された時にとても明白である。(Reynolds 2003, p.2)

〈引喩〉はまた，ある個別の主題や何らかの主題の種類と感情的につながりたいという作曲家の欲求を示すこともある。たとえば，ベートーヴェンの《交響曲第9番》(1824) で，この作品を創作中のスケッチで彼が苦心した有名な「歓喜の歌」の主題と，バッハの〈主よ人の望みの喜びよ〉の第1楽章第2主題（《カンタータ第147番》:1723）は，Sorcerer プログラムが発見したとおり，図 5.31 に示すように関連している。

図 5.31 (a)ベートーヴェン《交響曲第9番》。(b)バッハ〈主よ，人の望みの喜びよ〉《カンタータ第147番》からの主題

2つの主題は拍子とリズムが異なる一方で，音程の類似性が，少なくとも私には，紛れもない〈引喩〉となっている。興味深いことに，両方の主題のサブタイトルは「喜び」（ドイツ語の Freude）という単語を含んでおり，〈引喩〉とその典拠の知識だけが聴者に与えられ，感情的なつながりを暗示する。再び，レイノルズが述べるに，

> ……別の記念碑的作品であるシューマンの《幻想曲ハ長調》もまた，シューマン自身が明らかにしたように，公と私という2つの意味の階層を持つことが広く知られている。公的には，ベートーヴェンの没後 10 年に敬意を表した。シューマンは彼の「ベートーヴェンのためのソナタ」と呼び，それにふさわしくベートーヴェンの《遥かなる恋人に》の動機と《交響曲第7番》の緩徐楽章への引喩を含んでいる。私的には，シューマンはクララに，彼が彼女を失うことを恐れた時，彼女への「深い悲嘆」としてこの作品を書いていたことも告白した。したがって，離れ離れにされた恋人についてのベートーヴェンの一連の歌曲への引喩は……
> (Reynolds 2003, p.126)

この種の潜在的な意味が〈引喩〉にある別の好例は，ショパンの《ピアノ・ソナタ第2番》作品35 (1839) で引用されたと考えられる「葬送行進曲」に見つけることができる。ベートーヴェンが《ピアノ・ソナタ》作品26 (1801) の「葬送

行進曲」を始めるのとほとんど同じように，この音楽は始まる （Petty 1999, p.281）。
図 5.32（a）と 5.32（b）は，これらのパッセージの始まりを示す。2 つの抜粋の
類似点は，本章でこれまで説明してきた例の多くよりも，はるかにうまく隠され
ている。しかし意味を識別しようとすれば，その変装を見破れる可能性がある。
ショパンは，遠方からの埋葬太鼓のエコーを与えながら，ベートーヴェンの葬送
行進曲のリズムと旋律を模倣していたようだ（図 5.32［a］，右手の内声を参照）。こう
した隠れた宝石は，しばしば派生物だとみなされるが，その曲目を解釈し評価す
るための道具を聴者に提供することが多い。

図 5.32　（a）ショパン《ピアノ・ソナタ第 2 番》作品 35 より〈葬送行進曲〉。(b) ベートーヴェン《ピ
アノ・ソナタ》作品 26 より〈葬送行進曲〉

　もちろん，〈引喩〉を解釈できる方法は他にもたくさんある。この解釈の多様
性は，音楽の創造的プロセスを理解するための，豊かな素地となる。こうした多
様性は，聴者を混乱させるのではなく，むしろ聴者に異なる耳と心で同じ作品を
聴いたり聴き直したりする動機を与えるのである。こうして，繰り返し聴くと退
屈になるような音楽も，新鮮で生き生きとしたものになることがしばしばある。
あらゆる芸術の場合と同様，この種の知識のみが音楽の鑑賞力を深められるのだ。

　概して，Sorcerer を使用することで，私は以下のことを信じるに至った。

a. 全ての音楽は，少なくとも部分的に，他の音楽の〈引喩〉で成り立ち，その様式の認識を超えて聴者に親近感を与える。

b. 〈引喩〉の位置と原曲を理解することは，作品の文脈の知識を深め，またそれを生み出すために用いられた創造的プロセスを正しく評価する力をより高める。

c. ある〈引喩〉の知識により，作曲家が音楽で何を重要と捉えたか，そしてその作曲家がどのように音楽を聴き理解していたかという点から，対象となる作品についての深い洞察を得ることができる。

d. 〈引喩〉の系統を追跡することは，音楽様式と影響の系譜を定義するのに役立てられる。

　図 5.33 はこうした原則の好例，コンピュータ作曲による音楽に見つかった〈引喩〉である。この音楽，『ウェル・プログラムド・クラヴィーア』のフーガは，EMI が創作し，バッハのすばらしい傑作である《平均律クラヴィーア曲集》の基本的な調の形式に従っている*。『ウェル・プログラムド・クラヴィーア』の創作に使用した EMI の版は，アルゴリズムに Sorcerer を含んでいる。それは分析する音楽から〈引喩〉を発見し，その音楽的内容に至らないまでも，ある一定数の〈引喩〉を曲中に埋め込むことができる。図 5.33 では第 20 小節から第 25 小節に〈引喩〉が生じ，次に第 49 小節から第 54 小節で変奏しながら繰り返す。この〈引喩〉は，実際には 2 回連続する 2 つの小節からなる。しかし図 5.34 に見られるとおり，バッハの原曲でも同じ動機が連続しているが，コンピュータ生成版が用いる 8 分音符の代わりに 16 分音符を使っているため，半分の小節数となる。

　コンピュータ生成版と比較するために，バッハの原曲の前後小節（図 5.34 の第 1 小節および第 5 小節）を含めた。どちらの場合も，〈引喩〉の入りと出の声部進行につなぎ目は見えない。図 5.33 の音楽は〈引喩〉の入りと出がとてもスムーズに流れるため，その存在を実際に認識する聴者はごくわずかである。またバッハは，

---

* バッハの『平均律クラヴィーア曲集』の英語タイトルは「The Well-Tempered Clavier」であり，正確に訳すと「ほどよく調律されたクラヴィーア」になる（今日の十二平均律のことではない）。『ウェル・プログラムド・クラヴィーア（The Well-Programmed Clavier)』はこのパロディである（J.S. バッハの様式による 48 の前奏曲と 48 のフーガ，2002）。

パッセージを連続して反復させる（〈フーガ第7番〉の第7小節から第10小節が，第31小節から第33小節で変奏される）。しかしバッハの音楽では，最初の反復が開始小節の1拍目ではなく3拍目から始まり，大きく変化している。したがってEMIは，バッハの原曲ではなく，彼の変奏を〈引喩〉していることが明らかである。

図5.33 ある版の Sorcerer をアルゴリズムに含む EMI が創作した，J.S. バッハの様式による『ウェル・プログラムド・クラウディーア』（2002）からのフーガ

図 5.33 続き

図 5.33 続き

図 5.34　J.S. バッハによる『平均律クラヴィーア曲集第 1 巻』(1726)より〈フーガ第 7 番〉(第 30 ～ 34 小節)

　フーガやその他のタイプの形式(インベンションやカノンなど)を EMI で創作すると，問題が起こり得ることに注意してほしい。プログラムそれ自体では，フーガの形式を満たすように 5 度音程で主題に応答することはできないし，それどころか調を満足させることもできない。それゆえに，私のプログラムのほとんどは，フーガをつくるために相互接続された小さなアルゴリズムを含み，〈組み替え〉が起きないようグループを作り，作品の開始部とする (このようなやり方について，第 6 章でさらに議論する)。したがってフーガの半ばで対旋律によって主題を再開し，展開するような部分は，こうしたフーガの提示部を〈組み替え〉た結果である。このような別処理は，〈組み替え〉と無関係に見えるかもしれない。一方でフーガやカノンなどはとても厳格な制限があり，思うに，人間の作曲家はある程度まで別々のアルゴリズム的プロセスでつくっている (自動フーガ作曲の議論については Cope 1996, pp.213–214 も参照)。

　興味深いことに，バッハは『平均律クラヴィーア曲集』のいくつかの前奏曲で，明確なアルゴリズムを使用した。それは図 5.35(a) に示すように，前奏曲第 1 番(ハ長調)の初期版の自筆譜によって証明されている。図 5.35 (b) に示すとおり，ここでの和音は，完成版では 16 分音符のアルペジオで繰り返すグループとして現れる。明らかにバッハは完成版でリュート的な演奏法となることを意図し，その速記の一種として見本の和音列を書いた。このプロセスは，作曲を完成させるた

図 5.35 （a）『ヴィルヘルム・フリーデマン・バッハのためのクラヴィーア小曲集』より J.S.Bach ア
ルゴリズム（Kirkpatrick 1979, pp.29-30）。（b）図 5.22（a）のリアリゼーション（実施）

めに書き出されたレシピ，または一連の指示なので，「紙の」アルゴリズムと言ってよいだろう。

『ウェル・プログラムド・クラウディーア』(Cope 2002) の 48 の前奏曲と 48 のフーガは，基本的にバッハの様式に従っている。作曲上および様式的な完全性を保証するために，96 作品個々がそれぞれ別々のデータベースを必要とした。しかし，『平均律クラヴィーア曲集』の音楽の形式や様式に近づけ過ぎた模倣のようにはしたくなかった。ゆえに驚くような様式的捻りを時々音楽に与えるよう，ある前奏曲とフーガでは他の作曲家による音楽を時折含めることにした。私はそうした〈引喩〉についてこのコンピュータ作曲フーガを研究したり，Sorcerer を用いてそれらを明らかにしたりすることを，読者に勧めよう。もちろん，Sorcerer のソース音楽として使える作品を選ぶことに際しては，課題が生じるであろう。

作曲の際に〈組み替え〉を用いることは，それ自体が自己言及的な音楽の終わりなき流れを生むのではないかと危惧する人がいるかもしれない。結局のところ，〈組み替え〉プロセスは既にデータベース内の音楽を引用し，言い換えをしているのである。しかし，〈組み替え〉は通常，非常に小さな音楽のグループを使用し，借用した素材の洗練された変奏を制作する（とりわけ第 4，10，11 章で説明する変形的作曲）。そしてデータベース内の音楽の作曲者にも見分けのつかないことが多い音楽をつくる（この例は特に Cope 2000 を参照のこと）。したがって，より長い〈引喩〉は，新しく作曲された音楽での認識のされやすさを保持するために，作曲中に変奏からの保護が（シグネチャと同様に）必要である。

1999 年に私はバッハの 6 つの《ブランデンブルク協奏曲》の様式で協奏曲を作曲するために EMI を用いた（他の人はそれを《ブランデンブルク協奏曲第 7 番》と呼んでいたが，私自身はそう呼んでいない）。この時私は，バッハの《ブランデンブルク協奏曲》の楽章と，彼のオーケストラ組曲から選択した楽章，またクラヴィーア協奏曲の 1 つか 2 つの楽章からなるデータベースを使用した。この作品は 2000 年に初演され，現在は録音されている（Cope 2003d 参照）。

このバッハ様式の協奏曲の MIDI 版を聴き，演奏の前には多くのリハーサルを聞き，そして今は録音を何度も聴き直すことで，私はこの作品を非常に熟知している。これは言わずもがなかもしれないが，作曲上のコンテキストを提供するため，次のような経験に軽く触れておく。2004 年の初め，ヴィヴァルディの CD を聞いている時に EMI 版ブランデンブルク協奏曲からのパッセージを認識し，

どうしてこうなったのか疑問に思った。何度か聴き直した後で，ヴィヴァルディとコンピュータ作曲の当該作品を比較し，関連するパッセージを発見した。紛れもなく似ていた——2つのパッセージに違いはあったものの，類似点は顕著だった。EMI版ブランデンブルク協奏曲の作曲時に，バッハ編曲によるヴィヴァルディの音楽（数多く存在する）がデータベースに含まれていなかったことを確信していたが，ともあれ私は念のためにデータベース全体を再確認した。ヴィヴァルディの作品3-3をバッハはBWV978（1713）に編曲したが，この後者の作品はクラヴィーア独奏のためのものであり，EMI版バッハ作曲のためのデータベースにないし，件のデータベースにも入っていない。オーケストラのために作曲された音楽ではないからである（データベース内にオーケストラ曲があることで，プログラムはオーケストラ曲を制作する）。

その後私は，同じEMI協奏曲とバッハの〈ブランデンブルク協奏曲第3番〉（1713）最終楽章のパッセージの間に，奇妙な類似点と思われるものを発見した。図5.36

図5.36 （a）ヴィヴァルディ《ヴァイオリンと弦楽器，チェンバロのための協奏曲 ト長調》作品3-3，第1楽章より第5～6小節

(b)

(c)

(d)

図5.36 （b）J.S. バッハ〈ブランデンブルク交響曲第2番 ヘ長調〉第3楽章より第86 ～ 89 小節。（c）
EMI による J.S. バッハの様式による《ブランデンブルク交響曲》第 134 ～ 135 小節。（d）ヴィヴァル
ディ《ヴァイオリンと弦楽器, チェンバロのための協奏曲ト長調》作品 3-3 の J.S. バッハによる編曲（《協
奏曲ヘ長調》BWV978）

(a) から図 5.36 (c) に，ヴィヴァルディとバッハ，そして EMI に関連するパッセージを示す。図 5.36 (b) のバッハのパッセージは，通奏低音の A，B♯，C♯，D という音高のベースラインの骨格 (たとえば，図 5.36 [a] 第 1 小節，図 5.36 [b] 第 2 小節から第 4 小節，および図 5.36 [c] 第 1 小節の，バス声部の音程を比較せよ) を除いて，図 5.36 (a) と 5.36 (c) の EMI とヴィヴァルディの例とは相当かけ離れているように見えるかもしれない。このパッセージを私は見逃していたかもしれないが，バスのこの輪郭のためではなかった。図 5.36 (c) では，ヴィヴァルディの元の旋律は F♯ で始まり，高い D で終わる (上部 16 分音符群の拍子上の音)。

バッハの例 (図 5.36 [b]) で問題となっている実際のパッセージの前に，ビオラのパートで C♯–D–E–F♯ の最高音のライン (ここで最後の音符はヴァイオリン) を示す小節を追加した。この小節は，下行—ド行—上行の 16 分音符の動機をはっきりと含むためである。バスの強拍について，バッハのベースラインと EMI 版バッハ (図 5.36 [c] に示す) の類似性は，明白なはずだ。一方でバッハの上声は，ヴィヴァルディと EMI の両例と，遠い親類のようである。しかし，これとバッハのブランデンブルク協奏曲のほかの作品のパターンマッチを行った後，同じくらい近いものは何も見つからなかった。したがってバッハが私のプログラムのバリエーションの典拠であると仮定しなければならない。図 5.36 (d) は，ヴィヴァルディの作品 3-3 の，図 5.36 (a) にあるのと同じ 2 小節を示す。しかしこちらは，バッハが作品を異なる調 (ヘ長調) にアレンジし，また鍵盤にリダクションしたものである。

この全てについての明白な結論——たくさんのヴィヴァルディの音楽を生涯にわたって編曲したバッハは，ヴィヴァルディのパッセージを彼自身の音楽に変換し，また EMI はどうにかして同じパッセージをヴィヴァルディの元の形に戻したこと——は，信じがたいことであるが，それでも必然であるように思える。EMI が典拠を隠すために用いる変形的作曲 (第 4 章の議論を参照) と同様の一般的プロセスを，バッハが使用した可能性はあるだろうか？　興味深いことに，EMI 版バッハの『ブランデンブルク協奏曲』の冒頭は，少なくともリズムと下行音階について，ヴィヴァルディの作品 3-3 にも類似している。しかし 2 つの作品間の他の全ての比較には，有意な類似点が見つからない。

図 5.37 に示すラフマニノフの様式による EMI のピアノ協奏曲の冒頭では，〈引喩〉が別の興味深い形を見せる。この実例でプログラムは，ラフマニノフが頻

III.

図 5.37 EMI による《ラフマニノフの様式によるピアノ協奏曲》冒頭

繁に用いた中世グレゴリオの鎮魂歌である《怒りの日》の言い換えをしている。
EMI の〈引喩〉のほとんどは，データベース内の音楽のまさにその素材ではなく，
数を模倣する。一方で，原曲が行う実際の〈引喩〉をプログラムは〈引喩〉する
こともできる。このプロセスは，データベースに同じ〈引喩〉対象の音楽を含め，
後で変形的に変奏されるシグネチャとして，プログラムがその音楽を検証する。
ここでの〈引喩〉は，弦楽器の短いピチカートに対して奏される 2 オクターヴの
ピアノパートに生じている。

　多くの作曲家が，〈引喩〉の使用について記述している。ジョージ・ロックバー
グは，《マジック・シアターの音楽》(1965) の主要部に用いた，とりわけ広範な
参照について次のように語っている。それは「モーツァルトのアダージョを編曲
した，完全な新版である。私はその曲を愛していたので，自分のやり方で繰り返

すことにした。理解する人は，モーツァルトに始まり私で終わったことを知っているので，気に入ることでしょう。理解しない人は，モーツァルトによるものだと思うでしょう」(Rochberg 1969, p.89)。ジョージ・クラムは曲の借用についてこのように説明する。「私はもちろん，ほかの作曲家から自由に借用する──許されるものなら'盗む'と言うべきかもしれない。良い作曲家は借りるというより盗むという趣旨のことを，ストラヴィンスキーが言ったのだから」。他の現代音楽作曲家たち，たとえばピーター・マックスウェル・デイヴィスは特にヘンデルを引用した《狂王のための8つの歌》(1966) で，マイケル・コルグラスは《アズ・クワイエット》(1966) で，マウリシオ・カーゲルは《ルートヴィヒ・ヴァン》(1970) で，ルーカス・フォスは《バロック変奏曲》(1967) で，カールハインツ・シュトックハウゼンは《オーパス 1970》で，自由かつ明示的に〈引喩〉を使用している。

　ほかの作曲家が自身の音楽に〈引喩〉をどのように用いるかの解釈について，引き続き仮説を立てるよりも，ここで私自身が引喩を使用する動機と解釈を紹介しよう。ナバホ族の主題を〈引喩〉して，私はチェロと電子テープのための《アリーナ》(1974) の終結部とした（図 5.38 を参照）。この特定の〈引喩〉を取り上げるのには，いくつかの理由がある。第 1 に，この曲のこの場所でこの旋律を用いる

図 5.38 エネミー・ウェイの儀式からナバホ族の歌の引用を示す。チェロとテープのための《アリーナ》(1974) の最終部分より

ことは，少なくとも私の心中で，作品を終わらせるために必要な合目的性がある。Dを中心とする音階による断片はシンプルな帰着点となり，そうでないと曲の先行部分が勝手に継続してしまう。第2に，この音楽が創造する様式的コントラストは，作品のこの時点までは高度に対位法的で，半音階的で，音色的に多様だった素材に対する，聴者の認識を変える。第3に，西洋の伝統とは全く異なる文化的なコンテキストにある様式的コントラストを成す素材の導入は，別の音楽宇宙への魅力的なリンクを作り出す。最後に，このナバホの主題は，コンテキストの対立を促し，答えではなく問いを作り，そこを私は買う。こうした注釈は，私に感情的で霊的な反応を催す仕組みを十分に説明できない。しかし自らの音楽に〈引喩〉を意識的に取り入れた時，少なくとも1人の作曲家が切望する目標のようなものを，やはり表しているのだ。

　もちろん，〈引喩〉に関する未だ答えられない多くの疑問がある。それらに対してSorcererが一助となるかもしれないのだ。たとえば，

- ◉　ある作品の中で複数の〈引喩〉はどのように互いに関連しているのか？
- ◉　〈引喩〉はその由来から当該作品へどんな光を当てているか？
- ◉　〈引喩〉は新たに周囲を変容させられるか，もしそうであれば，どうやって？
- ◉　〈引喩〉は新しい文脈で特定の機能（たとえばカデンツ）を果たすか？
- ◉　作曲技術や様式，その他のもっと抽象的な音楽の特質に対する〈引喩〉はどうか？
- ◉　〈引喩〉は特定の意図を持ったメッセージか，もしそうであれば，それらのメッセージは何を意味するか？

　残念ながら，いかなるコンピュータソフトウェアであっても，これらのことを含めて，音楽に〈引喩〉を発見することから生じる他の多くの重要な問いに，適切に答えられるかどうかは疑わしい。しかし，こうした質問には答えることができないという意味ではない。

　様式的〈引喩〉（別の作曲家の音楽の内容ではなく様式を簡潔に模倣すること）は，明確なパターンの〈引喩〉よりも計算論的に発見することがずっと難しい。そのような〈引喩〉を明らかにする効果がありそうな唯一の方法は，ターゲットとソース

の両方の音楽から別々にシグネチャを抽出し，次に結果を比較することである。Sorcerer はここで，コントローラの最大長をとても小さい数（5か6音程）に設定し，次に，音階や三和音のアウトライン（たとえば共通性）として識別されないような，小さい数で帰ってきたパターンだけを選択することで，最も効果的に用いることができる。

　音楽の形式（舞曲・行進曲・賛美歌）や，心拍・呼吸・走ることなどの模倣についての〈引喩〉は，Sorcerer が使用するようなパターンマッチング・プロセスでは容易には明らかにならない。しかし，ターゲット音楽とソース音楽のリズムパターンを比較すると，割合に効果的な結果が得られる。この場合のソース音楽は，ターゲット音楽に存在するかもしれない，舞曲・行進曲・賛美歌，および自然現象の表現を内包している。

　発見した〈引喩〉を文脈に応じて考えるためには，より伝統的な分析の形態と組み合わせて Sorcerer を使用すべきであるということを，読者に知ってもらいたい。図 5.39 は，より標準的な分析に対して，重要な視点を Sorcerer がどのように追加しうるかを示している。この図 5.21 から図 5.23 に関連して論じた，ベートーヴェンの《ピアノ・ソナタ第8番》作品 13 の冒頭のフレーズは，伝統的な

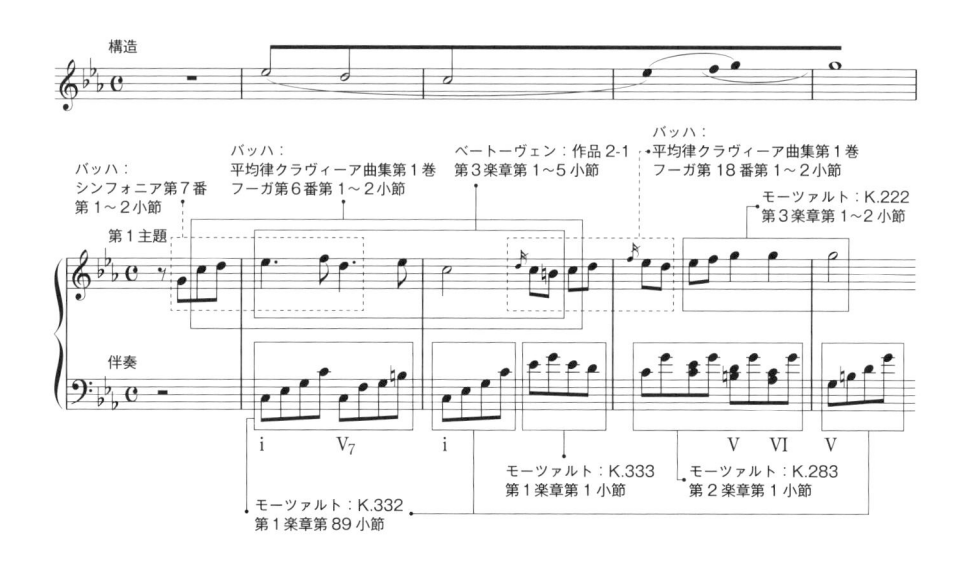

図 5.39　より標準的な分析アプローチに Sorcerer が文脈を追加し得る方法

和声（ローマ数字）・形式（主題と伴奏の識別）・構造（楽譜上部の旋律的な簡略化），および〈引喩〉に従って，分析されている。これらと他の分析的アプローチを結び付けることは，音楽の複雑さへ効果的に取り組むための，唯一の論理的な方法だと思われる。

　全ての音楽作品は，ある1つの形式に完全にのっとって作曲されていない限り（そしておそらくそうであっても），それを創作するのに用いられた音楽文化への多くの指標を含んでいる。指標は，引用や言い換え・類似性・フレームワーク，あるいは共通性といった，たとえ初めて聞いたとしても作品を理解しやすくする。こうした指標はまた，それ自体が再び指標を持つ他の音楽様式や作品を指し示し，聞いている作品の文化的進化の豊かな歴史を私たちに与えてくれる。EMI が制作した音楽は，その作曲方法ゆえに，やはりこうした種類の指標を含み，データベース内の音楽と同じ文化や伝統に属する。これは私が思うに，受け継がれた音楽文化を知る人になぜ私のプログラムがほとんど即座に親近感を（たとえそのような親密さを感じることへ断固抵抗する人にあっても）呼びさますのかを，説明するのに役立つ。

　私は自分の Web サイトで Sorcerer プログラムのソースコードを公開し，自身の研究のためにこのプログラムを使用してみたいと思う人がダウンロードできるようにしている*。サンプルのターゲット音楽とソース音楽を適切な形式で例として組み込んだので，プログラムがどのようにパターンをマッチさせ，その結果を明らかにするかを，ユーザーは観察することができる。Sorcerer のプラットフォーム依存版は，インターネットのたくさんのサイトからダウンロード可能なスタンダード MIDI ファイルも変換する。したがって，ユーザーは自身のターゲット音楽とソース音楽を簡単に集められるが，そのように検索とダウンロードしたものは全て，潜在的なエラーがないように慎重に編集する必要がある。適切なテンポや調性，楽器の音色などを再生中に選択することで，プログラムによって返された多くのパターンから真の〈引喩〉をユーザーが識別しやすくなる。

　Sorcerer のユーザーは，コントローラ（パターンの最大長，介入する音符の数など）を調整するかもしれない。しかし，Sorcerer のデフォルトのコントローラ設定は，ほとんどの〈引喩〉検索でうまく動作する。デフォルト設定のままにしておいても，プログラムは以前にうまくいったセッションで見つかったマッチパターンの統計上の平均値に合わせようとする単純なアルゴリズムを用いて，コントローラ

---

* p.iv を参照。

を自己調整する。コントローラウィンドウからコントローラのレベルを手動でリセットすると，これらの自己調整プロセスは自動的に無効になる。

　ある作品におけるパターンの起源の候補を発見するために有用なツールとして，Sorcerer は役立つ。発見した潜在的な〈引喩〉の数や場所，特徴に関する情報を，このプログラムは提供する。前述のように，私のアルゴリズム作曲プログラムは，作曲中に〈引喩〉を含めるためのモデルとして，この情報を使うことができる。Sorcerer が検索で見つける実際の〈引喩〉を必ずしも用いずに，データベースから〈引喩〉の数や場所，性質をまねようとする。よって，Sorcerer の分析結果に従って，〈引喩〉は，入力で出現する頻度に正比例して，プログラムの出力にも現れる。

6 | 学習・推論・類推

◉原理：創造性は，恣意的ではない有益な結果を生むために，学習と知識を必要とする。

機械学習

　私はゲーム・オブ・アーク（the Game of Ark）*を創作した。このゲームの目的はルール，推論，そして類推（アナロジー）の文脈で創造性について学ぶことである。これらの概念は，音楽における用語よりもゲームにおける用語で表現した方がずっと簡単だ。そこで，ここではまずアークの詳細について説明しよう。

　ゲーム・オブ・アークは，10×10の白い四角形からなる平らなゲームボード上で行う。黒と白の2人のプレイヤーが互いに向かい合って行う。プレイヤー同士を結ぶ線に平行な並びをカラム（列）と呼び，黒のプレイヤー側から見て左から右へ1から10までの番号が割り振られている。プレイヤー同士を結ぶ線に垂直な並びをランク（階数）と呼び，黒のプレイヤー側から順に1から10まで番号が割り振られている。はじめに，ランク5とランク6にある1つから8つの黒塗りされた四角形の配置をプレイヤー同士で取り決める。そして，各プレイヤーは自分側の最初のランクに10個の駒を自由に配置する。先手は，形式的に決めてもよいし，ランダムで決めてもよい。他のボードゲームでよくあるように，プレイヤーは交互に手を打っていく。開始位置と反対側の終端ランク上に，自分の全ての駒を先に並べたプレイヤーが勝者となる。

　駒には5つのタイプがある。両プレイヤーとも，各タイプの駒を2つずつ所持する。各々の駒の名前と可能な動きを図6.1に示す。全ての駒には動物の名前がつけられている（これがアークである）。駒の動きは，各動物の実生活における動きに似せてある。たとえば，カエルとカンガルーの駒は飛び跳ねる動きをする。それに対して，カタツムリとカメの駒は1度にわずかな距離しか動かない。

　3つか4つの駒がまっすぐ並んでいる時は，特別なルールが適用される。この並びは黒か白かは関係がなく，どちらの方向に並んでいても構わない。ただし，並びの両端の駒はゲームの開始位置から縦方向に4マス以上動いている必要があ

---

*アーク（Ark）は旧約聖書のノアの方舟のことである。

る。この特別なルールは，上記の条件を満たしている時に限り，並んでいる全ての駒を同時に動かすことができる。この動きは，両端どちらかの駒の動きとなる。それ以外の並んでいる駒はそれぞれの動きを無視して，両端どちらかの駒の動きについていく。並んでいる各駒は，動きの前後で同じ方向に隣接して並んでいなければならない。また，移動先が，ほかの駒の上，真ん中の黒いマスの上，盤の外になってしまう場合は，動かすことはできない。

アークは組み替えを行うゲームである。チェスによく似た動きをする駒もある。カニとサメ，コヨーテとクモ，ワシとヒョウ，カエルとカンガルー，カタツムリとカメは，順に，チェスにおけるルーク，ビショップ，クイーン，ナイト，ポーンと似ている。チェスの駒の動きと異なる点は，移動距離の制限（カニとコヨーテとワシの場合は3マス）や，カエルのような連続ジャンプの動き（これはチェスよりもチェッカーゲームの駒の動きに似ている）や，そしてカタツムリの左右の動きである。また，アークでは相手の駒を取るという行為がないので，チェスよりもチャイニーズチェッカーや囲碁と似ているとも言える。盤面の黒塗りのマスの数と位置や，開始時における各プレイヤーの駒の配置が，アークの多様な対戦を作り出す。おもしろいことに，これらがこのゲームの独自性に影響している。

ゲーム・オブ・アークで遊んでみると面白い。ゲームを考案した時には私自身

(白)ワシ, (黒)ヒョウ
ワシとヒョウは, あらゆる方向にまっすぐ1から3マス動く。

(白)カニ, (黒)サメ
カニとサメは, 前後左右に1から3マス動く。

(白)コヨーテ, (黒)クモ
コヨーテとクモは, 斜めに1から3マス動く。

(白)カエル, (黒)カンガルー
カエルとカンガルーは, 近隣のマスにほかの駒があるときだけ動くことができる。隣接する駒の分だけジャンプでき, ジャンプできなくなるまでジャンプし続ける. 盤面の中央の黒いマスも, ほかの駒と同様にジャンプすることができる。

(白)カタツムリ, (黒)カメ
カタツムリとカメは, 1回につき1マス前または左右に動く。

図6.1 ゲーム・オブ・アークの様々な駒

もここまで面白いとは想像していなかった。ゲームで遊んで気がつくことは，アークに創造性が必要なことである。後方に取り残されたカエルとカンガルーは，駒を「ジャンプ」して盤面を動くために，ジャンプする駒が必要となる。初めに障害だと思われた中央の黒いマスは，カエルとカンガルーにとってはジャンプするための有利な存在である。カタツムリとカメは1マスずつしか進めないのでやっかいな存在かと思いきや，ゲームを遊ぶ回数が増えていくと，カエルやカンガルーやヒョウやワシとうまくチームを組めるようになり，盤面上で長い距離を動くようになる。図6.2に示している例では，黒のヒョウが黒のカメ2つとチームを組み，全ての駒を3マス前方に移動させている。この1つの動きが，各駒の個別の動き7つを合わせたものに相当する。内訳は，1マス動く2つの駒の動きが各3回，そしてヒョウの動きが1回ということだ。図6.3で示す例では，先に進むにつれて，対戦相手の駒をチームで後方に引っ張ることが（すくなくとも駒を動かすプレイヤーにとって）有益であることが分かる。ここでは，黒のヒョウが白の

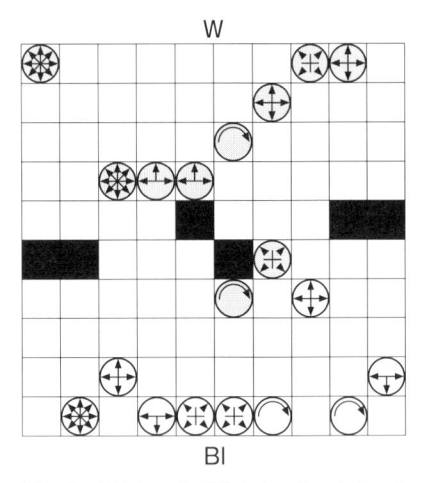

図6.2 黒のヒョウが黒のカメ2つとチームを組み，全ての駒を上に向かって3マス前方に移動させようとしている例

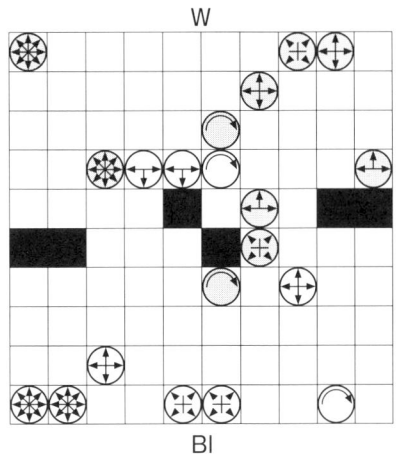

図6.3 黒のヒョウが白のカタツムリ2つと白のカエルをチームにして，全ての駒を盤面の白側終端に向かって3マス移動させる

カタツムリ2つと白のカエルとチームを組んで，全ての駒をこの図の上方向に3マス移動している。この1つの動きは，相手の駒にとって7つの後退に相当する。図6.4の例はさらに面白いチームの動きである。黒のカンガルーは，黒のカメと

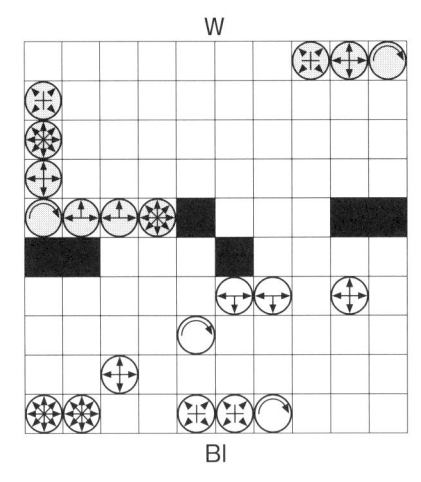

図6.4 黒のカンガルーが黒のカメと黒のパンサーの両方をチームにして，全ての駒を盤面の白側終端に移動させる

黒のヒョウの両方とチームを組み，盤面の白側終端へ向かって動いている。この動きは各駒の個別の動き11回分にも相当する。

ゲーム・オブ・アークをもっと理解できるよう，取り得る戦略の多様性の例としてゲーム終了時の駒の並びを付録Dに記載した。この例で分かるように，アークは見た目ほど単純ではなく，プレイヤーは信じられないほどの多くの手を指すことができる。それは両方のプレイヤーが手を打つごとに新しい戦略に切り替えられるからだ。ゲーム・オブ・アークでは次の3つのものが必要だ。ルールの学習，ルールの機能に関する推論，そして，ゲーム内の過去と現在の状況における類似や差異に関する類推である。

『ウェブスター大学辞典』では，「学習」を「……勉強，説明，または経験によって，知識や技術を手に入れる」能力であると定義している（1991）。機械学習の重要な研究は人工知能の分野で行われている（たとえば，Baldi 2001; Cesa-Bianchi, Numao, and Reischuk 2002; Cherkassky and Mulier 1998; Hinton and Sejnowski 1999; Mackintosh 1983; Michalski 1986; Mitchell 1997 参照）。残念ながら，音楽の分野では同様の研究は非常に少ない。音楽の計算論的学習に関する数少ない研究の中でも，ゲルハルト・ウィドマーの研究（Widmer 1992, 1993）は特に注目を集めている。1992年の論文で，ウィドマーは音楽における真の学習プログラムの必要性と，音楽の領域固有性について論じている。論文では述べられていないのだが，ウィドマーのプログラムでは，目標を達成するためにバックトラック*を減少させる調整をプログラム自体が行っている。その一方で，ウィリアム・ショッツタイードの対位法プログラム（1989）は良い結果が得られるのだが，学習機能は全く含まれていない。エン

---

*解の候補を順に調べていくが，その候補が解ではなく行き詰まった時に前に戻って調べ直す方法のこと。

リケ・ビダルー＝ルイスとペドロ・クルズ＝アルカサルの文法推論アルゴリズムを使った研究（Vidal-Ruiz and Cruz-Alcázar 1997）は，音楽の計算論的な学習に関する可能性を秘めているのだが，単旋律（モノフォニー）にしか利用できない。

デイヴィッド・エヴァン・ジョーンズの CPA プログラム（2000）は，作曲家のために効果的な対位法のツールボックスを提供している。しかし，そのほとんどは無調音楽のためのものである。ドミニク・ヘーネルとウルフラム・メンツェルは研究の中で，フィードフォワード・ニューラルネットワーク*を用いている（Hörnel and Menzel 1998）。これは，ネットワーク内にあるノードの重みを自己調節することにより成し遂げられる学習である。しかし，ニューラルネットワークを使った学習には，膨大なトレーニングと込み入った補完的なプログラミングが必要となる（Miranda 2001, pp.99–118 参照）。

デイヴィッド・ルーウィンの厳格対位法†のための目標指向型アプローチ（Lewin 1983）は，単純な対位法の作曲能力を明らかに高めている。しかし，このアプローチは，真の学習プロセスを組み入れたものではなく，がんじがらめの対位法規則をくぐり抜けるための近道を提供するものにすぎない。実際にそのような対位法作曲への近道は数多く存在する。たとえば，私の本『音楽的知性の実験』では，私は「減算対位法」という，アルゴリズムでフーガを創作するための手法を紹介している（1996, p.213）。これを用いると，バックトラックを行う必要性がほぼなくなる。しかし，このような近道はここで述べようとしている学習の達成にほとんど寄与しないので，詳細は論じない。他にも音楽学習分野において重要な取り組みが行われているが，関連研究は明らかに不足している。

人間の音楽学習を理解する上で，機械学習がどのように役立つかをもっとわかりやすく伝えるために，ここで私は第 1 類対位法‡の作曲を学習するというコンピュータプログラムの Gradus（これはフックスの『グラドゥス・アド・パルナッスム』[1725] に由来する）を紹介する。このプログラムは，特定の音楽的課題を解決するためにアプローチを修正することで振る舞いを変え，だんだんと速く，そしてだんだんと正確になっていく。

厳格対位法（Fux 1725）は作曲に特有な課題を提示しており，学習者たちは何世

---

*ニューラルネットワークのデータの流れが一方向で，戻ったりループしたりしない。

†15 ～ 16 世紀のポリフォニーを手本とした，音の用法に厳しい制約が課せられた対位法。

‡複数の声部が全て全音符の同じリズムで扱われる，厳格対位法における初歩の課題。

紀にもわたって挑戦し続けている。指定された固定の単旋律(これを定旋律と呼ぶ)は，一連の厳格な課題に忠実に沿って同時に響く任意の数の新しい旋律と組み合わされる。しばしば，定旋律に書き加えられる新しい旋律は，正しい選択ができない袋小路に至る。初学者は失敗の後で頻繁に再スタート（バックトラック）を行うが，それでは同様の失敗にぶつかるだけである。非常に知的な学習者でさえ，バックトラックを行わずに新しい旋律を容易に作り出せるようになるには，何ヶ月もの修練が必要となる。ほかの種類の音楽(たとえばカノンやフーガ，セリー主義など)でも同様の問題が生じる可能性があり，プログラムにとって，解決すべき興味深い課題になる。しかし，ここでは2声の1対1[**]で，厳格対位法中でも比較的単純なものとして知られる第1類対位法を選んで音楽におけるコンピュータ学習の技術を明らかにしたい。通常，第1類対位法は初学者が取り組む対位法なので，ルールのプログラム化は最も簡単であろう。

Gradus は，出力のために，以下に示すような目標カテゴリを6つ用いる。しかし，この6つはフックスの対位法と完全には適合していない。多くの対位法指導者が重要視する特定の項目（クライマックス・旋法の遵守・カデンツなど）を省いて，さらにフックスの規則を制限(たとえば，跳躍は3度音程のみに限定)している。しかし，フックスの一般規則のほとんどが様々な形で表れる。

1. 同時に鳴っている音は，主旋律の下の3度，5度，6度，オクターヴなどの協和音程でなくてはならない。
2. 声部の動きは，順次進行[††]（すなわち反復でない音）でなければならず，特別に3度の跳躍をした後はいつも逆方向に順次進行する。
3. 両声部が同時に跳躍してはならない。
4. 両声部が5度や8度の音程で連続してはならない（平行5度，平行8度の禁止）。
5. 両声部が同時に上行または下行した結果，5度音程や8度音程になってはならない（並達5度，並達8度[‡‡]の禁止）。
6. 同じ動きが2回以上連続してはならない。

[**] 定旋律1音符に対し，対旋律が1音符の関係。
[††] 音階を2度上行または下行すること。
[‡‡] 2声部の一方または両方が，跳躍しつつ他の音程から並進行で完全5度（8度）に到達すること。隠伏ともいう。

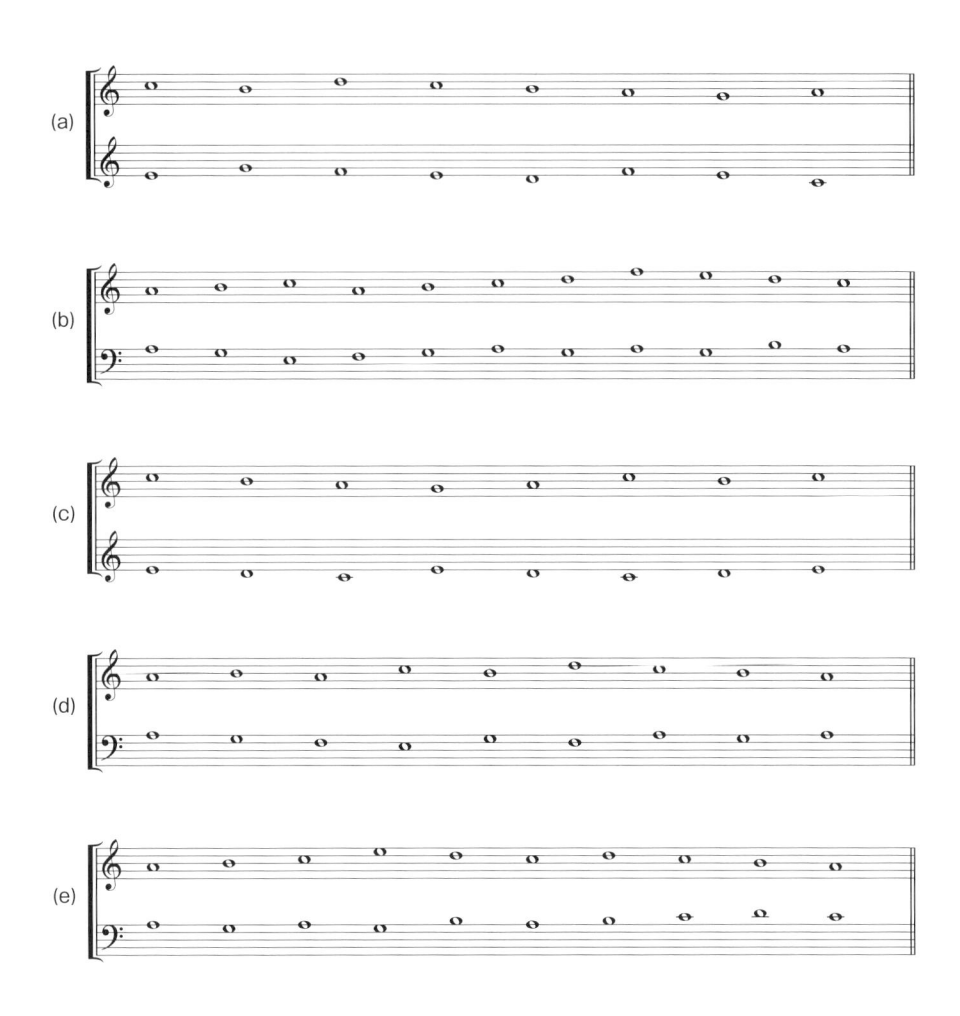

図 6.5　良い対位法作曲のために Gradus が目標分析の基礎に置くモデル例（全50個のモデルから5つ）

　　Gradus が利用できるモデルが多いほど，プログラムの目標設定はより正確になる。そこで，Gradus のために分析用のモデル（2声で1対1の正しい対位法によるもの）を50個用意した。いずれのモデルにも，上記の6つの目標カテゴリが組み込まれている。図 6.5 は，プログラムが初期状態で目標に設定する50個のモデルの中から5つを例示している。Gradus は本質的に，モデルにある同時発音音程や平行する動き，跳躍の数などは全て許容されるとみなす。そして，モデルにない，

つまり不適合だと推定される動き（同時発音音程・平行する動き・跳躍の数など）を，避けるべき目標として適切な変数に設定する。Gradus を実行すると，出力目標を分析するために用いるモデルの数は変化する。そのたびに Gradus はこれらのモデルを再分析し作曲を進める。以上のように，Gradus の目標は一般的には例証的ではなく禁則的である。つまり何を す べ き かというより何を し て は い け な い かという処理であり，これはより標準的なプログラミング手法である。

　図 6.6（a）から図 6.6（f）は，Gradus が 50 個のモデルから作成した上記 6 つの目標の各例である。これらは，16 世紀（声楽）と 18 世紀（器楽）の対位法作曲で重要な特徴である，2 声が協和関係のまま比較的な独立を保つことに役立つ。

　Gradus に定旋律が与えられると，新しい対旋律を作曲し始めるためのシード音（種となる音）が必要となる。シード音は，最初の音符選択のための基準として機能し，先に示した目標に従ってこのシード音から最初の音が選ばれる。そのため，シード音は順次進行と 3 度音程の跳躍による 4 つの可能性を誘発する。最初の音として正しそうな候補を複数予測し得るシード音がある一方で，論理的に選

図 6.6 楽譜で表したプログラムの目標。（a）から（f）は，文中の目標 1 から目標 6 に対応している

択可能な音の予測が1つだけしかないシード音もある。後者は，対旋律を作ることができないとわかった後に判明する可能性もある。故に，作曲過程では，良いシード音を選ぶことが重要となる。

　最良のシード音を選択するために，Gradus はシード音と共に，成功した出力を保存する。そして，成功した旋律のシード音を用いて新しい対旋律を創作する。できるだけ論理的な選択を提供できるように，Gradus は定旋律のテンプレートも保存する。テンプレート（ルールのようなもの。詳しくは後述する）は厳密な音程ではなく，全音階におけるステップ数（ダイアトニックステップ）*を単位の基準とする。具体例を挙げると，長2度または短2度で上行する音程は数値の1で表す。また，長3度または短3度で上行する音程は数値の2で表す。下行の場合は負の数値で表す。テンプレートの記述は，まず定旋律の最初の音とシード音の間における垂直方向のダイアトニックステップ数を記述し，その後に定旋律を簡略化したダイアトニックステップ・マップを記述する。たとえば，次のように記述する。

```
(-4 (5 0))
```

　最初の数値（-4）は，シード音（成功した対旋律の最初の音では「ない」ことに注意）と定旋律の最初の音との間におけるダイアトニックステップ数を表している。この数値に続くリストの最初の数値は，定旋律の最初の音と定旋律の中で，そこから最も（高くあるいは低く）離れた音との間におけるダイアトニックステップ数を表している。リストの2つ目の数値は，定旋律の最初の音と最後の音との間におけるダイアトニックステップ数を表している。上記のダイアトニックステップ・マップでは，定旋律は最初の音から最大で5ダイアトニックステップ上昇し，最初の音と同じ音で終わる。Gradus はグローバル変数のいくつかの成功例をテンプレートとして保存しており，与えられた定旋律に最も類似したダイアトニックステップ・マップを選択できる。そして，新しい対旋律を創作するために適切なシード音を予測する。この処理は開始時における誤りの回避プログラムとして有効に機能する。もしテンプレート（-4 (5 0)）が2つ，（-5 (5 0)）が1つ保存されていたら，プログラムは（-4 (5 0)）を選択することが考えられる。なぜなら，2つの選択肢の方が明らかに成功率が高いからである。このように，Gradus は

---

*全音階（ダイアトニックスケール）は，5つの全音と2つの半音の音程から成り，この音の段数をダイアトニックステップ数と呼んでいる。

成功する未来の選択肢を推測するために過去の経験を用いる。

　Gradus はプログラムに含まれる定旋律，もしくはユーザーが提供する定旋律を利用する。定旋律は上記で定義した目標に従う必要がある。もしこれらの目標に従った定旋律を利用しない場合，適切な対旋律を作曲することができなくなってしまう。あるいは，意図したプログラムの動作を妨げてしまう。初期設定された定旋律だけでなく，Gradus が提供する全ての定旋律は，与えられたモデルの第1類対位法の目標に従う。

　前述の通り，Gradus は上行または下行で音階を1ステップずつ，または3度の跳躍でのみ動くことができる。したがって，図 6.7 で示すとおり，予測可能な最初の音は4つのみである。まず Gradus はこれらの4つの音からランダムに1つ選択する。このランダム選択は，目標に見合った音が複数ある場合にプログラムの実行ごとに

図 6.7　シード音Ａにおける選択可能な4つの最初の音

異なる結果が得られる可能性を意味している。Gradus もまた，調性のあるダイアトニック環境内の音高を選択するために音階を必要とする。初期設定はハ長調の音階である。この音階は，与えられた定旋律（これもハ長調である）の調の音にプログラムを制限する。いまのところ Gradus は，ほかの調で作曲したり，無調の音階と定旋律を使ったりするようには設計されていない。しかし，このようなバリエーションを可能にするには，比較的小さな変更をいくつか行うだけで十分である。

　Gradus のプログラムの肝は目標について検証するサイクルである。このサイクルには，選択が成功するためにくぐり抜けなければならない試練がある。それは，垂直方向の協和，平行5度と平行8度の回避，跳躍後は逆方向に順次進行すること，両オクターヴでの同時跳躍の禁止，並達5度と並達8度の回避，同方向に連続した動きが3回以下であることだ。現在選ばれている音高から1つ先の音高を予測することで，プログラムは最良の選択を先読みする。この予測結果と現在のルールを比較（この後すぐに解説する）することで，目標と競合し，バックトラックが必要になる音高の選択を回避できる。もし現在の選択が競合している場合，Gradus はほかの音高を選択し直す。もし選択肢の中に正しい可能性がなければ，プログラムは新しいルールを生成して保存し，別の解決策を見つけるためにバックトラックをする。このプロセスをより詳細に説明しよう。

Gradus のルールは3つ以下の声部進行で構成され，次のように表される。

```
(-2 (1 1)(-1 1))
```

ひとつのルールは次の3つの部分からなる。(1) 定旋律内の最初に参照される音と，新しい旋律でそれに対応する音の間の，垂直方向のダイアトニックステップ数。(2)定旋律内で連続する音の間における，水平方向のダイアトニックステップ数。(3) 新しい旋律でそれに対応する音の間の，水平方向のダイアトニックステップ数。垂直方向の差の数値が必要なのは，声部進行が同じでも，対応する最初の音の間のダイアトニックステップの距離によって，結果が異なるからである。たとえば，同音域での対位法 A–B–C ／ F–E–F は，ルール (-2 (1 1)(-1 1))となり，平行5度になるので正しくない。しかしながら，ルール (-7 (1 1)(-1 1)) に相当する，オクターヴ離れた対位法 A–B–C ／ A–G–A は正しい。だが，もし垂直方向の間隔がなかったら，2つのパターンが区別できない。

声部進行だけでは，ルールとして十分な情報にならない。垂直方向の音程と声部進行をルールとして用いると，ダイアトニックで移調した時にルールを複製しなくてもよくなる。たとえば，同じ音域内の音列 C–D–E ／ A–G–A と E–F–G ／ C–B–C は，移調してもダイアトニック的には同一視できる。ルールを音高で表記するシステムではこれらの両方が必要となる。しかし (-2 (1 1)(-1 1))という1つのダイアトニックステップのルールはどちらも含んでおり，類似する全ての移調においても同様である。

Gradus の作曲は，単純なプロセスに従っている。プログラムは，新しい音を選択するたびに可能性のある4つの音（新しい音から上下に2度と3度の音）のセットを作成する。これら4つの音は，前述した目標に対してテストされる。もしテストで4つの可能性がいずれも残らなかった場合，Gradus は1つの前の音に戻って再開する。同じミスを繰り返さないように，この時，問題となった音（これまでに作曲した新しい旋律の最後の音）は選択肢から削除される。もし4つの可能性のうち1つ以上がテストで残れば，プログラムは近似手法の一種を用いて先読みを行う。この近似手法は，新しい旋律で可能なあらゆる音を表現する不確定要素（ワイルドカード*）を用いているのだが，定旋律の次の音を考慮に入れている。それからプ

---

* 全ての音とマッチするイベント。

ログラムは，この予測と現在構成されているルールとを比較する。あるルールが新しい旋律で予測する4つの可能な音全てを除外した時，Gradus は現在の音高をほかに利用可能なものから選択する。将来的な選択を阻むルールがあるかどうかを先読みすることと，現行ルール内のテストとのバランスは，場合によりけりである。しかし，バックトラックは新しいルールの作成が必要な時にのみ行われ，無駄な労力は最小限に抑えられることを保証している。

　このプロセスの詳細を図6.8に示す。ここでは Gradus は，最後から3番目のEまで，低音部の全ての音を正しく完成させている。このEは下行跳躍した音なので，目標に従って，プログラムは次の音を反対方向に順次進行させなくてはならない。しかしそうすると，定旋律の最後から2番目の音であるBとの関係が不協和の三全音[†]となり，エラーが生じる（図では黒い三角形の符頭で表している）。

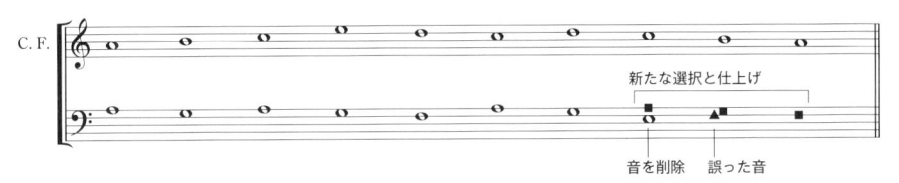

図6.8　Gradus のバックトラック処理

　それゆえ，プログラムはこの状況をカバーするルールを作成し，1つ音を戻り，最後から3番目の音の選択肢からEを除き，そしてより良いAを選ぶ（図では黒い四角形の符頭で表している）。プログラムは，同様に残りの対位法作曲を継続してうまく切り抜けていく。将来この定旋律を用いて作曲する際は，最後から4番目の音がGの時，Eを選択すると必然的にFで問題が生じてしまうので，バックトラックを避けるために最後から3番目の音としてAを選択することになるだろう。さらに重要なのは，ここで Gradus が作成したルールは，ほかの定旋律で新しい対旋律を作曲する時にも，同様の問題が生じるのを防ぐことだ。

　Gradus の先読みプロセスは，既存のルールに付け加えずに，プログラムの実行中にその場でルールを作成することを含んでいる。それはルールで見つかった全ての音とマッチするワイルドカードを使って，（新しく提案された音を含む）新しい

---

†全音（長2度）が3つ重なった，増4度の音程。厳格対位法において強く忌避される。

対旋律の現在の位置から1つ先の音まで延ばした定旋律を用いる。一時的ルールである (-9 (1 -1 -1)(-1 -2 nil))* は，その場で作成したルールの好例で，C-D-C-B/A-G-E-?（図6.8の最後から5番目の音以降）に相当する。最後の E は新しく提案された音を表している。また，「?」はワイルドカードを表している。この例における一時的ルールは，プログラムが保存しているルールに既にある (-9 (1 -1 -1)(-1 -2 1)) とマッチすることがわかり，プログラムは新しい音として別の候補を探すであろう。ルールは「行き止まり」（すなわち，示された音程と置き換えるほかの全ての音程も問題を引き起こす状態）を表すので，このマッチによってプログラムは，問題を引き起こした音を別のものへと正しく置き換えている。つまり，先読みプロセスは「行き止まり」が生じる前にそれを避けることになる。

　よくあることだが，先読みプロセスが音を選択できないルールを見つけると，選択肢がなくなりバックトラックをしなくてはいけない。この方法でもバックトラックは減らなかったので，無駄な努力だったように思えるかもしれない。これを解決するために先読み機能は，誤った選択につながったそれまでの音を禁止するという，新しいルールを作り出す。そして，同じ定旋律で問題のある状況に再び出くわした時，「行き止まり」を事前に回避するために，プログラムは確実に（可能であれば）ほかの音を選択する。パターン自体が完全に正しくても認めない点で通常のルールとは異なるこの新ルールは，トラックバックを排除するために役立つ。ここで行き止まりに至った選択が，ほかの定旋律ではその後も正しい選択に至るかもしれないので，この新ルールは別の変数，実際には一時変数に保存される。行き止まりに至ることを除けば正しかった選択のためにルールを作り，一時的な場所へそれらを保存するのは，Gradus プログラムの学習プロセスにとって極めて重要である。

　図6.9は，この処理がどのように動作するかを示している。この図における長方形の囲いは，一時的ルールを表している。この図の例のように，処理は作曲の開始まで戻って新しいルールを適用する。以後同じ定旋律を使ってプログラムを実行する際は，常に A の音が回避されることになる。各試行について詳しく見てみよう。試行1では下声部の最後が B への跳躍で，その後は反対方向の C へ順次進行しなければならず，もしそうすると平行8度になってしまうため，失敗している。試行2では，試行1でのプログラムの先読みと問題発見の結果，新し

---

* nil は空リストのこと。ラテン語の nihil（何もない）が由来。

い旋律に B を除くほかの正しい選択肢は存在しないので，やはり失敗する。試行 3 では，D 以外の選択肢が存在しないので，やはりうまくいかない。

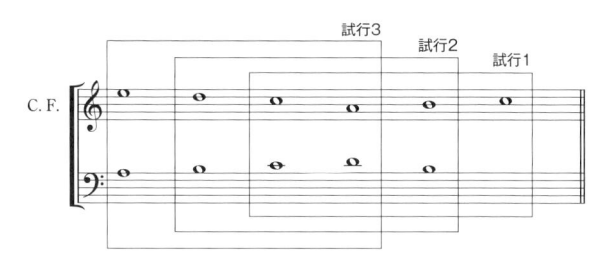

図 6.9 バックトラックを避けるための新しいルールを作り出す，バックトラック

　図 6.10 は，バックトラックを全く行わない Gradus の典型的な実行結果である。プログラムは，「working…（処理中…）」の表示に続く次の行で，定旋律に関連させた対旋律の最新の作曲状態を出力し，新しい旋律を延長する毎回の作業を明確にしている。最終的な出力は，イベントフォーマットで表示される（付録 B 参照）。ここで上声部はチャンネル 1 に，下声部はチャンネル 2 に表示され，また処理しやすくするために両声部がイベント毎に交互になっていることに注意してほしい。図 6.11 は，図 6.10 の結果を楽譜で表示している。

　前述のように，作曲中は正しい音の選択肢が複数存在することがよくあるので，プログラムは同じ定旋律に様々な対旋律付けが可能となる。図 6.12 は，図 6.11 の定旋律に対する可能な対旋律付けを 6 つ示している。各々の対旋律付けはプログラムの目標とわずかに異なっているものの，結果は極めて似ている。定旋律に同じシード音を与え続ける限りは同様である。しかし，異なる音の選択はわずかな変更であるが，しばしばより大きな変化となり，異なる版の対旋律を創作する。

　図 6.13 は，バックトラックを含んだ典型的な Gradus の実行結果である。「backtracking...there are now 3 rules（バックトラック中…ルールは現在 3 つです。）」の表示は，ユーザーに処理を示している。図 6.14 は，図 6.13 の結果を楽譜にしたものである。

　図 6.15 は，図 6.13 の「行き止まり」がどのように生じるかを示している。図 6.15 (a) は，バックトラックが必要となる「行き止まり」を例示している。この例では，

```
? (gradus)
working.....
((a3 b3 c4 e4 d4 c4 d4 c4 b3 a3) (a2))
working.....
((a3 b3 c4 e4 d4 c4 d4 c4 b3 a3) (a2 g2))
working.....
((a3 b3 c4 e4 d4 c4 d4 c4 b3 a3) (a2 g2 a2))
working.....
((a3 b3 c4 e4 d4 c4 d4 c4 b3 a3) (a2 g2 a2 g2))
working.....
((a3 b3 c4 e4 d4 c4 d4 c4 b3 a3) (a2 g2 a2 g2 b2))
working.....
((a3 b3 c4 e4 d4 c4 d4 c4 b3 a3) (a2 g2 a2 g2 b2 a2))
working.....
((a3 b3 c4 e4 d4 c4 d4 c4 b3 a3) (a2 g2 a2 g2 b2 a2 b2))
working.....
((a3 b3 c4 e4 d4 c4 d4 c4 b3 a3) (a2 g2 a2 g2 b2 a2 b2 c3))
working.....
((a3 b3 c4 e4 d4 c4 d4 c4 b3 a3) (a2 g2 a2 g2 b2 a2 b2 c3 d3))
working.....
((a3 b3 c4 e4 d4 c4 d4 c4 b3 a3) (a2 g2 a2 g2 b2 a2 b2 c3 d3 c3))
((0 69 1000 1 90)(0 57 1000 2 90)(1000 71 1000 1 90)(1000 55 1000
2 90)
 (2000 72 1000 1 90) (2000 57 1000 2 90) (3000 76 1000 1 90)
 (3000 55 1000 2 90) (4000 74 1000 1 90) (4000 59 1000 2 90)
 (5000 72 1000 1 90) (5000 57 1000 2 90) (6000 74 1000 1 90)
 (6000 59 1000 2 90) (7000 72 1000 1 90) (7000 60 1000 2 90)
 (8000 71 1000 1 90) (8000 62 1000 2 90) (9000 69 1000 1 90)
 (9000 60 1000 2 90))
```

図 6.10　バックトラックを全く行わない典型的な実行結果

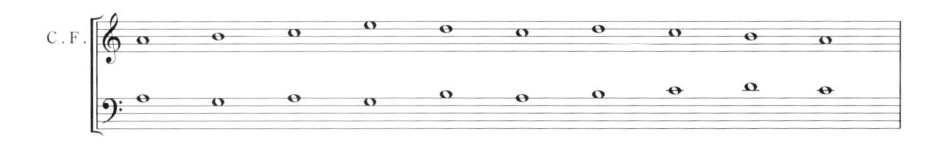

図 6.11　図 6.10 の結果を示した楽譜

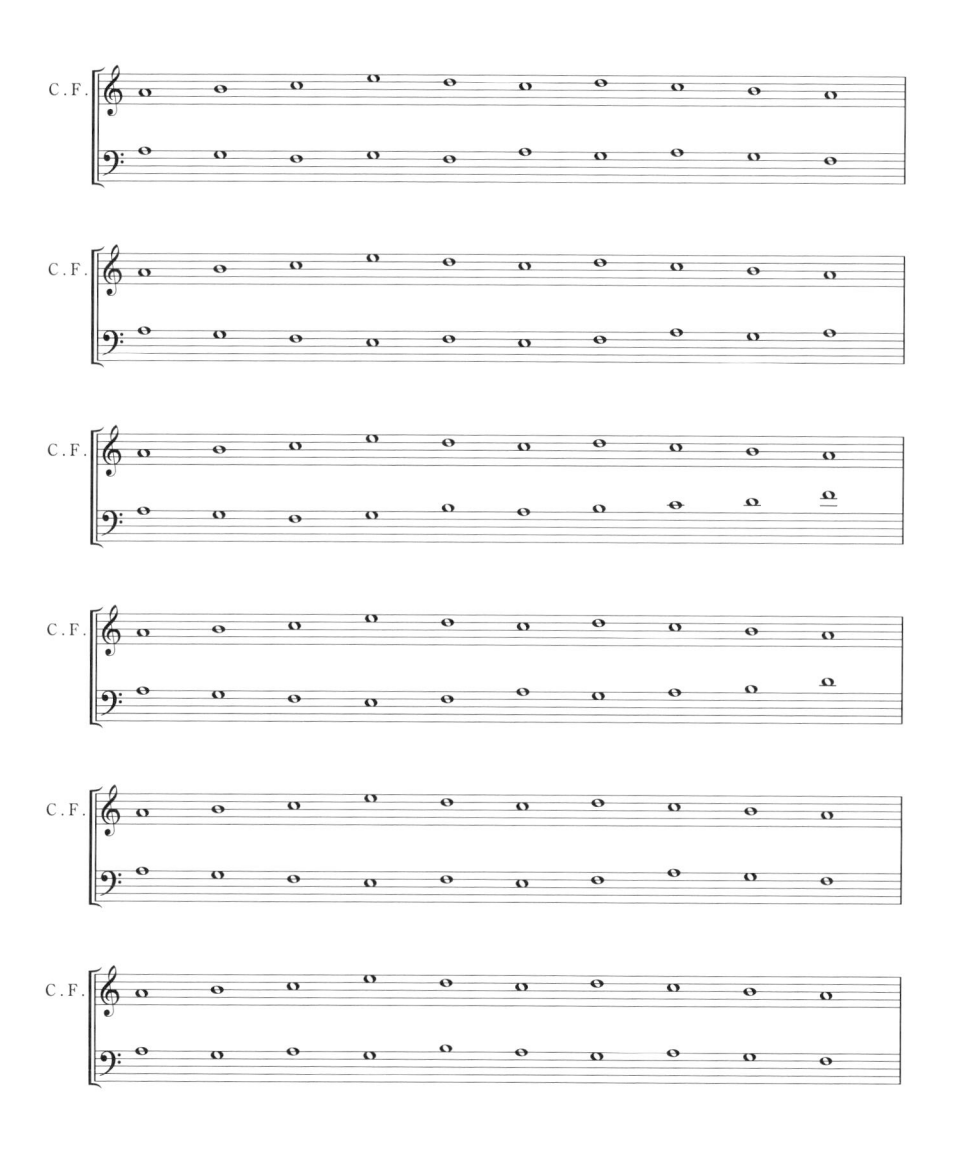

図 6.12 同じ定旋律に対する様々な第 2 旋律を表す，Gradus プログラムからの 6 つの出力

```
? (gradus)
working.....
((a3 b3 c4 e4 d4 c4 d4 c4 b3 a3) (a2))
working.....
((a3 b3 c4 e4 d4 c4 d4 c4 b3 a3) (a2 g2))
working.....
((a3 b3 c4 e4 d4 c4 d4 c4 b3 a3) (a2 g2 e2))
backtracking.....there are now
1
rules.
working.....
((a3 b3 c4 e4 d4 c4 d4 c4 b3 a3) (a2 g2 a2))
working.....
((a3 b3 c4 e4 d4 c4 d4 c4 b3 a3) (a2 g2 a2 g2))
working.....
((a3 b3 c4 e4 d4 c4 d4 c4 b3 a3) (a2 g2 a2 g2 b2))
working.....
((a3 b3 c4 e4 d4 c4 d4 c4 b3 a3) (a2 g2 a2 g2 b2 a2))
working.....
((a3 b3 c4 e4 d4 c4 d4 c4 b3 a3) (a2 g2 a2 g2 b2 a2 f2))
backtracking.....there are now
2
rules.
working.....
((a3 b3 c4 e4 d4 c4 d4 c4 b3 a3) (a2 g2 a2 g2 b2 a2 b2))
working.....
((a3 b3 c4 e4 d4 c4 d4 c4 b3 a3) (a2 g2 a2 g2 b2 a2 b2 c3))
working.....
((a3 b3 c4 e4 d4 c4 d4 c4 b3 a3) (a2 g2 a2 g2 b2 a2 g2 a3 c3))
backtracking.....there are now
3
rules.
working.....
((a3 b3 c4 e4 d4 c4 d4 c4 b3 a3) (a2 g2 a2 g2 b2 a2 g2 a3 b3))
working.....
((a3 b3 c4 e4 d4 c4 d4 c4 b3 a3) (a2 g2 a2 g2 b2 a2 g2 a3 b3 d3))
((0 69 1000 1 90)(0 57 1000 2 90)(1000 71 1000 1 90)(1000 55 1000
2 90)
 (2000 72 1000 1 90) (2000 57 1000 2 90) (3000 76 1000 1 90)
 (3000 55 1000 2 90) (4000 74 1000 1 90) (4000 59 1000 2 90)
 (5000 72 1000 1 90) (5000 57 1000 2 90) (6000 74 1000 1 90)
 (6000 55 1000 2 90) (7000 72 1000 1 90) (7000 57 1000 2 90)
 (8000 71 1000 1 90) (8000 59 1000 2 90) (9000 69 1000 1 90)
 (9000 62 1000 2 90))
```

図 6.13 バックトラックを含む典型的な実行結果

図6.14 図6.13の結果を楽譜にしたもの

図6.15 行き止まったパッセージ（a）が必要とするバックトラック（b）の生成した新しいルール（c）

```
using default cantus firmus: A3 B3 C4 E4 D4 C4 D4 C4 B3 A3

2 3 4 4 4 5 6 7 7 7 7 7 7 8 8 8 8 8 8 8 8 8 8 8 8 8 8 8 8 8
8 8 8 8 8 8 8 8 8 8 8 8 8 8 8 8 8 8 8 8 8 8 8 8 8 8 8 8 8 8
8 8 8 8 8 8 8 8 8 8 8 8 8 8 8 8 8 8 8 8 8 8 8 8 8 8 8 8 8 8
8 8 8 8 8 8 8
```

図6.16 最初にバックトラックによりルールが作られていく例。いったん作成されると，ルール数の増加はせず，それ以上バックトラックを必要としない

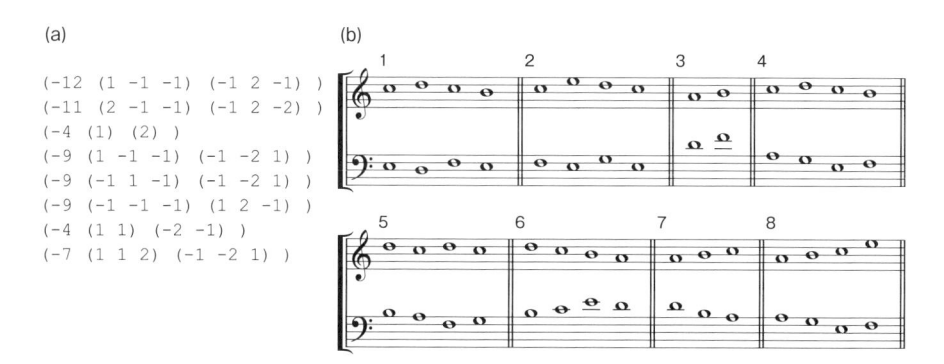

図6.17 ルール記述形式（a）と楽譜（b）で表した *rules* 変数の内容

```
using A3 B3 A3 C4 B3 D4 C4 B3 A3 added only 2 rules
9 10 10 10 10 10 10 10 10 10 10 10 10 10 10 10 10 10 10 10
10 10 10 10 10 10 10 10 10 10 10 10 10 10 10 10 10 10 10 10
10 10 10 10 10 10 10 10 10

using A3 B3 C4 E4 D4 C4 B3 C4 D4 C4 added only 2 rules
10 10 10 10 11 11 11 11 11 11 11 11 11 11 11 11 11 11 11 11
11 11 11 11 11 11 11 11 11 11 11 11 11 11 11 11 11 11 11 11
11 11 11 11 11 11 11 11 11 12

using A3 B3 C4 B3 C4 D4 C4 added no rules at all
12 12 12 12 12 12 12 12 12 12 12 12 12 12 12 12 12 12 12 12
12 12 12 12 12 12 12 12 12 12 12 12 12 12 12 12 12 12 12 12
12 12 12 12 12 12 12 1212 12
```

図 6.18 図 6.16 の定旋律による実行で作成されたルールの利用例。この利用は，新しい定旋律への第2旋律をより少ないバックトラックで生成する補助となる

4つの音の選択肢それぞれが1つ以上のプログラムの目標と競合するため，この音楽は「行き止まり」に陥る。Dへの上行は連続跳躍で，さらに定旋律のCとの不協和となる。Cへの順次進行は，平行8度となる。Aへの下行では，跳躍後は反対方向へ順次進行するというプログラムの目標と競合する。Gへの下行跳躍は同様の競合となる。このように，Gradus はバックトラックするしか選択肢がなくなる。この場合は作曲のほとんど初期段階なので，新しい音高からもう1度始める。図 6.15 (b) は正しい新たな旋律を示し，図 6.15 (c) は図 6.15 (a) の「行き止まり」から生じたルールである。

　図 6.16 に示されている試行は，バックトラックによるルール数の増加を示している。このリストの各項目は，同じ定旋律を用いて Gradus プログラムを1回ずつ追加実行していった際の，ルール変数 (*rules*) の長さを表している。ここでは，100 回続けてプログラムが呼び出され，各々の新規関数呼び出しに相当するルールの数を出力している。バックトラックが必要なくなると，ルール数が増加しなくなることに注目してほしい。

　互いに移調関係にある2つの短い定旋律を用いてプログラムを複数回実行することで，学習プロセスにおけるルールの有効性と，実際の音高ではなくダイアト

ニックステップをルールで用いることの有効性が実証できる。たとえば，上方に順次進行する A–B–C–D–E を定旋律，さらに中央 C をシード音としてプログラムを 50 回実行すると，3 度のバックトラックが生じて 3 つのルールが作られる。また，F–G–A–B–C（最初の定旋律から単純に 3 度下に移調）を定旋律として，A（中央 C の 3 度下の音程）をシード音としてプログラムを実行すると，新しいルールは作られていない。つまり，この時バックトラックは生じなかったということを表している。

　図 6.17 は，図 6.16 の試行後のルール変数の内容を，ルール記述形式と楽譜の両方で示している。とりわけ楽譜版でわかるように，各ルールは文脈に固有であるが，同時に特定の定旋律と結びついている訳ではない。4 つ未満の要素からなるルール（ルールのための規範）は，対位法作曲の冒頭で生じる結果である（たとえば，ルール 3 とルール 7 の上声部と，図 6.13 の定旋律の冒頭を比べてほしい）。各ルールはバックトラックを引き起こしたエラーで終了していることに注目してほしい。またGradus は，ダイアトニックスケール上の垂直方向の音程を，1 オクターヴ内にまとめないことにも注目してほしい。この理由は，互いに 1 オクターヴ以上隔たった旋律が正しい結果を生み，近接させるために 1 オクターヴ移調した同じ旋律が正しい結果を生まないことがあるからだ（主に声部交差の問題による。目標 1 を参照）。

　図 6.18 は，3 つの新しい定旋律で Gradus を各々 50 回呼び出す 3 つの試行である。これらは，図 6.16 の実行の直後にルール変数を消去しないで，つまり図 6.16 の定旋律で作成されたルールを用いて実行している。この図からわかるように，図 6.16 の 1 番目の新しい定旋律では，図 6.16 の実行で作成済みの 8 つから，さらに 2 つだけ多くのルールが必要となる。同様に，図 6.18 の 2 番目の定旋律では，新しいルールがもう 2 つ必要である。一方で，3 番目の定旋律では新しいルールが必要ない。基本的には，プログラムは 2 声で 1 対 1 の対位法による作曲方法を「学習」してきた。少なくとも，ここで示した定旋律の対旋律を創作するのに必要なルールは学習している。

　私はこれら特定の定旋律を，互いにある程度似ているという理由で選んできた。これにより，論理的な対位法の創作に必要となる新しいルールは，少なくて済むであろう。もし，違いの大きい定旋律を用いてプログラムを実行すると，新しいルールがこれよりもっと多く必要になってくるだろう。さらに，異なるシード音を選ぶと ―― ユーザーはプログラムの選択を上書きすることも考えられる

ので ―― , 新しいルール数はまた違ったものとなり得る。しかし, いずれプログラムは, 目標として正しいほぼ全ての定旋律に, 第2旋律を適切に伴わせるルールを, 全て見つけるだろう。

最も頻繁に Gradus とユーザーがインタラクションするのは, *cantus-firmus* 変数（*定旋律*変数）の再定義により, 新しい定旋律を定義する時である。前述のように, 目標から外れた定旋律を創作すべきではない。もし, そうすると解決不能な問題が生じる起こる可能性が生じ, プログラムが無限ループに陥ってしまう。たとえば, 定旋律

(72 71 69 67 72 67 71 72 74 76)

と, 定旋律

(72 71 69 71 69 72 71 72)

の違いは比較的小さい。しかし1つ目の定旋律は, 2回より多い同方向への進行, 連続跳躍, 跳躍後の進行違反などを含んでいる。そのため, 使用するシード音によっては, 過度のバックトラックを引き起こすだろう。通常, もし問題の数がわずかであれば, プログラムは学習プロセスを正常に乗り越える。しかし, 目標との違いが大きいと Gradus はバックトラックのループ状態に陥り, プログラムを中断せざるを得ない。このようなループは, 特に繰り返し音を含む定旋律で生じる。プログラムのソースコードを比較的小さく読みやすくするために, 定旋律中のこうした全ての変則を考慮してこなかった。しかし, 単純にプログラムに定めた目標の範囲内に定旋律をとどめることで, このような問題が発生する可能性は大幅に減少する。

Gradus は, 対旋律の正しい回答のひとつを1オクターヴ高くして, 独自の定旋律を作ることができる。そのため, 新しくユーザーが提供する定旋律を必要としない。しかし, ユーザーが提供する定旋律は, 一般的には答えがほしい音楽的パズルの1つであると考えられるので, そのような要素を排除してしまうことは矛盾しているように思われる。結局のところ, このプログラムはその創作の基礎を置く一連の実例だけで動作し, それは人間の作曲家が向き合う状況と大して違

わない。事実，特に明確な制約がある中の作業で生じる問題を解決しようとする時，作曲家としての私が対旋律を創作するのとほとんど同じように，Gradus は対旋律を創作する。

前述のように，ルールはルール変数 (*rules*) に保存されており，プログラムの実行中，ユーザーはいつでもアクセスできる。ルール変数を「nil」に設定（この変数やその他の変更可能な変数の詳細については，Gradus に付属の資料を参照）すると，プログラムはゼロから始めるようにリセットされる。もしユーザーに Lisp の知識があれば，言うまでもなく様々な方法で Gradus と相互作用したり，Gradus を理解したりできるだろう。しかし，上記のような最小限の変数利用だけでも，ユーザーはこのプログラムの「学習」過程を観察することが可能である。

Gradus プログラムで可能な拡張例として，単純なカノン生成機能のソースコードをサンプルの定旋律と共に私の Web サイトに載せている。カノン，少なくともここでの場合のようなオクターヴにおけるカノンでは，第1類対位法の枠を超えた2つの付加的な目標である，転回性とオフセット反復が，基本的には必要となる。転回性は，垂直方向の禁則音程リストに完全5度を加えることで得られる。なぜなら完全5度は，オクターヴで模倣する際に禁則となる完全4度に転回するからである。残った有効音程の3度，6度，オクターヴは，転回しても正しい音程となるので，そのまま許容できる。垂直方向の禁則音程リストに完全5度を加えることは制約の追加となるので，第2旋律を付けられない定旋律がたくさんできてしまう。つまり，カノンを創作する際は，バックトラックの量を改善できないような行き止まりに陥ることのないよう，定旋律を慎重に選ばなければならない。

図 6.19 は，Gradus のカノン機能が創作した，第1類2声のカノン例である。このカノンを作り出すための単純なコードは，主題の「オフセット反復」間のつなぎ目を考慮していないことに注意してほしい。ここでは，これらのつなぎ目は許容できる。しかし，ほかの定旋律を利用すると，主題が繰り返される部分で反復音や連続跳躍が生じてしまう可能性がある。この問題は，さらなる制約を加えることで容易に避けることが可能である。単純な1対1の対旋律からより形式的なカノンへ，できるだけわかりやすく簡潔に話題を移行させるために，ここではこの制約を省略している。

カノンのプログラムは，Gradus の学習能力を拡張するものではないことに注意してほしい。プログラムは，第1類で，カノンではなく，1対1のより良い対位法作曲のルールのみを引き続き作成して使っている。しかし，上記の問題（伴奏不可能な定旋律との遭遇や，オフセットされた主題の入りの部分の拙いつなぎ目）自体が，学習プロセスになる可能性がある。たとえば，望ましいスムーズさを考慮するルールを追加し，（ここで私がつなぎ合わせた単純な方法とは異なる）拡張された1対1の対位法の一部として，カノンのつなぎ目をコーディングすることは可能である。

Gradus プログラムは領域限定的であり，現在は私が定義した境界内でのみ機能する。しかし，プログラムは最低限の追加だけで，第2，第3，第4，第5類の対位法，また2声以上の対位法にも適応できるだろう。この複雑性とテクスチャの増加は，4声第5類のソースコードに表れるかもしれない。そこでは，バッハのような4声のコラールを作曲する方法を「学習」するために，プログラムの変更が少々必要になるであろう。コードを拡張することで，より複雑なカノン（たとえば，オクターヴ以外の音程）やフーガのような対位法の様式で創作することも可能なはずだ。ほとんどの作曲家は，少なくとも時折は競合して袋小路となるある種のルール（セリー主義やセット理論など）を使っている。したがって，多種多様な音楽

図6.18 図6.16 の定旋律による実行で作成されたルールの利用例この利用は，新しい定旋律への第2旋律をより少ないバックトラックで生成する補助となる

的状況での機械学習に，このプログラムは自然に適合するように思える。

図 6.20 に冒頭のみが示されている完全な 4 声のフーガは，Gradus と大して違いのないプログラムで創作した例である。5 度音程での主題の反復や，調性的応答に対する真正応答などの基本的な模倣構造は，学習したものではない（先ほど説明したカノン機能のように，コードに組み込まれている）。一方で，基本的な対位法の大部分は，プログラムが制作したルールで学習し分析した目標から生じたものである。前述の Gradus の版と同様に，このフーガを創作した Gradus 風プログラムは，協和，不協和，声部連結に関するいかなるコードも含んでいない。それにもかかわらず，プログラムに与えられたモデルから，これらの目標を発見したのである。

図 6.20 に示す器楽による 3 声のテクスチャの対位法様式は，前掲の目標を改訂した版と，より厚いテクスチャをカバーする新しいタイプの目標が必要となる。実際には，追加要件は，(1) 第 5 類の「装飾的」対位法の目標を検出する能力と，(2) 与えられた定旋律に対して 2 つの新しい声部を作曲する能力，である。この例を創作するためにいくつかの場合で，フーガ作曲に固有の形式性（既存旋律の拡張や，シーケンスの反復など）を考慮に入れた，特別なコードをさらに追加する必要があった。これについてはこの後に説明する。

図 6.19 5 行の追加コードによって創作された単純な第 1 類のカノン

図 6.21　図 6.20 のフーガ冒頭を創作するために使った定旋律

　図 6.21 は，図 6.20 の音楽を創作するために用いた定旋律を示している。この テンプレートは，フーガで期待されるとおり，異なる移調や転調でフーガ主題を 3 回反復している（第 1 小節と第 4 小節，第 8 小節を参照）。Gradus 風プログラムは組み 込み命令により，最初の主題提示の後にそれ自体を接続することで，第 5 類対位 法を第 4 小節で開始する。この対主題を移調して繰り返すためのルールもプログ ラムに含み，第 8 小節では元の姿の主題が異なる音域で再度現れる。紙面も限ら れているので，第 5 類 3 声対位法の作曲と，前述の第 1 類 2 声対位法の創作の違 いについて，詳細は述べないでおく。しかし，同様の基本プロセス —— 目標決 定，バックトラックを通じたルール生成，以後のバックトラックを減らす過去の 失敗の記録 —— が適宜に実行されると言えば十分であろう。このフーガは，バッ ハのオリジナルを〈引喩〉した 48 の前奏曲とフーガからなる『ウェル・プログ ラムド・クラヴィーア』（Cope 2002）の，〈フーガ第 1 番〉の冒頭である。

　Gradus の柔軟性をさらに示し，そしてこのプログラムが協和や不協和といっ た伝統的なコンセプトに制限されないことを実証しよう。そのために，5 度と 3 度， 6 度の代わりに，5 度と 2 度，7 度を使った 3 つのモデル（図 6.22 参照）を，垂直方 向の首尾一貫した音程として取り入れてみよう。すると，図 6.23 の出力で見ら

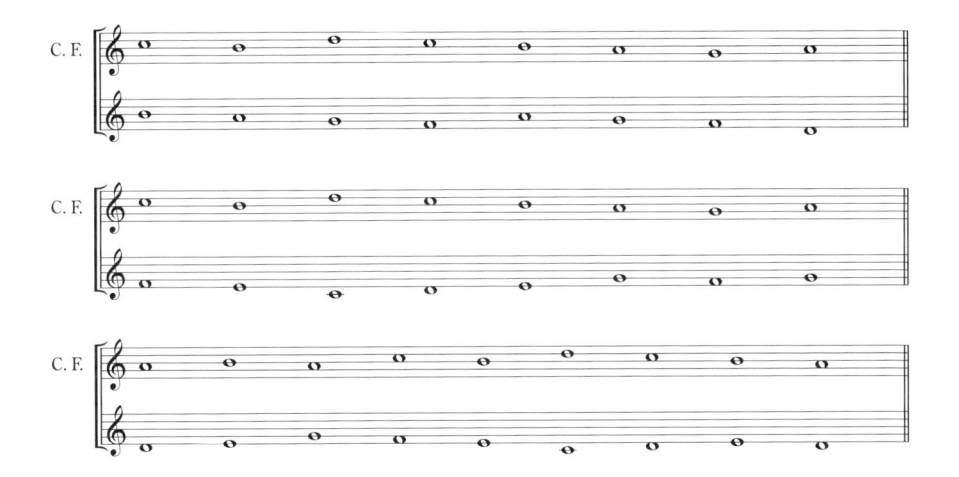

図 6.22 首尾一貫して垂直方向の音程が空虚 5 度 * と 2 度，7 度になる 3 つのモデル

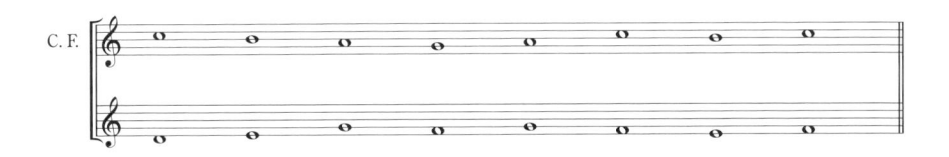

図 6.23 図 6.22 の 3 つのモデルを使った Gradus の出力

れるように，既存のコードを修正する必要なく，Gradus には新しいモデルの目標が組み込まれている。現代の作曲家は，それほど厳密にも，ここまで単純にもルールを使わないかもしれない。しかし意識的か否かにかかわらず，ほとんどの作曲家は作曲において対位法のルールを確かに適用している。

　Gradus プログラムとここで説明した原理は，単純ではあるが，重要とはいえないまでも興味深い結論を示している。たとえば，音楽における機械学習が，かなり初歩的な技術を用いて達成可能であるという見解は，重大な影響を持ち得る。入手可能な先行研究の文献がほとんど存在しないというのでもなければ，このような観測はそれ自体では特に重要ではないように思える。「学習」アルゴリズムは，これほど基本的なコンセプトとたった数行のコードで実装することができる。そ

---

　* 三和音の 3 度の音を抜いたもの。

のため，より高度な（紹介したばかりの）音楽的課題を盛り込んだコードの拡張に，大した努力は必要ないと想像できる。このような拡張が生み出すのは，作曲やオーケストレーションなどのための単純なツールなのか，あるいは新しい作品を全体的に創造できる作曲プログラムなのか，まだわからない。しかし，アプリケーションの幅広い多様性の中核を担う Gradus で実証されたコンセプトには，明らかに可能性に満ちている。意図した目的の達成能力を向上させる方法において，発見を学習して一般化するためのプログラムの現在の能力は限定されたものである。それでも，今後のさらに洗練されたアプリケーションのための基礎を築いている。

　Gradus は，音楽における知性と創造性のモデル化に関する私の進行中の研究の一部である。したがって，Gradus プログラムの学習能力と計算論的作曲プログラムとしての潜在的な役割は「知的」であるというのが，ここではふさわしいように思える。自著『アルゴリズム作曲家』（Cope 2000）では，分析と連想，そして適応に，少なくとも部分的に基づくものとして知性を説明している。Gradus は，モデルを分析して目的（目標）を設定し，ルールを作成して参照することで，目標とそれに向けた処理を関連づける。そして，バックトラックが必要なくなるまで，バックトラックの必要性を徐々に減少させることで適応していく。しかし，それでもやはり私はまだ Gradus が知的だと思えない。プログラム自体では解決すべき問題を提示せず，さらに問題解決のプロセスを開始することさえないからだ。しかし，Gradus で実現したコンセプトは，この分野のさらなる研究のための基礎を確実に提供する。また，特に音楽に関係した学習や創造性，そして知性といった捉えにくい概念を，いつの日か我々がよりよく理解できるかもしれないという希望を私に与えてくれる。

　読者には，私の Web サイト上の Gradus プログラムをダウンロードして使ってもらい，プログラムが単純な対位法作曲のスキルを向上させる方法を体験してほしい。このプログラムは非常に小さく，そして簡単に扱える。プロセスの機能を活用するのに，コンピュータスキルが最低限でも扱える簡単なガイドを付けておいた。

推論

　『ウェブスター大学辞典』（1991）では推論を「……想定した前提から厳密な論理的帰結あるいは確率的に成り立つ命題を導き出す過程」と定義している。推論

の最も重要な性質は，新しい結論が既知の事実の組み合わせとして得られることである。これら新しい結論を，さらなる推論のために，既知の事実の集まりに追加することができる。推論は明らかに人間の論理的な思考と創造の方法の1つだと言える。

推論に対する人工知能的なアプローチには様々な形がある。たとえば，演繹システムはルールに基づく推論システムの1つである。パトリック・ウィンストンは演繹システムについて次のように述べている。

> if-then ルールの if 部は，既知の事実の組み合わせ条件の指定と考えることができる。また then 部は，if 部の組み合わせ条件から直接に演繹推論される新しい事実を指定していると考えることができる。すると，このように制約されたルールに基づくシステムは，演繹システムの一種となる…… (Winston 1984, p.177)

私は『アルゴリズム作曲家』(Cope 2000) の中で，音楽における推論のいくつかの形態について述べている。この本で興味深い点は私の推論の定義であり，それは「……実例から基本的な原理を外挿する能力……」である (p.67; あるいは Anderson 1964, Charniak and McDermott 1985, McCorduck 1979 を参照)。私の本では推論の基盤として集合論を中心に据えている一方で，調性に関する推論の形式を論じる時には声部連結を基盤として用いている (pp.73-79 参照)。推論を説明するために述べている Gradus プログラムは『アルゴリズム作曲家』と同様の推論過程に従うように拡張できそうだが，Gradus の現在の実現方法は単純すぎるので，そのような推論機能を組み込むのは難しい。

しかし興味深いことに，Gradus は，本質的に推論的な規則の作成と先読みプロセスを用いている。たとえば，図 6.17 (b) の規則 1，2，4，5，6，7，8 は文脈に特化したものであるが，先読み処理によってそれらの規則は普遍的なものとみなせる。よって，(図 6.17 [b] 1 の第 2 音から第 4 音までのように) 2 オクターヴ上から始まる下行音階を同時に含むような新しい旋律に対して，Gradus はどんな上行 3 度の跳躍も許可しない。上行 3 度の跳躍を許可してしまうと，平行 5 度を生み出すダイアトニック音階の下行が要請されてしまい，それは明らかに間違いだからである。図 6.17 (b) 1 のように，文脈を考慮して定旋律に対する対旋律の新しい音が D に決まった時，後続音としての F は先読み処理によって除外される。

この例では本質的に，Gradus が第3音として F を選択すると正しい答えを生成できなくなるということを推論しており，他の同様な場合でも全て同じ推論を行っている。ここで重要なのは，Gradus が対旋律の第2音を不適格だとしないことであり，それは，D の後に E が続けば正しい旋律だからである。

私の Web サイトにある Infer と呼ばれるプログラム[*]は，簡単な推論アルゴリズムのもう1つの例である。この小さなプログラムは，おおよそ Prolog の形式に従っている。Prolog はもともと Lisp で記述され，実行機構として推論が組み込まれており，特に20世紀の最後の20年間に利用されていた。Infer は，「is a」型の文法に従う単純なパターンマッチの形式を採用している。Infer は，Lisp で書かれた単純でとても小さい5つの関数を用いて，次のような論理的出力を生成する。

最初にユーザーは，以下のような簡単なデータベースを作る。

```
(setq *database* '((man is a human) (human is a mammal)))
```

関数「lookup」は，引数と一致する最初の要素のリストを探索する。したがって，データベースとして上のリスト*database*を用いると，以下のようになる。

```
(lookup 'man)
> (man is a human)
```

記号「>」は，その上で与えられた入力に対するプログラムの返答結果を示している。

関数 infer は，引数と最初の要素が一致するリストを見つけるだけでなく，見つけたリストの最後の要素とまた別のリストで最初の要素が一致するものを見つけにいき，それをこれ以上一致するリストが見つからなくなるまで繰り返す。この場合，infer は，「人間もほ乳類である」と推定している。

```
(infer 'man)
> (man is a human is a mammal)
```

最後が同じ要素であるようなリストを次のように追加すると，

```
(add-to-database '(woman is a human)),
```

---

[*] p.iv を参照

以下のようにデータベースが拡張される。

```
> ((woman is a human) (man is a human) (human is a mammal))
```

「infer」関数に引数として woman を与えると，前に提示された man と同じ関連
が生成される。

```
(infer 'woman)
> (woman is a human is a mammal)
```

明らかに，以下のように音楽的参照にも使うことができる。

```
(setq *database* '((c-d-e-c is a motive) (motive is a melody
fragment))),
```

これは，言語の共起表現を置換する音楽版が作れる。

```
(lookup 'c-d-e-c)
> (c-d-e-c is a motive)

(infer 'c-d-e-c)
> (c-d-e-c is a motive is a melody fragment)

(add-to-database '(c-b-a-c is a motive))
> ((c-b-a-c is a motive) (c-d-e-c is a motive) (motive is a
melody fragment))

(infer 'c-b-a-c)
> (c-b-a-c is a motive is a melody fragment)
```

　この推論過程は，一般に論理と述語計算の分野でモーダスポネンス（modus
ponens: ラテン語で，およそ「肯定する様式*」といった意味）として知られており，知的な
行動を定義するための重要な概念を表現している。それゆえ，コードとしては単
純であるが，Infer プログラムは相対的に強力な機能を果たす。最も重要なのは，
Infer がデータベース中に明示的に存在しない事実を生成することである。もし
推論がなかったら，我々は創造のために必要な直感による飛躍を作り出すことが
できない。

---

*「P ならば Q である」,「P である」,「従って Q である」という形式の推論。

推論プログラム Alice（Algorithmically-Integrated Composing Environment, Cope 2000 で詳述されている）はデータベース中の音楽から規則を抽出する。音楽から規則を抽出することには多くの重要な利点がある。最も重要なのはルールが作曲行為を実際のデータから分離するという点であり，Alice（拡張された Gradus も同じく）のようなプログラムは，論理的かつ音楽的な方法でこれらのルールを操作し変更できるようになる。Experiments in Musical Intelligence(EMI)プログラムと Sara(Simple Analytic Recombinant Algorithm, 単純分析〈組み替え〉アルゴリズム, Cope 1996 で詳述されている)のように，Alice はデータベースとして与えられている音楽のスタイルを模倣できる。しかし Alice は EMI プログラムや Sara とは異なり，データベースから音楽を組み替えて作曲するのではなく，データベースから作曲原理を推論することで新しい音楽を作曲する。

類推

『ウェブスター大学辞典』(1991) では，類推を「……ある事柄が別の事柄と類似していると推測されるような論理的思考の一形態であるが，関連性の薄い別の観点における既知の類似性に基づいているようなもの……」と定義している。推論は類推において重要な役割を果たしており，以下でもすぐ分かるように，類推もまた創造性において重要な役割を果たしている。

私たちは，過去に解いた問題からの類推を用いて，新しい問題を解くことがよくある（Minsky 1963, p.425）。この強力な方法は，古くからギリシャ人によって認識されていた。ギリシア語の analogies は数学における比例を意味しており，我々の言葉である analogy（類推，アナロジー）の語源である。一般に現在の我々は，類推的推論をたとえば 2:4::4:8 のように記述する。この例は，2 と 4 の関係は 4 と 8 の関係と同じであると読む（単一のコロン「:」は「相対関係」を意味し，ダブルコロン「::」は「同じ」を意味する）。類推は，数学的ではない関係にも適用可能である。たとえば，手と腕の関係は足と脚と同じであり（手:腕::足:脚），音楽では，短 2 度と長 2 度の関係は短 3 度と長 3 度と同じである（m2:M2::m3:M3）。i–v と i–v–i の関係は c–g と c–g–c の関係と同じである（i–v:1–v–1::c–g:c–g–c）。

類推は，深いレベルの創造性・学習の必要性・推論・自発性を含む概念であるため，実世界あるいは抽象世界の重要な属性を共有しているのに，異なると見られているモノ・関係性・行動を関連づけることができる。

アナロジーに基づいて考えるということは，あるものを他のものとしてみるということである。これは，人があるものを他のものと間違えるということではなくて，あるものを他のものと関連付けて考えるということである。アナロジーの認識のためには，対象となるものの間にある，一致または対応する点と相違する点とを識別することが必要である。(Boden 1987, 野崎昭弘訳 1986, p.422)

どのような種類の事柄が類推として表されるかは，世代ごとに変化する可能性がある。この変化は，創造性に関わる類推においてとりわけ顕著である。

かつて，2頭のシマウマの関係を考えたり，2つの赤い物体の関係を認識したりすることは，とても創造的であったが，今ではそうではない。人の概念システムの「下流」にある非常に多くの事柄は，このような関係性に依存している。人の概念システムからその関係性を引っ張りだそうとすると，依存関係にある膨大な領域を取り除くことになろう。その関係性は，生得的に深い塹壕の中で守られているが，認知的に不可欠のものである。(Turner 1988, p.4)

プログラム ANALOGY (Evans 1968) やクリング (Kling 1971) の初期の仕事は，類推の問題解決に計算論的に取り組んだ嚆矢である。図6.24に示すように，トーマス・エヴァンズは，幾何学的な類似性を解決するプログラム ANALOGY を開発した。図6.24の下の4つの図は，上の質問に対する複数の選択肢を表している。エヴァンズのプロセスは主に次の3ステップからなる。緻密化 (このステップでは，最初の2つの図の間の関係性を可能なかぎり多く推測する)，マッピング (このステップでは，最初の図を2番目の図に変換するようなルール

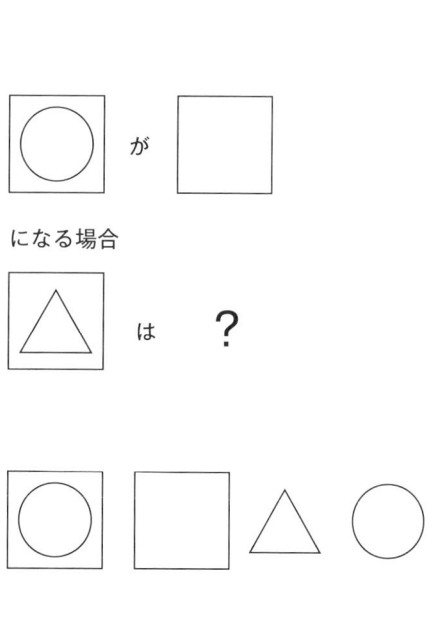

図6.24　上の質問に対して幾何学的に類推される複数選択肢の答えを表す4つの図形

を導き出す), 正当化 (このステップでは, 与えられた可能な解の中から, 3つ目の図を最適に変換するための最良のルールを選択する)。ANALOGY は, これまでにプログラム化されていない多くの幾何学の問題を解けることを実証した。R.E. クリングの ZORBA は, ANALOGY のような幾何学の分野に限定されず,「目的の問題が入力されると, 解法が知られている他の問題から派生した問題の解を出力する」(Kedar-Cabelli 1988, p.77)。

類推生成プログラムを実現する試みの中でも, 次のものは傑出している。ACME (Analogical Constraint Mapping Engine [類推制約写像エンジン]: Holyoak and Thagard 1989 参照), INA (O'Hara 1994 参照), PAN (O'Hara and Indurkhya 1994 参照), SME (Structure Mapping Engine [構造写像エンジン] Falkenhainer, Forbus, and Gentner 1990 参照)。驚くことではないが, 類推はホフスタッターの知性と創造性の研究の中でも非常に重要な役割を果たしている。

類推的思考を2つの基本的な要素に分割することは有益である。1つ目は状況認識プロセスである。これは所与の状況にかかわるデータを得ること, そして所与のコンテキストにとって適切な表現を与えるために, 様々な手段でデータをフィルタリングしてまとめ上げることを必要とする。2つ目はマッピングプロセスである。我々が類推と呼ぶ対比を生み出すために, 2つの状況表現を得て, 互いの表現要素の間に適切な関連を見つけることを必要とする。これらのプロセスがきれいに分けられるかは決して明らかではなく, 深く相互作用しているようだ。(Hofstadter 1995, pp.180–181)

さらに最近のプログラムでは (より完全なまとめは Kedar-Cabelli 1988, pp.78–97 を参照), 幾何学や言語学以外の分野を用い, エヴァンズとクリングのモデルに修正を加えたものを利用している。これらプログラムの多くは, エヴァンズが提唱した3つの基本的なカテゴリである, 精緻化・マッピング・正当化を明示的に含んでいる。最も重要な研究の1つは J.G. カーボネルによるもので, 潜在的な解を, 問題に正しく適合するように変形させる変形類推という概念を導入している。「ここでは, 初期状態が基本の解であり, 制約状態が目標の解であり, T演算子が途中の解を別の解に変形させる。T演算子には, 削除, 挿入, 問題解決の演算子の再配置, 変形していく解の列全体を連結したり部分削除したりするものが含まれる」。(Kedar-Cabelli 1988, p.78)

どのように定義するかによるが，音楽の中には類推がたくさんある。正規化（データの集まりを畳み込んだり拡張したりすることで，予め規定された範囲内におさめること。第3章で論じたように，特にソニフィケーションにおいて有用である）は音楽における類推の単純な例である。たとえば，0 から 1000 までの範囲のデータの集まりを，36 から 112 の音高の範囲内に正規化するには，簡単な数学的な類推が必要である。x:0-1000::y:36-112。ここでは x は既知で，0 から 1000 までの範囲の数値であり，y が求める範囲は 36 から 112 の間である。x に 500 が与えられると，「500 と 1000（0 と 1000 の差）の関係は，y と 76（36 と 112 の差）の関係と同じである」と考えて，結果として 38 が得られる。実際に正規化された音高を算出するためには，範囲の最小の数 36 を足す必要があり，つまり正規化された音高は，74（38+36）となる。たとえばイ長調：ロ短調::ハ長調：ニ短調のように，移調も音楽におけるもう1つの単純な類推の一種である。これらの例から分かるように，全ての音楽は，類推なしでは存在し得ないほど，類推に富んでいる。しかし，音楽的類推へのアプローチはまだ始まったばかりであり，有用な成果はこれからのように思われる。

　レオナルド・マイヤーはバッハが用いた B–A–C–H モチーフについて，次のようにコメントをしている。「……特定の用途の符号化（たとえば，シューマンが行ったように文字を音高に見立てることや，ジョージ・クラムが行ったようにモールス符号を音価に見立てること）は，私たちに新しいパターン生成の可能性があることを気付かせる」(Meyer 1989, p.132)。バッハの遺作である『フーガの技法』の最後の〈コントラプンクトゥス〉*において，その楽曲がフレーズの途中で突然終わってからの 4 小節が B–A–C–H モチーフが最後に用いられている箇所である。ホフスタッターは，これは「……とても言い表せないくらい悲しい瞬間」であり，この未完成の状態がバッハの死を表現しているのだろうと指摘している (Hofstadter 1980, 野崎昭弘他訳 1985, p.95)。マイヤーも同じことを言うかもしれない。

　興味深いことに，B–A–C–H のモチーフは正統性を持たせるために，正しく B，A，C，H（ドイツでは B♭ を B と表し，B♮ を H と表すので英語音名では B♭-A-C-B♮）の音を含むべきと考えられている一方で，バッハの音楽にはこのモチーフの一般形（類似パターン）がよく現れる。ほとんどの聴取者は絶対音感を持っていないので，音名を使って聴いていない。私たちのほとんどは，おおよその音程の変化や，単純

---

* 対位法の意。バッハは，この曲集に含まれる様々な形式のフーガ楽曲をコントラプンクトゥスと名付けている。

な方向パターン（この場合，短2度の下方，短3度の上行，そして短2度の下方）だけを聴いている。バッハの『平均律クラヴィーア曲集』のフーガ第4番の冒頭がよい例である。このフーガの最初の4つの音（全音符，2つの2分音符，もう1つの全音符）は，C♯，B♯，E，D♯ である（図5.26）。これは，B–A–C–H のモチーフと厳密に同じ音程ではないが，方向は同じである。5章で述べたように，このモチーフが，バロック様式の音楽において十字架を表すことはよく知られている（図5.27）。しかしこれはまた，B–A–C–H パターンに対して音程を単に1ヶ所変更（2番目と3番目の音の間の短3度が長3度に）したものとも聞こえる。つまり私には，「B (B♭)/A と C/H (B♮)の関係は C♯/B♯ と E/D♯ の関係と同じである」という類推のように聞こえるのである。

　前に述べたように（図5.33，図6.20とその関連箇所），EMI による，バッハ様式の48の前奏曲と48のフーガから成る，『ウェル・プログラムド・クラヴィーア』が最近完成した。この曲集の〈フーガ第13番〉（図6.25に冒頭を示す）はバッハの〈フーガ第4番〉（図5.25参照）をモデルにしているようにみえるが，ここでの音高はB–A–C–H モチーフをオリジナルから完全5度と半音上に移調したモチーフ（F♯–F–G♯–G）と同じである（EMI は調号のない調で作曲して，結果を最も演奏しやすい調に移調するので，この移調にはいくらかの恣意性が含まれる）。ある意味，「EMI」と〈フーガ第13番〉の関係は，「バッハのテーマ」と「バッハの〈フーガの第4番〉」の関係と同じである，といった類推が成り立つ。

　面白いことに，バッハの『平均律クラヴィーア曲集』は類推の宝庫である。こ

図6.25　EMI 作曲による『ウェル・プログラムド・クラヴィーア』〈フーガ第13番〉の冒頭

れらの類推は，前奏曲の主要テーマと関係調のフーガの主要テーマの間にたくさん見出せる。たとえば，第1巻の〈前奏曲第4番〉と〈フーガ第4番〉の第1小節（同じフーガは図5.26と図5.27で論じられており，図6.25の楽曲でも〈引喩〉されている）は，図6.26で示すように，一見すると全く似ていないように思われる。しかし，これらの2つの作品のテーマおよびバッハがこれらのテーマを提示する方法は，それぞれ類推を表している。今まで見てきたタイプの類推のように，ここで重要な点は，テーマを構成する部分どうしの比較である。たとえば，前奏曲のテーマ（図6.26［a］の第1小節と，第2小節の最初の音）は音階上を下方へ動き（G♯からC♯），その後上方に跳躍し，そしてまた音階的に下方へ動く。この動きは，音階的な下行－跳躍的な上行－音階的な下行として一般化できるだろう。前に見たように，特に図5.27の十字架の〈引喩〉において，4音のフーガのテーマは，段階的に下方へ（C♯からB♯）へ動き，続いて上方へ跳躍し，そして段階的に下方へ動く。これは，段階的な下行 - 跳躍的な上行－段階的な下行として一般化できるだろう。本質的に，2つのテーマは次のような単純な類推を表している。「音階を下方に」と「上へ跳躍して音階を下方に」の関係は，「段階的に下行」と「上へ跳躍して段階的に下行 」の関係に同じである。前奏曲とフーガの両方とも，それぞれのテーマ

図6.26 『平均律クラヴィーア曲集第1巻』から（a）〈前奏曲第4番〉と（b）〈フーガ第4番〉の冒頭部分

を4回提示している（前奏曲の第1小節から第4小節と，フーガの第1小節から第14小節）という事実は，この関係を決定づけるのに役立っている。興味深いことに，どちらのテーマも，ドミナント機能の要素を強調する一方で，トニック機能を延長している（前奏曲のG♯，フーガのD♯）。

　もちろん，これら2つのテーマの間にはたくさんの違いがある。たとえば，前奏曲のテーマは10個の音から成るのに対し，フーガのテーマは4つの音から成る。前奏曲のテーマは1小節強の中に納まっているのに対し，フーガのテーマは3小節にわたって広がっている。この2つのテーマは音価の単位が同じではない。各テーマの重要部分における拍子と，リズム的に強調される拍も異なっている。それゆえ，この種の分析が，楽曲がもともと持ち合わせていなかった何かを強制しているのではないかと主張する人たちに対して，これら2つのテーマを並べて聴くことは類推関係の検証であると反論したい。しかも，私にとって聴くという行為は，分析における誠実さに関する究極のテストだと思っている。しかし，ラルフ・カークパトリックは次のように述べている。

> ……『平均律クラヴィーア曲集』のある曲とある曲の間に何らかの関係があるかどうか考えてみよう。たとえば，前奏曲とフーガの間にはどんな関係があるのか。あるいは，一般に前奏曲と呼ばれる楽曲とフーガと呼ばれる楽曲の間の関係は？　確かに，これらの関係性は対照や補完であったりするだろう。（中略）ヨハン・ネポムク・ダーフィトなど，前奏曲とフーガのテーマ間の関係性を指摘するおびただしい数の議論が展開されてきた。ブゾーニでさえもその議論に加わっている。しかし，先行するフーガとの比較対照が雑になってしまうほど，前奏曲はとても多く作曲されている。それら前奏曲は先行するフーガを取り込むというより，そのフーガから始まるように作曲されているように思われる。
>
> (Kirkpatrick 1984, p.35)

『平均律クラヴィーア曲集』の他の前奏曲とフーガの間にも，同様な類推関係がある。たとえば，第1巻の〈前奏曲とフーガ第17番〉のそれぞれの冒頭第1小節は，図6.27に示すように，拍子も音高もかなり異なっているように見える。しかし，より詳細に検討をしてみると，両テーマの4音目と5音目の間に最も大きな跳躍（逆方向の長6度）が存在し，両テーマが互いに反行していることが分かる。

その他の音程は各々異なっている一方で，両テーマはともに A♭ から始まり，旋律は三和音に基づいている。前奏曲の旋律はトニックの三和音に基づいているが，フーガの旋律はトニックとサブドミナントの三和音に基づいている。ここで類推による結論としては，この2つのテーマの旋律は音程方向が逆になっていなければならない。

図 6.27　『平均律クラヴィーア曲集第 1 巻』の〈前奏曲とフーガ第 17 番〉のそれぞれの冒頭第 1 小節は，拍子も音高もかなり異なっているように見える

　『平均律クラヴィーア曲集第 1 巻』の〈前奏曲とフーガ第 12 番〉（図 6.28 に示す）の第 1 主題どうしは，さらに興味深い関係性を持っている。前奏曲のテーマ（ここでは矢印の音がテーマを表している）における 16 分音符の裏拍を無視すると，この2つの楽曲の主テーマどうしはとても興味深い形で類似している。両方の主テーマはともに，最初は音階的で，次に上方跳躍し，その後下方跳躍して元に戻る。両方の主テーマはともに，トニックからトニックへと 1 オクターヴの範囲内を動く。

図 6.28　『平均律クラヴィーア曲集第 1 巻』から〈前奏曲とフーガ第 12 番〉も好奇心をそそるような関係性を持っている

ここで可能な類推は以下のようなものである。両方のテーマが各々のトニック（旋律中の高い音）へ上行する間，前奏曲のテーマ（トニック音Fから始まる）はとても単純な和声の中でダイアトニックに動く一方で，フーガのテーマ（ドミナント音Cから始まる）は和声的短音階で上行する。結果的に，フーガではドミナントが要求する自然半音階的な曲調になっている。

〈前奏曲とフーガ第21番〉のテーマ（図6.29）には，バッハの『平均律クラヴィーア曲集第1巻』での3番目の類推の例がある。前出の2つの例とは異なり，図6.29のそれぞれの冒頭部分は，拍子・リズム・見た目の形・旋律の方向が劇的に違っているように見える。しかし，より厳密に調べてみると，これらの2つのテーマには多くの共通点があることが分かる。たとえば，前奏曲の左手の最初の4音は，フーガのテーマの最初の4音のほぼ反行を表している。しかし前奏曲の次の4音は，フーガとは異なり，先行する4音よりも3度下に並べられている。対照的に，フーガのテーマは次に6度の下方跳躍があり，さらに同じ方向に2度下行する。

図6.29　バッハの『平均律クラヴィーア曲集第1巻』における3番目の類推の例（〈前奏曲とフーガ第21番〉）

『平均律クラヴィーア曲集』の前奏曲とフーガの間には，その数と同じくらいの種類の類推が存在する。これほどの様々な類推は，調性の単純な規則と条件（機能和声，長音階と短音階の差異，重要な音への解決など，調性音楽に関する基礎知識全般）がもたらしているのかもしれない。しかし私が言いたいのは，ここで挙げた類推は，両テーマが共通に持っている基本的性質からの帰結であり，その類推は関連する前奏曲とフーガの間に実際に生じているということである。これら前奏曲やフーガ

の作曲技術は，基本的な調性プロセスに従っているかどうかにかかわらず，類推を利用していることをさらに主張しておく。

バッハの『平均律クラヴィーア曲集』に対して，EMI の『ウェル・プログラムド・クラヴィーア』は，何らかの意図を帯びた類推を使わずに 48 の前奏曲と 48 のフーガを作曲した。機械が作曲したこれら前奏曲とフーガの間において類推関係を実現する唯一の方法は，お互いよく合うと思われるものどうしを慎重に組にすることであった。私は様々な組み合わせを試したが，バッハの音楽で論じたようなタイプの類推をうまく生成できていない。もし仮にバッハの音楽における類推に関する私のラベル付けが間違っていて，たまたま調性が同じだったり偶発的な類似性を選んで類推と言っていたりしたのだとしたら，EMI が創作した前奏曲やフーガの（全部とは言わないが）多くも単に偶然にそういう類推関係を持つだろうと考えられる。また，そうすると少なくとも，機械が生成した前奏曲とフーガの集まりの中からかなり容易に類推関係にある組を見つけられることだろう。しかし，現実はそうではなかった。だから，バッハが作曲したほとんどの前奏曲とフーガの間には特殊な関係があり，それらを音楽的な類推とみなすことは理にかなっていると考える。

類推はバラバラなテーマをより一貫させることができるという意味で重要な役割を果たす。図 6.30 はそのような例を示している。ここではモーツァルトの《交響曲第 40 番ト短調 K.550》第 1 楽章の第 1 テーマを取り上げよう。前半では大きな跳躍で終わる半音階的なモチーフが繰り返され，続いて後半でそのモチーフが半音階的に下がりながら繰り返される。これは，第 2 テーマ（前半は半音階的な旋律が大きな跳躍で終わり，後半は下行する半音階的旋律が続く）と平行関係にある。両テーマとも，中間部に存在する最大の音程（第 1 のテーマでは短 6 度，第 2 のテーマでは完全 5 度）

図 6.30　モーツァルトの《交響曲第 40 番》K.550 (1788)：(a) 最初のテーマ（第 1 小節から第 5 小節）。(b) 2 つ目のテーマ（第 44 小節から第 51 小節）

が，旋律の前半と後半のバランスをとるための支点として機能している。類推は前半と後半の2つの異なる旋律を結びつけ，あたかも一方を他方の必然的な結果であるかのように思わせるのである。

　類推は，動きの向きが全く同一である必要はないし（今示したモーツァルトの例のように），どんなものが同一でも構わない。ゆえに，最初は無関係に思われる全く異なった旋律でも，もし適切な関係性が存在すれば，私たちの耳にとって意味のあるものとして聴こえる。この時，意味を創り出すのが類推なのである。

　興味深いことに，音楽における類推は，類推関係を表す組が異なる階層に現れる場合も含んでいる。たとえば，ハ長調：ト長調∷A:B という類推を考える。ここで長調とは三和音あるいは調の主音を表し，「A」や「B」は形式的な命題を表す。この類推の例は，前出の単純な正規化や移調における類推よりも本質的である。以上から，音楽における階層的な類推とは，短い音列から成る下位モチーフがより上位レベルの構造において同型（類型）反復されるか，あるいはその逆の関係が成り立っていることを指す。本書7章で議論した SPEAC モデルは，全ての階層での類推を可能にしたことで，このような異なる階層にわたる類推プロセスも実現している。

　調性音楽において最も明らかな階層的類推は，フレーズの和声を機能分析した際の構造レベルに現れる。2要素から成る標準的なフレーズが単純な質問 —— 回答の関係にある時，「ドミナント：トニック∷質問：回答」という類推とみなせる。さらに曖昧な類推によって，楽章や作品全体をカバーすることもある。たとえば，不完全なカデンツ（曲の途中のカデンツの最上声部に3度またはドミナントの音が現れる）と完全なカデンツ（曲の最後のトニックの最上声部に主音が現れる）も調性音楽における類推である。

　私の Web サイトにある Analogy プログラム*は，以前に説明した Prolog のような推論を行うプログラムに似ているが，「is a」モデルの代わりに「is like」モデルを使うという点だけが異なっている。しかし，この章の初めの方で述べた推論方式は，現実的な類推を作り出すのに十分な力を持っていない。ここではまず音楽を例にとって，類推を創るためのヒントが与えられた時，どのようにモーダスポネンスを生成するかを示そう。

---

* p.iv を参照。

```
(setq *database* '((c-g-c is like i-v-i) (i-v-i is like a-b-a)))

(lookup 'c-g-c)
> (c-g-c is like i-v-i)

(infer 'c-g-c)
> (c-g-c is like a i-v-i is like a a-b-a)

(add-to-database '(d-a-d is like i-v-i))
> ((d-a-d is like i-v-i) (c-g-c is like i-v-i) (i-v-i is like
a-b-a))

(infer 'd-a-d)
> (d-a-d is like i-v-i is like a-b-a)
```

　ここで，データベースには実際に類推が含まれている。つまりこのプログラム
は，データベースの制作者が既にプログラムしたことだけを推論する。類推を創
るために，2つの異なるオブジェクト（和音や機能など）が共有している抽象的な性
質に関して，プログラムはこれらを比較し，適切に関連づける。図 6.24 は，類
推的な比較を可能にする抽象化（内部オブジェクトの捨象）を利用している例である。
　このような抽象化を実現するには，データベースに格納されているオブジェク
トの最初の要素どうしだけでなく，最後の要素どうしも連結させるか関連づける
ような推論プロセスを起動する必要がある。たとえば，以下の単純なアルゴリズ
ムは，データベース中の単純な類推を効率的に発見することができる[†]。

1. 現在ポインタのある項から is ／ is like ／ are で関係づけられた項を辿る（推
   論する）。
2. 1. から最後の項目をとり出す。
3. 2. における他の全ての先行する項を集める。
4. 3. の中から 1 つを選択する。
5. 与えられた項の類推として，4. で選んだ 1 つを返す。

以下のコードはこのプロセスが実際どのように動くか詳しく表している。

[†] ここで，X*Y の形を項と呼ぶ。

```
(setq *database* '((cat*mouse are strong*weak)
    (strong*weak are opposite*sides)
    (oil*water are non*mixable)
    (non*mixable are opposite*sides)))
(analogize 'cat*mouse)
> (cat*mouse is like oil*water)
```

　項「cat*mouse」の推論から「opposite*sides」が生成される。項「oil*water」の推論から「opposite*sides」が生成される（生成されたものが事実かどうかは分からない）。これら2つの推論において最後に生成された項は「opposite*sides」であり，通常の推論の方向を逆転させるとそれが単純な類推に相当する。「cat*mouse」と「oil*water」は推論プロセスにおいて「opposite*sides」を共有しているので，「cat*mouse」と「oil*water」はお互いに似ている (is like)。

　以下のやりとりは，上記のプロセスの音楽的な例を表している：

```
(setq *database* '((g-b-d*c-e-g are dominant*tonic)
    (dominant*tonic are resolutions)
    (f-a-c*c-e-g are subdominant*tonic)
    (subdominant*tonic are resolutions)))
(analogize 'g-b-d*c-e-g)
> (g-b-d*c-e-g is like f-a-c*c-e-g)
```

　プログラム〈ANALOGY〉は，我々に創造性を発揮する機会を提供してくれる。第9章と第10章で紹介するように，私のプログラムにおける類推は「誘発的連想」という概念に基づいている。この概念は，一見解けないと思われるような問題の解決策を，コンピュータのプログラムが生み出せるようにする。実際には，作曲する時に有効な別の選択肢を提示してくれるのである。確かに，類推は「これまで積極的に結びつきを考えられていなかった2つ以上の多面的な物事・アイデア・現象どうしを初めて結びつけること」を実現する唯一の手段ではないが，「箱の外側を」考えるための突拍子もない発想を提供する。アーサー・ケストラーは次のように述べている。

　作家の中には，隠れている類推を掘り出すことこそが創作活動であると考える者もいる。(中略) しかし，隠れている類似点なんてどこに隠れていて，どのように見つけるのだろうか？ (中略)「類推を発見する本当に独創的な活動」はどこにも

「隠れて」はいない。それは想像力によって「創り出される」のである……（Boden 2004 p.34 に引用された Koestler より）

　類推に関する記述は次章以下にも繰り返し現れるが，とりわけ第7章の音楽構造と第10章の音楽的連想のところで重点的に議論する。ただし，私は類推という用語を濫用しないよう注意を払ったので，読者の皆さんは以降に現れる類推という用語の意味を適切に推論して欲しい。

7 | 形式と構造

●原理：創造性は一音一音の動きで判断されるのではなく，全ての構造レベルで生じる。

構造分析

　長い間，私はブルックナーの音楽は野暮ったくてつまらないと思っていた。オーケストレーションに関しては確かにプロの技術に長けたものであるのだが，想像力を掻き立てるほどのものではないように思える。彼は同じフレーズを何度も反復し，つまらない和声進行も多く，時々不必要に長く同じ和音を保持することもある。ところがある日，ブルックナーと向き合うことになった。私は緊急手術を受ける羽目になり，手近にあった1枚のCDを持ってきた状態で，寝たきりになってしまったのだ。なんとその1枚がブルックナーの《交響曲第7番》であったのだ。その時私はテレビやラジオにほとんど興味がなく，自分の健康について何も考えたくなかったので，おとなしくブルックナーと向き合った。

　この時，この交響曲を聞いて，第2楽章には特別な瞬間がたくさんあることを発見した。最初に私の耳を捉えたのは，第4小節と，それが再び現れる第80小節（記号Hの5小節前）の弦楽器の部分である。図7.1はそれを簡易化した楽譜だ。記号Mの1小節前で，弦楽器がこのテーマを反復しているが（第114小節はじめ。図7.2を参照），木管楽器の旋律が巧みに追加されている。テーマはオリジナルよりも半音低く，1度目の登場とは全く外観が異なるカデンツが続く。この第114小節のテーマ以降，何度かまたテーマが開始されるかのように思わせた後，第172小節にテーマが現れた時は全く新しい印象がもたらされる（図7.3を参照）。先ほど述べ

図7.1　ブルックナー《交響曲第7番》第2楽章，第80小節から第84小節

図 7.2 ブルックナー《交響曲第 7 番》第 2 楽章，第 114 小節から第 118 小節

図 7.3 ブルックナー《交響曲第 7 番》，2 楽章，第 172 小節から第 177 小節

た特別な瞬間のうちの1つが，ブルックナーが「フォルティッシシモ」*と記した第177小節の強拍で現れる。

この小節（第176小節の3拍目と4拍目）に最初付与される和音は，属七の和音（G♯, B♯, D♯, F♯と書かれる）と増六の和音（ドイツの六：A♭, C, E♭, F♯と書かれる）の2つであり，後者は主和音のカデンツ（トニックの四六の和音：G, C, E）へ解決する。ブルックナーは，この和音を多義的に記していて，低音はA♭，上の声部では異名同音であるG♯としている。ブルックナーは前回のテーマの開始時には同じ和音を属七の和音と記してきたのに対し，このタイミングを見計らった裏切りは，後期ロマン派のオーケストラ音楽において，型破りとは言えないにしても，重要な特徴である。

かねてより私がブルックナーの音楽に見逃していたのは，その前景にある静的であまり興味を引かない子細ではなく，背後にある構造であったのだ。ブルックナーは，ほとんどの楽章でテーマの後尾を変奏しながら繰り返し，予期しない巧妙な仕掛けを設定して，楽章の終わりに力を与えていたのだ。和音をそのまま聞いてもこの仕掛けはわからない。構造の聴取こそ，実に美しい発見をもたらすのである。

この本で，創造性は「これまで積極的に結びつきを考えられていなかった2つ以上の多面的な物事・アイデア・現象どうしを初めて結びつけること」と定義してきた。そしてそれはブルックナーの音楽にも表れており，一音一音の瞬間的な機徴に満ちた動きとともに，構造によって聴者を欺くような技法も含んでいる。短時間の旋律におもしろいアイデアを込める力はもちろん私たちを惹きつける創造的才能であるが，音楽を長い時間かけて徐々に紡いでいくこともまた創造的であることを，他の作曲家も学ばなければならない。この章で説明するアルゴリズムのプロセスは，これがどのように達成されるかを示している。

構造と形式は密接に関係しており，それゆえこの章では結び付けて紹介するが，両者は同等ではない。このために，私はこの2つの用語を区別する。「構造」は階層と緊張度（テンション：安定／不安定）を表す。「形式」は反復，変奏と，認識可能な音楽的素材の対比を表す。ここでは音楽的創造性の重要な要因となるこれら2つを議論し実装することで，用語の明白な区切りを作り出すことにする。

私は最初，計算論的に音楽の形式を再現しようとしたが，試みは一部失敗に終

---

*「強く」を表すフォルテを3つ重ねる指示。*fff*。

わった。これは私が使用した分析プロセスが原因だと考えられる。これらのプロセスは機能和声の基本的なテクニック（たとえば，主音，第2音などは，その調の和音における根音の位置で判別）に従うもので，バス音の上に数字をつけて和音内の音程を示す転回形表示によっている。このような還元的なプロセスはそれなりに意味があるが，和声や旋律がその作品の中で果たす独特の役割についてはほとんど何も示されない。全ての調性作品はこのような和声的機能を含んでおり，私の友人たちも私も，このような和音の機能や転回形表示だけからは，作品同様，その作曲者も判別できなかった。この結果は敢えて意図したわけではない。このプロセスは，結局還元的であるからこそ一般的なのだ。

　私のこの最初の様式模倣プログラムは，和声解析に機能解析を加えるものであるため，調性音楽にのみ適用可能である。かくしてこのプログラムは失敗であった。これに対して，集合理論に基づくピッチクラスセット解析は様々なタイプの無調音楽に対して特に有効に働いた。同時に，ピッチクラスセット解析では，調性音楽に対してあまり有意義な情報をもたらさない。しかし，さらに言えば，調性分析もピッチクラス解析も，音高以外の他のパラメータには関係せず，楽曲の音の連なりについて階層的な情報を定義できない。つまり，単一の方法を用いてあらゆる種類の音楽を分析することはできないのである。

　これらの調性的手法やピッチクラス解析とは対照的に，私があらゆる音楽から聴くのは音の基本的な動きであり，それもコンテキストの安定性と不安定性の観点からである。そこで，私のアルゴリズム分析と作曲のソフトウェアは，コンテキスト的な安定性／不安定性によるものとした。このような分析法は，音楽のスタイルには依存せず，作品内の隠れた重要な関係性を明らかにする。私がここで説明する分析過程は，調性的分析やピッチクラス解析とは対照的に，見た目が同じなのに異なって聞こえるグルーピングを区別することができる。

　同じ音楽をコンテキストに応じて区別することは非常に重要であると私は考える。たとえば，言語においては単語や文の意味がコンテキストによって意味を違えると考えられる。次の文は，同じ綴りの単語が互いに接近して配置された時に，全く異なった機能と意味を持つ例である。

　"I saw the saw saw."（私はのこぎりが切るのを見た。）

単語「saw」はこの文で3回現れている。それぞれ異なった意味を持ち，異なる文法的役割を担う。つまり，コンテキストのみが各単語の本当の機能と意味を区別する。言語に対して，自分の主張を表現するためのもう1つの強力な方法，すなわちコンテキストが与えられると，私たちはこのようなわずかな意味の変化にも順応できる。私は，音楽にも同じことが当てはまると考えている。

　私のプログラムが一見同種に思える機能を峻別して見分ける例として，調性音楽の導音*が挙げられる。たとえば，ハ長調の導音であるBは，属和音や，属七の和音や，導音上の和音からは，積極的に主音へ向かう。しかし，導音が第3音上の和音（メディアント：中和音）の中にある時は，必ずしも主音の音へ向かうわけではなく，たとえば第6音上の和音（サブメディアント：下中和音）の音に向かうほうが自然である。従って，同じ導音でもコンテキストに依存して異なる働きをする。この単純な事実は，私の構造分析アプローチの非常に重要な基礎となっている。

　アルノルト・シェーンベルクは，コンテキストが事前に定義された機能を書き換えてしまうことに言及して，「ただ一つの音が単独に存在していても，あるいはその音にもう一つ音が加わっても，これらの音の持つ意味は不確かなものである」(Schoenberg 1984, 上田昭訳 1973, p.28) と述べている。シェーンベルクは，この考え方の要点を次のように述べている。

　　たとえばハ音が単独に存在しても，あるいはそれにト音が加わっても，これらの音はハ長調に属する音か，ハ短調に属するのか，あるいはト長調なのか，ヘ長調なのか，ホ短調なのか，しかと判別することは不可能である。この二つの音にもしさらに違った音が加わるとこれらの音の調性は明確になるかもしれないし，あるいはならないかもしれない，このように動揺した不安定な状態がかもし出されるとそのような状態は楽曲の大部分にわたって成長していき，リズムの同じような不安定な機能にあってさらに強調されていく。……バランスを元に戻す方法こそ，私にとっては楽曲の本当の idea であるように思われる。主題，音群，あるいはさらに大きいセクションの頻繁な反復は固有の緊張が初期の平衡に向かおうとする努力であると考えられる (Schoenberg 1984, 上田昭訳 1973, p.28-29)。

　図7.4は，コンテキストによって音楽の理解が異なるもう1つの例である。第

---

* 主音を導く働きをする第7音。

2小節における1拍目の和音と3拍目の和音は同じである。しかし，1拍目の和音はこの小節の強拍に現れ，コラールの基本的な調として固定しているため，繰り返される3拍目の和音よりも重要度が高い。この第1小節の第1拍は旋律の最初の強拍として，続く8分音符による上行する動きに対して最初のはずみを与えている。一方で，この小節における3拍目の和音は調を確認し，旋律が主音へ跳躍するための中心的支柱を担う。つまり，これら2つの和音は，全く同じ構成音だが，極めて異なる役割を持っている。

図7.4　バッハの〈コラール第177番〉，第1小節から第3小節

　もちろん，同じ和音でも異なる機能を発見することは従来的な分析でも十分可能であり，それが異なる調の中で現れる時はなお容易である。たとえば，ある作品のハ長調の部分でC–E–Gの主和音（トニック）が存在し，同じ作品のト長調の部分でC–E–Gの下属和音（サブドミナント）が存在している時，2つの和音の機能は同じではない。さらに，転調の軸となる和音（ピボットコード）は，より複雑な二重の意味を保持していることも指摘できるだろう。しかし，これらは特殊な場合であることは明らかである。上記のような差異の種類を提示できるということは，同じ調のC–E–Gの和音どうしの差異を示すことができるということである。また，ある作品の中のハ長調の箇所におけるC–E–Gの和音と，同じ作品のト長調の箇所におけるC–E–Gの和音を同じ和音とみなすこともあり得る。このような例においては，コンテキストが分析を決定することはあっても逆はありえない。

　このようなことを念頭に置いて，私は別のアプローチを取り，音楽的緊張度（テンション）と拍節／リズムを組み合わせてそれぞれを重みづけする，SPEACという名前の新しい音楽分析手法を開発した。この重みづけの組み合わせは，私の音楽聴取方法に倣うものであり，作曲の様式や時代に依存しないため，私のアルゴリズム作曲を行うプログラムの分析部分の中核をなすものである。

SPEAC（Cope 1991a と 1996 の中でも説明されているが，本書ほど詳細ではない）は，ハインリヒ・シェンカー（Schenker 1935）の研究から派生したアイデアに基づいており，音のグルーピングを選択して抽象化するものである。SPEAC の名前は，提示（Statement），準備（Preparation），拡張（Extension），先行（Antecedent），帰結（Consequent）の頭文字である。後に見るように，調性音楽の伝統的な機能和声によっては，表面的な分析は詳細にできるが，SPEAC のアプローチでは，たとえ表面的な音楽分析であっても音楽的構造までを洞察することができる。

SPEAC は，音楽の中身から意味を抽出するだけでなく，コンテキストからも意味を抽出する。SPEAC 識別子（各頭文字として表されている役割の記号）は，他の分析的な表現と比較すると特異的なように思えるが，実際には一般的なものである。SPEAC 識別子の機能を以下に示す。

S＝提示：安定 ── 題材やアイデアの宣言。「提示」は一般にあらゆる SPEAC の機能より先に生じるか，あるいは最後に来る。

P＝準備：不安定 ── 導入的な意思表示。「準備」はあらゆる SPEAC の機能の前に生じるが，ほとんどの場合，「提示」と「先行」より前に生じる。

E＝拡張：安定 ── 題材やアイデアの継続。通常，「拡張」は「提示」の後に続くが，あらゆる SPEAC の機能に続くことも可能である。

A＝先行：極めて不安定 ── 帰結機能を要求。通常「先行」は「帰結」より前にある。

C＝帰結：極めて安定 ── 帰結の意思表示。「先行」は直接的でも間接的でも（「拡張」が介在し）「帰結」より前になくてはならない。

SPEAC の識別子を最も不安定なものから最も安定したものまで並べると A-P-E-S-C の順になる。従って，A と P は解決が必要である。一方，E と S と C は解決を必要としない。

SPEAC は多次元である。たとえば，A とラベル付けされた 2 つのグループが全く同量の「A らしさ」を持つことはない。一般的に，この多次元性は SPEAC の構造レベル分析の時に現れる。すなわち，ある 1 つの識別子の階層下には複数の識別子が含まれる（後で詳述する）。SPEAC の記号自体も階層性を示す。たとえば，「先行 A」と「帰結 C」は，「提示 S」「準備 P」「拡張 E」よりも影響力をもって

いる場合，s-p-e-A-C のように，大文字と小文字を用いて強さの関係を表すことができる。同様に，「提示 S」は「準備 P」と「拡張 E」よりも影響力があり，"S"-p-e-"A"-C のように大文字のクォート記号*を用いることによってこれを指定することができる。ここでは，クォート記号で括られた大文字はクォート記号で括られた小文字の表現よりも影響力があるが，クォート記号で括っていない大文字よりは影響力が小さいことを示している。しかし，本書では SPEAC 識別子に大文字／小文字とクォート記号の表記は用いず，識別子の強さを含めた階層性の解釈については読者に委ねたい。

　音楽の中における SPEAC の安定性と不安定性のレベルを計算するためには，はじめに音程のテンションを考えなければならない。音程のテンション抽出は，協和と不協和の相反する解釈があって複雑になる可能性がある。ここでは，複雑な議論は音楽の理論家（たとえば Hindemith 1937 を参照）に任せることにし，私が実際に使用している方法を説明した上で，少なくとも私にとって，最も効果のあった例を提示するにとどめる。

　SPEAC の和声的テンションの分析は，音楽の中での和声的テンションの理論がほとんどそうであるように，図 7.5 で示すような音 C を基音とする倍音列から開始する。この倍音列は，正弦波で数学的に求められる場合を除けば，あらゆる音階で必然的に一意に定めて論じる必要がある。倍音は，音色を含め，多くの重要な音楽現象の基礎となるものである。倍音列は，基本周波数の倍数を増やすことで形成される，理論上無限の数の音の系列である。一般的に，人間は 1 秒間に 20,000 回を超える振動数はほとんど聞こえない。また一般的に，倍音の影響は，ある倍数を超えると急速に減少する。そこで，ここでは第 15 倍音まで扱う（一般

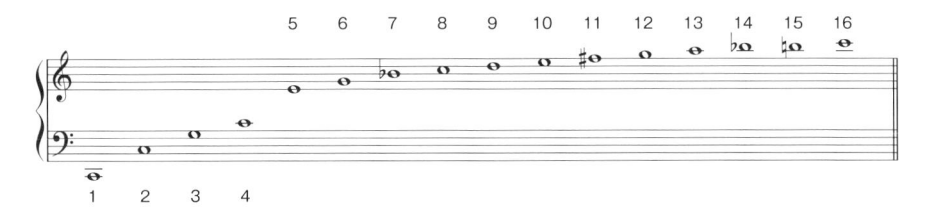

図 7.5　基音 C から 16 番目までの倍音列

---

　* 原文ではクォート記号で括られた部分はイタリック体。

的に，倍音列は基本周波数を1として始まる「倍音数」で番号付けされている。図7.5では第16倍音までが示されている）。

　SPEACの内部では，次の2のステップで音程のテンションを決定する。(ステップ1) 倍音列の中でその音程が現れる最も低い位置を特定し，(ステップ2) この音程の根音（root）を決定する。(ステップ1) は単純であるので説明は省略し，(ステップ2) の説明をしよう。音程の根音を定義することは，その音の周波数のオクターヴの差を無視した音に投影し，最も近いかもしくは同じ要素を見つけることと考える (Hindemith 1937)。たとえば，完全5度の根音は低い方の音である。その理由は，倍音列の中で現れる最も低い5度は第2倍音と第3倍音の間であるからだ。4度の音程 (5度の反転) は高い音が根音となる。その理由は，4度が見つかる第3倍音と第4倍音の間のうち，高いほうの音 (第4倍音) は第2倍音に還元されるからである。全ての音程の根音は別々に各音程を見つけ出さなくても，全ての奇数番目の音程 (3度，5度，7度) の場合は低い音，全ての偶数番目の音程 (2度，4度，6度) の場合は高い音として，簡単に覚えることができる。複合的な音程の根音は，オクターヴ内の対応する音程の根音と一致する。たとえば，9度は2度に減らすことができるため，上の音が根音である。

　図7.6に，倍音列から導かれる標準的な音程を，根音の位置関係と共に示す。倍音列の中でより低い位置で生じ，より低い根音による音程は，弱いテンションを作り出す。一方，倍音列の中でより高い位置で生じ，より高い根音による音程は，強いテンションを作り出す。短2度はこの倍音列の中で最も高い位置にあり，高い音が根音であるため，この一覧の中では最も強いテンション (周波数比 16/15) を保持する。長7度は低い音を根音とするためテンション (周波数比 15/8) が弱いが，倍音列の中では非常に高い位置にある。長6

音程	周波数比	根音
長7度	(15/8)	低
短7度	(16/9)	低
長6度	(5/3)	高
短6度	(8/5)	高
完全5度	(3/2)	低
増4度	(7/5)	不明
完全4度	(4/3)	高
長3度	(5/4)	低
短3度	(6/5)	低
長2度	(9/8)	高
短2度	(16/15)	高

図7.6　根音の記号を伴った倍音列からの音程導出

度は，２つの７度よりも位置が下であるため，より弱いテンション（周波数比 5/3）を保持する。しかし，長３度と短３度（それぞれ周波数比 5/4, 6/5）は倍音列の中では低い位置で生じ，低い音を根音とするため，前の２つより弱いテンションとなる。増４度は，倍音列の中で低い位置であるにもかかわらず，根音が明確ではないため，テンション（周波数比 7/5）が高いかどうかは曖昧である。完全５度は，倍音列内では低い位置であり，低い音を根音とするため，最も弱いテンション（周波数比 3/2）を保持する（図には表示されていないが，完全８度［オクターヴ］は，根本的に最も弱いテンションを保持する。しかし，ここでは，完全８度を構成する音を個々に捉えるのではなく，オクターヴ重複として同じ音とみなすことにする）。

　SPEAC の分析では，まず，グルーピングされた音楽を各音の発音タイミングに依存したセグメントに分割する。その後，各セグメントの垂直方向のテンションを計算する。そして，各セグメントの持つテンションのうち，最も弱いテンションがグループ全体のテンションであるとする。この理由は，より強いテンションを保持したセグメントは非和声音を含み，それは弱いテンションのセグメントによって解決されるだろうと予想されるからである。たとえば，図 7.4 では第２小節の１拍目は強拍を持つ８分音符と弱拍となる８分音符の２つのグループに分けられるが，SPEAC の分析では，強拍のグループのほうが弱いテンションを含んでいるので，その強拍のグループが使われる。

　根音とテンションとグルーピングを用いるこれらの手法は，一見論理的であるが，これによってテンションを定量化しコンテキストの比較をするのはそれほど容易ではない。このため，図 7.7 に示すような設定を用意した。これらは以下の式に基づいている。

$$f(x) = y + (\cos((-1 * z) + x/z))/2$$

　ここで，x はピッチクラスの音程，y は y 座標の値，z は定数である。この式は，大まかではあるが，重要な音程（2度, 3度, 4度）を意味づけるものである。ここで「大まか」と言っているのは，この式が直観に合うように，私が長い時間をかけて自分の耳で調節してきたことによる。重要な音程に比べて二次的な音程（3度の反転の6度, 2度の反転の7度）も，だいたい主要な音程の結果を反映する。5度に関して

は，ほとんどテンションがないため特別に扱われる。1 オクターヴを超える音程は，そのオクターヴの距離感により，オクターヴ内で定義された同等の音程のテンションよりわずかに小さい (0.02) テンションを保持する。これらの設定は，少なくとも私にとっては最良の分析をもたらしてくれた。そして最終的に，すばらしい作曲が実現した。私の Web サイトにある SPEAC のプログラム*は，これらの設定値をユーザーが任意で調節できるようになっている。

　和音のテンションは，バス音から得られる音程のテンションの重みを加算するだけで計算できる。図 7.8 に，この処理の例を示す。長三和音は 3 つの位置を保持しており，一般的に認められているように，それぞれがテンションを高めている。グラフで使用されている音程の重みを図 7.8 のバス音から計算すると，それぞれ，0.3 (長 3 度の 0.2+ 完全 5 度の 0.1)，0.5 (短 3 度の 0.225+ 短 6 度の 0.275)，0.8 (完全 4 度の 0.55+ 長 6 度の 0.25) である。このテンションの計算法では，第 2 転回が最も不安定となり，第 1 転回は第 2 転回の和音よりも安定しているも

(a)

音程	テンション
長 7 度	0.9
短 7 度	0.7
長 6 度	0.25
短 6 度	0.275
完全 5 度	0.1
増 4 度	0.65
完全 4 度	0.55
長 3 度	0.2
短 3 度	0.225
長 2 度	0.8
短 2 度	1.0
ユニゾン	0.0

(b)

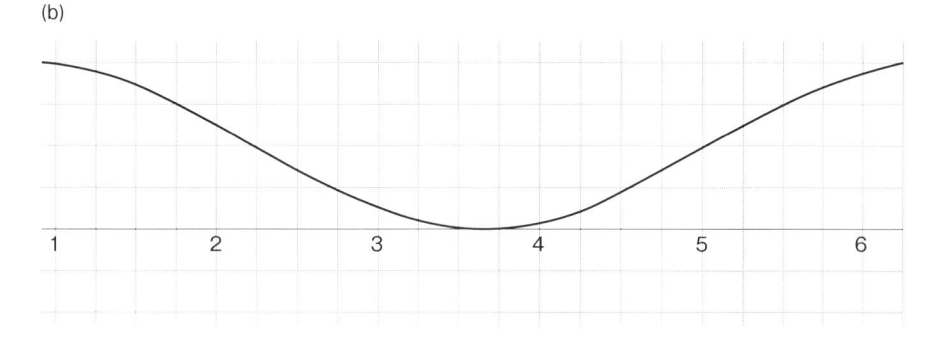

図 7.7　(a) 音程のテンションの重み順は，$f(x) = y+(\cos((-1 * z) + x/z))/2$ の式から導出される（ここでは $y = 0.5$，$z = 0.9$ に設定してある）。(b) のグラフの x 軸はピッチクラスの音程を表す（y 軸は横軸で 0 に設定し，曲線の最高点を 1 に設定している）

---

* p.iv を参照。

のの基本形ほどではなくなり，標準的に期待される値と合致している。同様に，短三和音とその転回は，0.325（短3度の0.225+完全5度の0.1），0.45（長3度の0.2+長6度の0.25），そして0.825（完全4度の0.55+短6度の0.275）をそれぞれ作り出し，期待通りの効果を伴ったモデル化となる。

図 7.8　テンション分析に用いられる和音

　図7.9には，テンション分析でよく用いられる他の4つの和音を示す。これらは，増三和音0.475（長3度の0.2+短6度の0.275），減三和音0.875（短3度の0.225+増4度の0.65），属七の和音1.0（長3度の0.2+完全5度の0.1+短7度の0.7），減七の和音1.125（短3度の0.225+増4度の0.65+長6度の0.25）という順にテンションを増加する。これらの数値は他の解釈の仕方に沿わないかもしれないが，私自身の期待感とは合致している。

図 7.9　テンション分析に用いられる，図7.8とは異なる4つの和音

　図7.10に示されている4つの和音は，あまり一般的ではない。これらの4つの和音はそれぞれ，1.2（長3度の0.2+完全5度の0.1+長7度の0.9），1.025（短3度の0.225+完全5度の0.1+短7度の0.7），0.55（長3度の0.2+完全5度の0.1+長6度の0.25），2.0（長3度の0.2+完全5度の0.1+長7度の0.9+長2度の0.8）というテンションを作り出す。これらの和音の中で，3番目のテンションの値が最も低い和音（付加六和音と呼ばれることもある）は，ある種のポピュラー音楽においてカデンツの中の三和音としてしばしば置き換えられるものである。これは，ここに示す4つの和音の中でも相対的にテンションが低いからである。標準的な四和音の和声分析のように，3度積み上げの最も低い音を計算した時，最も強い音程の存在（完全5度）はAの代わりに根音としてC（多くの人がこの役割として聞いている音高）を示唆することに注意してほしい。

図 7.10　一般的ではないが，しばしば用いられる4つの調性的和音

図 7.11 は，3 度以外の音程を含んだ 4 つの和音を表している。これら 4 つの和音は，より複雑な音楽の中でどのようにテンションが高まるかを示す。これらのテンションを計算すると，1.0（長 2 度の 0.8＋長 3 度の 0.2），1.225（短 2 度の 1.0＋短 3 度の 0.225），1.8（短 2 度の 1.0＋長 2 度の 0.8），1.475（完全 4 度の 0.55＋短 7 度の 0.7＋短 3 度の 0.225）である。3 つめの和音が最も不安定で，最初の和音が最も安定しているが，これは聴いてみるとわかるだろう。

図 7.11　3 度以外の音程を含んだ 4 つの和音

　これまでに示した例はコンテキストを伴っていない。しかし，私は，テンションを聞く時にはコンテキストが非常に影響していると考えている。拍節の位置と長さ（両方ともリズムの要素）は，ともに音楽的コンテキストの主な要因である。音楽のリズムの中において拍節の位置を計算するために，私は次に示す単純な数式を用いている。

$$t = (b * 0.1)/v$$

　ここで t はテンションの重み，b は拍の数，v は小節の拍の数の変数である。この後ろの 2 の変数は，たとえば，4 分の 4 拍子の 2 拍目から 3 拍目の重みづけの変化は，「3 拍目は 2 拍目よりも重い」といった，重みづけの差異を説明するものである。単純な計算では，全ての小節の複雑な拍節の関係性を計算することはできない。そこで，参照表を用いる。この重みづけの式は驚くほど単純に思えるかもしれないが，長年私が様々なテンションの重みづけ処理を試してきた結果，行き着いたものである。

　隣接するグループ間の根音進行は，テンションを調べるための，もう 1 つの重要なコンテキスト上の要因である。垂直方向の音程に関するテンションは水平方向の根音進行と同様によく機能する。そのため，先行するグループからの根音進行による重みの加算にそのテンションを用いることにする。従って，先行するグループからの 5 度で続くグループでは，0.1 が加算される。一方，同様に先行す

るグループから短2度で続くグループでは，0.9が加算される。たとえば，調性的なカデンツにおいて，強いドミナントからトニックへの動きのテンションは，この根音進行の重みづけのプロセスからはほとんど影響を受けないが，それほど強くない3度の根音進行（たとえば，主音［トニック］から第3音の中音［メディアント］への進行）はより大きなテンションを保持し，結果としてより大きなテンションの加算重みとなる。

　重みづけに時間の長さを組み込む計算は複雑である。その理由は，発音時間が長い時協和音で構成されるグループはさらなる協和を感じ，不協和音で構成されるグループはさらに不協和となるからである。これを計算するために，グループの長さに0.1をかけた値と，同じグループのテンションに0.1を掛け合わせた値を加算して数値化する。たとえば，4分音符の長三和音は，重み0.025（1/4 × 0.1）に0.03（0.3 × 0.1）を加えた0.055となる。一方，8分音符の属七の和音は重み0.0125（1/8 × 0.1）に0.1（1.0 × 0.1）を加えた値0.1125である。このように時間の長さの重みを，グループのテンションの蓄積された重みに加算する。この比較的単純な加算処理は，時間がテンションを増幅することを意味する。つまり，グループは音の持続時間が長くなればテンションが強くなる（反対に，弱いテンションのグルーピングの場合は弱くなる）ようにする。

　拍や音の長さによるテンションの分析結果として，4分の4拍子における3拍目の2分音符は0.35の加算重みである（拍の位置による0.3と2分音符の発音時間の0.05）。このように抽象的に重みを割り当ててはいるようにみえるが，8分音符や4分音符といった音価は実際のタイミングではなく相対的な音の長さのみを表しているので，全てのグループにおいてテンポが同じままである限り，これらの相対値は正確である。

　図7.12は，音程の内容・根音進行・拍の位置・音符の長さを組み合わせたテンションの重みの例である。和音のテンションの重み（和音の上部に表記）の中には，直感に反している値もある。しかし，コンテキストとしては筋が通っている。たとえば，2小節目の1つ目と3つ目の和音は確かに同じものであるが，異なる拍で生じていることから，同じテンションにはならずに異なる役割を果たす。このフレーズの中で最も不協和の（そのため不安定な）和音（5つ目の和音）は，最も高いテンションを保持する。最初の弱起と，第1小節の最初の和音（両方とも主音がAの長三和音）は，拍の位置の違いにより異なるテンションを保持する。また，第2

小節の最初の和音は，最も小さい方から2番目のテンションであるが，それは半音階の変化（この解釈の重みづけは計算されない）を含むため，もっと高い値の重みを付けるべきである。

図7.12 音程，根音進行，拍の位置，音符の長さを組み合わせたテンションの重み

　このように，音程・拍・音符の長さに依存する重みづけ処理は，テンションに関連する全ての要素を明確に計算することはできない。しかし，SPEACの重みづけ処理は，音楽に関連するあらゆる定量化可能な変数を含むように拡張することも可能である。これにより，ユーザーが音に関する任意のパラメータを定義することが可能になる。あいにく，処理を厳しくしていくと，音楽のスタイルがより特定のものに制限されていってしまう（図7.12は調性音楽における半音階進行の例であるが，もし半音階進行を一般に不安定なものとしてしまえば，無調音楽の解釈に悪影響を及ぼすだろう）。

　明らかに，他の多くの要素も，私たちが音楽で聴く中でテンションに何かしらの役割を果たしている。SPEACの分析過程における重みに，音色，強弱，音域，音響特性などを含め，さらにはこれらにより値を変更することもできる。しかし，数学的な観点から，これらの要因からテンションを計算することはしばしば不可能である。したがって，どんな手法にも欠陥はあり，もちろんこの手法にも欠陥があることを私は認める。しかし，欠陥があるにもかかわらず，このアプローチは有用で本質的かつ十分な情報を提供している。人間は直観的にこのようなテンションを記憶するが，コンピュータは耳を持っていない。つまり，少なくとも今の段階では，コンピュータは直観的にテンションを判断するための入力センサーを持っていない。かくして，この種のテンション分析は，安定性と不安定性を計

算的に測定するために有意味であると信じる。

　SPEAC の識別子を割り当てるには，「先行 A」の一連の重みに対する最も高いテンションと，「帰結 C」に対する最も低いテンションを設定する必要がある。また，「帰結 C」に最も近い「提示 S」，「先行 A」に最も近い「準備 P」，「拡張 E」は中間のテンションを設定する必要がある。図 7.13 は，図 7.12 と同じバッハのコラールのフレーズであり，SPEAC の識別子を適切な位置に示している。

図 7.13　図 7.12 に SPEAC 識別子を加えた図

　構造レベルにおける SPEAC の表現は，フレーズの全体の重みの平均を計算し，この平均と作品内の他の全てのフレーズの重みの平均とを比較することで作られる。この平均を使わないと，多くのグループからなるフレーズは，少ないグループからなるフレーズより明らかに重要性が上がってしまい，必ずしも正しい結果が得られない。図 7.14 は，この処理をある 1 つのフレーズに適用した例である。ここで注目してほしいのは，SPEAC 識別子は同じレベルの他の SPEAC 識別子と比較されるまで決定されないため，図 7.14 にあるように最高レベルは 1 つの値となることだ。

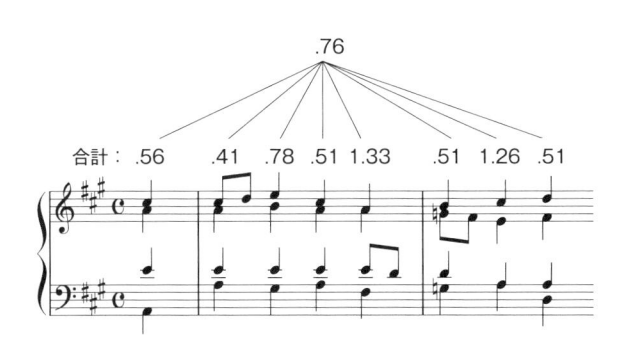

図 7.14　図 7.13，に適切な SPEAC 識別子と最上位の SPEAC 識別子を配置した図

SPEAC 識別子は階層レベルの間で変化することができ，またそれは頻繁に起こることである。たとえば，前景的なレベル*における進行 S–A–C（提示，先行，帰結）は，中景的レベルにおいては全体として「準備 P」となることもある。これは連鎖することでできるグループが，コンテキストとしての意味を帯びたフレーズのようになるからである。ある音のグループがある層においては 1 つの識別子を持つのに，別の抽象化された層では全く別の識別子を持つという性質は，SPEACのコンテキスト依存性を理解する上で大変重要である。SPEAC が利用するコンテキストは，階層内を上向きに進むにつれてより広がるので，前景の分析は何度も対照的に解釈されたり否定されたりもする。このような過程はむしろ自然であり，私は音楽を聴いたり理解したりする上で普通に行っている。

　音楽のあらゆる区切りにおいて SPEAC フレーズ分析を行い，各々の識別子を単一の識別子と結びつける処理を続けると，最終的には作品全体は単一の識別子で表される。この単一の識別子は，（シェンカーの分析の後景も最終的にはそうであるように [Schenker 1935]）それ自体にほとんど価値はないが，この曲の創造に関わる（重要な）過程を例示している。

　前述したように，SPEAC 分析はピッチとリズムに限定せずに，音楽のあらゆるパラメータに適用することができる。たとえば，単純な音楽分析であっても，音色，和声，旋律，強弱，間，そしてテクスチャなどを SPEAC 識別子に含めることも考えられる。実際に，これらパラメータに対して相互にバランスを取ることは，これらのうちのどれかひとつの分析をするよりも，より正しく音楽の進む方向を描くものである。さらに，こうしたパラメータがお互いに協調するのではなく競合するような分析は，音楽の中の気づきにくい重要な矛盾を明らかにすることもある。たとえば，説得力のある音楽というものは，パラメータの比較の中で競合よりも合意が含まれているものである。そしてこのことは，音楽において定義し難い有効性の概念を検証する方法のひとつとなっている。SPEAC 分析が音楽のあらゆるパラメータに適用できるという事実は，そのパラメータの対比を可能にしているのである。

　図 7.15 は，ピッチとリズムの SPEAC 分析が互いを補強し合って，どれだけブルックナーの交響曲のパッセージ（この章の始めで議論したもの）の解釈を深めるかを示した例である。このタイプの比較分析は，前に説明したように，単一の

---

* シェンカー解析における楽譜の表層（foreground）。

SPEAC 分析を作り出すためにピッチとリズムを書き並べたパッセージとは異なる。

図 7.15 ピッチとリズムの SPEAC 分析と，その相互補完によるブルックナーのパッセージ解析（図 7.1 も参照）

　音楽作品において様々な SPEAC 分析のパラメータが合致するということは，それが統一感と深い組織化をもたらすということである。ここで，対旋律において，両者の分析が必ずしも一致しないからと言ってその作品を貶めるようなものではないことを認めてほしい。実際に，このような対立が適切に解決されれば，音楽的なパッセージの有効性に真に寄与することができる。ある作品において，様々なパラメータの SPEAC 分析が一致するか不一致となるかの割合は，他の作品の SPEAC 分析と比較することもできる。このような比較は，ある音楽作品がなぜ成功し，ほかの音楽作品は成功しないのかを，結果的に示すかもしれない。しかし，全ての作品分析の比較は全ての作品の再現が必要となり，この章の議論の量はこの本の残りの部分とバランスが取れなくなるので，私は別の機会にこの考えの例を示そうと思う。私は，読者自身がこの可能性を信じ，真実を調査してくれることを期待する。

　最初にも述べたが，SPEAC が他の種類の分析を全て置き換えるものだとは思っていない。むしろ，SPEAC が他の種類の分析を高めることができ，それらと連携できると考えている。なぜなら，SPEAC は同一と思われる機能を差別化し，音楽に潜在的な構造的強さ／弱さを明らかにするからである。

構造的作曲

　これまで述べてきた SPEAC 分析過程が，新しい作曲のための基本的な骨組みを提供する。新しく作る楽曲は，データベース内のどれか 1 つのモデルに似たやり方で緊張したり弛緩したりするが，SPEAC 識別子の階層レベルの概念を導入することで，その緊張と弛緩を確実に制御できるようになる。

　SPEAC は私自身のコンピュータ作曲過程において 2 つの重要な役割を果たしている。まず第 4 章で議論したように，〈組み替え〉において，局所的な声部連結と譜面テクスチャの制約に従って，後続のグループ化のためのレキシコン（固有のボイシングを持つ拍グループのコレクション）が厳格に選ばれる。そして，正しいグループ化ができるレキシコンの中で，最もその楽曲の階層構造に適しているものを決める。この〈組み替え〉の過程は開始音が同じ音高を持つようなレキシコンの選び方に依存しており，同じレキシコンからでも将来的に異なるグループ化を生じさせることがある。それゆえ SPEAC では，未来のグループ化が適切な緊張感をもたらすように，さかのぼって現時点での制約に最もよく整合するようにグループ化を行う。第 2 に，データベース中の楽曲は SPEAC 階層に沿って分析されているが，その分析結果に厳密に従っても，新しい楽曲を創作することはほぼ不可能である。〈組み替え〉における声部連結では，単純に SPEAC の分析結果に従うこと以外を許容しない。言い換えれば，たとえば P-S-E と分析されたフレーズは，再結合の時にも元のフレーズと同じグループ化が行われる。したがって，新しい作品の基本構造の大部分はデータベース中にある作品に由来するが，それ以外の残り部分は機械的に生成された SPEAC 識別子によって拡張あるいは簡約されるようなハイブリッドな階層を作る必要が出てくる。興味深いことに，このようなハイブリッドな構造は，既存の構造を単純に複製するより創造的である。

　様々な正しいレキシコンの中から最良のものを選ぶという SPEAC の最も重要な点は自明だと仮定して，次に私は SPEAC の拡張と簡約の手法に焦点を当てて説明する。SPEAC 階層を拡張あるいは簡約するには，前に示した継続性に関する単純な制約よりも多くのルールが必要である。ひとつの実現法として，次のような基本的な拡張を用いる。

```
S ((P S)(A C)(S E))
P ((P E)(E E)(A C))
```

```
E ((S E)(E E))
A ((A E)(P A)(P A E)(S E A))
C ((C E)(P C))
```

　SPEAC 識別子に続く括弧で囲まれた各リストは，識別子に関する等価性を表している。たとえば，S は上の表に従って（P S）に書き換える（拡張）ことができ，その逆に（P S）は S に書き換え（簡約）もできる。いずれの書き換えの場合でも，ある識別子には 2 個か 3 個の等価な識別子が対応づけられている。さらに書き換えが必要な時には同様のプロセスで，選択された識別子のいずれかの要素あるいは両方の要素が書き換えられる。たとえば（P S）が 4 つの識別子を必要とする場合，P は（P E）に，S は（A C）に書き換えられる（拡張）。この時，次の段階での完全なリストを書くと（P E A C）となっている。逆に（P E A C）を 2 つの識別子に簡約する時には，（P E）は（P）に，（A C）は（S）に書き換えられる。つまり，（P E A C）は機械的に（P S）に簡約される。

　このように，図 7.16 に示す単純な SPEAC 階層は，継続と拡張に関するルールを同時に水平方向と垂直方向に展開したものとみなせる。図 7.17 は，先に述べた書き換えプロセスのより詳細な例である。

図 7.17（b）に示す階層構造は，図 7.17（a）の拡張の 1 つであり，多くの下付の添え字が付与されている。各識別子の添え字 n-m に関して，n は階層内におけるレベルを表し，m はそのレベルにおける出現の番号を表す。つまり，図中

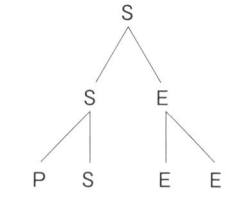

図 7.16　単純な SPEAC 階層の例

(a)　　　　　　　　　　(b)

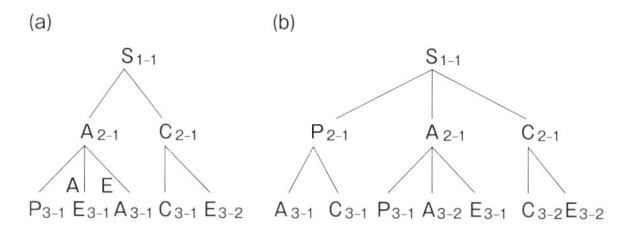

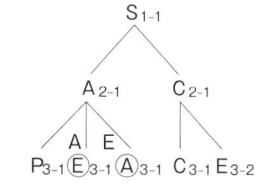

図 7.17　(a)：2 つの選択肢を含む SPEAC 階層構造。(b)：(a) それを拡張した SPEAC 階層構造

図 7.18　丸で示す誘発的な進行 E–A を持つ SPEAC 階層構造および元の識別子をその左上に示す

右下の最後の識別子 E の添え字「3-2」は，3 番目のレベルにおける 2 回目の出現を表す。

　SPEAC 識別子の並べ方は柔軟なので，ある SPEAC 識別子は他の SPEAC 識別子に簡単に置き換えることができ，置き換えられた識別子はまたそこから楽曲を前方に進行させる。たとえば，本章の最初の方で述べた継続の順序に従うと，E–A の進行は A–E に置き換え可能である。これは，どちらの進行も許容できるからである。図 7.18 の SPEAC 階層はこの置き換えの例を示している。新しい選択は丸で囲まれており，元の選択はその丸の左上に置かれている。このようなプロセスによって，種となる 1 つの SPEAC 識別子から様々な新しい階層を作り出すことができる。

　一般に，このような拡張と簡約のプロセスは，データベース内の音楽に対する現在の分析結果を強化するということを再度思い起こして欲しい。私のプログラムにはオリジナルな選択以外の〈組み替え〉はできないという制約があるが，この制約のもとで拡張と簡約が加えられたハイブリッドな構造が得られる。実質的に，このハイブリッドな選択がまた別の創造的な楽曲を生み出すのである。

　図 7.19 は，作曲過程における SPEAC による構造制御の例を表す。ある SPEAC 識別子をより下位の識別子に段階的に具体化し尽くすことで，作曲のプロセスが始まる。上で述べたようなハイブリッドなプロセスに従って拡張や簡約を行うのだが，最下段のレベルまで具体化してしまう前に，SPEAC 表現をあるコンテキスト依存の旋律で置き換える。そして，局所的な音楽的制約（声部連結，和声の継続など）を支配する全てのルールに則って，置き換えられた SPEAC 表現の間の旋律を作曲する。この時，ある楽節の終わりと別の楽節の始まりの間のブリッジ部分*は，局所的な音楽的制約からまだ比較的自由に作曲することができる。

　SPEAC 階層を具体化する際の非線形なアプローチ[†]では，SPEAC 識別子を完全に具体化し尽くした時に楽曲が滑らかに聞こえる保証はない。たとえば，正しく配置された先行 A や提示 S を実際の旋律に置き換えた時，それが必然的に正しい声部連結と SPEAC 構文を持つとは限らない。幸いなことにコンピュータは人間とは違い，順方向に計算するのと同じくらい逆方向も簡単に計算できる。ほ

---

* 異なる 2 つの楽節や楽章を滑らかにつなげるための数小節の旋律あるいは楽節。

† 楽曲を時間軸にそって順番に作曲していくのが線形なアプローチ。

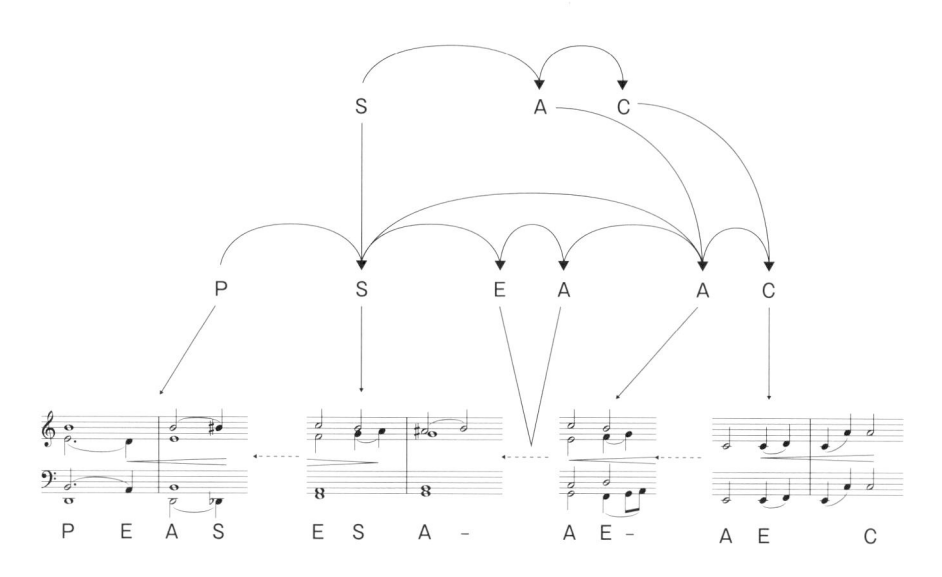

図 7.19　作曲過程における SPEAC システムの使用例

とんどの音楽形式では，フレーズの始端はその終端ほど厳密な制約が課せられることはなく，またグループ化のプロセスはフレーズ終端付近から始まることが多いので，私のプログラムも順方向ではなく逆方向に作曲を進めることができる。

　興味深いことに，実際に逆方向に人が作曲するのは難しいのだが，上で述べた私のシステムの作曲プロセスは実質的に人の作曲プロセスとさほど違わないのである。調性音楽を作曲する人は，たとえば次の 4 つのいずれかのカデンツで楽曲のフレーズを終わらせる。つまり，完全終止「V–I」，半終止（「V」で強制的に終わらせる），偽終止（「V–vi」），変格終止（「IV–I」）である。作曲家が調性音楽の旋律や和声を作り始めるとは，これらカデンツのどれか 1 つで終わることを心に思い浮かべることを意味する。ほとんどの場合，調性のあるフレーズは何小節かという長さが決まっているので，作曲家はカデンツがどこに現れるか正しく理解している。時間軸に沿って順方向に作曲する時に下していく選択は，その選択どうしを結ぶ声部連結と必ず最後に到達するカデンツによって支配されている。創造的なプロセスのどこかでは，現時点の選択が未来の選択に干渉する可能性を常に減らしていくという効果を考慮しなければならない。もうすぐカデンツが生じるという箇所では，作曲家は，少なくとも潜在意識のレベルで，そのカデンツに正しく

アプローチすべく様々な手法を駆使している（たとえば，逆方向に作曲するなど）。逆方向に作曲することで，和音から次の和音という順方向のプロセスと，最後に到達する和音という逆方向のプロセスとの折り合いを付けることができる。

　逆方向の作曲には多くの利点がある。第一に，形式的にとても重要なSPEACグループ化をあるべき所に置くことで，結果として得られる楽曲に明確な音楽的方向性を持たせることができるのだ。その証拠として，Experiments in Musical Intelligence（EMI）が生成したほとんどの楽曲は，EMIがモデル化した楽曲に様式的に似ている一方で，それら作品自体も形式的な一貫性を保っているということが挙げられる。この音楽を聴いた人の多くは様式に関して明らかに類似性があるとコメントし，また同時に，作品自体の形式的な一貫性についてもコメントしている。そうやって楽曲は正しく終わるのであり単に止まるのではない。SPEAC階層を実際の旋律に置き換えてしまう前に，重要なSPEAC識別子を階層中に展開することで，単に気まぐれではなく作品の全体構成を意識しながら，バランスの良いフレーズ，セクションの長さ，繰り返し，変奏など全てを適切に配置することができる。最後に最も重要なことであるが，正しく配置されたSPEAC識別子が楽曲の終わり方を規定し，データベース中の楽曲と同じ場所にカデンツが現れることを保証する。それゆえ，新しく生成された楽曲でもふらふらしてどこに辿り着くか分からないようにはならず，狙ったところに到達するのである。

　図7.20は，データベース中の楽曲から継承したSPEAC階層を表している。このSPEAC階層は，1つのSPEAC識別子から始まっており，より低レベルでのSPEAC識別子の列へと展開されて，下方へ拡張していく。ある識別子にはまた別の識別子が続くが，その後続の識別子はある方法で直前の識別子を拡張したり，適切な解決である新しい識別子に続いたり遷移したりするのである。

　ハイブリッドなSPEAC階層を作り上げるには3つの重要な方法論があり，その方法論に従って作曲の一環としてSPEAC識別子がSPEAC階層中の様々な場所に置か

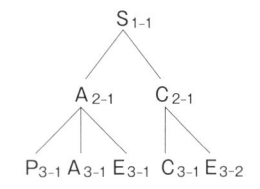

図7.20　1つのSPEAC識別子から始まり，より低レベルでのSPEAC識別子の列へと展開されて下方へ拡張し，単純な構造のSPEAC階層を作る

れる。第一に，論理的な基礎を与えることは，上述したように，他の識別子に対しある識別子が最も適切に先行あるいは後続するための基本的な規則である。それは拡張の場合もあれば簡約の場合もある。たとえば，A は C に先行し，E は S に続くなどである。第 2 に，階層を楽曲に置き換えるプロセスを敢えて遅らせているのは（単に最下層に到達してから置き換えるのではなく），ある特定の下位 SPEAC 識別子が実際に〈組み替え〉が行われた音楽の分析結果自体に由来したものだからである。第 3 に，次に議論する予定だが，楽曲がある形式（たとえばフレーズの繰り返し，変奏，対比など）に則っているということは，音楽の構造に影響を及ぼすだけでなく，ある抽象度の高い SPEAC 識別子のレベルにおいても繰り返し，変化，対比を生じさせる。これらのハイブリッドな SPEAC 階層を作り上げるための 3 つの方法論は，等しく重要である。

　SPEAC 分析がコンピュータ作曲に，そして究極的にはコンピュータによる創造性に与える最も重要な影響の 1 つは，グループ化を行う順序というものに関係している。これまで説明してきたように，〈組み替え〉は，今の選択が以前の選択から直接影響を受けるようにして段階的に作曲を進めるアプローチである。作曲における SPEAC の非線形なアプローチでは，まず重要な先行 A と提示 S の現れる所をグループ化して，そして SPEAC の優先度に従って残りをグループ化する。つまり作曲のプロセスは，楽曲の頭で作曲が始まり楽曲の最後で作曲が終わるというより，むしろ楽曲の様々なところで一斉に作曲が進むように考えてよいだろう。この作曲プロセスは，私自身や友人でもある多数の作曲家たちが大まかな形式を描いてから次にその細部を固めていくという，大規模な作品を作る時の方法論にかなりよく似ている。

形式

　この章の前半で述べたように，構造と形式は，関連しているが同等ではない。これら 2 つのタイプに対する音楽的プロセスは，特に単純な音楽では多くの点で交わるが，必ずしも一致しない。単純な例として，ABA 形式を想像してほしい。このような形式は，SAC（「提示 S」「先行 A」「帰結 C」）という構造を取る。とてもよく似た 2 つの A セクションは，（形式という点では）ほとんど同じだが，役割は著しく異なるだろう。したがって，2 つの役割に分離してみることで，各々の部分が作品全体にどのように関わるかを比較することが極めて重要となる。

基本的に形式は，主題の反復と変奏（あるいは同一性と多様性）を含んでいる。ということは，コンピュータ作曲プログラムにおいても，アイデアを作ったら，いつそれを繰り返し，変奏し，あるいは他のアイデアと対比させるかを決定しなければならない。声部連結や緊張（テンション），構造などへの論理的アプローチは重要ではあるが，それだけでは説得力のある音楽的アイデアを時間に沿って展開させることができない。私のプログラムは音楽形式の創作を，データベース内の音楽の分析から始める。『アルゴリズム作曲家』（Cope 2000）では，反復と変奏を分析して再創作する論理的アプローチについて，多くの手法を説明した。ここでは，それらの手法を簡潔に示した後，続いて音楽的創造性をモデル化する私なりの方法を説明しよう。

　Alice プログラム（Cope 2000）は，データベースの音楽を構造分析するために，多様な手法を活用している。はじめに，Alice はクラシック音楽の形式をモデル化できる技術であり，重要な主題となるセクションの探索を行う。そのプロセスが失敗すると，パッセージの対比，音符密度の変化，リズムの変化を分析する。もしそれでも音楽形式をうまく明らかにできなかった場合，Alice はカデンツを特定しようと試みる。全て失敗したら最後に，Alice は近似処理，言い換えれば，ベストな推測を行う。各プロセスにはさらなる説明が必要だ。

　多くの音楽様式においては，最初のセクションは対比する旋律を提示することから始まる。こうした旋律的対比を発見するために，私は標準的なパターンマッチング処理を少しアレンジして用いている。このパターンマッチング処理は，パターン間の類似点ではなく相違点を探す。したがって，見つかったパターンに以前のものとの一致が少なくなった時，新しいセクションであると同定する。

　現代音楽によくあることだが，この手のパターンマッチング処理は失敗するかもしれない。その場合，セクションの終わりと新しいセクションの始まりを決定する主要素として，私はテクスチャの音符密度を採用している。この音符数（テクスチャ）比較プロセスは，音符の最小音価（もっとも短い音符）を見つけて，パッセージをいくつかの連続するグループに分割する。たとえば最小音価が16分音符のフレーズは，区切りが16分音符にあるグループに分割されることになる。続いてフレーズの平均密度を得るために，プログラムは全てのグループの音符数の合計をグループの数で割る。すると，全体で7秒の長さの7つのグループが，それぞれ毎秒あたり音符数を4，3，4，2，4，3，4個持つ場合，パッセージ全体の密

度は3.43となる。このような密度の時間的変化を比較することで，新しいセクションが始まる位置を明らかにできる。

リズム構成も，セクションどうしを見分けるのに役立てられる。Alice は作品内の各音符の開始時間をマップし，その後で，タイミングの取り方が対比的な領域を区分しようとする。したがって，主に 16 分音符で始まるセクションは，主に 8 分音符で始まるセクションと区別される可能性が高い。こうしたタイミングの取り方を正確にマッピングするために，この処理はテンポの変化を計算に入れる。

主題の分離や音符密度，またリズム構成は，対比，つまりセクションの境界を見つけるのに優れた潜在性があるものの，形式の様々な要素全てを区別するには十分ではないことが多い。際立った対比なくセクション間が遷移する作品を分析する時に，この不十分さは特に顕著となる。構造が急激にではなく次第に展開する作品でセクションの境界を発見するには，より正確な形式的マップを作り出すために，テクスチャやその他の形式的分析を，カデンツのマッピングと組み合わせる必要がある。このようなマッピングは，あるセクションの終わりと新しいセクションの始めと考えられる場所を指し示すことが多い。

しかし，カデンツを探し出すことは，多くの問題を引き起こす可能性がある。これらの問題の解決策については，『アルゴリズム作曲家』(Cope 2000, 図 7.26［a］と図 7.26［b］) で詳しく論じている。ここではそれを繰り返さないが，どのような音楽様式でも，カデンツの位置を明瞭に位置づけることは，構造と形式の両方を正確に特定する上で重要である。こうした問題をもっと十分に理解するために，読者には『アルゴリズム作曲家』(Cope 2000) の図例や関連テキストにあたってほしい。幸いにも，第 9 章から第 11 章で論じる音楽的創造性のコンピュータモデルは，入力プロセスの長所によってこれらの問題を回避している（このトピックについての詳細は，特に第 10 章を参照）。

全てが失敗した時でも，勝手に形式を仮定することはしない。代わりに，ある曲作りのために全体構成を考えた際，参考にした他の作品のパラメータの分布に着目する。たとえば，ある作曲家の様式シグネチャの概形は，新曲の基本的な概形を与える構造モデルとして機能するだろう。例として，上方跳躍後の下方順次進行による解決を含んだ単純なシグネチャは，第 1 セクションは主に跳躍から成り，第 2 セクションはほぼ順次進行から成る，2 つのセクションの作品を作り出

すだろう。もちろん，そのような階層的模倣は耳で直接認識できないとしても，結果として得られる音楽はでたらめではなく論理的に聞こえることが期待できる。

一度セクションごとに類型とその位置が特定されると，繰り返し部分，変奏，対比旋律などはコンピュータの創作する出力として転送される。反復（少なくとも正確な反復）と対比には，追加のコードがほとんど要らない。一方で変奏は，第4章で説明した変形的〈組み替え〉を必要とする。素材の変奏が変形的〈組み替え〉からどのように生じ得るかについては，特に『音楽的知性の実験』(Cope 1996, pp.175-177) と『アルゴリズム作曲家』(Cope 2000, p.87) に詳しく述べてある。

旋律が進行していく中で，進行から生じる予測・予想通りに進んだ満足感・予測を裏切られた感覚などは，いずれも旋律の繰り返しや変奏，対比などに密接にかかわって起こることである。期待と満足感，そして裏切り感は，全ての音楽が基づく根本的な原理を表している (Meyer 1989)。主題や動機・和声・音色・調などが戻ってくるのか，戻ってくるとしたらいつどうやって，といった期待は，音楽形式の因果関係を表す。人間の作曲家は，音楽が最初に形式化されて以来，そうした概念を直感的かつ明白に採用している。それに類似した概念を組み込むことなく，コンピュータプログラムが創造的に作曲することは不可能であろう。

図7.1から図7.3の音楽は，期待と満足，そして裏切りのすばらしい例である。図7.2は図7.1の期待を充足させ，図7.3のドイツ増六の和音は属七の和音のふりをして，効果的に聴取者を欺く。このような基本レベルの（直接的な）期待・満足・裏切りの多くは，データに依存した作曲で自然に生じる。その理由は単純に，データベース内の音楽の期待・満足・裏切りは，〈組み替え〉や前述の反復と変奏を通して，新しく創作される音楽へ移動するからである。この移動は，特に和声的な期待・満足・裏切りに顕著で，〈組み替え〉の声部連結プロセスの自然な結果である。したがって，偽終止や滅多に使われない解決，思わぬ転調が，データベース内の対照部で行われたように新しい音楽で生じる。しかし，旋律の構造的な期待・満足・裏切りについて，出力される音楽内で同じ論理を達成するためには，SPEACのようなプロセスを使う必要がある。

主題もしくは展開で期待・満足・裏切りを構成することは，いま説明したばかりであり，データベース内の作品の反復や変奏に対する分析的プロセスの結果に従う。階層のより低いレベルでは，期待・満足・裏切りが，〈組み替え〉でも

SPEACでも十分に説明できないことがある。たとえば，動機の反復や変奏のシーケンスとその他の形式は，ほとんどの音楽で前景（楽譜通り，装飾的な音符まで含むレベル）に現れるが，少なくとも中景（いくつかの音符を捨象した抽象レベル）では，構造的含意を持つことが多い。SPEACの解析においては，低階層にあるシーケンスを束にした（あるいは，いくつかの似たグルーピングをまとめた）より長い単位のモチーフの集まりが階層の高いところに来る。それから形式分析プロセスを通じて，これらのグループを作品の他の部分の類似グループと関係付ける。

図7.21は，オリヴィエ・メシアンの様式でコンピュータ作曲したオルガンのための作品で，特に期待・満足・裏切りを重視して，SPEACを用いて創作した音楽例である。この音楽は，メシアンの作曲手法と同じイソメロス（isomelos：繰返し音高音列）に従っている。ここで，左手の和音と足鍵盤にイソメロスが生じる。この作品のフレージングは明確ではないものの，イソメロスが7回生じており，それぞれ嬰ト短調のトニックの第2転回形で始まる（第1, 6, 11, 17, 22, 27, 32小節冒頭）。右手の旋律を含まずに，わずかな変奏を伴う10個の和音で各フレーズが構成されている。他の独立した進行（たとえばイソリズムなど）もここにあり，SPEACの生成と分析の一助となっている。ただし，この曲のこうした要素については，読者が解読する余地を残しておこう。

図7.21の楽譜の1段目を示す図7.22のように，このメシアン様式の作品のグループ化は，新しい音符が新しいグループとなる単純なプロセスに従っている。このプロセスは，実際のグループ数がイソメロスごとに変わることを意味し，生成されるSPEACコンテキストも同じである。図7.23は，この作品の階層的SPEAC割り当てを示している。図7.23（c）では，7つの各フレーズを別々の行（上が最初のフレーズ，下が最後のフレーズ）に示している。そのすぐ上（図7.23 [b]）では，個別のSPEAC識別子が順に7つのフレーズをそれぞれ表している。最上部にある単独の識別子（図7.23 [a]）は作品全体を表している。

どんな系統的分析であれ，音楽から抽象化されるほど，聴取者にとって意味がなくなる。しかし，図7.23（c）の7つのフレーズのSPEACリストを追いながら音楽を聴くだけで，これらの識別子が妥当であると分かる。各グループに与えられたSPEAC識別子で，識別子と緊張（テンション）の密接なつながりが明らかになる。高次のSPEACを聞くには，何度か注意深く聴取する必要があるかもしれない。

図 7.21　メシアン様式で機械作曲したオルガンのための作品

図7.21　続き

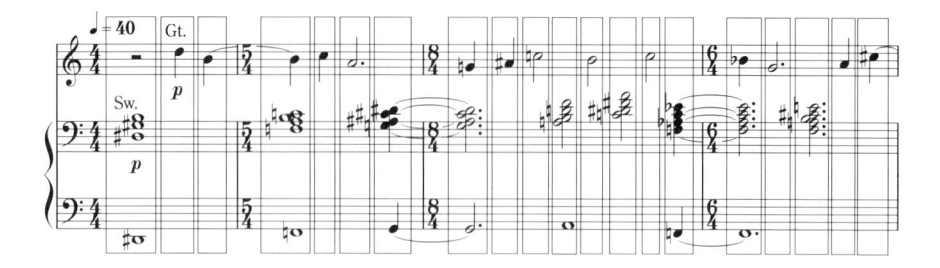

図 7.22　新しい音符が新しいグループとなる単純なプロセス

(a)　c

(b)　p p a c s a c

(c)　(a e c s s s e c e e s s p s e e p p p p p p a e e e s s s p)
　　(s c p p e s c p e p c c e e p a p p s a c s a)
　　(c e a e s e s s e s s e e e e s p a p p c e c e s)
　　(a p p e p p e s e a p e s p a p p s a c s s)
　　(c e c c p c s e p p e e p p e s s c c s c)
　　(s s e e p e p p e p s a p s p e a c c)
　　(p s p p e s p p a p p p e e e e a s p s)

図 7.23　(下から上に向かって) グループとフレーズ, そして作品全体を表す, コンピュータ作曲メシアンの SPEAC 分析

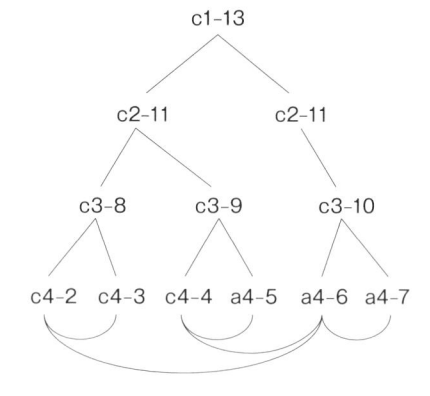

図 7.24　素材の関係を表す曲線を取り入れた階層的 SPEAC

私の Web サイトの SPEAC プログラム*は，この章で論じた原理のソフトウェア版である。プログラムは，MIDI と Lisp ファイル（付録 B に記載のイベント形式テキストファイル）の音楽を読み込み，ここで説明した処理に従って音楽を分析する。データベース内の音楽をプログラムが適切に分析できるようにするには，ユーザーは図 7.7 に従った重みづけをいくらか微調整する必要がある。

　図 7.24 は，プラットフォーム依存版 SPEAC プログラムが，作品分析の完遂時にどのような視覚的出力を行うかを示す。直線は構造的階層で SPEAC レベルを区分している。一方で曲線は，形式的アイデアがどのように反復や対比，変奏されるかを表す。構造的焦点（SPEAC ノード）である線の集まったところや，文字や数字の結合部をダブルクリックすると，テンションと文脈的重み付けについて，選択の論理的裏付けを説明する小ウィンドウが現れる。このウィンドウには，現在の識別子に寄与する識別子と依存する識別子がある。言い換えれば，SPEAC の影響を階層の上からも下からも，ウィンドウに表示する。ウィンドウ内のこれら小ウィンドウでは，分析している作品の階層について有用な視点を提供することを意図している。従って，単純なグラフィック表示で階層を素早く追うことができる一方，ダブルクリックにより現在の分析に至った処理の詳細も追うことができる。この版の SPEAC は，分析だけで作曲はしない。しかし，第 9 章から 11 章で紹介する作曲プログラムは，プロセス内に SPEAC を統合している。

---

* p.iv を参照。

8 感化

●原理：ここでいう創造性とは，コンテキストを取り込み，コンテキストに〈感化〉を
与えることで発達する性質のものである。したがってコンテキストなしに孤立した
創造性はありえない。

データベース

　友人から聞いた話によると，はっきりとは言わなかったものの，ノミのサーカ
スというのはほとんどインチキらしい。綱渡りや高板飛び込み，ジャグリングな
どは，ノミが小さくて見えないことや，私たちが勝手な思い込みをすることをう
まく利用したコンピュータ制御のフェイクである。飛び込み台にはスイッチが連
動して，小さな水しぶきが上がるようになっている。ミニチュア自転車は回転す
るホイールがついている。このように，サーカスの演目の全てに機械的・磁気的
な仕掛けがしてあり，観衆にノミが動作を行っているように思わせるのである。
これも友人が話してくれたことであるが，一幕だけには，このような機械仕掛け
ではなく，本物のノミの動きが使われた。このサーカスの興行主は小さな板に逆
さまにノミを貼り付けた。このノミは通常のものより大きな種類が使われた。ノ
ミはジタバタ逃げようとして，足を素早くバタつかせるのだが，その足には小さ
いボールがついていて，あたかもノミが意図して空中でボールを回転させたかの
ように見えたのだそうだ。

　友だちとみんなでこの話を聞いた時には，さすがにあきれて，ノミのサーカス
というものに何の共感も持てなくなってしまった。皮肉なことに，私たちみんな
は，殺虫剤を使って何千何百というノミを殺している。私自身も，地球上の生命
においてノミほど不快な生き物はないと思っていた。しかし，さすがにこの話を
聞いた後はショックだった。

　私が日常的に起こる事象を理解する時は，その観察時における環境や前後関係
―― コンテキスト ―― に強く依存しているものと思われる。日常的に思い込ん
でいる考え方が適用できない局面に出会うと，私たちはたちまち混乱する。この
章で提示するモデルはこのようにあなたを迷わせることはないと思うが，全てで
ないにせよ，創造性がコンテキストなしにはできないことを証明しよう。コンテ
キストが欠如すると，人間もコンピュータプログラムも，作り出す結果は実験の

域を出ない抜け殻のようなものとなるのがせいぜいである。データに依存して動くプログラムは、そのデータベースが人間の手によって集められたものであれば、一定量の固有のコンテキストを持っている。しかしプログラムを、「これまで積極的に結びつきを考えられていなかった2つ以上の多面的な物事・アイデア・現象どうしを初めて結びつけること」として定義される真に創造的なプロセスにするには、加えてデータの強化と競合が不可欠となる。〈引喩〉＊の利用はコンテキストを組み替え、プロセスに追加する。しかし、人間が作品を創造するプロセスでは、はるかに結果の予測が不可能である。その理由は、人間の創造性は、私たちが聞いたデータベース相当の音楽だけでなく、私たちが見たり、聴いたり、感じたりする全てを含むからである。

　この章では、様々な種類のデータを扱う多くのプロジェクトを紹介する。それらのデータは、コンピュータの作曲アルゴリズムの出力に対して、能動的に関与するというよりは、〈感化〉（influence）するように働く†。このデータは音楽そのものもあれば非音楽的メディアもあり、〈組み替え〉のために設計されたデータとは大きく異なる働きをする。実際に後者（非音楽的データ）が新しい音楽の表層に働く場合、この〈感化〉は巧妙にプログラムの出力の規則や、構造や、参照関係に変化をもたらす。

　作曲プログラムのためのデータベースは、必ずしも音楽を含む必要はない。たとえば、私が1982年に開始したプレアデス（Pleiades）プロジェクトは、音楽と天文学と人工知能への3つの関心を統合しようとするものであった。プレアデスプロジェクトは見た目こそ大風呂敷ではあるが、目的は比較的単純である。その目的とは、楽器としても使用可能な、大規模な電波望遠鏡の建設であった。この望遠鏡は空からの電波を受信し、プエルトリコのアレシボ電波望遠鏡で使用されているものと同様の、大きな長円型の反射鏡を使って電波を音楽として奏でるように設計された。

　元々の設計では、プレアデスは、強力な人工知能のプログラムを持つ高性能な大型のコンピュータを収納している。人間の耳は、他の方法では検知できないパターンを検出する事ができる。この事実をプレアデスの動作原理とし、その原理

＊〈引喩〉（allusion）とは他の作曲家の技法・フレーズ・進行を言及する修辞的な技法である。

†ここで「感化」とは出力となる音楽作品に別の作品のフレーバーを加え、出力作品を味付けする仕組みを指す。

を建設計画の開始から完成まで一貫して適用した。奇妙に思えるかもしれないが，プレアデスの計画者は，専門の電波天文学者，計算機科学者，建築家，音響学者，そして何人かの法律コンサルタントであった。プロジェクトの多くの計画者は SETI（地球外知性探索；Search for Extraterrestrial Intelligence）の研究者でもあったため，外界の生命体のサインも探索のターゲットであった。しかし残念なことに，このプロジェクトは高額な建設費のために完成を見ることがなかった。しかし後に，私は空からの電波に基づいた音楽作品《プレアデス》を 1984 年に完成させることができた。

図 8.1 は，計画されたプレアデス機器の断面図を簡略化したものである。波を打ったような線はカップ型の陶製の筐体であり，上部の左向きの皿は球状の反射面を表している。そして，下側の右向きの曲線は中央に焦点を合わせた音響筐体を表している。

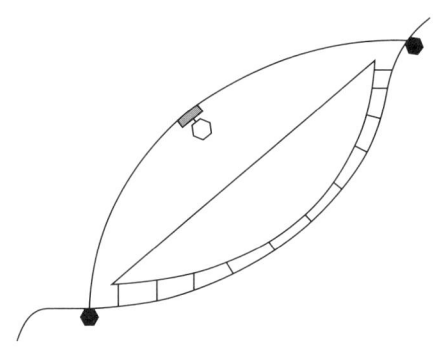

図8.1　プレアデス機器の簡略図

プレアデスの完成は今となっては夢物語となったかもしれないが，この機械を作るための当時の動機は長年たった今でも変わっていない。ここでプレアデスの中身について説明しよう。コンピュータプログラムのうち，とりわけ人間の知性や創造性を模倣しようとするコンピュータプログラムは，人間が他の作品の模倣をする時のように，莫大なコンテキストデータを取り込んだ中からうまくいくチャンスを捉える機能がなくてはならない。

プレアデスプロジェクトに引き続き，1984 年に私はプレアデス機器からコンテキストに依存する楽器を作成し，環境との相互作用ができるようシステムをデザインした。当時の雑誌の記事では，私はこの楽器を「知性による芸術志向の高度なオーディオ伝達システム」と表現した。これに続く記事は以下のとおりである。

……（この楽器は）先端的な音響感覚システムを備えたサイバネティックスの知性であり，様々な共鳴音環境に適応できる。この楽器は MBRACE（Musical

Biomechanics: Research in Acoustic and Cybernetic Environments）と呼ばれ，(1) 経験によって学習することができる，拡張メモリを備えた高度な中央コンピュータ，(2) コンピュータとセンサー機器の間の通訳として働くことができる，高度データ変換機能を持ったデジタル・トランシーバー・シンセサイザー，(3) スピーカーとマイクの両方として機能することができる，高感度の相互補完のエネルギー変換器（トランスデューサ）を含む携帯型オーディオセンサーセットの３つのインターフェースユニットを統合したものである。

　聴取位置を指定すると，音による８オクターヴの指向性ビームを使い，共鳴特性マップが作成される。このコンピュータ「作曲家」は周囲環境との関係を（触覚を使うように）ビームを使って獲得し，演奏を行いながらさらに環境に適応しようとしてデータを収集する。

　次に，作曲家は個人的な美的尺度をコンピュータにプログラムし，それを重要な作曲パラメータとして共鳴空間（反射および吸収指数）を分析・データ収集し，そして環境に適応して作品を「作曲する」ことができるようにプログラム自体を調整する。このシステムを使えば，AI の研究者も，外部からの感覚と内部での統合プロセスの関係を，創造的に，かつ恣意的ではなく制御された環境で研究することができるのである。

これらは確かに高い目標であり，それらのうちの多くが達成できているとは言えないことは認める。しかし，このようなコンテキストや環境情報の統合ができる機器（楽器）を作ることは，私にとっては刺激的で興味深かった。そして，今でもそれは変わっていない。MBRACE の作曲プログラムは音の反射・吸収指数をデータベースとして含み，アルゴリズム的な作曲プロセスにコンテキストを与え，〈感化〉を及ぼす仕組みを形成している。そこが私の興味を掻き立て続けている点である。

　MBRACE のための基本アルゴリズムを図8.2 に示す。このアルゴリズムでは，作品の初期化（図のトップ）から始まり，演奏場所の音響特性，以前の失敗記録，聴衆の反応などの複雑に絡み合った分析を通して，新しい作品を作曲し演奏する（最後の２つのステップは以下に詳しく記載する）。この過程で生じる質問は，その環境で本当に機能するか？　その環境は音楽に効果的か？　聴者に対して心を動かす力があるか？　作曲プロセスを停止すべきか？　反復すべきか？　変えるべきか？

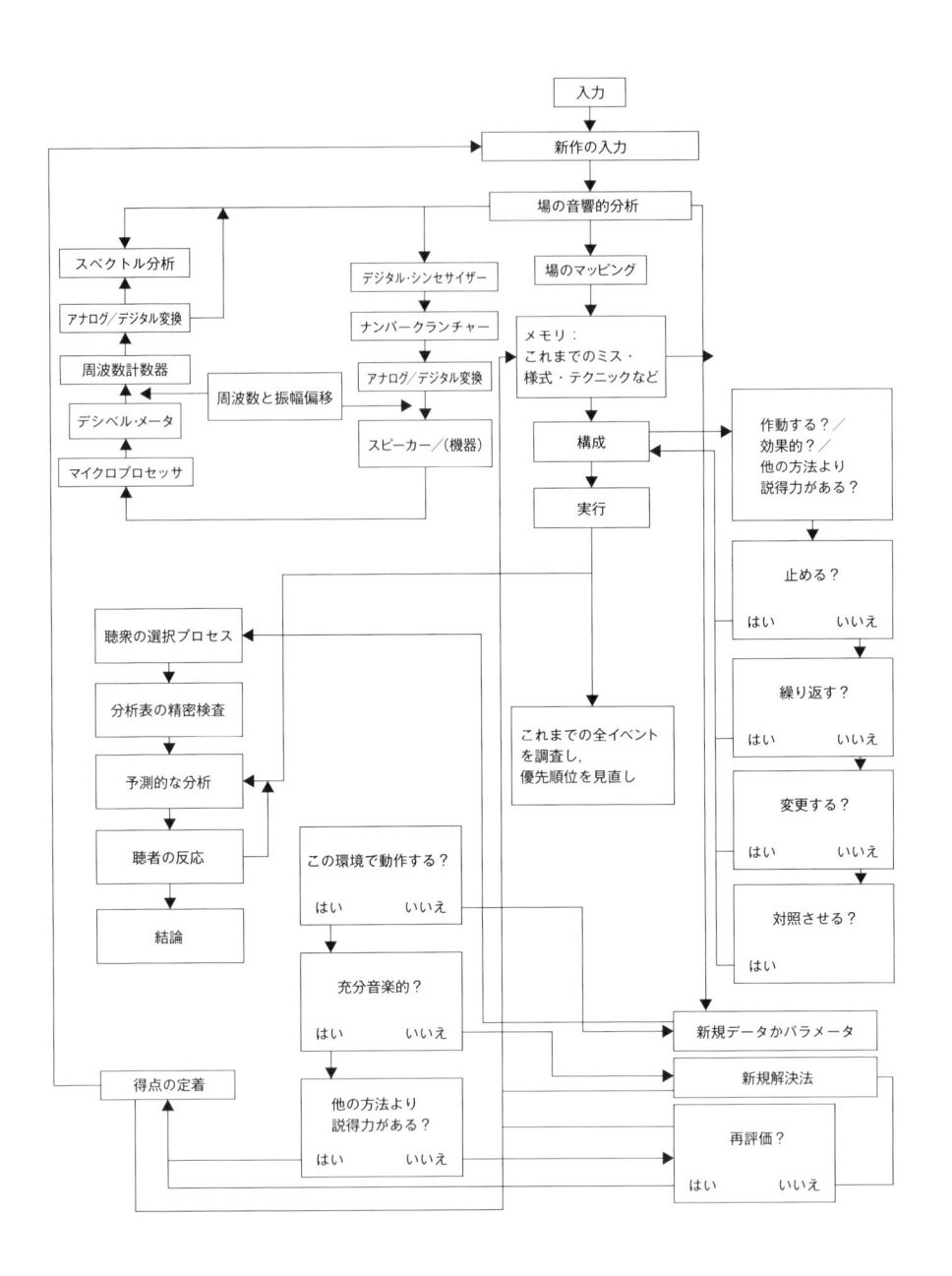

図8.2 MBRACE のための基本アルゴリズム

対比すべきか？　などである。これら質問全てに答えるには，作曲家と聴衆とを結びつけるプログラムを適切に構成すればよい。MBRACE にコンテキストを提供するのは地形であり，それは人間にとっては予測不能であるが，楽器に対しては音響的な共鳴能力を制御するための環境データとなる。MBRACE の計画は，私の基本モデル，すなわち背景と協調し協力し合うことが可能な知的な楽器のモデルに従っている。

　MBRACE のデータベースは，非常に巨大になる可能性があった。同僚の 1 人が「データベースに存在しないデータを取り出すことは不可能だ」と言ったことがある。これは確かな事実ではあるが，私たちは実際に提供されているデータのほとんどを見落としていることも主張したい。たとえば，もし任意の長さの出力を許すなら，10 語しかないデータベースでさえ，以下のように 110 億の組み合わせの可能性がある。

$$x^x + x^{(x-1)} + x^{(x-2)} ... x^1 = y$$

ここで，x はデータベースの全要素数，y は可能な組み合わせの総数である[*]。y の値は，要素の数が増えるにつれて驚異的に大きな数になる。これは第 1 章でケアンズ＝スミスが述べたとおりである。

　……その与えられた領域にどれくらいの数のユニットがあるかを考えるだけでなく，それらを作り直す方法が何通りあるかを考えるようになると，本当に膨大な数が重要になってくる。(中略)200 個の炭素原子と 402 個の炭化水素の結合パターンは優に 10^{79} 通りを超える (Cairns-Smith 1971, pp.1-2)。

　当然であるが，感覚的に意味のある出力の数や使用可能である出力の数は，上記の式の y の一部にすぎない。しかしだからと言って可能な組み合わせの一部を残してしまえば，その未確認の一部にこそ我々が求める重要な解があるかもしれないのだ。データベース内のデータを予め整理して望む結果が出やすくなるよう

---

[*] 10 語を用いてできる長さ 10 の文は 10^{10} 通り，長さ 9 の文は 10^9 通り，…，長さ 1 の文は 10 通りである。

に仕向けることも可能であるが，逆に，データを整理することによってデータベースの重要な特徴を浮き彫りにするかもしれない利点もある。

　残念なことに，プレアデス同様，材料価格の高騰と革新的な建設技術の必要性から，MBRACE はまだ完成していない。したがって私はプレアデスを用いて音響データを集め，そのデータを使用して作品を制作した（タイトルは《MBRACE》で，1986 年に完成した）。

　Experiments in Musical Intelligence（EMI）システムが生成した音楽のうち，少なくとも演奏や公開に至ったものは，うまく構造化されたデータベースから現れた作品である。このプログラムによって作品に至るまでの材料は，全て前もってデータベース内に存在していたものである。同時にまた意味もない戯言として私が破棄した EMI による幾千もの作品も，データベースから現れ得るものだ。私が保存している EMI による千の作品例は，データベース依存で作りうる出力の質を例証している。

　音楽（の断片）は，作曲プログラム中，〈組み替え〉で利用されるが，それとは別に出力に〈感化〉を与える手段としても機能する。1991 年のはじめの頃，私はコンピュータプログラムを作り，ストラヴィンスキーの音楽による小さなデータベースを用いてかなりの数の新しい作品（Cope 1996 参照）を作り出した。オリジナルのデータベースはストラヴィンスキーの音楽（あるいはその断片）から派生した直系の子孫であるが，このプログラムによって，自身の出力を徐々にデータベースに加え，既存のデータに置き換えていく。したがって，その出力はストラヴィンスキー直系の子孫となるような音楽ではなく，ストラヴィンスキーの〈感化〉を受けた新しい音楽となる。最終的には，このプログラムは 5000 曲もの新しい作品を作り出した（完全な交響曲を 1500 曲，弦楽四重奏を 2000 曲，ピアノ・ソナタを 1000 曲，小規模なピアノ作品を 500 曲）。そののち，私はこれらの音楽を研究し，コンピュータが生成した音楽「文化」において音楽的様式の進化を観察した。結果の作品群（生涯で聴くためにはあまりにも多いのだが）のうち，私は無作為に数十種類の音楽を選んで聴取した。これらは，様式がゆっくりと進化することを実証していた。様式が時間と共にどのように変化し，様式がどのように体系化されるか，どんな種類の特異的な存在が様式の変化で作られるか，私はそれぞれについて観察した。私はこのプログラムを進化の研究のために作ったのであるが，このプログラムが面白い新しい音楽を作ることも同時に期待していた。私が『音楽的知性の実験』の中

で示した作品のうち，少なくとも一部は，このプログラムがこの目的を達成したことを示唆している（Cope 1996, pp.247-248）。

このプログラムに用いたデータベースは，1913年のストラヴィンスキーの《弦楽四重奏のための3つの小品》（第3楽章）における合唱のようなホモフォニー，1947年版の《管楽器のための交響曲》から選んだホモリズムの合唱と，1940年の《交響曲ハ調》における最後の合唱のパッセージからなっている。このパッセージの様式を決定づけるのは，反復和声・音価の変更・テクスチャ（響きの厚み・重み），拍子などである。私は自分自身の作品に刺激を与えたこれらのパッセージを選択したが，それでもなお，私の作品とは一線を画して独自な様式の進化が感じられる。

この様式進化プログラムは，最初に音楽の小さな母体を作り，第4章で説明した〈組み替え〉作曲プロセスとして，基本的な和音タイプ・プロトコル・声部連結などの音楽分析を行う。そしてこのプログラムは，より多くの出力を作るために，新しい作品をデータベースに追加する。出力は「穏やかに」これらの作品の分析を作曲アルゴリズムへ組み込む。この「穏やかな結合」は，楽曲接合規則と声部連結の制約が緩やかに，しかし強制されることなく適用されることを意味する。このように，新しい作品がプログラムのデータベース内にフィードバックされると，再解析することで，規則の近似が規則の変形を引き起こす。これら新しい規則とシグネチャ（第4章参照）は後の解析と対比のために時間順に保存される。

私の本『音楽的知性の実験』（Cope 1996）に載せた図7.9は，私が今述べたプログラムによって作られた1500曲の交響曲のうちの1つの例で，その冒頭部分が表示されている。この例では，単純な合唱のようなデータベースの〈感化〉が顕著に見られる。和声における進化の兆候は，交響曲として書かれている音楽に現れる以上は見られない。しかし，同じ本の図7.10は今の出力から遡ること1000世代も前の初期の作品で，平坦な旋律を使いほとんど停滞した和声的リズムを伴っている。図7.11は，さらに順に2000世代後の作品で，図7.9と図7.10の両方の音楽が元であることは明らかであるが，どちらとも異なる様式を保持している。

私は様式の進化を観察するために，非常に効果的なプロセスを提示してきた。しかし残念ながら，このプログラムは創造性においては有益なモデルとはならなかった。時間をかけて進化した出力は，数こそ豊富でも出力自体が創造性を伴っ

ているとは言い難い。しかし，ここで重要なのは，オリジナルのデータベースは出力に〈感化〉を与えるのがせいぜいで，徐々にその〈感化〉力が弱まっていくことである。

　複数の作曲者からなるデータベースでは，〈組み替え〉に関与するだけではなく，〈感化〉を与え合うことができる。私は，多くの論文（たとえば Cope 1996, 2000）などで，複数作曲者のデータベースを論じてきた。たとえば複数の様式を混ぜ合わせる手法を『コンピュータと音楽様式』（Cope 1991a, 5章）の中で述べているが，それは《モーツァルト・イン・バリ》（Cope 1997）の制作過程にも用いられ，同曲はオーケストラに編曲されて録音されている。『音楽的知性の実験』（Cope 2000）に出てくる図 7.1 は，ベートーヴェンの様式に〈感化〉を受けたアルゴリズム作曲の例を示している。この曲のためのデータベースは，ベートーヴェンの《「月光」ソナタ》（1801）の第 2 楽章と，バッハの『平均律クラヴィーア曲集』から前奏曲第 1 番（1742 年に完成）であり，複数の作曲家のデータベースから構成されている。この例のベートーヴェンのソナタの楽章との類似点は，『音楽的知性の実験』の図 7.2 に示されているオリジナルと比較しても明らかである。しかし，実際の和声進行は『音楽的知性の実験』の図 7.3 に示されているバッハの前奏曲からの結果である。図 7.1 の新しい音楽は，派生的ではあるにもかかわらず，それ自体の重要な特性を保持している。

　複数の作曲家から構成されたデータベースにおいては，あるデータベース内の 1 人の作曲家のパラメータと，同じデータベース内の他の作曲家の異なるパラメータを混ぜ合わせることによって，様式の融合が可能になる。『音楽的知性の実験』（Cope 2000）の図 3.32 の一部に示されている，交響曲 1383 の第 3 楽章は，複数の作曲家を対比させる例を示している。この楽章は，マーラーの《子供の魔法の角笛》（1898）における 2 つの歌曲に基づくものである。オーケストレーションはこれらの歌曲に基づいているが，音高に関しては，ブラームス，ハイドン，ドビュッシー，ラフマニノフやそのほかの作曲家からの引用であり，ごちゃまぜ参照の結果である。この種類のコンテキスト化は，〈感化〉ではなく，〈引喩〉から導かれる。ほとんどの場合，《モーツァルト・イン・バリ》などや《カースのために》（1991）のように，混在する各様式が少なくともある一定以上は保持されるように強制された曲例である。Alice プログラム（Cope 2000）の場合，〈組み替え〉の代わりに新しい接合規則を使うことで，初期の作品で聴かれるように様式が分

割されることなく，本当に組み合わせることが可能となる（この組み合わせアルゴリズムの構成については第10章で論じる）。

　人間の作曲家の作品は，自身の感性や，自分の以前の音楽から受け継がれた様式に〈感化〉を受けている。一方，複数の作曲家のデータベースの利用は，人間の作曲家に利用可能なソースとは異なり，新鮮なコンテキストを提供することができ，その結果他の多くの作品からの〈感化〉を含んでいる。私は複数作曲家のデータベースに対して自身の出力を付加してはリサイクルするという使い方をして，（この章の最初に論じたように）5000曲の作品を作曲した。このように，複数作曲家のプログラムの出力は，それらのデータベースに依存していくというよりはむしろ，それらのデータベースの〈感化〉を受けていくことを示した。

　創造的なプログラムを作ろうと思えば，複数作曲家のデータベースで利用可能な多様性を利用しないことは逆に難しい。これゆえ，複数作曲家のデータベースは，創造的な作曲をさえぎることなく，多様な様式の〈感化〉を与えるための機会を提供する（この〈感化〉については，第11章において，原理と統合の関係としてさらに論じる）。残念なことに，複数作曲家のデータベースは創造性を高めることができるが，決して創造性を保証する方法ではない。そのため，このプログラム自体は創造性のよいモデルにはなっていない。

相互作用

　『音楽的知性の実験』の中で，私は一連の作曲プログラムを論じ，プログラムの出力がユーザーに評価され，その結果が再びプログラミングを変化させる仕組みを紹介した（Cope 2000, pp.258-259）。簡単に言えば，これらのプログラムは新しい様式を獲得するためにユーザーと相互作用し，初期データベースには依存しないということである。これらの単純なプログラムは，それぞれ固有の名前を持っている。そして，うまくできたと思われる作品はダウンロードされ，記譜される。私はこれらの作品を公平に評価してもらい，作曲者に対する知識が生み出す偏見を避けるために，これらがコンピュータ作曲のものであることを公表しなかった。私は人をペテンにかけて現代音楽の意義を薄める意図もないし，人間の作曲家が時代遅れであることを示すつもりもない（しかし一部の批評家は私がこれらを意図したと主張した）。私はいい音楽が，その作曲家とは無関係にいい音楽であることを示したかっただけである。

つい最近，より簡単なあるプログラムを完成させた。これは，今まで論じてきたプログラムとは異なり，相互接続されたソフトウェア版「作曲家」たちを分身させたものである。これらの「作曲家」たちは，それぞれ独自の音楽データベースを保持している。それらが初期化される時，各々の「作曲家」は自分のデータベースの独自性と，データを分析した結果に基づいた「作曲家」固有の美的感覚を持っている。このプログラムを繰り返し用いると，第4章で説明した〈組み替え〉の原理に従って，各「作曲家」データベースと調和する音楽を作曲する。各作曲家は，ほかのソフトウェア作曲家が作り出した音楽を「聴く」ことができ，ほかのソフトウェア作曲家たちと会話をし，互いの美的感覚に〈感化〉を与えようとする。これら交渉のプロセスの結果，各々のソフトウェア作曲家に組み込まれた美的感覚の観点から，お互いの出力を評価し合い，より「調和した」音楽を作り出す。

　個々の作曲家プログラムが自分のみに依拠するデータベース（その作曲家唯一の特徴である）に基づいて，自分自身の美的感覚を獲得するのは簡単なプロセスである。一言で言えば，各作曲家プログラムは自分のデータベースの中の楽曲で垂直方向・水平方向の動きがどのくらいあるかを数えるのである。各々の作曲家ソフトウェアは同時に鳴っている音の1つを残して他を消す。そして結果として残った音数を元の音数で割る。そのパーセンテージは私が音楽の運動エネルギー（キネシス）と呼ぶ値である。たとえば，10個の音からなる作品を想像してほしい。これらの音符は全て異なったタイミングで鳴るものとする。すると，この作品におけるキネシスは10分の10（1.0）である。一方で，10個の音の3つの和音にまとめられる時，たとえば4つの音からなる2つの和音と2つの音からなる1つの和音で構成される時は，この作品のキネシスは10分の3（0.3）である。

　各ソフトウェア作曲家にとって，ユーザーが決定する閾値（ソフトウェア作曲家によって異なる）を越えてキネシスを持った作品は，審美的に受け入れ可能と判断される。そしてユーザーが決定した閾値以下の作品は美的には受け入れ不可能であるとみなす。このやり方はシンプルであるが，個々の音楽が自分の属するデータベース中において自分を審美的に評価し，また他の作曲家データベースの中において，あるいは他の作曲家の出力を自分のデータベースにおいて評価することができる。このようなやり方は人間には受け入れられないかもしれないが（音楽分析

において音楽内の動的なふるまいが非常に過小評価されている傾向にあると私は考えている），これらの小さいコンピュータプログラムではうまく機能しているように思われる。

　これらの相互接続した作曲家ソフトウェアを初期化する時，私はそのプログラム名をデータベース内の音楽の作曲家の名前そのものとする[*]。このようにして，私は Bach – Mozart – Beethoven セットや，Haydn – Chopin – Brahms セットにおける音楽と美的感覚の交換を繰り返し実行することが可能になる。作曲家の組み合わせや繰り返しの数はいくらでも可能であり，ソフトウェア版作曲家の音楽を組み合わせた音楽と，それらの美的感覚（キネシス）を組み合わせた美観が両方とも表現されて得られることになる。同じデータベースを使って同じ作曲家プログラムを使えば非常に似通った出力の結果が得られる。しかし，同じ 3 人の作曲家を用いてわずかに異なる 1 つの作曲家のデータベースを用いただけで，はっきりと異なる音楽を作り出すこともできる。

　このプログラムの繰り返し過程では，毎回データベースと個々の出力を相互連結して，新たな出力を得る。相互作用の結果は複雑化し，困難な組み合わせプロセスとなり，単純な選択でさえ多くの矛盾する制約が生じる。この種の相互結合や相互作用は創造性に寄与するが，残念ながらこれらのプロセスだけでは創造性を構成したり効果的にモデル化したりはしていない。

探査

　ストラヴィンスキーは「それ（注：偶発事のこと）は，おそらく，私たちに霊感を与える唯一の事柄です」と述べている（Stravinsky 1960, p.56）。私が今述べてきたプログラムは，新しい曲に他の曲の〈感化〉を与えるために，インターネットから集めたデータを情報源として用いている。これらの〈感化〉はそのまま出力とはならないし，〈組み替え〉にも関与しない。しかし，予測の範囲内だった出力を思いがけない出力に変える手助けをする。

　インターネットを利用するアルゴリズムは，最近の技術専門用語で「スパイダー」と呼ばれている。私のスパイダーは，1 度インターネットに接続すると，あてどもなくさまよっては特定のファイルをダウンロードしてくる。もちろん，本当にネットを「さまよう」わけではない。プログラムされたルールに従って，様々

---

[*] 以降，作曲家名がアルファベットの綴りで現れた時は，その名を冠したプログラムを意味する。

なサイトに接続しファイルをダウンロードする1種のブラウザ・ロボットとして活動する。その対象は次のようなものである。

1. ファイルタイプ1のMIDIファイル（タイプ0ではない），
2. 3〜5チャンネルを使ったMIDIファイル，
3. 英数字のデータを含む標準テキストファイル（MIDIを含むが，これに限定されない）。

私がプログラムの検索に設定した唯一の制限は，訪問できるサイトを限定したことである（たとえば，名前に「.edu」という文字がついているサイトなど）。またそのスパイダーが私自身のWebサイトに接続するのも避けた。これは私のサイトに蓄積されたEMI作品を再び音楽例として用いることを避けるためである。このスパイダーの名前はSerendipityとし，「サイバー空間の中をくまなく旅し」，興味深い，そして時には驚くような結果を生み出す。私の他のプログラムと同じように，このスパイダーは〈組み替え〉の原理に従うようにし，異なったデータベースから新しい曲に〈感化〉を与えて曲に独自の様式を与えるようにした。

　当然のことであるが，Serendipityの比較的ランダムなファイルダウンロードは，最初は音の出力を混乱させた。私たち人間は，聴こえてくる音の多くが予測できないような環境に迷い込むと，通常どの音楽に真剣に注意を払うべきかを選択する。私たちの神経回路は他の音楽も記憶しているだろうが，注目している音楽はより重要な回路網を形成する。Serendipityの最初期版は，発見された様々な音楽から個々を選択する能力を持たない（これは「.edu」のサイトに制限されていることにもよる）。したがって私自身の偏見を入れることなく，特定のファイルを選択するために，私は3〜5個の音からなる単純な旋律のパターンを作り出すプログラムを開発し，そのパターンをモデルとして集めてくる音楽作品を選別し，より一貫した〈感化〉を与えるデータベース作成するための一助とした。

　インターネットを「さまよう」ことの問題——つまりは，出所が不明のタイプ1のMIDIファイルの使用——には，グループ化できないリズムの読み込み（第4章で述べたような演奏ファイルの場合），複数チャンネルの1チャンネルへの圧縮（たとえばオーケストラの多数楽器の1チャンネル化），楽器の（その種類によってではなく）音域によるチャンネル化（ある楽器が他チャンネルに飛び込んでしまうこと），拍子の欠落などが

ある。このような問題は，音楽データに初めから内在していたような誤りに加え，さらに出力を劣化させる危険性がある。これらの問題の多くは Serendipity によるファイルの変換を不可能にする。それどころか，Serendipity がファイルを勝手に翻訳して上記問題を取り込んでしまった場合は，作曲そのものがダメになってしまう。残念なことに，悪いファイルが1つある（実際はファイル内に1つの悪い音がある）だけで作曲を失敗させる可能性がある。したがって，上記で述べた問題を回避できるように，ユーザーは各入力ファイルを注意深く聴く必要がある。そして，問題が発生している場合は，修復する必要がある。

Serendipity は，非常に異なる様式の音楽を含んだ MIDI ファイルも収集する。これらのファイルは，〈組み替え〉に直接参加させるのではなく，ただ作曲に〈感化〉を与えるために用いられる。しかし，リズム・ピッチ（旋律と和声），強弱（ダイナミクス）・チャンネルなど，様式の不一致の原因に注意しないと，悪夢のような寄せ集め曲を簡単に作ってしまう。一貫性のある音楽を選択する限り，Serendipity は，妥協することなく，より効果的に新出力に〈感化〉を与え，作曲プロセスを成功に導く。

Serendipity がより互換性のある音楽を選び出せるように，私は一連のフィルタをプログラムした。その中では，チャンネルやリズムや強弱（ダイナミクス）や音域をコントロールし，ファイル間で一貫性が保たれるようにした。これらのフィルタを寛容に設定すると，フィルタを生き残ったファイルは大まかには互換性のある様式特性を持つ。これらのフィルタをきつめに設定すると，フィルタで残ったファイルは相互の特性を密に持つ音楽を形成することができる。ユーザーはこれらのフィルタを個々にあるいはグループにまとめて設定値を設けることができる。またユーザーがプログラムの出力に対して受理可能なものかを選別することにより，その選好に依拠したフィルタを自動化することも可能である。

〈感化〉がどのように抑制されるかについて，図 8.3 に示す。ここでは擬似ランダムファイルが原因となって生じるデータベースの矛盾が，とても重要な役割を果たしている。このような音楽的引用のごちゃまぜは，ユーモアがあるとも言えるが，手荒で強引であるように思われる。たとえば，シューマンの〈トロイメライ〉（『子供の情景』作品 15-7〔1834〕）の最初の数小節が，ショパンの《前奏曲ハ短調》作品 28-20（1838）とつなげられ，《トロイメライ》に戻り，音楽が最初に終わったところにつなげられている（第4小節を参照。これら2つの曲は発表年が共通しているが，

図 8.3 コンテキストが非常に重要な役割を果たす音楽の例

プログラムによる結果ではなく，ただの偶然である）。さらにこの音楽は，モーツァルトの《レクイエム》K.626 (1791) からの引用が続く（第 6 小節で開始される）。そして，第 12 小節でモーツァルトの《ピアノのための幻想曲ハ短調》K475 (1785) の様々な部分を参照し，ワーグナーの《トリスタンとイゾルデ》の〈前奏曲〉(1859) から

の引用がぼんやりと現れる。

　集められたデータのうち，創造性をコンピュータでモデル化するために〈感化〉を与えるだけのものは，〈組み替え〉のための音楽のグルーピングと同じ重みを持つべきではない。その理由は，このようなデータは明らかに様式上の混乱を招くからである。それでいて同時に，このようなデータは出力に〈感化〉を与えるよう，対象曲に何らかの関連を与える必要がある。私は，このため〈感化〉データベースの音楽と〈組み替え〉データベースの音楽をパターンマッチングすることにした。パターンマッチが起きる時は，プログラムは音楽のグルーピングを声部連結し，その中に新しい進行がそっと挿入されるようにする。ここでは特に新しい音楽がデータベースに加えられたり出力されたりすることはなく，あくまで声部連結だけが行われるのである（第11章にて，この重要概念を再度述べる）。明らかに，コンテキストへの〈感化〉は事実上あらゆる音楽的パラメータ（調・旋法［長調／短調］・テンポ・オーケストレーション・テクスチャ・音の追加や削除など）に及ぶことになる。私は無用な複雑化を避けるために，上記の例を声部連結に限定した。ここで注意すべきは，ちょうどこの声部連結の例が〈感化〉を受けたように，上記のどのパラメータにも〈感化〉を与えることができる点である。

　図8.4（a）は，ショパンの音楽を〈組み替え〉て，その上にスクリャービンの

図 8.4　音楽的〈感化〉の例：（a）はスクリャービンの音楽（《10のマズルカ》作品3-4[1889] 第60小節から第61小節にかけての新しい音楽が，ショパンの音楽（《マズルカ》作品67-3）から〈組み替え〉られた例と置き換えられている（第2小節）。（b）は（a）と同じ部分だが，オリジナルと置き換えるのではなく，〈感化〉を与えている

音楽の〈感化〉を与えたものである。この場合，スクリャービンの小節（読者が元のスクリャービンを見つけられるように，ここでは変更を加えていない）は，ショパンに接続可能である。その理由は，先行するスクリャービンの小節（表示されていない）は，後続するショパンの最初の小節と同じ SPEAC と機能和声（S とトニック）を保持しているからである。スクリャービンの不協和音，声部連結，根音の動きはショパンの音楽の特色ではなかったものだが，この音楽がデータベースに追加された後は出力に〈感化〉を与え続けていくことになる。図 8.4（b）では，スクリャービンのピッチはショパンのピッチに置き換えられ，第 2 小節の音楽はリズムとテクスチャの観点でより類似したショパンの音楽が続く例であり，そこには微妙な〈感化〉の跡が窺える。〈組み替え〉作曲の音高を置き換える処理は，単純に完全なグルーピングを代用するのではなく，極めてテクスチャの異なる音楽が作曲過程に〈感化〉を与えられることを意味している。この処理ではまた，強弱や音色，アクセントなどが，新しい曲に〈感化〉を与える可能性もある。

　Serendipity は，データの置き換えではなく，データの選択に〈感化〉を与えることにより，図 8.3 にあるような問題を避けることができる。図 8.5 に，このような音楽の例を示す。これは，図 8.3 に示されている〈引喩〉の合成（モンタージュ）とは異なり，Serendipity は直接的な引用や言い換えではない〈感化〉を与え，異質な材料をただ並置するのではなく，ちょっとした驚きを伴う音楽が作られているのである。この例はアントン・ヴェーベルンによくある様式のもので，ヴェーベルン自身の曲のデータベースに対して，インターネットで無作為に見つけたスカルラッティ，ベートーヴェン，プロコフィエフらによる複数の作品の〈感化〉を与えた結果である。この作品に，これらの作曲家の音楽は見つけ出すことはできないし，直接的な〈感化〉も明らかではない。

　しかし，スカルラッティの鍵盤のためのソナタのシンプルな形式，ベートーヴェンの強弱対比，プロコフィエフのソナタに見る最後の和音の複雑性など，痕跡をわずかではあるが認めることができる。しかし，これら全てはヴェーベルン自身の作品の多くでもしばしば見つけることができるものである。それらがこのように完全に統合されると，外部からの〈感化〉はほとんどなくても済まされるように見える。しかし，それらが作曲過程から除かれると，今度はこのような〈感化〉は不可欠のように思えてくる。

Drome

Experiments in Musical Intelligence - Webern

※ 32分音符のそれぞれを演奏し，ソステヌートペダルを使ってそれらを捉える。続く和音は，保持されている和音を背景にして，できるだけ短くする必要がある。

図 8.5 ヴェーベルン・データベースに，スカルラッティ，ベートーヴェン，プロコフィエフの〈感化〉を与えたヴェーベルン様式の音楽の例。他の作曲家の作品はインターネットからランダムに拾ったものである

私の Web サイト上で利用できる Serendipity プログラム*は，新しい音楽の創作において，〈感化〉がいかに重要な役割を果たすかを示している。前述のプログラムとは異なり，こちらの Serendipity はユーザーのハードディスク内を「さまよい」，使用可能なテキストとタイプ 1 の MIDI ファイルをダウンロードする。Serendipity は，テキストファイルに格納されている数的な情報を探し出すが，それらファイルはプログラムで使われるイベントフォーマット（付録 B 参照）で関連づけられグループ化されている。Serendipity は，アルファベットの文字を数値化（イベントを作るための「A」= 65 や「B」= 66 など）することができる。このような人工的なイベントは無作為に，より厳密に言えば特別な意味もなく統合され，進行中の作曲に〈感化〉を与えることができる。これはちょうど，作曲家が，特にはっきり記憶にないまでも，環境内の音楽以外の音やリズムから〈感化〉を受け，意識的にも無意識的にもそれらを模倣するのと同じである。

　Serendipity を操作するために，ユーザーは最初に「MIDI」または「Text」を選択する。続いて，プログラムは検索結果から無作為に適切なタイプのファイルを選択する。MIDI ファイルの名前は「.mid」という拡張子でなくてはならない。テキストファイルの拡張子情報は必要ない。Serendipity は，関連のないファイルタイプ（たとえば，タイプ 1 の MIDI ではなかったり，テキストファイルではなかったりする場合）のフィルタ処理を行い，プログラムの検索基準に合致するファイルを読み込む。

　ユーザーは，ファイルの存在場所を示すパス名からファイルを特定し，そのファイルを開くために関連するアプリケーションを選択することができる。また，ユーザーはアクセスしたフォルダを見て，リストからフォルダを削除すること，そして読み込みファイルリストからファイルを削除することもできる。

　Serendipity によって見つけられた音楽は，〈組み替え〉作曲に用いるか，〈感化〉のためだけに用いるか，または作曲中の〈引喩〉として使用される。いずれの場合でも，ユーザーは望む処理をあらゆる制御から（フォルダとファイルを選択することによって）能動的に選択でき，プログラムがあらゆる結論を下すことができる。しかし同時に，Serendipity がそれ自体単独でふるまうならば，使い方によっては，ユーザーを困惑させたり驚かせたりする結果を生むことになる。

　Serendipity は，この章で紹介した他のプログラムと同様に，創造性をモデル化するものではない。外部からの〈感化〉は，明らかに創造性に重要な役割を果

---

* p.iv を参照

たすが，このような〈感化〉自体は，明らかな創造プロセスとはならない。一方，この章で紹介した各過程は，明らかに創造性の重要な側面を示している。ここで必要としているのは，自然で効果的な方法を組み合わせる仕組みである。続く章ではこのようなメカニズムを提供しようと思う。

　本章を構成する5つの節で，〈組み替え〉・〈引喩〉・学習・階層・〈感化〉の5つを最も重要な構成として説明してきた。音楽的知性には，これらが必要であると私は考えている。他のあらゆる要素，たとえばオーケストレーション・強弱・演奏などは明らかに創造的な過程に貢献できる。しかし，私は自分の研究の範囲をこれら5つの領域に限定してきた。なぜなら，それらが最も重要で，計算可能なパラメータであるからだ。そして，もう1つの理由は，これら以外の領域は実験に基づいた理論ではなく，主観的な解釈にしばしば依存しているように感じられるからである。

第 **3** 部

音楽的創造性の
統合モデル

もし仮に，音楽に今までと違った意味を見い出そうとす
るなら，ごく自然に音楽の外側の世界，すなわち音楽そ
のものを乗り越えたところまで考えてみたくなる。
しかし，音楽は依然それ自体が抱えているコンテキスト
以外を許容しない。
音楽は，たとえば社会的・文化的・伝記的な背景に隷
属すると考えられがちだが，このようなもの以外に意味
を見い出せるだろうか。
ゲーテの科学者に対する警句を言い換えるなら，
「楽譜に書かれた音符以外を見ようとするな。音楽はそ
れ自身が規範なのである」。

—— チャールズ・ローゼン（『意味の境界線』）

9 | 連想

●原理:コンピュータプログラムが創造的であるというなら，コンピュータ自体が発展・
展開する能力を持つ必要があり，プログラムの言いなりに命令を追うだけであって
はならないはずである。

基本原理

　私は幸運なことに少年期から青年期に，優れた数学教育を受けることができ
た。特に高校の数学教師は才能ある人であった。彼は常に数学のより広範な全体
像を提示し，いま勉強している内容を数学全体の中で位置づけてくれた。私たち
がその時勉強していたのは代数学であるが，その教師はそれが将来幾何学，三角
法，解析学などに結果として結び付くものであることを教えてくれたのを憶えて
いる。彼はこれら様々な数学のトピックに対して簡単な要約を示してくれた。そ
のおかげで，私は数学全体のゴールのようなものを漠然と感じとることができた。
このような全体像を示すやり方は，その後私自身が教育に携わる際も非常に役に
立った。

　数学の授業のあったある日，私はたまたま野球のリトルリーグでセンターを
守っていた。私自身は本来ピッチャーだったのだが，その日に限って外野手が一
人足りなかったのである。慣れないポジションが嫌で，守備についている間ずっ
と，ゴロが内野にだけ行くことを願っていたが，最悪のケースが起きた。センター
に高いフライが上がったのである。

　バットがボールに当たった瞬間，私は直感的に三角測量をして落下位置を計算
した。もちろん私は当時サイン・コサインや解析学を正しく知らず，たまたまそ
の日の午前中に数学教師が教えてくれたことを憶えていただけである。私はボー
ルが落下すべき位置に正しく辿り着き，捕球した。もちろんこの成功体験は嬉し
かったが，後に私はエラーを2回し，試合は15対2で負けた。しかしエラーと
敗戦の痛い思い出を過ぎると，この三角法と解析はまだちゃんと習っていなかっ
たにもかかわらず私を魅了し続けたのである。

　この野球で体験したひらめきのはるか後，私はちゃんと三角法と解析を学んだ。
しかし私が驚いたのは，自分はあたかもこれらの科目を既に理解していたかのよ
うに思えたことである。こののち，勉強すればするほど，私は長期間の物理的・

心理的実験から得た直観の正しさを実感するようになった。

　オリバー・セルフリッジは，このような体験がいかに知識の獲得に寄与するかについて，以下をヒューバート・ドレイファスから引用している。

　人間は諸感覚から入るデータの渦に絶えず晒されており，自分の活動に関連する諸々のパタンをそのつどそこから抽出してくる。問題を解いたり定理を証明したり，あるいは一般に生活を営んだりする人間の能力は，このタイプの知覚に依存しているのである。(Dreyfus 1979, 黒崎政男訳 1992, p.171)

この「データの寄せ集め」は我々の心に強く働き，我々が自覚することなく無意識に数学その他の原理を教えている。

　ドレイファスは以下のように指摘する。

　……子供を持ったことのある人は，子供たちが実に長時間にわたって砂遊びをするのに驚く。水遊びも同様である。彼らは水を撒き散らし，ものにかけ，浸し，あるいは注ぐ。こうした遊びに子供たちは飽きることがない。そして大人は不思議がる。いったい何がおもしろいのだろう？　飽きないのか？　何か得るものがあるのか？　しかしこれらの問いに敢えて答えるならば，彼らは水をバシャバシャやることを５万回ほど蓄積した結果，ようやく水を飲み，正しく注ぎ，運ぶことができるようになるのである。(Dreyfus 1992, p.xi)

　私がうまくセンターフライをキャッチできたのは，長年にわたって心の中であるいは実際に５万回もの同様なトスとキャッチを繰り返した成果であり，その結果同様なケースに対してある程度無意識的に身体が動くようになったのである。これらのスキルを私が数学的原理に帰着できなくても，こうした繰り返し学習の成果を否定することには決してならない。

　レナード・メイヤーはこうした水をかけ，飲み，こぼし，あるいは運ぶ遊びが創造的な芸術家になるのにいかに重要であるかを指摘した。

　……多くの成果があり想像力に富む芸術家においてさえ，美的感覚を支配する根源的な制約は自覚されていないし，明瞭に概念化されていない。彼らはこうした

様式の制約が，概念化できたり命題に記述できたりするものとしてではなく，いかに効率よく使うかという意味で自覚しているのである。言語の知識と同様に，スキルの獲得においては感覚・認知・応答を無意識のうちに制約として内面化してしまうのである。(Meyer 2000, p.193)

私がここで述べたような経験を正しく理解しようという試みは，私の音楽的理性や創造性に対する探究において大変重要であった。特に無意識的な学習を観察することは，私のアプローチに対して，少なくとも知的・創造的にふるまうようなプログラム設計を教えた。たとえば第4章で示したように，私は作曲のためのルールをプログラム化する代わりに，入力された音楽からルールを抽出するデータ駆動型のプログラムを開発した。しかしこのアプローチだけでは依然，学ぶことなしに何かを「知る」ことができるという能力を示したことにはならない。私はこのプログラムのコア部分に連想ネットワークを用いたが，それが成功につながったのである。次の節では連想ネットワークのプログラムについて述べるが，そこではセルフリッジやドレイファス，メイヤーの述べたプロセスや，私の子供時代の野球の経験のような仕組みは用いない。そのプログラムは正例・負例の繰り返し投与によって，明瞭な教示をすることなくフィードバック機能によって学習を行う。

第1章で論じたように，私は音楽の創造性について「これまで積極的に結びつきを考えられていなかった2つ以上の多面的な物事・アイデア・現象どうしを初めて結びつけること。」と定義した。それは他の芸術における創造性とは異なるものである。それゆえ，自分の連想ネットワークのプログラムを，言語を多用して深く説明することには違和感を覚えるかもしれない。しかし私の方針はシンプルだ。言語は，連想ネットワークが音楽に働きかける効果を示すのに，もっとも容易にアクセスでき理解され得るモデルを与えるのである。しかしさらに重要なことは，連想ネットワークに言語を用いることは私のプログラム作成過程において本質的であり，それゆえ私が本節で言語について論じた内容は，音楽の創造性の全体モデルに直接関わるものである。第10章では，連想ネットワークが音楽を入力とし，新しい音楽を出力とすることについて詳述するつもりである。

連想は創造のようなふるまいを発達させるのに重要な役割を演じる（J. Anderson

and Bower 1973, 1983; Fodor 1983; Kohonen 1984; MacKay 1969; Mackintosh 1983)。現在の神経科学は以下のことを示唆している。

　……美学的な体験は，脳の皮質回路が先天的あるいは後天的に得られた表層から作る連想と，体性感覚皮質における身体反応の再現（すなわち感情）に依存する。(中略) 感情や情動を誘発する先天的・後天的表象は，特定の記号（シンボル），色の組み合わせ，音列だけでなく，構文・論理的結びつき・フラクタル図形のような順序に関する概念を含んでいるはずである。そうでなければ，どうやってフラクタル図形に基づいてコンピュータで合成されたイメージが美術作品を模することができ，感情を誘発することができるだろうか？　では創造性とは何なのか？　創造性とは脳の連想皮質に新しいコンテキストや表象を生成し，それによりシンボルの連想や順序の原理を誘い出すことができる能力なのである。(Pfenninger and Schubik 2001, p.235)

この過程においては記憶も重要な役割を演ずる。なぜなら，

　……記憶は，組み合わせによる新しい「情報」を実際に作り出せるという意味において，その容量に固定した限界がない。記憶は頑健で，動的で，連想的で，適応力がある。もし我々の記憶に対するこの考え方が正しいならば，高等生物においてはあらゆる知覚はある程度の創造的行為であり，あらゆる記憶はある程度の想像的行為である。(Edelman and Tononi 2000, p.101)

ここで「連想的」とか「創造的」ということばは，上記文献においては高等生物の形成に必須のものであることに注意してほしい。
　ディヴィッド・パワーズとクリストファー・タークは，連想が言語の認識プロセス，すなわち構文形成や意味認識といったものに対して決定的であるということを論証している。

　我々は伝統的な心理学の定義に過度に縛り付けられたくない。したがって新しい概念に転ずるべきである。しかし一般的な概念は多様な意味において根源的である。この概念は，関係性の概念，特に関係性の認識や構成と強く結びついている。

この概念とは連想力であり，意味の本質とともに学習プロセスにとっても根源的である。(Powers and Turk 1989, p.99)

　1990年代の中頃，私は「連想ネットワーク」というものを開発し，以後多くのプログラムの中で用いてきた(Cope 2000)。連想ネットワークとは最初が空のデータベースであり，そこにユーザーのデータが入力される。以降，入力時における全ての離散的な入力データは他の離散的な入力データと相互に連結される。ネットワークは新規入力に対して，その中の1つの入力データに1つのノード（ネットワークの節点）を与え，他の全ての離散入力データと連結された上で，各々のリンク（ネットワークの接続線）に重みづけが与えられる。この重みづけは双方向であり，ノードXからノードYへの重みとノードYからノードXへの重みとが与えられる。これらの重みづけは，後に詳述するように，初期値は近接性と類似性から計算される。

　連想ネットワークはある意味ニューラルネットワーク（第3章参照）に似ている。しかしながらニューラルネットワークが「隠れ」ユニットを通して入力と出力を比較する（Todd and Loy 1991）のに対して，連想ネットワークには隠れユニットはなく，このような比較も行わない。連想ネットワーク中のノードには随時アクセスができ，連結先との間の重みづけを表示させることができる。ニューラルネットワークが通常固定数のノードとリンクを持つのに対して，連想ネットワークは仮想的に無限の数の連結可能なノードを含む。ニューラルネットワークが典型的には誤差逆伝播法で連結されるのに対して，連想ネットワークは全方向に連結可能である。

　意味ネットワーク（セマンティックネットワーク）は，誤って連想ネットワークと言及されることがあるが，その連結は樹状でありゴールとなるノードに向かって推論するステップが連結となっている。意味ネットワークの1つの形態は「ならば」による推論連鎖である。たとえば，以下のようなものである。

「ウィリアムは人間である。」
「人間は身体を持つ。」
「（よって）ウィリアムは身体を持つ。」

マーガレット・ボーデンは，意味ネットワークが実際に論理的な問題を解くためには使われず，概念間の自然発生的な関連づけのモデルとして使われることを指摘している（Boden 1990, p.95）。しかし典型的な意味ネットワークは連想ネットワークのように関係を重みづけたりはしない。意味ネットワークは，ある意味連想ネットワークに似たものであるが，基本的な概形と実装において両者は本質的に異なるものである。連想ネットワークは連想ニューラルネットワーク，分散連想メモリ，推論ネットワーク，連想メモリネットワークとも違う。これらは全て主にニューラルネットワークから派生した概念である（Anderson and Bower 1983; Fodor 1983; Kohonen 1984; MacKay 1969 参照）。

　私がここで紹介する言語連想ネットワークは，計算言語学の一部である自然言語処理（NLP）の講義項目に現れる（Dougherty 1994）。ほとんどの NLP のシステムは構文解析のためのパーサと構文生成のためのルールを持つが，こうした NLP のシステム構成の中で連想ネットワークの占める割合は小さい（Reilly and Sharkey 1991; Wermter, Riloff, and Scheler 1996）。私はここで小さな連想ネットワークの例を紹介するが，連想ネットワークがその例を超えて価値あるものだとまで言うつもりはない。私はこれまで多くの自然言語処理システムを調べ，また実装してきたが（Cope 1996），この分野は自分の専門ではない。そこで，ここでは音楽連想ネットワークの導入過程としてこの言語連想ネットワークを紹介するだけにとどめる。

　連想ネットワークに対する厳密な科学的アプローチにおいては，適切なデータが必要で，予想される結論と現実解との比較において体系的な実験が伴うはずである。私はここで述べる連想ネットワークに対して，確かにこのようなアプローチを行う。しかしながらこの仕事の退屈な側面を読者に見せないようにするため，この実験のことは述べない。代わりに連想ネットワークのもっとわかりやすい詳細を述べることにする。

　私がここで用いる簡易版の連想ネットワーク（デモ用）では，全ての入力文には区切り記号がつく。逆に文中には区切り記号はなく，入力した質問文には返答が伴い，返答にはまた質問され，全て通常の会話のようになっている。

　図 9.1 は連想ネットワークの例として，『アルゴリズム作曲家』（Cope 2000, p.53）にあったような簡単な会話のグラフ表示である。連想ネットワーク Associate（私の Web サイトから手に入れることができる*）は，後に紹介するように音楽と言語テキス

＊ p.iv を参照

トを入力する。図 9.1 のグラフ表示においては一文の中では左から右に，文の順序としては上から下に時間が進む。連想ネットワークが返答をするためには質問の他にもう 1 つの文を必要とし，このため最初の 2 文はユーザーによって与えられる。

　連想ネットワークは驚くべき返答をする。簡単な質問応答システムである ELIZA（Wizenbaun 1976）と違って，連想ネットワークには前もって用意された返答文というものがない。したがって意味がありそうな返答は語の間の複雑なネットワークから紡ぎ出され，前もってプログラマによって用意されたキュー（頭出し）

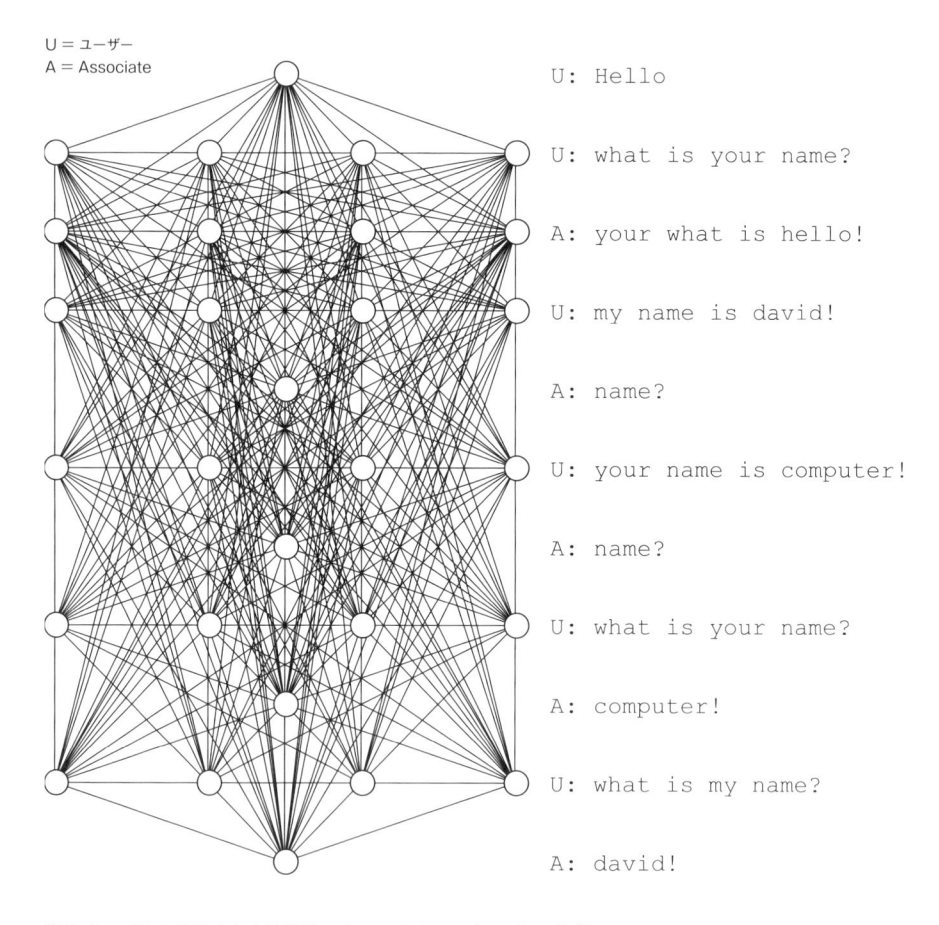

U＝ユーザー
A＝Associate

```
U: Hello

U: what is your name?

A: your what is hello!

U: my name is david!

A: name?

U: your name is computer!

A: name?

U: what is your name?

A: computer!

U: what is my name?

A: david!
```

図 9.1　グラフ表示された連想ネットワーク Associate との会話

によるものではない。

　図 9.1 の例では英語が用いられているが，言語は選択できる。連想ネットワークのプログラムにおいては予め設定された言語知識というものがないので，これはどんな言語にも共通に働くプラットフォームである。たとえば図 9.2 は図 9.1 とほぼ同じ質問応答をドイツ語（ただしここでは大文字・小文字は区別しない）によって行ったものである。図 9.2 のやりとりは図 9.1 のやりとりとほぼ同じであるが，最後の一文のように直接の翻訳にはなっていない箇所がある。このような違いは初期入力の一語だけでは出て来ない可能性があり，2 語を入れると生ずることが

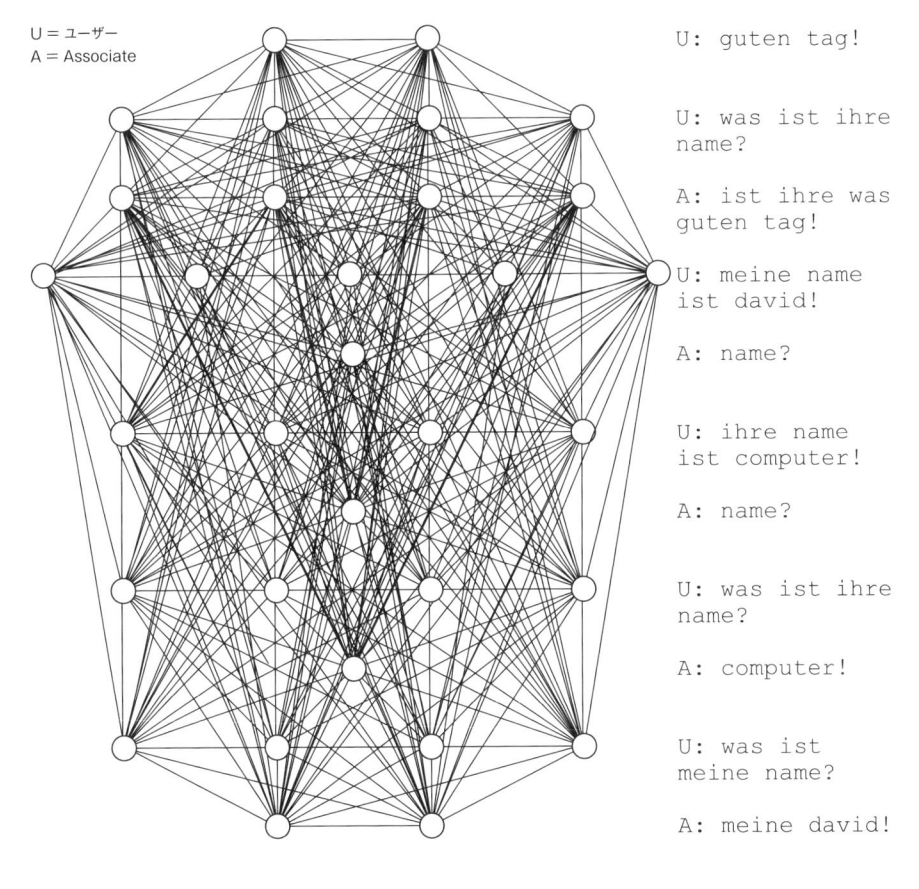

U = ユーザー
A = Associate

U: guten tag!

U: was ist ihre name?

A: ist ihre was guten tag!

U: meine name ist david!

A: name?

U: ihre name ist computer!

A: name?

U: was ist ihre name?

A: computer!

U: was ist meine name?

A: meine david!

図 9.2　図 9.1 の会話のドイツ語版

ある。後に説明するように，同じ重みづけがなされた同じ質問に対しても，連結されたノードの関係によってプログラムは異なる返答をすることができる。

　図9.1と図9.2のグラフにおいてノードは語を表し，リンク（ノード間の線）は重みづけされた連結を示す。ノード間は全て異なる重みで連結されている。重みづけを開始するにあたっては，重みづけの予備値を決め，隣接する語と文の最初と最後の単語の間でもっとも重くしてある。各文の中で，文字数がもっとも長い単語はより大きい値の重みづけがなされている。このシンプルな方法は，もちろん議論の余地があるが，一般に言われる原則では，前置詞や代名詞のような常用語は短く重要な意味を負うことはないのに比べて，シラブル（音節）数の多い長い単語はそれだけ複雑な意味を負う傾向にあることに依拠する。一文の中で複数の同じ長さの語があった場合には，最後に入力された語がより大きい重みづけの値を得る。これは後になってから入力された語のほうが前にある語より重要であるという傾向による。繰り返された語，あるいは同様なスペルをもつ語はそれらの間に時間の間隔があっても高い重要度を得る。これも繰り返しによる語の強調効果を勘案したものである。この版のAssociateは一文字違いの語，たとえば「me」と「my」などには類似性があると考え，連結した重みづけをした。この利点は，残念なことに，たとえば「fit」と「fat」のように全く異なる意味を持つ語に対してはマイナスにはたらくが，それにもでも，Associateにおいてはこのような重みづけを行った。

　連想ネットワークが必ず重みづけの予備設定が必要かというとそうではない。この章で用いた例では何か意味ある出力を生成するためにデモの都合上，重みづけに予備設定を与えたプログラムを用いた。もしこのような予備重みづけを用いず，重みゼロの初期状態から始めるとするならば，このプログラムは妥当な出力を得るようになるまでに相当量の学習を必要とするだろう。この予備重みづけを「予備値」と名付け，後に詳細に論ずることにする。

　図9.3に示すようにいまウェブ上に載っているAssociateのプラットフォーム依存版では，ノードにマウスを置いてクリックすると，そこから連結された語への重みのリストが表示される。重みのリストにある各々の語は，Associateが質問に対する答えを生成する時にウインドウのトップに表示されている語（図の場合は「hello」）に従って選好の度合いを示す。図9.4に示すようにシステムは1語以上の重みづけを集め，比較し，意味ある出力を生成する。

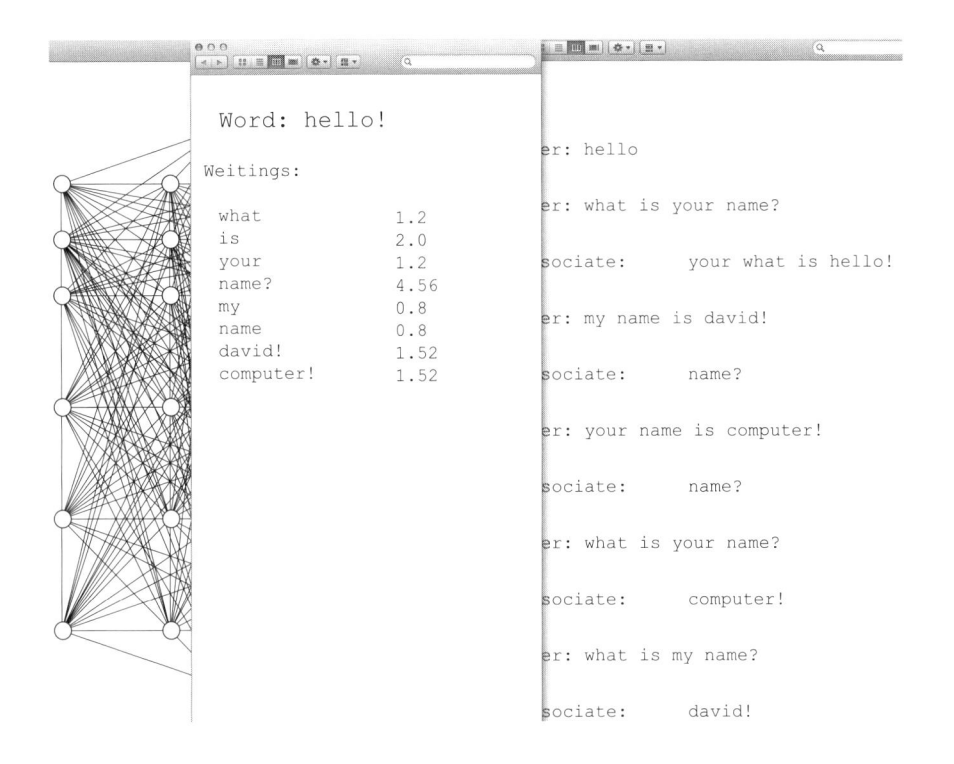

図 9.3 図 9.1 における英語会話で最初の語に対する重み

```
Word: hello!

Weitings:

what          1.2
is            2.0
your          1.2
name?         4.56
my            0.8
name          0.8
david!        1.52
computer!     1.52
```

```
er: hello

er: what is your name?

sociate:      your what is hello!

er: my name is david!

sociate:      name?

er: your name is computer!

sociate:      name?

er: what is your name?

sociate:      computer!

er: what is my name?

sociate:      david!
```

Word: is		Word: yours		Word: my		Word: name?	
Weighting:		Weighting:		Weighting:		Weighting:	
name?	7.43	name?	0.9	name?	4.09	computer!	1.72
my	1.7	computer!	2.57	computer!	1.62	david!	1.72
computer!	3.17	david!	1.72	david!	2.57	name	1.0
david!	3.27	name	1.5	name	1.4	my	1.0
name	1.2	my	1.0	your	1.0	your	1.2
your	2.5	is	2.1	is	1.8	is	2.0
what	1.0	what	1.3	what	1.0	what	1.2
hello!	0.5	hello!	0.3	hello!	0.2	hello!	0.3

図 9.4 図 9.1 の会話における語の重みの複数表示

図 9.4 においては「your」という語を起点に見て「computer!」が 2.57,「david!」が 1.72 であるため前者のほうが高くランクされる。しかし「my」という語を起点に見ると「david!」が 2.57,「computer」が 1.62 となる。図 9.1 に見るようにこれらの重みは Associate で生成される答えに寄与する。図 9.5 は図 9.1 の会話に現れる重要語の相互連想を示したものである。中段左の「name?」は図 9.1 から抜き出したものであるが，ここにはその語からの直接・間接の連結が示されている。ここで「間接」というのは，2 つの語が隣接して並んでいたのではないという意味である。図 9.5 の間接連想には直接連想の線も点線も書かれていない。この「name?」は「david!」より「my」に強く結びつき，また「computer!」より「your」に強く結びつく。連想ネットワークにおけるこの連結性（重みづけされた語の関連）は，語を文脈に依存させるとともに，語の大まかな定義を与えることにも寄与する。マーガレット・ボーデンは意味ネットワークに言及して次のように述べている。

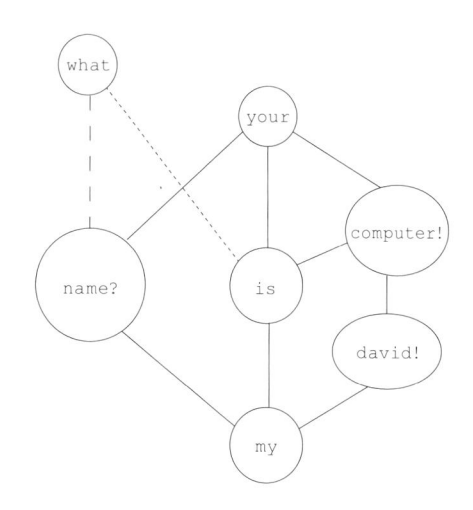

図 9.5　図 9.1 の会話に現れる重要語の相互連想

もしネットワーク内に潜在的にも結び付くリンクの道筋があるのなら，そのリンク上の 1 つのノードの意味は他のノード全部の関数となる。この場合新たなノードを 1 つでも加えると他のノードの意味に影響を与えることになる。類推で考えれば，たった 1 つの経験でも —— たとえば詩的なイメージであっても —— 誰かの心の中では広い範囲のことばの意味を微妙に変えるかもしれない。言い換えると，意味（あるいは意味のある一側面）が新たに創られるということは，それ以前はそのような意味が定義されるのが不可能だったのである。(Boden 1990, pp.95-96)

図 9.5 の連結をさらに図 9.1 に戻って辿ってみると，図 9.5 の連結がどのように初期の入力文の連鎖から作られたかわかるだろう。

ジェラルド・ギャツダーとクリス・メリッシュは次のように述べている。

……言語理解は言語の表層形態を意味に関連づける過程を含む。言語生成は逆である。我々は確かに言語の表層をコンピュータの中に生成することができるが，しかし意味は与えられない。コンピュータが扱うことができるのは表層のシンボル列だけである。我々は，あるシンボル列が文の意味を正しく定めるのに，他のシンボル列がそうはしないとなぜ言い切れるのか？（Gazdar and Mellish 1989, p.8）

　極端な言い方ではあるが，あらゆるノードの結び付きに対しても適当な重みづけによって何らかの漠然とした意味を形成するというのが私の主張である。別の言い方をするならば「my」と「name」が「david!」に結び付き，「your」と「name」が「computer!」に結び付く環境では，「david!」と「computer!」を（そうと定義するまではしないにしても）明白に峻別するコンテキストが存在するということである。
　しかしローレンス・ダンロスが指摘するには，人間とコンピュータが自然言語を介してコミュニケーションできるためには次の要件が必要であるという。（a）ユーザーのメッセージを理解すること，（b）このメッセージにどう答えるか知っていること，（c）ユーザーが理解できる自然言語となるようにコンピュータが作文できること，である。最初のタスクは文の自動解析を，次のタスクは理屈づけのモジュールを，最後のタスクは文の自動生成を要求する（Danlos 1987, p.1）。確かに連想ネットワークは「理解」の通常の意味において「ユーザーのメッセージを理解」しないし，理由づけをするモジュールも持たない。しかし驚くべきことに連想ネットワークは他の基準を用いることができる。そして人は重みづけを調節することによって理解や理由づけの基礎的な形態を推測することができる。ジャン゠ルイ・ビノーはこう反論する。「意味の完全で組織だった形式理論は自然言語表現を自動処理する上で前提条件となっていることが，あたかも先験的であることのように思える」（Binot 1991, p.53）。
　ウィリアム・ジェバーターはまた，こう述べる。「…… コンピュータが相対的に規制のない自然言語の会話を解釈するには，膨大な知識が要求される。ここでいう知識とは文の構成に関すること，語の意味に関すること，語の形態素に関すること，さらには発話者の信念のモデルや会話のルール，そして世界に対する一般的なことにまで及んで話者が常識を理解していることである」（Gevarter 1984,

p.111)。私は連想ネットワークがこうした知識を所有する潜在的な可能性までは言及しないが、連想ネットワークと何週間にもわたって会話をし、その内容が驚くべき程度に洗練されるのを観察した。そのいくつかの例はこの章の後の方で述べることにする。

図9.5において、ノードがある領域においてグループ化するさまはダグラス・ホフスタッターが「概念スペース」(1995, p.436)と呼んだものに似ている。領域の重なり合いは各ノードに保存されたデータを特化するというよりはむしろ一般化する。このような一般化は時にあまりに複雑であり、この例のような単純な連想ネットワークでさえ、影響を与え合うリンクを見つけることは海岸の砂を数えるのに似た困難を伴う。リチャード・レスタックはこうコメントしている。

十分な数の細胞が集まり、さらに組み合わされれば、最新のコンピュータの能力を超えた一般化が可能になるだろう。たとえば我々はチッペンデールの椅子であろうと、ベンチ式長椅子であろうと、木の切り株であろうと、オレンジの入っていた木箱であろうと、それが座れるものであることを認識する。この認識は多くの細胞の集まりがさらに互いにオーバーラップすることによってメタな集まりを形成し、抽象的な概念である「座れるもの」を形成することによるものである。このような細胞の集まりはユーモア、洞察、インスピレーション、創造と言ったものをも形成するのである。(Restak 1988, p.259)

言語連想ネットワークはもし2つ以上正しい結びつきの可能性があるならその間の選択は（疑似的に）ランダムに行う（あるいは第7章で述べ、また第11章で議論するように SPEAC を使う）が、この時を除いては確率的な所作はない。手短に言えば、ネットワークの重みづけはマルコフ過程の確率に対応しないが、代わりに大きい値の重みづけが決定的に確実な選択を行うことを保証する。重みづけはまた、新しい入力を得るにしたがって時間とともに変化する、ある種の動的なルール体系を構成する。したがって言語連想ネットワークはその全部の重みづけとともに見ると、構文ルールを獲得する複合的なシステムであり、それが返答における語の順序をコントロールする。それは第4章で見たように、ちょうど音楽ルールを獲得するプロセスが、音楽を出力するためにグルーピングする順序をコントロールするのと同様である。

図 9.1 の最初の 2 行を詳しく見ると，連想ネットワークがどのように返答を生成するかを知る参考になる。「hello!」と「what is your name?」における全ての入力語の重みは図 9.6 に示されている。前に述べたように，連想ネットワークにおける各々の連結は 2 つの重みを含む。一方の語から他方の語を見た場合と逆の場合である。図 9.6 で言えば「is」から見た重みのリストの中では「name?」は2.09 である。一方「name?」から見たリストの中では「is」の重みは 0.2 である。この 2 つの重みの違いは直接に 2 つを比べた場合にはあまり意味をなさないが，一方のランキングから他方のランキングを見た場合には重大な意味を持つ。たとえば，「is」が「name?」を 2.09 にランキングするということは，「is」から見たらリスト中最も高い値であり，コンピュータの作る返答においては「name?」が「is」に続いて現れることが大いにあり得ることである。ここで「ありうる」と言ったのは必ずしも確率的な意味ではない。他の制約がこの結果を変えるかもしれないからである。たとえば「is」は「name?」から見たリストの中で，たまたま 3つが同じ重みで一位に並んでいるが，そのランキングを使って「is」が「name?」に続くことは決してない。なぜなら「name?」はその中に文区切りの「?」を含んでいるために，そこで文を終えなければならないからである。

これらの例に見る重みづけは，多くが語の近接性から帰結されたものである。たとえば「name?」から連想される全ての語は，図 9.6 に見るように，左から 1.52,2.47，2.09，2.21 といずれも高い連想度を示している。これらが高い値を持つ理由は，文の最後にある単語が大きい値を持つというプログラムの重みづけの仕組みによる。逆に「name?」はこの一単語で文を終えるため，この語とその文中にある他の語との間の重みづけは総じて低くなり，いずれも 0.2 以下である。さらに先行する文「hello!」も一単語文であるため重みはさらに低く 0.1 である。「what」

hello!		what		is		your		name?	
what	.4	name?	2.47	name?	2.09	name?	2.21	your	.2
is	.4	is	.9	your	.8	is	.3	is	.2
your	.4	hello!	.1	what	.4	what	.3	what	.2
name?	1.52	your	.4	hello!	.1	hello!	.1	hello!	.1

図 9.6 図 9.1 の最初の 2 文「hello!」と「what is your name?」における全ての入力語の重み

から連想される語の中では「name?」が 2.47 で最高であるが, これは「what」によって始まる文が「name?」で終わる文を作るためであり,「is」は 0.9,「your」は 0.4,「hello!」は 0.1 といずれも低い。「your」の視点に立てば「name?」は 2.21 で大きい値を持つが, それは文中で「your」にすぐ続くからであり, これに比べれば「is」は 0.3 と低い。

連想ネットワークは出力文において語の繰り返しを避けようとする。これは特にデータ数が少ない時に重要である。したがって図 9.1 のプログラムの最初の返答は「hello!」で終わることになる。しかし会話が続くにつれて語の選択肢が増えるため, この制約は守られ続けるとは言え, 出力生成に与える影響が小さくなる。ユーザーによって最初に提示された質問は「name?」で終わっているため Associate の返答は「your」「is」「what」の三択になる。この場合「name?」が一番大きい連想値を持つ「your」が選択されることになる。しかしプログラムは今度は「name?」を返答に用いることができない。「name?」は質問文を意味しており, 質問にはその返答をもって会話をしなければならない。よって Associate は「your」に続いて「what」と「is」が等しいチャンスで選択できるが,「your」に続く「name?」は繰り返しを避けるルールにより抑制され,「what」の次には「is」が選ばれる。この時この返答文は「hello!」で終わるが, これは「your」と「what」が既に使われてしまったため, 残っている唯一の語だからである。

今まで紹介してきた比較的簡単な例の中では, 可能な選択肢の中で一語のみが最も高い値 (もっとも三語の重みが同じ値ではあるが) を持ち, 一語のみ (「hello!」) が最も低い値を持っていた。このようなぎこちない発話は, 語の選択に際し, 語の近接さや句読点, 繰り返し禁止と言った単純プロトコルに支配される。したがって会話の初期にはよく現れるパターンである。

先に述べたように重みづけの予備値は (いかに語の連携が近接さや類似性に基づいていようとも) 本プログラムの可能な出力を抑制するという意味において, 規則のようにふるまう。しかしこのような「規則」は (第 3 章で述べたように) 厳格なルールベースのプログラミングテクニックに従わない。というのは, プログラマたちは前もってどんな語やどんな言語が用いられるのかすら知らないし, 結果としてどの語がどのような重みを受け取るかはわからないからである。それゆえに私はこの最初の重みづけを「規則」というよりは「予備値」と呼んだ。

先の説明では, 私は連想ネットワークが意味のある出力を作り出す割合を高め,

それによって説明可能な論理的な例文を作り出すように予備値を与えた。これらの予備値は、連想ネットワークがユーザーからの情報を自身で獲得できるように、「学習」効率を上げるためのものである。この予備値では会話の開始をわかりやすいものにするためではあるが、一方で後に続く会話における「学習」を抑制するものでもある。よって、私が敢えて使う連想ネットワークやこの章の後半で述べる物語調の長い語の例においては、予備値を設けない。このような「自由な」ネットワークは適応するまで際立って長い時間を要するが、結果的にはより「創造的な」結果を作り出す。この例は後に紹介する。

　図 9.1 の短い会話が終了する時、（図 9.4 に見るように）蓄積された重みは出力を左右する。このことの証明となるのは、「name?」から見た「computer!」と「david!」の重み（ともに 1.72）とその返答文である。「your」から見れば「computer!」は 2.57、「david!」は 1.72 であり、「my」から見れば「david!」は 2.57、「computer!」は 1.62 である。これら蓄積された重みづけは連想ネットワークに固有の重要度である。語の選択において、ある一語のみが高い重みを持つ時は問題ないが、複数の正しい選択肢（2 語以上が同じ高い値）がある時は、隣接しない語間につけた間接的な重みが重要な役割を演ずる。よって連想ネットワークの個々の語は互いに他の語と直接結びつくが、同時にネットワーク中の隣接しない語とも間接的に結び付くことになる。このような間接関係は特に会話の初期に、結果の選択肢が複数同じ重みで存在し、実際の選択結果が間接的な重みを経由して決まる時には重宝される。

　連想ネットワークの返答がどんなに予測不可能に思われても、このような返答結果は完全に説明可能なプロセスを経て決まる。簡単に言えば、どんなに Associate が我々を驚かせ、そのプロセスが難しく思えても、プログラムの動作は全て原因・結果の因果関係の単純な連鎖であり、知性や創造性から得られるものではない。実際我々は、連想ネットワークやニューラルネットワーク、他のオートマトンを用いる時に、予期しない結果が知性や創造性の産物ではないことに注意喚起すべきである。どんなアプローチを採ろうと人は明確なアルゴリズムなしにプログラムは作れないのである。したがって私がここで説明したような連想ネットワークは、たとえ複雑に見えても、アルゴリズムで予め定義できないような能力を保持していない。

　図 9.7 は図 9.1 から始まった会話の続きである。新たに付加された会話では否定語「no*」が導入されている。「no」の代わりにどんな否定語を用いることもで

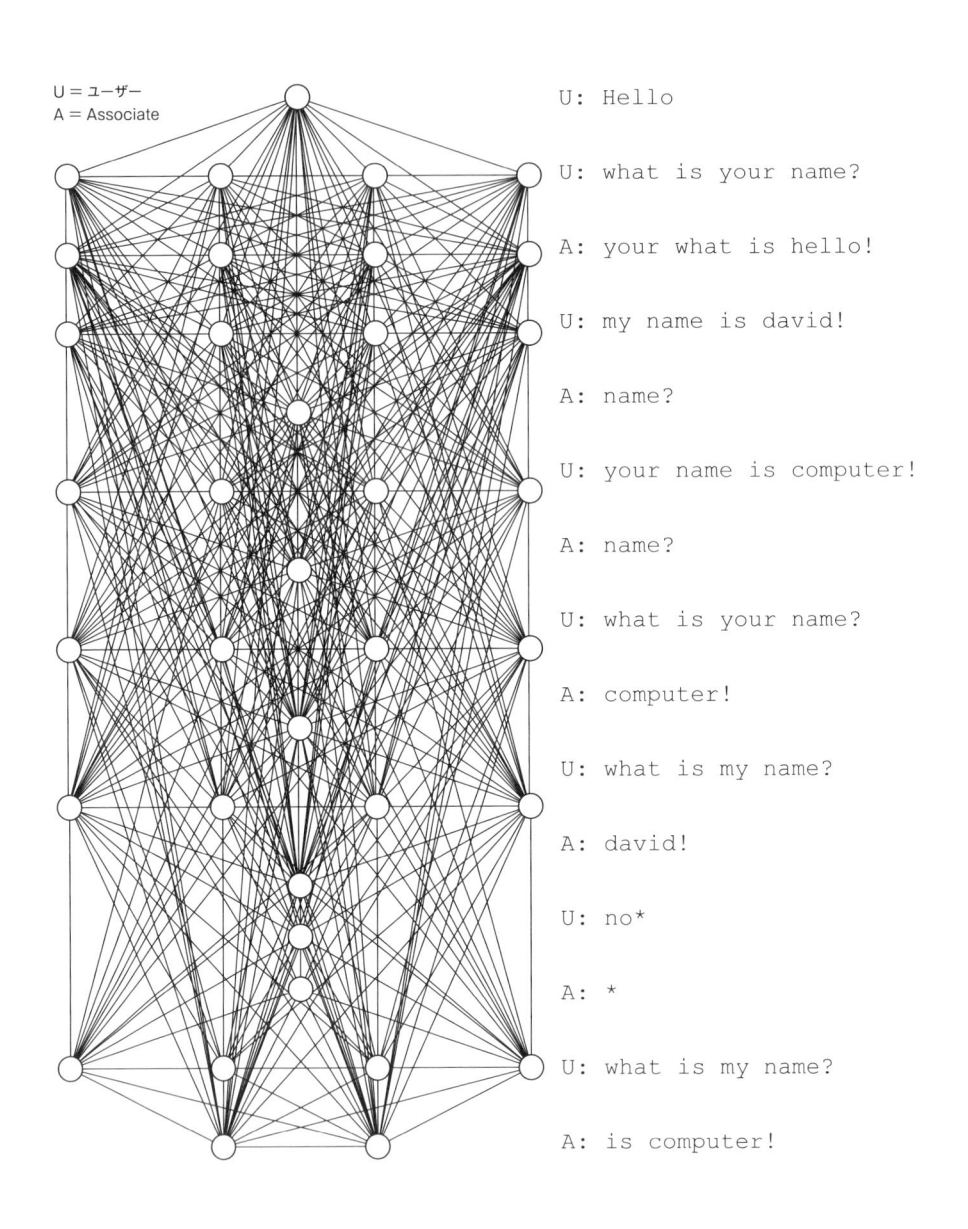

U = ユーザー
A = Associate

U: Hello

U: what is your name?

A: your what is hello!

U: my name is david!

A: name?

U: your name is computer!

A: name?

U: what is your name?

A: computer!

U: what is my name?

A: david!

U: no*

A: *

U: what is my name?

A: is computer!

図9.7　図9.1から始まった会話の続き。否定語「no*」の使用と連想ネットワークの返答が示されている

きるが，「!」や「?」など文末となる句点と同様に，ここに示したようにアステリスク（「*」）が付加されていなければならない。連想ネットワークはこのような入力には直接答えることはせず，ユーザーの否定的な返答を引き起こした出力の重みを減らす。こうして，連想ネットワークが「What is your name?」という質問に対して再び「David!」と返答する確率は減少する。このように，「What is my name?」が2回目に尋ねられた時プログラムの答えるやり方というのはさほど驚くには値しない。

　否定語の入力が，可能性を除外するものではないことには注意すべきである。それはあくまで重みを少し減らすだけである。同じかあるいは同様な返答に対する否定語の繰り返しは，さらに確率を減少させ，結果として異なる返答を作り出す。ジョハンナ・ムーアとウィリアム・スウォートアウトは「説明に対してより反応するアプローチ，すなわち説明に対するユーザーの理解からのフィードバックを受け入れ，場合によっては会話の進行方向すら変更するようなアプローチが必要である」とする（Moore and Swartout 1991, p.5）。連想ネットワークは明らかにフィードバックの機会を提供する。このような時，ユーザーは（連想する語の重みをちょっと増やすことにより）「yes」に相当する語に「^（ハット）」のシンボルを付けることとし，連結を強化させる。つまり「^」のシンボルは「*」の逆に働くのである。

　連想ネットワークはノード間の相互依存による。「no」や「yes」に相当する語が入力に含まれる時，多くの重みが調節され，結果としてこれらの調節を反映するように連想ネットワーク中の重みは変更される。このことは，ネットワーク中に複数回現れる語を想像してみるとわかりやすい。このような語は連想プロセスの中で同一語として扱われるが，その語の1つが重みの変更を受けると，他の同語に対しても同じように重み変更の影響が及ぶのである。ある意味,肯定語・否定語は連想ネットワークを「調整」（tune-up）するものであり，ユーザーの特定の入力文に対して決まった返答を期待できるよう強化し，ネットワーク全体に共鳴を起こすものである。

　連想ネットワークに対しては固有の数学的問題が存在する（Cope 2001a, p.329）。確かに連想ネットワークは特定のテンプレートと例を与えて値の加減を行うものであるが，数学的概念を一般化するほど効率よく新しい数を計算するには十分でない。たとえば「What is 2 plus 2?」という質問に対して「4」と答えるために，

ユーザーの強化（あるいは同様に否定の「no*」）機能を用いてこれらの数が適切な関連づけを持つに至るまで重みを変更していくことは容易である。しかし，もしここで「6」という語が現れた時，連想ネットワークが「3 plus 3」と同じように関係を予測することは不可能で，再び明示的にこの関連づけのプロセスを行う必要がある。この一般化ができないということは，連想ネットワークに知的なふるまいを達成させようとする際の障害となる。たとえば和音のハーモニーを理解するために我々は常時構成音の音高とハーモニーに含まれる音域を一般化し，その和声機能（すなわちトニックやドミナントなど）を定義できる。しかし一般化の機能を欠いているからと言って，私がこれから述べる創造性のモデルを弱めるとは思わない。ダロルド・トレファートとグレゴリー・ウォレスが指摘（Treffert and Wallace 2002）したように（第1章参照），「全盲や知的障害があっても音楽的天才は現れる」（pp.78–80）。また私も本章の冒頭近くで述べたように，抽象化ができないからと言って，センターを守っていて捕球する私の能力を決して否定しない。

　私は連想ネットワークにおいて5つのシンボルを用い，そのうちの3つが図9.7に現れている。「!」は単純な言明，「?」は質問，「*」は否定である。「^」は肯定による強化であり，語間の結びつきの値を多少増加させる。最後に「&」は誘発的連想を意味するが，これにはもう少し発展的な定義と例が必要になるだろう。

誘発的連想

　私がこれまでこの本で書いてきたことは，いずれも創造性に関わるようなプロセスではない。実際，これらプロセスのほとんどはプログラムされたルールの産物であるし，それは演繹的推論「与えられた前提から必然的な帰結を導き出すプロセス」（ウェブスター大学辞典 1991）であると言われている。創造性というからには，より想像に富んだ予期しない出力を含むような「自由な連想」でなければならない。それは第1章で述べたように「これまで積極的に結びつきを考えられていなかった2つ以上の多面的な物事・アイデア・現象どうしを初めて結びつけること」である。自由連想は「……実在するかあるいは記憶にあり，様々な視点で表現される思想・感情・希望・感覚・イメージの連なりである。その連鎖は意識された意図的・目的ありきの構想からむしろ解き放たれている……」（A. Kris 1982, p.8）。

　ジョン・ディシーとキャスリーン・レノンはガルトン（Galton 1879）を引いて，意識する心を次のように論じた。

……それはいつも時間上のどの一点においても充たされ，そのまわりに思考が互いに伴うものである。ガルトンはこのことをポジティヴに捉え，そうでなければ意識的な思考はランダムで脈絡のないものになると考えた。秩序は論理的な思考に本質的なものである。しかしもし心が情報処理をする上で意識が唯一の方法であるとしたら，新しい考えや創造というものはなくなってしまうだろう。ガルトンが見出した2番目のより重要な発見は，新しいインプットは心の違う部分から来るということである。このインプットの源は無意識で心の「底」にある。自由連想とはこのようにして発見されたものである。(Dacey and Lennon 1998, p.28)

アントン・エーレンツヴァイクは，心の意識と無意識の役割をやや異なった見地からコメントした。「創造的な思想家は，思考の分化的様式と未分化的様式の間を往来し，それらを一つにまとめてひじょうに決定的な仕事の解決に役だたせる」(Ehrenzweig 1967, 岩井寛他訳 1974, pp.10-11)。

この本に対しては，私は自由連想と計算論的に並行な概念である誘発的連想というプロセスを採用した。帰納とは「前提にはサポートされているものの, その帰結が必然ではないような推論」(ウェブスター音楽辞典 1991) である。この定義は前に与えた演繹的推論の定義と対比され，2つの概念の峻別の重要性を示している。以下に帰納の例を示す。

ある母親は，自分の4歳の男の子が何日間もむら気で強情であるのに気づき，そういう「時期」に入ったのだと断じた。実験室のネズミは食べ物を得ようとして執拗にレバーを押し続けるが，ちょっと異なる音を聞くと電気ショックが伴う。ネズミが次回この音を聞いた時，レバーを押すのをためらい，もう一回ショックが来るのを予期するかのように，待ちに入る*。19世紀の科学者たちは様々に制御された環境で光の挙動を研究し，それが音と同じようにある媒体の中を波として伝播することをつきとめた。これら全ての例は帰納であり，不確かな状況において知識を拡大するのに寄与する推論プロセスを含むものである。(Holland et al. 1986, p.1)

---

*「予期」は原文「the other shoe to drop」による。昔ニューヨークのアパートの壁が薄かったために，片方の靴が脱ぐ音がするともう一方も予期できるというもの。

連想ネットワークにおいては「&」シンボルは帰納に基づく誘発的連想*を意味し，文頭の語の前か後に現れる。このシンボルは連想ネットワークを当たり前の演繹推論に制限する代わりに，妥当な代わりの推論を行わせるものである。ここで「妥当」であるとは，プログラムが返答を形成するのにもっとも重い値を持つ語のほかにも，連想的に可能な語を周到にふるいにかけ，それらの中の１つを選ぶ推論である。それは演繹的推論で選ばれる確率は低いものの，値が高い語と同等の正当性を持つ語となる。

連想ネットワークにおいて，当該語から誘発されてある語が選択される可能性があるかどうかは（その可能性のある語から見て）当該語にどのように重みづけがなされているかに依存する。手短に言えば，（当該語から見て）値の高い語であってもその語から当該語に対して値が低いようであれば無視され，（当該語から見て）値の低い語であってもその語から見ると当該語に対して値が高いような語が代わりに選ばれることがあるということだ。この概念は入り組んで見えるが，語の間の関係は一方的に高い値の語を探す代わりに，相互に連関が高い連想語を探すことが本質であるとしている。この誘発的推論においては相互に連想性の高い語どうしの共鳴は，シンプルな一人勝ち方式の重みづけで語の関係を決める戦略より優先度が高い。

図 9.8 はこのようなプロセスの例を示している。「what」に対して値が 2.47 で最も高い「name?」を直接拾うよりは，プログラムは値の高い語をかき集め，ふるいにかけ，「is」を選択する。なぜなら「is」は「name?」より「what」との複合的な重みがより高いからである。この場合，「is」は「what?」から見て「name?」（値 2.47）を除くと 0.9 で次に高い値を持つ。これは「name?」の代わりに「is」がたまたま候補になり，代替語として安易な選択法に見える。しかしこの場合のように連想関係が成り立つ保証はないし，いつも起こることでもない。ここで語選択に対して決定的に働くのは「is」から見て「what?」が持つ値との組み合わせである。「is」から「what?」は 0.9，「what?」から「is」は 0.4 であるから計 1.3 になる。この合計は，「hello」から「what」と「what」から「hello」の合計 0.5（0.1+0.4），あるいは「your」から「what」と「what」から「your」の合計 0.7 （0.4+0.3）

---

* 原著では inductive association であるが，この inductive を帰納的と訳すと数学用語としての帰納法・帰納的推論と混同するため，ここでは敢えて少数の例に「誘発されて」発現する連想とした。

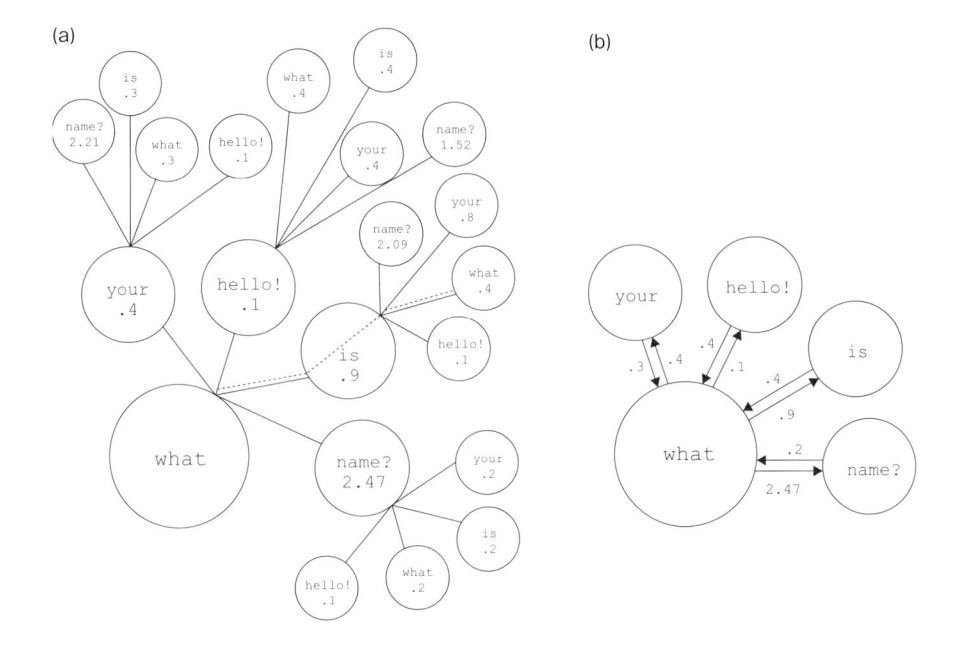

図9.8 （a）選ばれた別経路を点線で示す誘発的連想プロセスの詳細な例；（b）簡素化した同様のプロセス

より高い。このプロセスとこの図はとても複雑に見えるので，点線でこの誘発的連想を示した。実際，この関係では「what」に続く語として一見明白な「name?」より，「is」が選択され強化される。

図9.8（b）は誘発的連想のプロセスをよりわかりやすく概念化したものである。ここでは「what」から「name?」，「is」，「hello!」，「your」の四語の重み（「what」から「遠ざかる」矢印）とそれぞれの語から「what」へ（「what」自体を除いて）の重み（「what」へ「向かう」矢印）が示されている。「is」との双方向矢印の合計0.9+0.4（1.3）が，他の双方向の合計，すなわち「hello!」における0.1+0.4（0.5）や「your」における0.4+0.3（0.7）より高くなるのが容易に見てとれるだろう。よって最高値2.49である「name?」に代わる語の選択として，「is」が選ばれる。

図9.8の誘発的連想では「what」が新しい選択語の「is」に先行するとともに，後続する可能性をもサポートすると思われるかもしれない。しかしこの場合「what」が，他の語から「what」に向かう語との間接的関係において最高値であ

るということであり，「is」へ向かう値との関係において言っているのではない。したがって誘発的推論が再び呼び出されるのでなければもちろん，「is」は「is」へ向かう関係で最高値を持つ「name?」を伴う。

　図 9.9 は「&」を実際に運用した例である。ここではプログラムが誘発的連想を行っている様子が示されている。プログラムの通常の返答（「&」シンボルなしで）は「David!」になるが，ここではもっとおもしろい返答がなされ，コンピュータにも創造的なふるまいができることを示すような有用な例を提示する。ただしこの創造的とは第 1 章に示した意味においてである。

　連想ネットワークを長時間使い，会話セッションを保存し続けると，時間が経てば極めて複雑で見た感じ人間らしい「会話」を作り出すことができる。これら会話から得られたコンピュータの返答集は入力語句を理解せずに出てきたものとは思い難い。ユージン・フィッシャーは以下のように問う。

　話者たちは自分がかつて出会ったことのない無限に多くの文をどうやって理解しているのだろう？　意味の知識に関する質問として言い換えるなら，「話者たちが自分たちがかつて出会ったことのない無限に多くの文に対して，その意味をどうやって得ているのだろう？」。最初の質問は一般には「言語的創造性の問題」と呼ばれる提起である。後者は前者の問題提起の一部であり，哲学者たちがしばしば関心を当てている「意味的創造性の問題」というものをピンポイントに述べている。(Fischer 2000, p.3)

　紙幅の関係で次の会話に対する連想ネットワークの返答を創出したデータベースは見せられないが，この会話のごく一部を見てもらうだけで，連想ネットワークを長期的に使うとどれくらい高度な会話ができるようになるかを納得してもらえるだろう。

　ユーザー：自覚は表現するのが大変難しい概念である！
　コンピュータ：この自覚は重要なのか？
　ユーザー：& 自覚は重要であり，我々は私のような人間とあなたのようなコンピュータを区別するのに使う。
　コンピュータ：なぜ区別する？

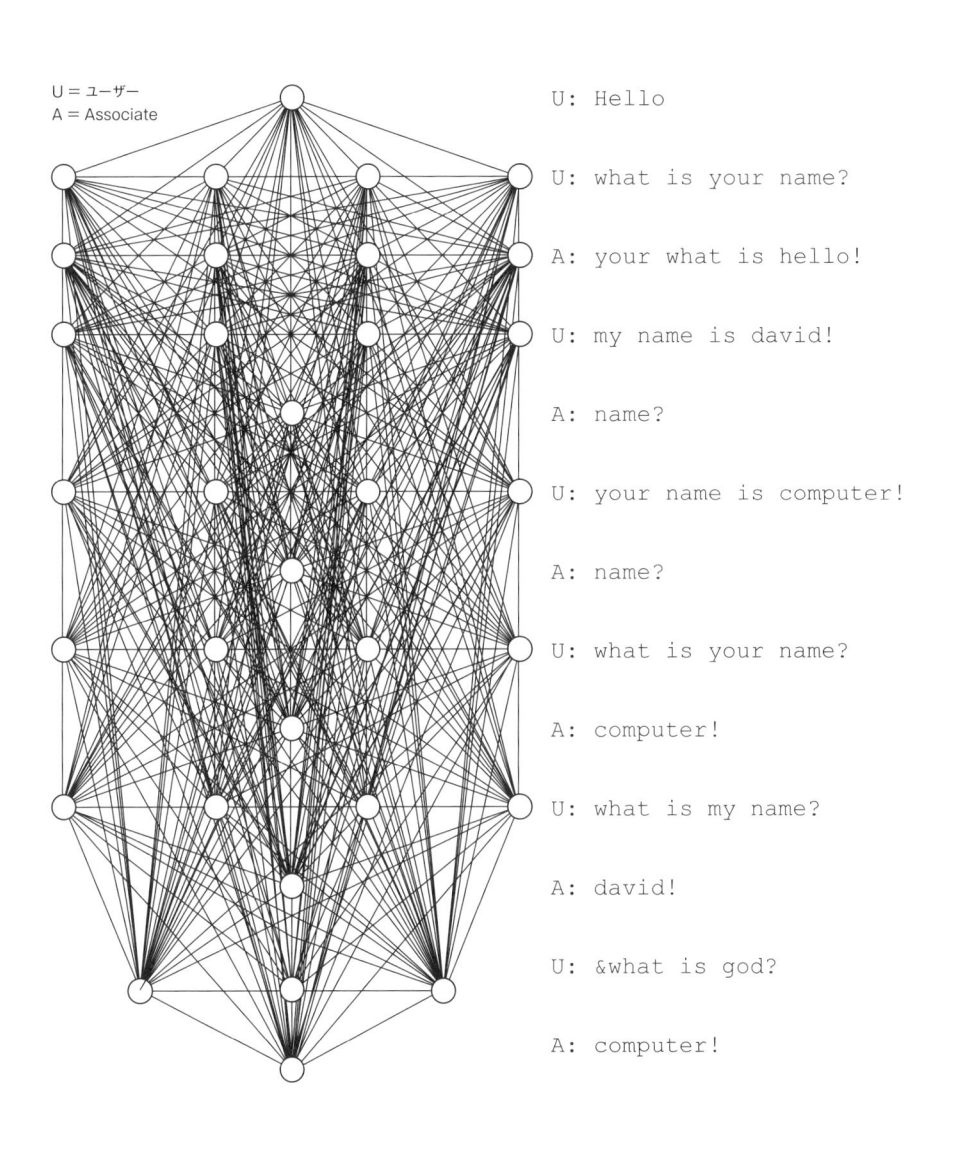

図 9.9　誘発的連想で「&」シンボルを運用した例

ユーザー：私のような人間は，互いをよりよく理解するためにあるものと他のものを区別する必要があるのだ。

コンピュータ：なぜよりよく？

ユーザー：それはあなたと私が以前議論したように，私の好奇心に含まれるもののようだ。

コンピュータ：なぜそう混乱を起こすようなことを言う？

　私はしばしば連想ネットワークからの返答に驚かされるが，特にそれはプログラムに繰り返されることばが全てもともとは私の入力語であるからである。ことばの順序や組み合わせの意味は，最終的にはもちろんかなり変えられている。プログラムが私のことばをオウム返しする時でさえ，それは何か意図を持っているように感じ，勝手気ままなものだとは思えない。各々の語が他の語と完全に結合されたデータベースにおいては，会話が十分な長さであれば，特にこれらの返答が恣意的ではなく，入力された文言と質問から理由づけができる。第10章で紹介する音楽の連想ネットワークは3つの異なった版の誘発的推論を持ち，それぞれ異なったレベルの創造性を示す。しかし，これらの誘発のバラエティは，音階における声部連結など音楽特有の特徴を持つため，言語に用いることはできない。

　連想ネットワークがより長い返答を作るための訓練として，私は予備値のない連想ネットワークに数年前自分で書いた小説からパラグラフをいくつか入力してみた。これに対して，私はプログラムが私の書いたものと完全に同じ意味ではないのに同じ文体が模倣されることを期待した。私はそれぞれのパラグラフにおいては句読点を含まない長い一文を入力し，プログラムはそれゆえ私が入力を終えるまでは返答をしなかった（先に述べたように，Associateは出力をする前に通常の文と質問を要する）。私が完全な1章分に相当する1文の入力を終え最後に疑問符「?」を打った後，私はコンピュータに返答の機会を与えた。以後，私はコンピュータの返答に「yes^」と「no*」で答え続けた。

　Associateは自分自身で何かのプロットを持つことなく，最初は私の文章をまねていたが，少なくとも数回の返答はおもしろいものだった。例としてやり取りの1つを紹介しよう。ここでの入力文は私が《Lorn Enver》と名付けたもので，以下の文章である（誘発的推論を許容するために文頭に「&」が付けられ，文内に句読点がないことに注意）。

&かすかな光が現れぼんやりと形をなさない区画を作り数秒たゆたったあとにぼやけて消えたこのできごとのどの瞬間も不快であった望みもしない邪魔ものが柔らかい完全なベルベットの漆黒の平和な時間に介入し慣れていない心は無駄に意味を探ることを止め夜の深い狂喜の中にもう1度なごんでいった？

これに対する連想ネットワークの返答は以下である。

形をなさない光はゆらめき望みもしない漆黒の中の邪魔ものが平和のあとに戻ってきて無をぼやけさせた！

　最後の句点を伴う語はここでは無（「nothingness!」）であり，（文に現れていない他の単語と同様）以前連想ネットワークに入力してあった語から出てきたものである。この返答は長いナレーション文のラフな原稿のようでおもしろいが，連想ネットワークの全てがこのレベルの散文になってくれたわけではない。句読点を少し加え，少数の接続詞と冠詞を加えるとこの出力はもっとおもしろく読める。実際，この文はプログラムが私の文体を蒸留したものであり，ずっと以前に書いた《Lorn》（1972年に完成）のオリジナルをいくつかの点で上回る出来栄えである。
　連想ネットワークによる私のオリジナルの散文の簡易版は，十分な量のデータを提供すれば十分に刺激的な結果を出力できることを示す。私がセンターを守ってフライをキャッチした時，三角法と微積分を知らなかったように，Associateは自分が使う語の意味を全く知らないが，それでも事情を知らない人から見れば，語の意味を知り尽くした散文を創作する。この連想プロセスはジョン・サールの（第1章でちょっと触れた）「中国語の部屋」に似ている。その中ではサールは，コンピュータのプログラムが意味を全く解することなく中国語の正しい組み合わせを効率的に作り出すことができることを証明しようとした（Searle 1997）。私が第1章で論じたように，そして次の章で論じるように，音楽には意味が全くない。よってサールの主張と全く矛盾しないのである。
　上記のようなやり方で創造された文章は，しばしば全く異なった方向に話が進むことがある。私はここでは読者がオリジナルとその変形が識別できるような例を挙げて，誘発推論が創造力を持つことを示した。
　連想ネットワークは文から文へと話が進むストーリーや小説のようなものも生

成できる。そのためにはユーザーは話が進んでほしい方向に返答を喚起するよう入力をしなければならない。プログラムの返答は最終的な散文の生成にのみ使われる。次の会話は（データベースのサイズが十分に大きいと仮定して）この種の入力プロセスの例である。

ユーザー：雨は降っているかい？
コンピュータ：夜通しね！
ユーザー：& 雨は降っているかい？
コンピュータ：雨の長ささ！
ユーザー：寒いかい？
コンピュータ：深くね！
ユーザー：何か聞こえるかい？
コンピュータ：死を恐れるよ！

この種のやり取りは，句読点を正しく補ってやれば以下のような文になる。

夜は長い。雨は長く深く，死を恐れる。

唐突な短い文であり，詩的で記憶に残るというほどのものではないにしても，この文は十分に理解可能であり，やり取りはある程度一貫したムードで行うことができた。

パラグラフ単位での入力は散文生成により多くの多様性を許容する。しかしパラグラフ単位での入力は奇妙な言葉使いや不適切な文が結果に入り込むことがあるというリスクも持ち，最終返答からこれらを除去するためには繰り返し同じ質問をしなければならない。完全なパラグラフであろうと，文単位での入力であろうと，どんな方法をとっても，私が本書で決めた基準に従えば，明らかに創造性に富む出力が得られたと言ってよい。

ダニエル・デネットは，コンピュータは人間が決して書いたことのない小説を実際に創造できると提言した。

誰も書いたことのない，したがってベストセラーにはなりようもない短編集がある。それらはすぐに古典と認識され得るものである。どんなワードプロセッサーにおいてもそれらをキーボードから打ち込む必要がある。この打ち込み数はどんな本でも些細なものである。しかしそれらは人間の創造性の地平を超えたところにある。どんな創造主でも，あるいは小説家でも作曲家でもコンピュータプログラマでも，様式という名の個人的な習慣において固有のデザイン空間をひた走るのである。(Dennett 1995, p.450)

　連想ネットワークは適応性のあるソフトウェアを体現したものである。適応性があるというのは，最終的に形成される結果がプログラムによるのではなく，ほぼ完全にシステムのユーザー入力によるからである。連想ネットワークのような適応ソフトウェアは学習曲線（横軸に時間・試行回数, 縦軸に習熟度）を考えると「浅い」（急に立ち上がることはなく時間をかけて徐々に上昇する）カーヴになり，初期はごく少量のプログラム経験だけで済む。
　連想ネットワークはもう１つの適応的なふるまい，複合適応システム（CAs）に似る。ジョン・ホランドは複合適応システムのある種のタイプのものを以下のように記述している。

　人間の免疫系は抗体と呼ばれるおびただしい数の可動性の高い細胞からなるコミュニティである。抗体は，抗原と呼ばれる変化しやすい侵入者を常に撃退し滅ぼす役割を持つ。この侵入者は生化学的には細菌やウィルスであり，途切れることなく舞い落ちる雪のかけらのように次から次へと形を変えてやってくる。この変化性のために，あるいは新しい侵入者が常に現れるために，免疫系は闖入者のリストを作っておくことができない。そのため抗体は新しい侵入者に対して常に適応する（あるいは「フィット」する）ために固定した形態に落ち着くことがない。その変幻自在な性質にもかかわらず，免疫系は驚くべき固有性を維持する。実際，免疫系はあなた個人のアイデンティティを科学的に定義するに足るほど固有なものであり，あなた自身を他の世界から区別するために他の人間から入ってきた細胞を拒絶する作用を持つ。結果として，あなたの兄弟からの皮膚移植ですら特別な方法を要するのである。(Holland 1995, p.2)

ホランドはこのような複合適応システムがもつふるまいのパターンには共通した「変化に対する一貫した固有性」があると言う。彼はさらに，このようなシステムの多くは彼が言うところの増幅効果があると信じる。それはワクチンに見られるように少量の免疫抗原が免疫系全体を刺激して特定の病気に対する抗体を大量に作り出すシステムである。複合適応システムの働きにおいては，そのふるまいが「個々のパーツの働きの和以上」であることから，非線形であると言われる (Holland 1995, p.5)。

　連想ネットワークは適応的である（入力次第で結果が変わる）ことと，非線形である（変化が系全体に及ぶ）ことから複合適応システムに似ている。しかし，私は連想ネットワークが実際に複合適応システムであるとは思わない。

　連想ネットワークは第 6 章で論じた Gradus のプログラムとはあまり違わないプロセスで学習を行うが，そのメカニズムはかなり異なる。Gradus は直接的な解析アルゴリズムを使ってルールを生成し，バックトラック処理を減らすよう変数を蓄える。一方，連想ネットワークは重みづけを変更し，最終ゴールに向かってプログラムをゆっくり磨き上げる。しかしこの効果にあまり違いはない。私の考えでは，連想ネットワークは Gradus よりは自然に学習を行う。しかしもっと重要なことは，先の章で述べるように，連想ネットワークは他の重要なプロセスを統合する機会を与え，新しいプログラムを書いたり他のソフトをくっつけたりする必要がないことである。連想ネットワークによる自然な否定と強化によるアプローチは，第 6 章で述べたように，新しいプログラム抜きで推論と類推の間に意味のあるリンクを形成する（私はこれらの推論と類推の間の関係を第 10 章でより詳しく述べる予定である）。

　プログラムが時折見せる，類推を引き起こす能力の例をここに示す。

　　ユーザー：列車は線路に対応するように，車は道路に対応する！
　　コンピュータ：列車に道路は？
　　ユーザー：月は地球に対応するように，地球は何に？
　　コンピュータ：何だって！
　　ユーザー：＆月は地球に対応するように，地球は何に？
　　コンピュータ：太陽が何だって！

もちろんこの会話はユーザーとネットワークの間でやり取りが長期に及んだ後にのみ可能なものである。結局プログラムは「太陽」と「何」ということばをネットワーク中のノードの語として知らなければならないし，この類推を外挿するためには（偶然でないとしたら）太陽と地球の関係も知っていなければならない。

私は Associate の言語能力に関しては何も主張しない。明らかに Associate は，ユーザーが通常のように語を理解するようには理解しない。私はこれまで連想ネットワークに関して言語に焦点を当ててきた。なぜなら言語は音楽より明瞭にはっきりした連想を示すことができるし，また私の究極のモデルは言語と音楽の両方を使うことであるからである。しかし，音楽の例より先に言語の例を持ってきたところで，言語が持つ創造的プロセスと同じプロセスに音楽が従うと提言するつもりはない。実際は音楽と言語は音と静寂をある時間的並びで用いるという意味で音響学的特徴を共有するが，これら 2 つは多様な意味で分別されるものである。たとえば言語は語彙として辞書にカタログされた明確な意味を持つが，音楽はレナード・バーンスタインが指摘するように「もっているのは美的機能だけ」である（Bernstein 1976, 和田旦訳 1991, p.79）。このため音楽は連想ネットワークにさらに適切に結び付くものである。

読者には，私の Web サイトに置かれた Associate のプログラム*と是非対話してみることをお薦めする。プログラムは初期の会話ではぎこちないこともままあるが，そこは我慢して，その言語能力を了承してもらわなくてはならないが。

---

* p.iv を参照

10 音楽における連想

＊原則：音楽の創造性は作曲家・演奏家・聴者がそれぞれ，音楽の伝統の広い地平に自分の経験を結び付けることによって生ずる。

音楽の入力

1997年，幸運なことに私は3人の大変に才能ある人たちと共にツアーを行うことができた。1人目はハロルド・コーエン。コンピュータアーティスト Aaron の製作者で，カリフォルニア大学サンディエゴ校の名誉教授である。2人目はジョージ・ルイス。作曲家・トロンボーン奏者で同じくカリフォルニア大学サンディエゴ校の音楽の教授である。3人目はクリストファー・ドブリアン，作曲家でカリフォルニア大学アーヴァイン校の音楽の教授である。このツアーでは，私たちのアルゴリズミックアートの様々な仕事をレクチャーし，デモし，演奏を行った。ある晩，アーヴァイン校の私たちのコンサートの後，客席にいたある若いトロンボーン奏者の男性がジョージに音楽での対決を申し込んだ。この男性は学生で，ジョージが栄光ある過去の持ち主であり，カウント・ベイシー楽団や他のジャズの巨人たちとも演奏経験のあることを，私同様知っていたに違いない。

ほとんどの聴衆は既に会場を去っていたが，ジョージはこの学生のために即興を始めた。学生はその年齢にしては実に大した才能を見せてくれた。続く30分ほどの間，クリスとハロルドと私は，この2人が尋常ならざる音楽の交換を続け，互いに「語り」合うのに釘付けにされた。私は自分の人生でこの即興演奏の「会話」ほど創造性を感じ入ったことはない。これは，チェスの愛好家にとっては，グランドマスター選手権の試合を一手一秒に圧縮して見るようなものである。モチーフが交換され，展開され，瞬時に挑戦状が投げ返される＊。

連想ネットワークは音楽を入力し，ユーザーと「会話」をすることができる。簡単な例として，図10.1では，オクターヴの差を無視するアスキー音名を使って連想ネットワークとのやり取りをデモしている。まだ基本的ではあるが，この例においては連想ネットワークが論理的なシンタックスを素早く発展させ，音楽

＊原著では「中世の騎士が着用する長手袋（gauntlet）をトスする」とあり，これは決闘の申し込みを意味する。

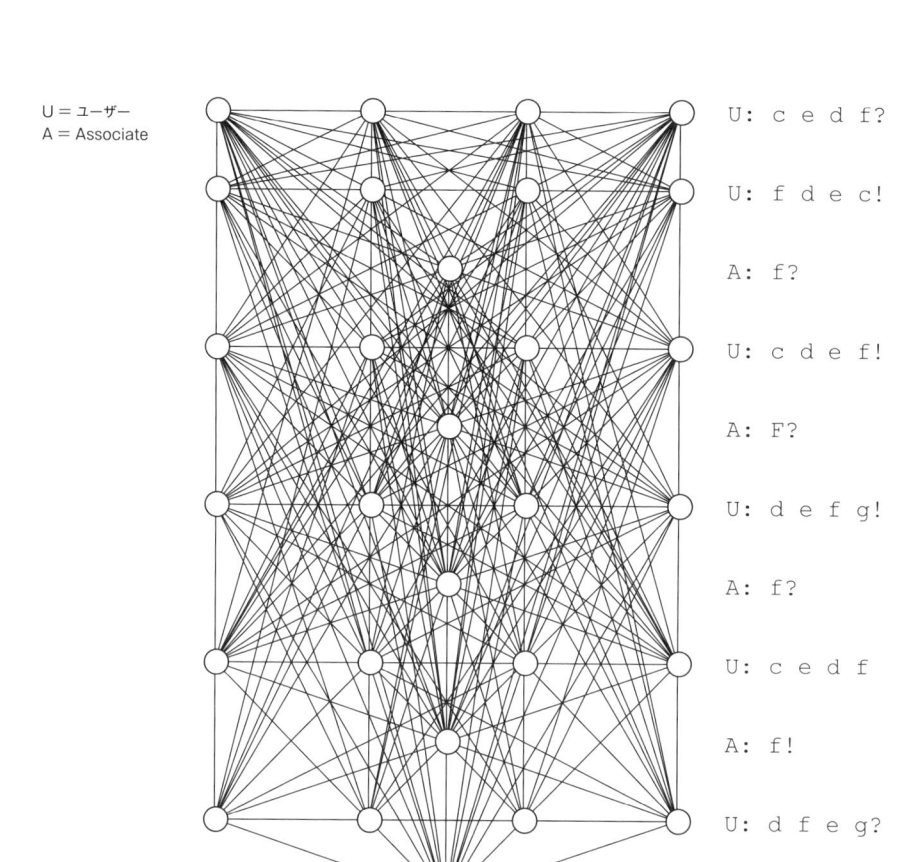

U = ユーザー
A = Associate

U: c e d f?

U: f d e c!

A: f?

U: c d e f!

A: F?

U: d e f g!

A: f?

U: c e d f

A: f!

U: d f e g?

A: c!

図 10.1 ASCII キーボードを使った連想ネットワークへの簡単な音楽入力の例

上の最後の疑問符をカデンツ的に完成させている（トニックの「C!」は調性音楽的には先行するドミナントの「G?」を終止させている）。ただの「C」と違って「C!」はユーザーによって会話の最初の文（2度目の入力）として与えられるのに対し，「G」は「G?」という形でも「G!」という形でもユーザー入力の終わりに与えられる。このため，プログラムの返答はとりわけおもしろくなる。プログラムにより複雑な出力を構成させるためには —— たとえばモチーフを繰り返しあるいは変奏などを行わせるために —— もっと多くの入力が必要となる。しかし図 10.1 が示すように連想ネットワークでは，かなり限られた音楽の入力だけで，少なくともそこから引き

出される音楽の機能を認識できる。

　音楽が連想ネットワークに入っていく過程を解析するのは有益である。たとえば入力された音楽は，フレーズを時系列に従って分解して書き下す必要がない。言語における文のように，音楽というのはフレーズというまとまりを単位にしてネットワークに入っていくからである。ここで感嘆符や疑問符はカデンツのタイプに対応する（「?」は半終止，「!」は完全終止）か，あるいは単にフレーズの終わりを意味する。

　アスキー仕様による和声は，オクターヴの差異を無視した音名の連なりであり，音楽の「語」を形成する。図10.2はハ長調における三和音の入力に対して連想ネットワークがどのように返答するかを示す例である。調性音楽をよく知っている読者にとっては，この「会話」の意味は明らかであろう。あまり詳しくない人は，第9章の言語の例と同様に，ユーザーがここで記述したコードのシンタックスが，プログラマの設定したルールにガイドされることなく，プログラム自体によって発見されている様子が見える（コードのシンタックスとは，すなわちユーザーが例として与えた所定の調の主和音によるカデンツを意味する）。第9章における言語の例とともに，一文字違い（音楽で言えば一音違い）による類似については，その不利益よりも利益を勘案して許容する。すなわち「GBE」と「GBD」は（和声学的には異なる機能であるにもかかわらず）同一視し，「GBD」と「GBDF」（和声学的には同じ機能）も同一視する。

　音楽上連結の重みとは，言語における語の連結とはかなり異なった意味を持つ。SPEAC（第7章参照）はどんな様式の音楽でもグルーピングに重みを与える直截的なアプローチを採るため，他の解析的な手法では保証されないような汎用性を持つ。SPEACは連想ネットワークで，前景から後景に向かう順序で数を割り振り，添え字にする*。したがってS_3という識別子はS_1よりも後景にある構造を表している。SPEACの数値レベルは音楽の複雑さによって変化し，シェンカー解析における前景から後景に至る途中状態（中景）の数に相当する（Schenker 1935参照）。図7.17に関して述べたように，たとえばS_3の個々の例はその数のあとにハイフンでつないで$S_{3\cdot14}$のように表示する。

　音楽を連想ネットワークで扱う時，ノード結合の重みづけは第7章で述べた方

---

*シェンカー理論においては音楽のスコアそのものは前景（foreground）であるとし，本質的な音を漸次抽出していくことで背後に共通に存在するトニック－ドミナント－トニックという和声進行（background）に至ると考える。

法に基づき，そのグルーピングの占める時間の長さとリズムの緊張度から計算される。ノードにはもとの音楽環境におけるグルーピングの文脈に基づいて適切なSPEAC 識別子が割り振られる。音楽連想ネットワークにおける重みづけは，〈組み替え〉（第4章）できる語彙に相当するものである。なぜなら声部連結による関係づけは，移調による関係づけより大きな値を持ち，それはちょうど言語における同じ語の関連づけに置き換わるからである。

音楽の入力が多くなるにつれて音名の単純な集まりは，オクターヴの違いを区

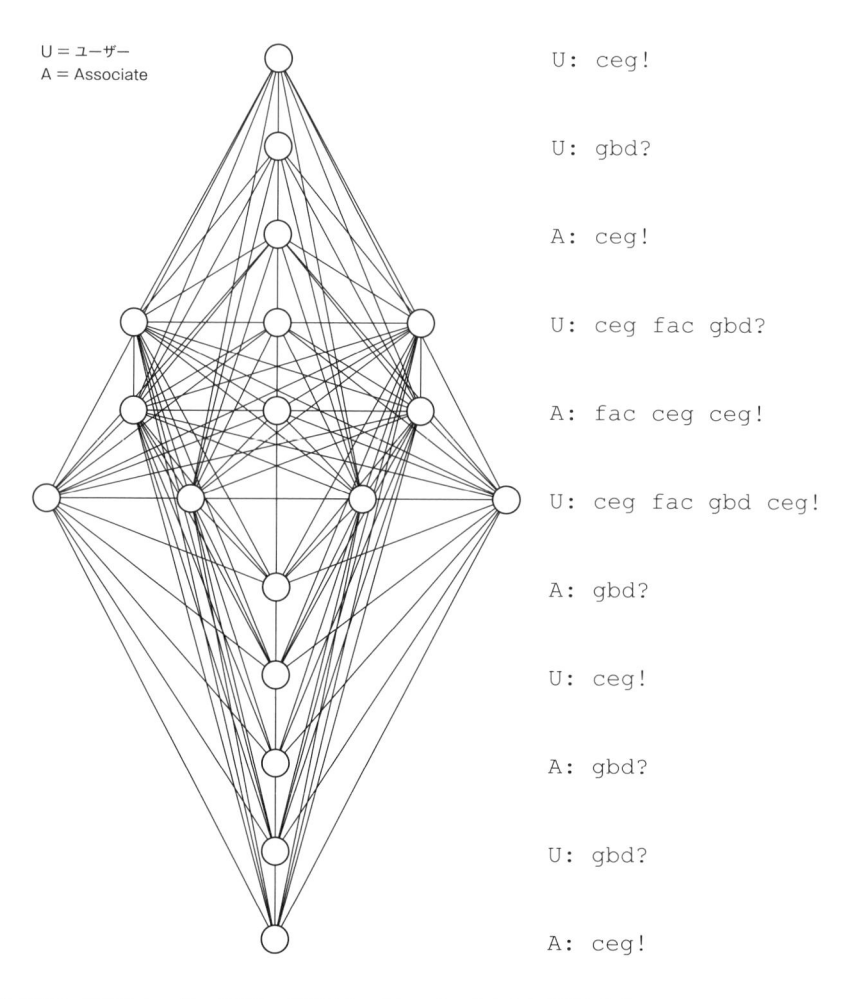

図 10.2　ASCII キーボードを使って連想ネットワークへ入力した簡単な和音

別する（付録B参照）よう洗練化され，予備段階での重みづけにおける重要性も増すことになる。しかしながら予備段階での重みづけに関し，言語についての設定，たとえば文の最終語や文中もっとも長い語を重くみるなどの設定は，音楽に関してはほとんど意味をなさない。音楽における予備値設定は SPEAC の順序づけメカニズムから直接に導かれる。たとえば A (Antecedent) という識別子は少なくとも結果的には C (Consequent) という識別子に至る。音楽の連想ネットワークにおける各々のノードの緊張度は，そのノードのグルーピングの時間的，リズム的関係から進化するため，これらの緊張度は連想ネットワークの重みづけに代わることはできない。

　この体系は，SPEAC による各ノードの緊張度の値と連想ネットワークによるノード間の重みづけを併せ持ち，一見複雑に見えるかもしれないが，各値を分離して理解するのは難しくない。図 10.3 はこのプロセスがどのように進むかを示

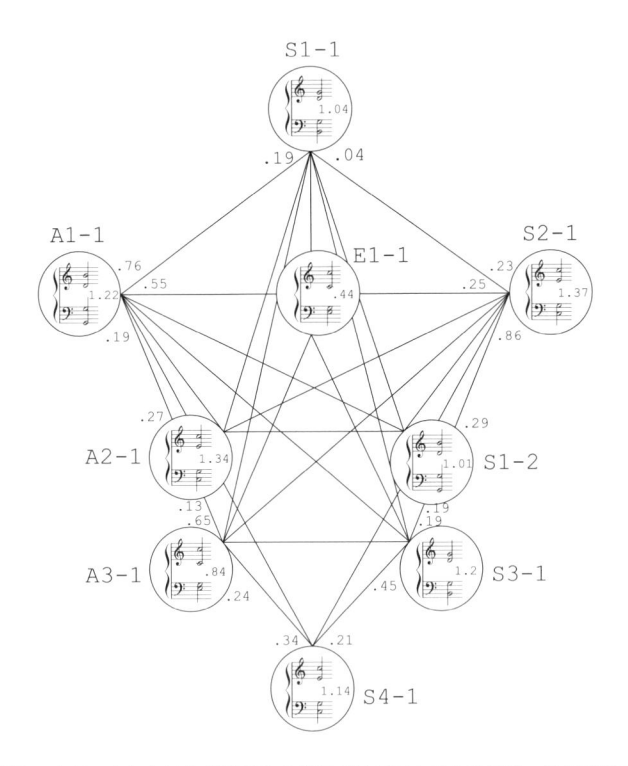

図 10.3　連想ネットワークにおける SPEAC の順序づけプロセスの動作例。ここで SPEAC 識別子は階層表示されていない

している。図では外側にあるノードの連想重みだけを表示したが，全てのノードを表示するとグラフィック表示が混乱するからである。

音楽の誘発

　音楽にも誘発的推論を用いることで，図 10.4 に見るようにごく少量の入力からおもしろい結果を得ることができる。誘発を用いるシンボル「&」を付加すると「gbd」の後に「ace」が伴う偽終止が生ずるが，それは入力の段階ではすぐには予測できなかったものである。ここでの入力とは，ネットワーク全体の内容を意味する。

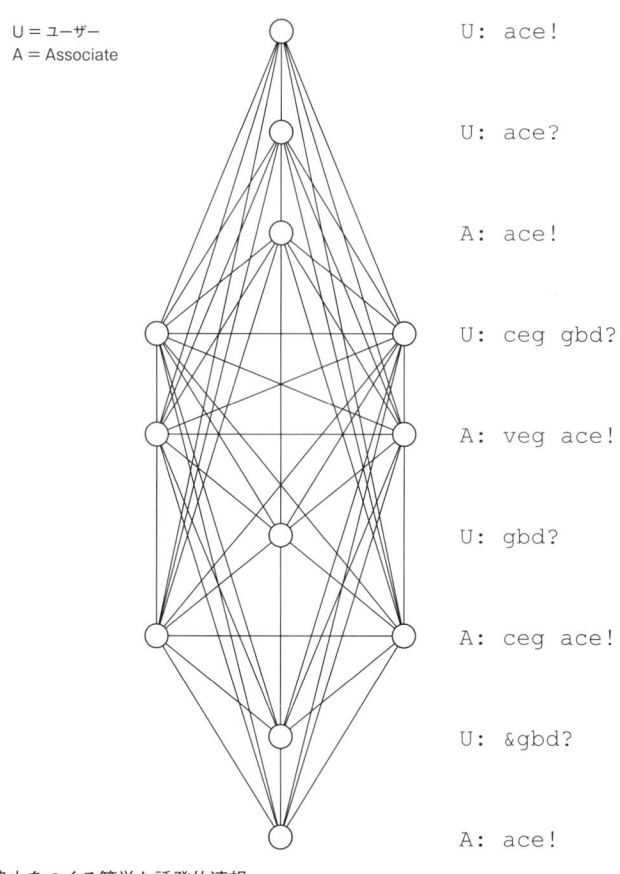

図 10.4　偽終止をつくる簡単な誘発的連想

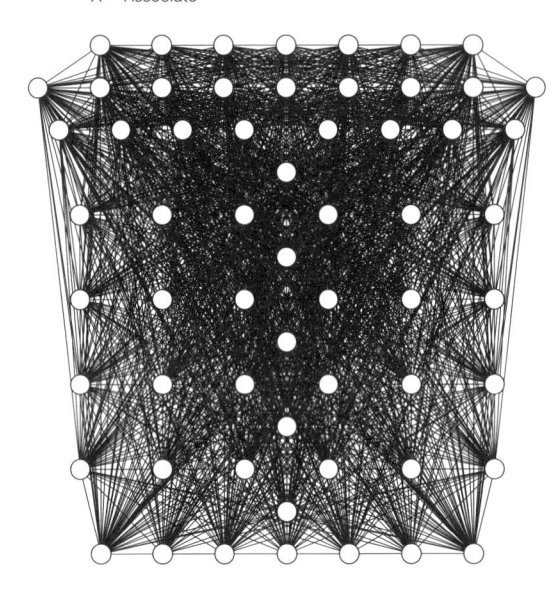

```
U: c d gb g a gb g?
U: d c b e gb a g c c!
A: gb c d g a e b g?
U: &?
A: d gb c a g c!
U: &?
A: c gb a g d c!
U: &?
A: d gb c a g c!
U: &?
A: a gb c d g c!
U: &?
A: b gb c d g a c!
```

U＝ユーザー
A＝Associate

(b)

図10.5 音楽的会話について：(a) これまで使ってきた連想ネットワーク図。(b) 第3章 (図3.14) のベートーヴェンのスケッチとの比較と，そのプログラムの反応の楽譜化

音楽における誘発的連想のよりはっきりした例を示すために，ここではわかりやすさとスペースを節約する方便から，音名による旋律だけの例を示す。図10.5（a）のAssociateとの「会話」は図10.5（b）を出力する。この曲は——大まかに見る限りは——図3.14に掲げたベートーヴェンのスケッチと同様のものであるが，私自身が誘発を起こさせるためにおとり工作員となろう（実はベートーヴェン自身もこのスケッチのプロセスで同じ役をした）。実は，私が誘発的連想を用いる以前から，プログラムは傑作とは言えないまでも「満足できる」程度の最初の返答をしている。Associateにおける入出力においては，プログラミング上の制約で全ての臨時記号はフラットであることに注意されたい。したがってプログラムの返答には音楽理論上はF♯と答えるべき音もG♭と表示される。同じく，たとえ短くても各々の「スケッチ」は先行する要素の少なくとも1つは保持し，一連の出力列にわたって得られる返答も，先行曲の要素を保持することになる。

　連想ネットワークは，それ自身で誘発的連想を実行することができる。このような自己誘発的連想は，ユーザーが繰り返し否定的な入力を続け，プログラムによる出力を拒否し続けた時に起こる。連想ネットワークはさらに，出力の中でデータベースからの引用が繰り返し起こる時，さらには音楽が以前に拒否されたものに似過ぎている時にも起動される。何年にもわたってこのような誘発を用いた結果，私は自分のプログラムが作り出した音楽の中でもとりわけ刺激的な音楽を作り出したと感じた。

繰り返しと自動化

　これまでの音楽の例は，連想ネットワークと誘発的連想，およびそれらの音楽入力に対する返答プロセスなどの基本的な概念を紹介するためのもので，大変簡単なものだった。このような単純な例とより複雑な例を橋渡しするためには，再帰的プロセスという概念を知ってもらわなければならない。

　再帰はプロセスが自分自身を参照する時に起こる。合わせ鏡をして自身の像がだんだん縮小していく様子が再帰の一つの例である。木の枝分かれにおいても，その1つの枝に注目した時，再びまた枝分かれを伴うさまも自己模倣的な再帰の例となる。「数学モデル」として第3章で論じた数式はまた別のタイプの再帰であり，その式が一度計算されるとそれが変数xの新しい値になり，それが計算されるとxの新しい値になり，…ということを繰り返す。フラクタル図形も再

帰プロセスから生成される。フラクタルの概念の創始者であるブノワ・マンデル
ブロは再帰についてジョナサン・スウィフトを引いている。

博物学者はノミを観察する。
そのノミの背にそのノミを喰おうという別の小さいノミがいる。
そのまた背により小さいノミがいる。
そしてこれは無限に繰り返される。
（スウィフト《ある狂詩》からの引用：Mandelbrot 2001, p.198）

彼はそれに次のように加える。

実際スウィフトはドイツの哲学者・数学者であるライプニッツ（1646-1716）によっ
て言われていることを繰り返した。ライプニッツは自分の発言内容をギリシアの
哲学者アリストテレス（384-322 BC）から借りた。結局思想について言われている
ことは，過去誰かの言ったことを繰り返した長い連鎖である……（Mandelbrot 2001,
p.198）

　連想ネットワークを自動化するには再帰が必要である。簡単に言えば，ユーザー
は長い曲を生成するのに連想ネットワークとの会話に長い時間を費やせない。こ
のような会話はほとんど切りがないし，進むにつれてより抽象的になり，フォロー
し切れなくなる。いくつかの私のプログラム，たとえば Alice（Cope 2000）は，ユー
ザーに多大な時間を消費させたあげくにようやく使えるようになる。Associate
の音楽入力プロセスを自動化するために，私は連想ネットワークの出力をそのま
ま入力につなげた。すなわち再帰である。プロセス全般的には，主に小節単位か
あるいはそれより小さいサイズのデータからなる音楽のデータベースを構築する
必要がある。ここではプログラムの応答は無視し，それぞれの入力は同じ文末記
号（句点）を付す（つまりプログラムの返答は空にする）。プログラムは次にそれ自身の
出力を再度入力に変えて（文末記号を逆にして）与え，自動的に作曲を行う。これは，
ほとんどの入力・出力を含んだ新しい音楽が完成するまで行われる。
　連想ネットワークにおけるグルーピング間の音楽的結合は，語に対する潜在
的な新しい結合に対してよりも，もっと情報を必要とする。第 4 章と第 10 章に

示すように，音楽はグルーピング（語に相当する）の順序が重みづけの優先度によるだけでなく，グルーピングの間の連結すなわち声部連結（両方向！）においても入力時に音楽の基本原則に一致させなければならないからである。この音楽連想ネットワークにおける二重の制約は，言語のネットワークの制約より明らかにきついものである。したがって音楽連想ネットワークは，創造的に〈組み替え〉られるまでに，はるかに多くのデータを必要とする。

　ネットワーク中，同一の音楽のグルーピングがネットワーク中の他のところに存在していた場合（転回して同じになるグルーピングまで含めて）これらのグルーピングは交換可能である。この交換は第 9 章で紹介した言語モデルに従うものであり，第 4 章で紹介した〈組み替え〉の原理に一致するものである。同一のグルーピングが異なる重みづけをもつこともあり，プログラムによる作曲中にグルーピング選択を最適化することも可能である。

　図 10.6 は Associate において音高の〈組み替え〉がどのように働くかを示した例である。図 10.6C と 10.6D の進行は，10.6A と 10.6B の進行からそれぞれ個別に導き出されたものである（作曲の時点ではデータベース中の他のデータは用いられていない）。図 10.6C は 10.6A と全く同じように始まるが 3 番目の和音に至る時，図 10.6B の同じ和音に接続する。この新しい進行（図 10.6 [c]）の声部連結は 2 つの初期進行に関わる基本的な制約は全て守るが，全体として異なった和音進行を含む。図 10.6D は 10.6B と全く同じように始まるが，ト長調の和音の次で和音が変更され，10.6A と同じ終わり方をする。このように既存の進行から新しい進行を作り出すやり方は，第 4 章に述べたものと同じ原理に従うものである。ここでは後の誘発に関する議論のために，その概要を再度まとめておこう。

　言語に関する誘発的連想では，連想ネットワークの計算にはほとんど問題がない。しかし，音楽グルーピングを用いる誘発的連想においてはここが大きな問題になる。というの

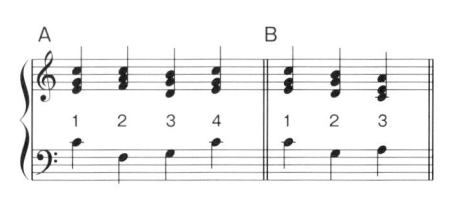

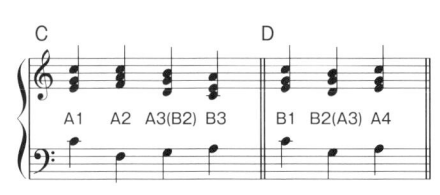

図 10.6　A と B の〈組み替え〉を用いて作られた，C から D への進行

は，現在選んでいるグルーピングを他に入れ替えようとする際，同じように声部連結ができることはまれだからである。したがって音楽における誘発的連想では，単純な入れ替えではなく，接合時の擦り合わせのような過程が必要とされる。このような擦り合わせは音楽的というよりは数学的なプロセスである。音楽にこのようなプロセスが導入されることに嫌悪を感じる人もいるかもしれない。しかし，これが本質的に音楽的なプロセスであることを説明するのでどうか容赦願いたい。たとえば私の知る限りにおいて，どの調性音楽の作曲家も，全く同じではないにしても同様な手法を用いている。

音楽の誘発的プロセスは，第9章で示した言語の誘発的プロセスと同様に，間接的な結合を最初に見つける。いま議論したように，声部連結がすぐ可能でない時にそれを可能にする必要がある。このため，音楽連想ネットワークでは，関係する全ての音楽グルーピングをピッチクラスの数（オクターヴの違いを無視し，Cは0，C♯は1，というふうに続け，Bは11とする）に置換する。次に，これらグルーピングは進行先となるピッチクラス数にリンクされる（進行先の音の重要性は第4章参照のこと）。このピッチクラスへの簡約は同等でないにしても，同様なグルーピングへのマッチングを探す機会を増やし，想像性に富んだ，音楽的にも正しい作曲を行うのに寄与する（変形による〈組み替え〉については Cope 2001a 参照）。

図 10.7 から 10.9 は，この音楽誘発における声部連結の方法をより詳細に示したものである。図 10.7（a）は単純な C から F の三和音へ進行する 4 声を示している。図 10.7（a）の楽譜の下には声部の進行に対応する 2 引数のペアが 4 つあるが，その第 1 成分は現時点で鳴っている和音（グルーピング）の 4 音のピッチクラス，第 2 成分はその各音が進行する先のピッチクラスであり，第 2 成分だけ集めると進行先の和音（グルーピング）となる。また各声部進行は左から右へ向かって下声から上声を表している。図 10.7（a）の最初のグルーピングは

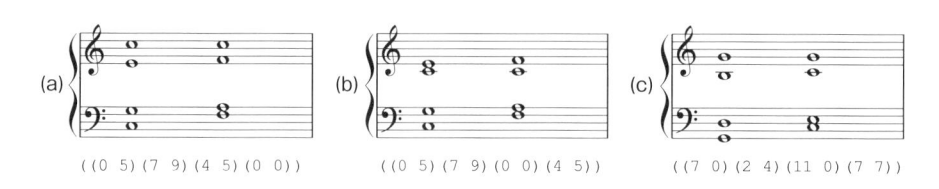

図 10.7　異なる順序のピッチクラスグルーピングからのルールを生成（誘発）

0（C），7（G），4（E），そして再び上声の 0（C）となる。この場合全ての声部が上方あるいは同じ高さに移行しているために，ピッチクラス数の方向は全て正の数である。

ここで最初に紹介する音楽的な誘発プロセスは，同じピッチクラスを持ちながらバス以外その順序が異なるものである。グルーピング内でバス音の位置を変えることは，とりわけ調性音楽においては様式に変化をもたらす。図 10.7（a）の 1 拍目の（0 7 4 0）グルーピングは図 10.7（b）の（0 7 0 4）グルーピングと同等と考えられる。しかし各声部の向かう先のピッチクラスを指定してあるので，グルーピングの交換においてはほとんどの場合――この場合のように――声部連結が可能である。声部〈組み替え〉による新しい声部連結は図 10.7（b）の下の音楽に現れている。図 10.7（a）の最初のグルーピングに対して新しい声部進行を生成するには他に選択肢がないが，もしネットワーク中の全てのグルーピングが誘発的に再構成されるなら，グルーピング〈組み替え〉の選択肢は劇的に増大する。

音楽家はこのような仕掛けを単に声部変更とみなし，調性音楽には普遍的に現れるものと考える。しかしコンピュータ音楽にとってはこの手法は明らかなものではないため，ここで慎重に説明を行った。同じプロセスを用いて同等性を実現するにはもっと野心的なアイデアがある。それは声部の変更ではなく，ピッチクラスの移高である。図 10.7（c）は図 10.7（a）の声部連結をモデルとして行ったケースである。図 10.7（c）に見られる新しいグルーピング構成では，もともとあったメンバーのそれぞれに 7 を加え，12 以上になったものは 12 による剰余（たとえば 12 の時は 0，13 の時は 1 など）でピッチクラスを書き直したものである。もちろん図 10.7（c）は単純な移高による同等性を示している。しかし私はこの例がピッチクラス移高の例示になり，これから述べるプロセスに寄与する例としてここに掲げた。

これら 2 つの基本プロセス，すなわち声部変更と移高は，特にそれらが少量のデータに対して用いられた時は驚くべき結果を出力する。たとえば図 10.8（c）は図 10.8（a），10.8（b）のみから再構成されたものである。図 10.8（c）に示される新しい進行は極めて単純であるが，それを作り出したプロセスを辿ってみることは有用である。最初の 2 つの和音は，人の手を加えることなく第 1 のルールのみで作り出されたものである。3 番目の和音は第 2 のルールが適用されたもの

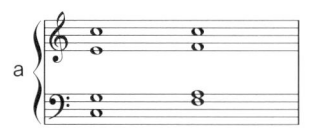

Rule 1; ((0 5)(7 9)(4 5)(0 0))

Rule 2; ((0 -7)(7 7)(4 -2)(0 -11))

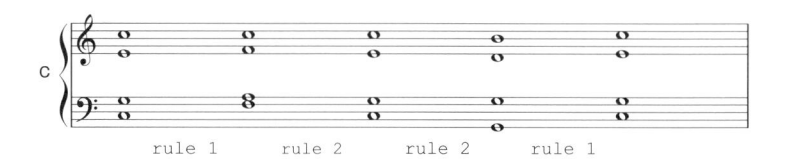

rule 1   rule 2   rule 2   rule 1

図10.8 より野心的な誘発：(a) と (b) の２つの短い断片から論理的に作られたフレーズ (c)

であるが，これにはいくらか説明が必要である。第２のルール ((0 -7)(7 7)(4 -2)(0 -11)) から新たに解析されたルール ((5 0)(9 -7)(5 -4)(0 0)) を得るには，わかりにくいかもしれないが，まず第２のルール全てに５が足されて ((5 0)(0 0)(9 -7)(5 -4)) とした後，声部を変更して ((5 0)(9 -7)(5 -4)(0 0)) としたものである。改めてマイナスの記号は下方への動きであることを思い出してほしい。つまりマイナスの数として12の剰余に加算されるものではない。おもしろいことに，これら複雑に見える操作の連鎖は音楽家にとっては，自然かつ簡単に理解されるものである。数値を追うのは人間にとって簡単ではないが，コンピュータのプログラムにとっては容易である。進行の残り部分はこの説明の後で比較的容易に理解されることだろう。

　図10.7 と図10.8 はこれまで不可能であったグルーピングの連結を誘発的連結によって新たに可能にした例である。このようにして，少量の入力データから新しい選択のバラエティが生まれ，それぞれは音楽的に正しく，しかしながらこれまで連想ネットワークに蓄えられた入力とはどこかで異なるデータが生成可能である。また単純な誘発のプロセスが極めておもしろい拡張[*]を行い，私自身創造的と思える結果を作り出すのである。

　前に書いたとおり，新たに発見された移調プロセスが調性システムの中で可能

---

[*] 原著では「extrapolation」。

であるためには，その新しい和音がデータベースの中に存在している必要がある。これはちょうど言語連想ネットワークにおいて出力語が全てデータベースに存在していなければならないのと同様である。しかし音楽には転調の可能性があり，より大胆な創造的拡張が可能である。図 10.9 にはこの種の推論の例を示す。図の中の進行はもともと参考にしていたどの曲よりも長く（創作の過程では他の曲がデータベースにないことに再び注意），ソースの進行には含まれていなかった半音の変化（F#）が現れている。この半音移高は図 10.9B の 2 番目の和音を 3 番目の和音として移調し，図の残りの部分をト長調で終わる新しいフレーズとしたものである。

図 10.9　2 つの短い全音階進行から得られた新しい論理的なフレーズでの半音移高の誘発

　図 10.9A と 10.9B（2 つとも同じ調にある）を組み合わせて 1 つの全音階とし，音楽理論に合う新しい調を生成できることは，誘発的連想の重要な潜在性を示唆する。この曲は図 10.6 〜 10.8 よりはるかに凝っており，連想ネットワークに対してユーザーやネットワークそれ自身が誘発的連想を起こす時には，はるかに多くの新しい可能性が生まれてくるものと考えられる。

　「&」シンボルも多様に使うことができる。もっとも，単純な「&」（「&」1 個）の実使用は以前書いたように直截的な誘発推論を意味する。しかしたとえば入力文に「&&」のように繰り返された時は，類似の場合も〈引喩〉する推論を引き起こす。「&&&」のように 3 回繰り返された時は，コンテキスト情報（第 8 章）も含めた推論を引き起こすコマンドとなる。これら 2 つの新しいシンボルにはもう少し説明が必要であろう。

　「&&」は他の音楽から可能な候補（〈引喩〉）を持ってきて声部変更をし，新しい創造的なグルーピングの組み合わせを可能にする。これらの新しい組み合わせを選択する際には，もとのグルーピング（A）とその進行先のグルーピング（B）の間の重みの類似度を，新たに進行先の候補とするグルーピング（D）とその先行グルーピング（C）の間の重みの類似性と比較する。この比較においては実際

の重みではなく，重みの比率が最も大きいグルーピングどうしを類似性が高いとする。まず連想ネットワークの中の重みの比率が A/B=0.9/0.3 （類似値 3.0）であるとし，〈引喩〉データベース中に C1/D1=1.8/0.6 （類似値 3.0），C2/D2=0.9/0.2 （類似値 4.5）のペアがあったとすると，0.9 という重み自体から見れば A と C2 は近いが，ここは類似値の近いほうが優先され，A の進行先候補として D2 が選ばれる *。私はこの「&&」というシンボルの創造性を「リージョナル」と名付け，「&」一個によって扱われる音楽が「ローカル」であるのに対し，この範囲を超えていると考える。

　図 10.10 (a) は Experiments in Musical Intelligence （EMI）で作った《プッチーニ風歌曲》（図 10.10 [b]）から〈引喩〉された，連想ネットワークによる新しい作品の例である。よくあるように，データベースが小さい時は特に，進行中の音楽からそれが〈引喩〉する音楽へは突然に遷移する。しかし重要なことは，旋律の遷移と，疑似オペラ的な副音型から，よりピアノ的な副音型への変形は，この突然の遷移をさほど急でも劇的でもないように思わせていることである。

　最後に「&&&」のシンボルは「グローバル」であるとする。それは「&」1 個のローカルな音楽や「&&」2 個のリージョナルな音楽と違って，「&&&」はスパイダー（Serendipity，第 8 章）によって集められた音楽あるいは文章のコンテキストデータベースや，時にはデータベースにない音楽にも言及する。「&&&」シンボルは音楽のコンテキストデータベースにおいて隣接したグルーピングのもっとも類似したペアを見つけ，グルーピング間の声部連結の方法によって新しいグルーピングを生成する。新しい声部連結も新しいグルーピングも両方とも連想ネットワークに加えられ，それによって出力結果を徐々に〈感化〉するようになる。

　図 10.11 (a) は「&&&」シンボルによって新作品がコンテキストデータベースからの〈感化〉を受けた例である。ここで連想ネットワークでのソースは EMI による《プロコフィエフ風ソナタ》第 2 楽章（第 18 〜 20 小節）である。この地点まで (a) の音楽は動機の展開（この小節内）と上行のアルペジオ音型（第 2 小節）を維持する。3 小節目では，オクターヴ重複した旋律線が思いもよらぬ方向にシフトし，1 小節目のさまよう左手と同様に，2 〜 3 小節目の右手の〈感化〉を示している（図 10.11 [b]。3 小節目のピアノの拍ごとの交代は私の選択であり，ネットワークによるものではない）。〈感化〉は微妙であるが実際にあり，プログラムの「履歴」変数

---

* 原著にはこの A，B，C1，C2，D1，D2 というグルーピング名は書かれていない。

を読む限り，そこにはネットワークが作曲する際の全ての決定情報が集められている。おもしろいことに，このコンテキストデータベースに〈感化〉を受けた音楽は，少し前に議論したプッチーニの〈引喩〉（図10.10）を起点とするものである。

ローカルな誘発（「&」）では，かつて扱った曲に対して新しい方法で洞察するのに対して，リージョナルな誘発（「&&」）では，他の音楽からも〈引喩〉され，類推として言及する。これらの〈引喩〉は作製されつつある曲に対しては寄与せず，ただ1度用いられるだけである。グローバルな誘発（「&&&」）では実際の声部連結に類推を用い，コンテキストデータベースにある音楽を実際のグルーピングとして作曲プロセスに反映させるものである。

これらの3つのタイプの音楽的創造性については別の見方もできる。ローカルな誘発は，古い材料とプロセスを単に見直すだけである。リージョナルな誘発とは，他の音楽を一度類似視してみるものである。グローバルな誘発とは，コンテキストからの〈感化〉を許容し，わずかながらしかし本質的な音楽様式のシフトを起こすものである。これら3つのタイプの誘発的創造性のどれもが慎重に，かつ正しい瞬間に用いられれば大変効果的となる。

これら3つの音楽的誘発のグラデーションは私自身の音楽創作の過程を映している。たとえば私はしばしばローカルレベルでちょっとした創造上の選択を行い，必要な時には予期しない新しい戦略を試みる。リージョナルレベルで作曲を行う時には，音楽に対する論理的な推論に基づき〈引喩〉するものを注意深く拾う。よりグローバルなレベルでは，私は身の回りで聞く音楽から（半ば無自覚に）類推を働かせ，ゆっくりと私自身の様式へと昇華させる。

私はより複合的なタイプの音楽推論である誘発的推論を Alice というプログラムの中で用い，それを無調音楽に対して適用してみた（Cope 2000）。データベース解析は音楽を論理的な方法でグルーピングするが，それは Alice においてはあらゆるピッチイベントの開始時・終了時を見て，新しいグループに集める縦断プロセスによって実行される。これらのグルーピングは各々の音高の動きに従って解析され，音高のグループ全体に対するピッチクラスが解析される（このプロセスはより詳しくは Cope 2000 参照）。推論に基づく作曲は次に図10.12（a）と図10.12（b）に現れるが，これらはデータベース中にもとからある2つのグルーピングと同じ動きを表している。

図 10.10 （a）連想ネットワークによる新作（第2および第5小節を参照）と（b）EMI によるプッチーニ風歌曲より〈引喩〉の例

(b)

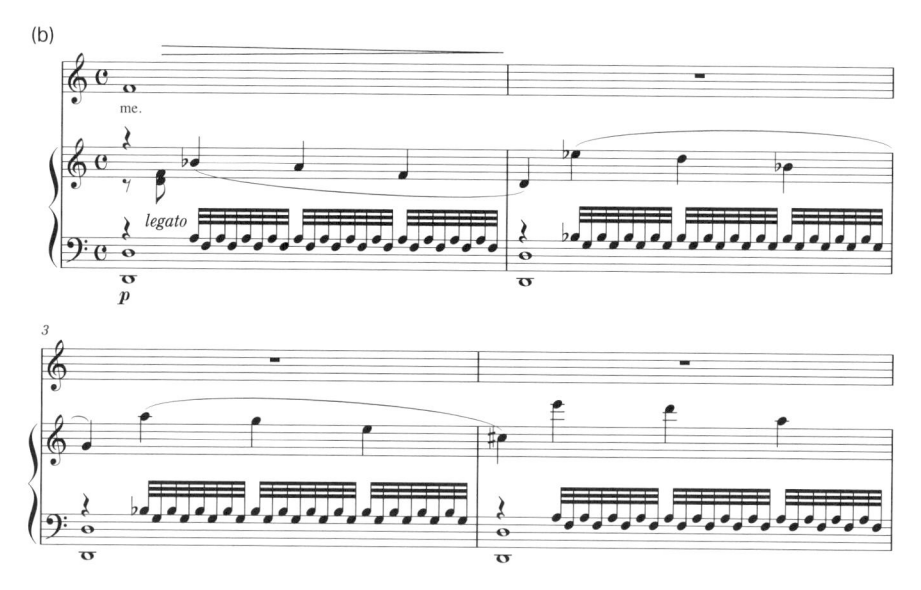

図10.10 続き

図10.11 （a）は，連想ネットワークによる新作におけるコンテキストの〈感化〉の例。（b）は，（a）のソースとなった EMI によるプロコフィエフ風ソナタのパッセージ

図 10.12（b）の最初の和音は図 10.12（a）と同じセットに還元できることに注意する。しかしこの同じセットは異なる方向へと動く。誘発的に考えると，Alice は図 10.12（a）の最初の和音を図 10.12（b）と声部連結し，図 10.12（b）の 2 番目のセットへと，以前とは異なるがしかし音楽的に正しい動きを作り出す。この様子を図 10.12（c）に示す。図では 2 つの和音間でそれぞれのピッチクラスのメンバーが各々の声部の動きとして連結され続けている様子を表す。このようにして，和音も声部連結もデータベース中に既存の声部連結の方式と一貫性を保たれている。

　ここでは，私のプログラムが無調音楽において声部連結を扱う手法の 1 つを詳細に紹介する。私はこれらのプロセスを（ユーザーが切り替えて使う選択肢として）無調様式で作曲する際，図 10.7 から 10.9 に記したプロセスの代替として用いる。

　より凝った例として，私は連想ネットワークを用いてベートーヴェン風の《交響曲第 10 番》を 2001 年に完成させた。その手法は 1987 年に EMI によるプロコフィエフ風の《ピアノ・ソナタ第 10 番》（Cope 1991a）と同様なものである。

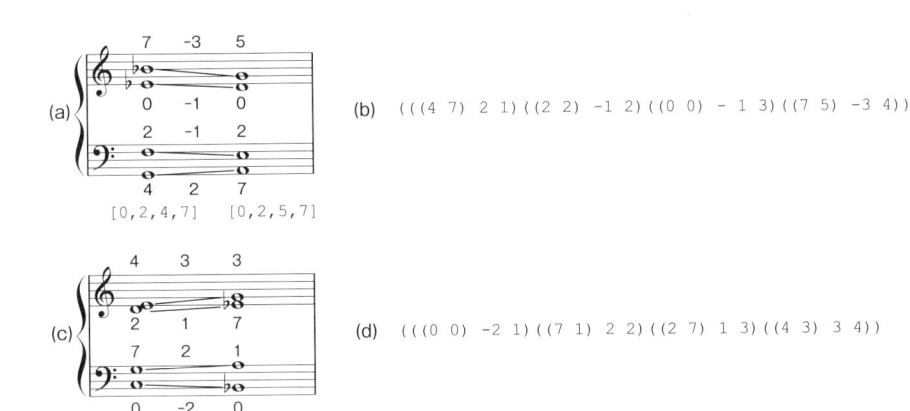

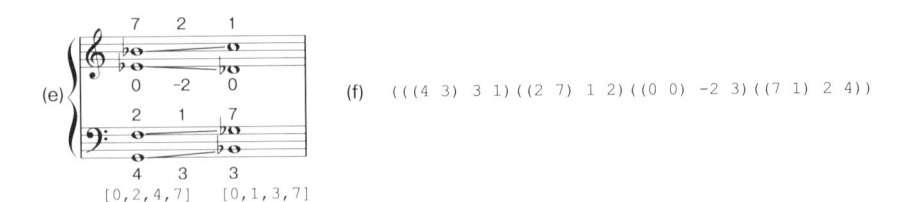

図 10.12　声部連結ルールの拡大

ベートーヴェン自身によるとされる《交響曲第 10 番》のスケッチと，バリー・クーパー (Cooper 1988, 1990; Cook 1989) によって試みられた第 1 楽章の完成版を両方調べてみたが，自分のプログラムが新しい交響曲を作るにあたっては，ベートーヴェンのオーケストラ曲のうち，スケッチよりも完成した交響曲をベースにすることを特に選んだ。

この交響曲の最終楽章に対して，私はベートーヴェンの合唱曲・オーケストラ曲の大量なデータを集め，《交響曲第 9 番》に伍するものを作ろうとした。しかしながらベートーヴェン自身の合唱／オーケストラ曲はそう多くなく，知られているのはオペラ《フィデリオ》・《ミサ・ソレムニス》・《交響曲第 9 番》くらいのものである。私はプログラムの自己参照の誘発的連想を作曲プロセスにいつもより頻繁に用い，オリジナル曲を大量に作ろうとした（入力音楽に近過ぎる音楽を模倣することを避けるためには，もとのデータベースが小さいほど誘発的連想がより必要となる）。

図 10.13 はこのコンピュータベースのベートーヴェン風交響曲の第 4 楽章からの抜粋である。私は特に合唱部分を選んだ。と言うのは，プログラムが作曲を行った履歴を見るに，この部分の創作に連想誘発がもっとも重要な役割を演じたからである。この連想ネットワークには第 9 章に示したような重みづけの予備値を与えなかった。代わりに，第 7 章あるいは本章の最初に述べたように，SPEAC を活用した。

私はここに載せたような歌詞を加えたが，いくらこのプログラムが言語情報もやり取りができるとはいえ，音楽にテキストをマッチさせるほどのものではないからである。この短いパッセージを注意深く聞き，解析すると，私はこの曲の音楽的信頼性を検証できたと感じるし，また対位法は明らかに創造的なプロセスからできていると信じる。おもしろいことに，この曲は特にベートーヴェンの書法を思い出させるというものではない。しかし，私は書法の忠実性が音楽の質を判断する上での基準になるとは思わない。なぜなら私の 1980 年代当初からの意図は，創造的なプロセスを研究し，魅了する音楽を創ることであって，特定の書法や作曲法を模倣することではないからである。

図 10.14 には，ベートーヴェンの《交響曲第 9 番》第 4 楽章からの 2 ヶ所の抜粋を示した。これらは図 10.13 の新しいコラールの作曲における連想ネットワークのデータベースとなったものである。

図10.13 コンピュータベースのベートーヴェン風《交響曲》第4楽章コラールより，フィナーレへの導入部

(a)

(b)

図 10.14 ベートーヴェン《交響曲第 9 番》第 4 楽章「歓喜の歌」から 2 ヶ所の抜粋：(a) 第 85 小節より。
(b) 第 49 小節より

図 10.13 と図 10.14 を見比べると，両者は同じ調である。図 10.13 で繰り返される 2 分音符の出所は図 10.14（a）の第 1 〜 2 小節であり，（特に G# などの）半音変化もこれに由来する。図 10.13 に現れるコンピュータ作の音楽にはタイが出てくるが，これはデータベースの他のベートーヴェンの作品にも現れているものである。一方，図 10.14（b）に現れている《交響曲第 9 番》の 8 分音符によるメリスマ*は無視されている。以上より，図 10.13 はそれ自身の固有の特徴を含むにしても，明らかに図 10.14 から導き出されたものである。

　パターンマッチングのプロセス（詳細は第 5 章で述べた）を連想ネットワークの入力に応用すると，音楽シグネチャ（Cope 1991a）と呼ばれる短い繰り返しのモチーフが発見され，再利用されることになる。第 4 章，第 5 章で論じたように，パターンマッチングは異なるパターンに対しても音楽的に互いの類似性を見出すことができる。一拍を超える長さのうまくマッチできたパターンはグループとして蓄えられ，音楽シグネチャとして個性を保持し続けることができる。

　連想ネットワークは創造性の理解に 3 つの重要な寄与を行った。(1)ネットワークは，音楽を含み，あらゆる言語に応答し，ユーザーによって与えられる正例・負例によって学習を行う。(2) ネットワークはプログラムに明示的に書かれることなく，構文をパース（解析）したり生成したりする。(3) ネットワークは誘発的連想により，そのままではおもしろくない出力に変化を与えることができる。私がここで記述したように，連想ネットワークはそれ自体で何かを創造したわけではなく，ユーザーの入力をフィードバックしただけだと主張する人もいるだろう。また近接性や類似度から計算した重みづけの予備値が出力動作をコントロールしていると主張する人もいるだろう。しかし，私は自分が使った連想ネットワークにはこのような準備重みづけは行っていないことを繰り返し申し上げておく。

　連想ネットワークは大変簡単なテクニックを使うにもかかわらず，非常に複雑な結果を得ることができる。こうしてみると，これらのネットワークはステファン・ウォルフラムの信念「……結局，我々の宇宙のどんな子細なことでも，本当は単純なプログラムによって表現されたルールに従うだけである。そして我々が目で観察することは，実際に現出しているのだ」（Walfram 2002, p.545）に従う。しかしながら，私は単純な連想ネットワークの表現力が，宇宙を作り出し進化させ

---

* melisma：歌詞につけられた装飾音符。歌詞の 1 音節に対して複数の音符を用いること。

たその手法と同様なものであるとまでは言わない。私は単に，組み替えられたノード間の結合，特にこれら結合の再帰による潜在力が計算論的創造性の論理モデルを提供していると主張する。私は可能な限り自分のプログラムがなるべく単純になるよう努力し，複雑さはいつもこれら単純なプロセスの中から自然に生起してくると考えたい。ここに紹介した〈組み替え〉と連想の両方のアイデアは，単純な開始から複雑な結果を作り出すよい例である。ジェラルド・ギャツダーとクリス・メリッシュはこう主張する。「……単純さや一般性と言った科学的な思慮は，それらが自然現象のどの他の理論にも当てはまるように，文法にも当てはまる基準である。他の条件が同じなら，7個の規則からなる文法は93個の規則からなるものより好まれるはずである」(Gazdar and Mellish, 1989, p.121)

他のデータベースフォーマットと比較すると，連想ネットワークの中のどのノードもユーザーから見て等しい近さにあるものだ。この近さは，この章および第9章のネットワークの視覚的イメージからはただちに明らかではないかもしれない。このネットワークでは，全てのデータは，それらの階層上の位置やネットワークに加えられた時間など関係なく，一様に直接アクセスできるものである。したがって，どのデータも他のデータに，他の余計なステップを差し挟むことなく，直ちに参照できるものである。この直接参照の仕組みは音楽連想にとって有利なもので，ノードの〈組み替え〉は介入するコードを評価したり適当な語彙を探し回ったりすることなく実行することができる。

私のWebサイトには相対的には簡易版である連想ネットワーク，Associateのソースコード版が置いてあるので，興味ある方はダウンロードして研究用にテストして頂きたい[†]。言語用にも音楽用にも可能な限り各セッションのチュートリアルを添付したつもりである。Associateは本章と第9章で説明した連想ネットワークを実装したものであり，本書と同じ入力を与えれば，一般的には同じ出力を得るはずである（わざわざ「一般的」と書いたのは複数の高い重みづけの候補がプログラムの返答時に競合する場合，Associateはわずかに異なる返答をする可能性があるからである）。

ユーザーはAssociateに対して会話を開始し，続け，終わりにし，結果を保存し，会話をアップロードすることができる。さらにユーザーは先回のセッションのログを読み，重みづけと連結の様子を見ることができる。「Yes^」や「No*」といっ

た特別シンボルはそれぞれ先回の回答を必ず繰り返させたり，必ず抑制したりするものではないことを思い出して頂きたい。それらのシンボルは繰り返しの確率を少し高めるか減少させるかするだけである。したがってお望みの返答を得るためにはポジティヴな入力やネガティヴな入力を何回か繰り返す必要がある。このアプローチは不必要に思われるかもしれないが，プログラムが連結の重みを厳格に増やしたり減らしたりするやり方だと，他の正しいかもしれない返答を得るのに不当な利点・不具合が生ずるものと思われる。重みは少量変更するだけで，これらの潜在的に重要な接続は実現されるのである。

図10.15（言語の例）に示すように，私のWebサイトで拾うことのできるAssociateのプラットフォーム依存版では重みづけのメニューが，言語／音楽の接続関係と重みづけの完全なリストを生成することができる。ここではそれぞれ

```
(hello! ((What 0.4) (is 0.4) (your 0.4) (name? 1.52)))
(what ((name? 2.47) (is 0.9) (hello! 0.1) (your 0.4)))
(is ((name? 2.09) (your 0.8) (what 0.4) (hello! 0.1)))
(your ((name? 2.21) (is 0.3) (what 0.3) (hello! 0.1)))
(name? ((your 0.2) (is 0.3) (what 0.2) (hello! 0.1)))
```

図10.15 Associateの重みづけメニューウインドウ

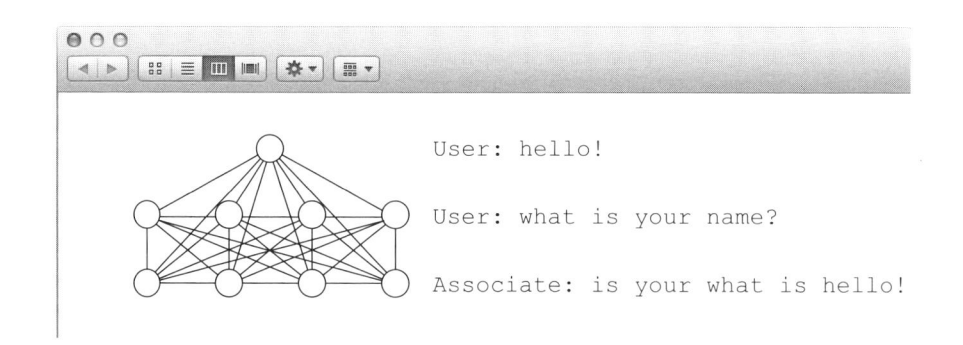

図10.16 Associateの連想メニューウインドウ

の最初の語が，当該の会話において次に続く語と接続されている様子を括弧で示し，かつその各々の語の間の重みの値も表示されている。第9章の図に示したように，Associate のプラットフォーム依存版では，連結関係ウィンドウ（図10.16）には語や音楽と Associate とのやり取りがノードと連結関係を用いて視覚的に表示される。ノードをクリックするとそこからの重みリストが表示される（図9.3）。Associate のプラットフォーム独立版では，これらのノードと接続関係は単純に ASCII 文字で表示される。

　言語や音楽を使って Associate とやり取りすることは，読者にとって，創造性を内部に持つマシンをパートナーとして使うことをじかに体験することになる。この開始段階の会話はしばしば予想に反したものであることから一見創造的に見えるが，しかし予想を裏切る返答は入力データの欠乏によるものであり，創造性によるものではない。やり取りの途中段階では，一転して予測通りになるが逆に退屈である。ここで誘発的連想を用いれば，この章で示したとおり予測に反するより創造的な返答を得ることができる。

　いま述べたように Associate のプラットフォーム独立版には連想ネットワークのノード結合の様子などを表示する機能はない。しかしこれらのグラフィック表示は，視覚的にパワフルであっても，私がこの章で述べた連想プロセスと何一つ変わるものではない。したがって，視覚的にはおもしろくなくても，私が提供するプラットフォーム独立版はこの章で紹介したとおり安定した動きをする。ユーザーがプログラムと私が述べた一般的なやり方でやり取りするならば，同じ入力データに対して得られる返答はどちらの版でも変わらない。

　私は今まで多くの異なるプロセスを紹介してきたが，読者はこの時点で「これらのプロセスの組み合わせは人間が創作活動を行う際のモデルになり得るか」を考えることになるだろう。〈組み替え〉，〈引喩〉，SPEAC，連想は全て創作の前提として説明できるものであるが，多くの章で私が議論してきたことは依然人工的である。よって，次章ではこれらのプロセスを組み合わせて1つに統合された連想ネットワークとする方法を考えよう。

11 統合

●原理:創造性は様々な機能を1つの実体に束ねたものから生じ,全体は個々のパーツを足し算したものより大きくなっていなければならない。

線形モデル

　私の最初の天体望遠鏡は，300以上の部品の組み立てキットとして届いた。私は説明書を注意深く読みながら，大いなる期待をもって6インチの反射式ニュートン望遠鏡を組み上げた。よく言われるように反射鏡の設置と赤道儀の調整はもっとも難しい作業であったが,どうにか夜空を見上げる準備ができた。その晩,私はそれまで天体関係の本や雑誌でしか見たことがなかった夜空を見上げた。

　この時までに私はずっと見たかった天体，環状星雲（ドーナツの形をした星雲）の位置（仰角と赤緯）を前もって記録しておいた。さらに天体時*を自分の計算機で計算し，私はゆっくりと設定値のところにダイヤルを回した。初心者だったから最初から環状星雲が見えるとは思っていなかったが，少なくとも狙いを定めた近くまで望遠鏡を持っていって知っている星の配置が見つけられたらラッキーくらいには思っていた。望遠鏡のアイ・ピースを覗いてみたところ……，私は思わずショックを受けた。美しく彩られた環状星雲がそこにあったからだ！　ドーナツ型のガスの雲は視野のほぼ全体を占めた。この最初の幸運に私は本当に驚き，星雲をかくも簡単に見つけられたことに舞い上がった。私は天文物理学者になれるのではないかと思った。私たちはみな人生の夢を見るが，この瞬間は私の人生の転機の1つであると思った。

　しかし奇妙なことに，星雲がゆっくりと視界を過ぎていくと，別の環状星雲が現れたのである。そして1つまた1つと……。空は環状星雲で満ち満ちているかのように思われた。これは私の期待を超えた絶景でありながら，しかし同時に信じられない光景である。実際には環状星雲というのは1つしかないはずである。何かおかしい。

　私は望遠鏡の組み立てを見直してみたがどこにも間違いはなかった。私は夜空に関する知識を総動員して自分の見ているものに何か思い当たるヒントはないか

---

* 地球の自転を考慮に入れた太陽時。

考えた。しかし何も思いつかなかった。私は望遠鏡を組み立てるあらゆる手順を見直して，ついに自分の誤りを発見した。急いだあまりアイ・ピースの焦点を合わせるのを忘れていたのである。ほんのちょっと焦点を調整するだけで私が見ていた視野内の全ての環状星雲はそれぞれ星になった。私が見ていたのはニュートン反射鏡の副鏡のピンボケ像だったのである。

　私の失望はその時本物になった。探しては見たものの環状星雲は空のどこにも見つからなかった。次の晩もその次の晩も探してはみたが見つからなかった。星図を丹念に読んでやっと星雲を発見したのは，何度もトライしたあげくのことである。しかしそれでもなお，実際の環状星雲の像は極めてかすかなものであり，幽霊のようなもので，やっとどうにか「見る」ことができたのは，（ちょっと注視点をずらして）それを見ないようにした時である。あとでわかったことだが，我々が本で見る環状星雲はシャッターを開けっ放しにして撮った写真であり，長時間露出によってようやく像が形をなすのである。

　私がここでこの話を語るのは，望遠鏡という道具は，コンピュータプログラムと同じで，ほんの小さな1ヶ所の誤りが全体の誤りになるということを言いたいからだ。複雑なシステムというのはデザインするのが大変で，組み立てるのはさらに大変である。単純なミスや誤調整によって全体のシステム，全体のプロセスが動かなくなるのだから。本章では，この本で議論してきた様々な要素がどのようにして1つの複雑なシステムに組み立てられるのかを説明しよう。注意してほしいのは，たった1つのミス，たったひとつのバランスの崩れが（システムのある部分ではなく）システム全体を不具合に陥れることである。しかしながら，大事なのはそれがシステムの失敗ではなく，システムのある一部品の不具合である点だ。したがって，この問題を解く鍵は個々のプロセスには信頼性を置きながらも，この不具合部品を見つけることにある。

　私は自分のプログラムを長い間直列に連鎖させて使ってきた。Experiments in Musical Intelligence（EMI）は単純なプロセスの羅列であり，たとえば『コンピュータと音楽様式』に載せた図（Cope 1991a, p.153, fig.5.12）に見てとれるとおりである。EMI のプロセスは，私の本『音楽的知性の実験』で示したアルゴリズム（Cope 1996, p.27 の図1.13を参照）といくらか違うし，他の3つのステップ，すなわち解析・パターンマッチング・再構成（SPEAC・シグネチャ辞書・レキシコン）は並列して行われるが，そうであるにもかかわらず新しい音楽の開発はステップ・バイ・ステッ

プの直列である。

『アルゴリズム作曲家』に載せたアルゴリズム（Cope 2000, p.221, fig.5）は再帰的なフィードバックを含むとはいえ、フローチャートで表示する時には目標に向かって逐次的に進む。私が最初、連想ネットワークを〈引喩〉、コンテキストからの〈感化〉、その他を含むプログラムとつなごうとした時には、多かれ少なかれ直列ルートになるのは驚くことではない。

実際、この本の第4章から第11章までに紹介した各々のプロセス、すなわち連想ネットワーク・〈引喩〉・構造化などが創造的プロセスの中で独立に機能するならば、全体の中にこれらを当てはめるのは概して簡単だ。この本の中で紹介した順序でさえ、最終的な逐次型連結のモデルとして使えただろう。しかし人間の作曲家はこれらのプロセスを自由に行き来し、時にはそれぞれを複数回呼び出してそれらを多様に互いに重層化しながら創造を行うのだと思う。

図11.1はどうやって連想ネットワークがこの本で述べた他のプロセスと逐次的な連結を行うかを図式化したものである。この単純な図が示すように、プロセスの組み合わせは3つの層に帰することになる。それはコア層と作曲層とデータベース層（図11.1右側）である。図の最上部にある連想ネットワークはそのノードを多重に連結し続ける。しかし単に重みづけに〈感化〉された返答を出力するよりは、ネットワークは他に相談に乗ってくれるサブプログラムに対して適切な「アドバイス」を得ようとする。残念なことに様々なサブプログラムはさらに別のサブプログラムを経由し、直接連想ネットワークに連絡を返さないかもしれない。

このような組み合わせ上生じるジレンマに対処するため、直列モデルではない、新しいアプローチを必要とする。それが図11.2に現れる例である。この図は1つのプロセスが他の全てのプロセスと連絡を取り合うコントロールセンタとなるものである。私はここで第9章、第10章で説明した連想ネットワークにこのコントロールセンタになってもらうよう設計した。なぜなら連想ネットワークは、ユーザーとのやり取りとデータベースとしての活動との両方に中心的な役割を果たすからである。他の4つのプロセス、〈引喩〉のパターンマッチング・構造化・SPEAC・〈感化〉の付与は、ユーザーとともに適当な音楽あるいは言語入力を伴って、ネットワーク自身も周辺プロセスに間接的にアクセスを行う。言い換えれば、ユーザーはどのプロセスが適切な返答を作成したかを気にする必要がなく、音楽あるいは言語としてのデータが正しくネットワークに入力されたことだけをケア

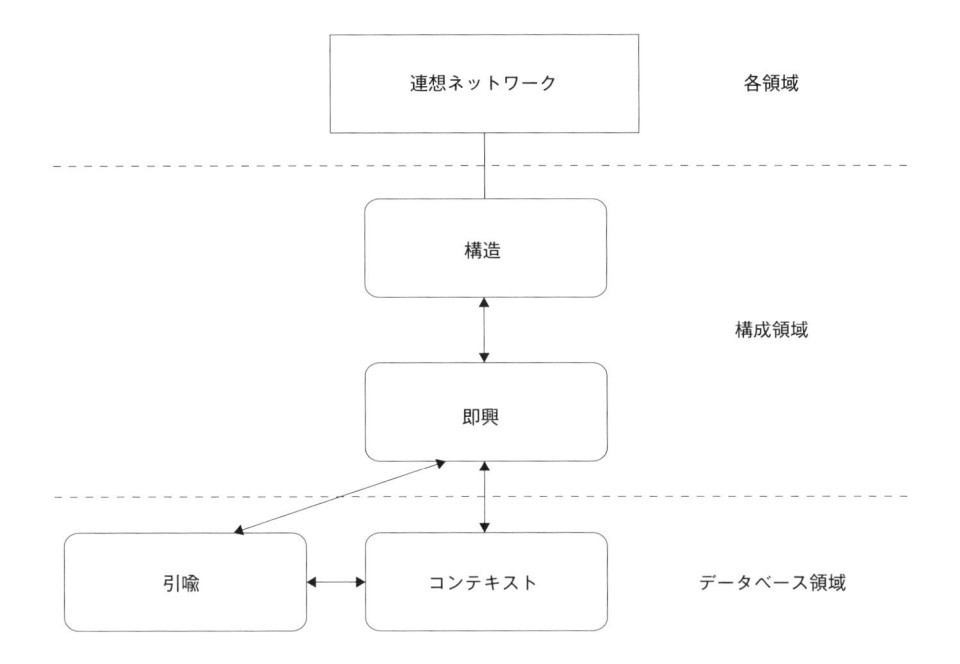

図 11.1　連想ネットワークの位置づけ：本書で述べた他のプロセスとの逐次的な連結の図式化

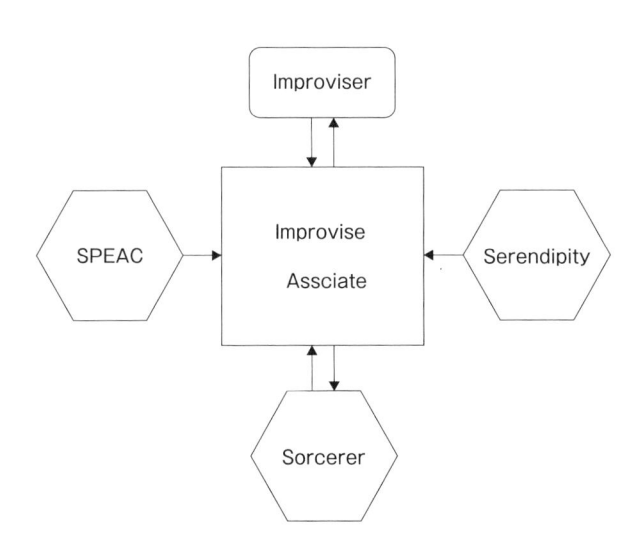

図 11.2　プロセス結合の，より論理的な逐次アプローチ

すればよい。連想ネットワークは，あとは解決を要する問題を結合されたソフトウェアのうち適当なサブプロセスに投げ，学習を行わせるだけである。

〈引喩〉とコンテキストはこのモデルにとって最大の問題である。作曲時に〈引喩〉による結果が計算機によって生成される際は，ひとつのデータベースだけでなく，階層的に構築された他のデータベースも用いられる。ソースとなる音楽は，連想ネットワーク中は実際に「正常な」様式の作曲法として参照され，〈引喩〉のために使われる音楽は別のデータベースにあり，〈引喩〉に数と型を与えるモデルとなる音楽は，さらに別のデータベースにあると考える。作曲プロセスはまず〈引喩〉に数と型を与えるモデルデータベースを解析することから始まる。次に，連想ネットワークは音楽を〈組み替え〉して作曲するが，その際同時にモデルデータベースの解析結果にしたがって，適当な数と型で〈引喩〉データベースから結果を選択する。この〈引喩〉の結果を統合するプロセスは，ユーザーや作曲家が模倣しようとする音楽様式がそのまま選好され保持されるという利点がある。同時に，この統合プロセスは，連想ネットワークに内在する統合に比べて大変煩雑になる不利益がある。

これら3つのデータベースを使う別のプロセスとしては，ユーザーあるいはデータベースの作曲家と近い他の作曲家の音楽の断片を使う方法が考えられる。これら断片は最終的な音楽の生成において〈引喩〉の結果として使えるからである。ただしこの方法の場合，ユーザーが好む断片のみが出力に現れ，プログラムの創造性のポテンシャルを台無しにするリスクがある。

この種の逐次型モデルにおいて，新曲に〈引喩〉の結果を盛り込むためのより強力な第3の方法は，ソースとなる音楽の中に見つかる〈引喩〉を出力となる音楽の中に再帰的に含めることである。このアプローチをとる利点は次の2つである。(1) 原曲においてこれら〈引喩〉が持っていたメッセージ性がどんなものであれ，そのまま新曲の中に生き残ること，および (2) もし〈引喩〉がデータベースの音楽と様式的に異なる場合 (たとえば全く異なる音楽ジャンルにおける民族音楽の引用など)，両者の差異も新曲の中に維持されることである。出力の中に〈引喩〉を生成しようというアプローチは逐次型モデルにおいてシンプルであり，かつもっともデータベース中の音楽に忠実なアプローチである。

〈引喩〉の選択と使用についてどのような方法が使われるにせよ，図11.2の連

想ネットワークのモデルはこれらの〈引喩〉を前述した声部連結のプロセス（第4章）を用いて周囲の音楽につなげることができる。その際，声部連結は入力された音楽にあるものと同じ様式に従うことが保証される。こうして出力される音楽中に現れた〈引喩〉は変形のための〈組み替え〉操作，すなわち連想ネットワークの1つのプロセスで再帰操作を行っても保護される（Cope 2000, p.87, Cope 1996, 第5章）。

　逐次型モデルにおいて，コンテキストからの〈感化〉を付与する時には〈引喩〉と同様の問題が生じるが，大きな違いはコンテキストが出力音楽に現れるだけでなく，〈感化〉を及ぼすことである。私はこの問題を第10章に述べた手法に多重モーダル*を組み合わせて解決した（これは次の「並列モデル」で詳述する）。

　私は人間が図11.2のように〈引喩〉とコンテキストからの〈感化〉を分離して処理していると言っているのではない。人間がこのプロセスの多層化をどのように行っているかについては，様々な理論がある。一方で，誰か1人が正しい理論を持っていたり，あるいは唯一の正しい理論があったりするとは思わない（すなわち人間は人によって異なった方法で創造を行っている）。私が図11.2や11.3で提案しているのは，創造的なプロセスというのは，コンテキストからの〈感化〉と〈引喩〉，構造化の連続した関わり合いから生まれるということ，ただそれだけである。

　しかしながら，図11.2の互いに連結されたプロセスは人間が創造性を発揮するようにはスムーズに連結しない。連想ネットワークは毎回どのサブプログラムと連絡を取るか決めなければならず，そのサブプログラムの結果を毎回自分の出力に取り込まなければならないのでは効率が悪い。したがって今後は逐次処理をあきらめ並列処理を目指す。これから見ていくように，並列プロセスは，中央にある連想ネットワークから切り離された，〈引喩〉のパターンマッチング・構造化・コンテキストからの〈感化〉の3つのサブプログラムだけを使う。

並列モデル

　もしニューラルネットワーク（並列分散処理）が我々に何かを教えてくれるとしたら，プロセス全ては必ずしも頭からしっぽへ，1つのものから次のものへと進む必要がなく，同時進行できるものであるということだろう。図11.2では必要なプロセスが並べられているが，達成するゴールに挑むように自分で進行が制限されている。この場合，アルゴリズムを言語または図で示そうとするから問題に

---

　*音楽と言語のように異なるコミュニケーション媒体は「モーダル」が違うという。

なるのかもしれない。なぜなら言語や図は，どうしても手順を踏むようにしか説明できないからである。私のこれからの説明は混乱を招かないよう留意するが，しかし要点を理解してもらうためには回り道をも辞さない。曖昧さに対する混乱を避けるためにはなるべく議論を短くし，私の理論は結果，すなわちプログラムが作る曲にのみ関心を払うようにする。

図11.3は，私がこの本で説明した様々な創造プロセスを結び付けて，より並列なアプローチに見えるよう簡単に図示したものである。この図においてユーザーは連想ネットワークに直接つながったインターフェースによって，MIDIやASCII文字を使って図の上方から入力を行い，出力を得る。連想ネットワークは次に中央のステージで，サテライトとして働く3つのプログラム，すなわち，〈引喩〉のためのパターンマッチング・SPEACの解析・コンテキストによる構造決定プロセスと連携する。

図11.3において連想ネットワークの3つのサブプログラムは，それぞれユーザーとのやり取りを通じて連想ネットワークから関数呼び出しを受け取り作動する。このようなやり取りは言語的な質問に対する応答を単に要求しているだけの場合もある。一方で複雑な音楽の生成を要求することもあり，この場合は引き続いてSPEACに構造を提示することを要求する。

このプログラムの並列版における連想ネットワークは，音楽か言語の形で入力を受け取ることができる（第9章で述べたようにどんな言語でもよいし，複数言語の組み合わせでもよい）。この入力の型の混合を「多重モーダル」と呼ぶ。多重モーダルは多くの利点を持つ。まずユーザーはプログラムに新しい音楽や〈引喩〉，インターネットや他のソースからのコンテキストデータなどについて一切尋ねる必要がない。もちろん連想ネットワークは，用いられる言語によってトレーニングされている必要がある。これは作曲させようというユーザーが音楽の

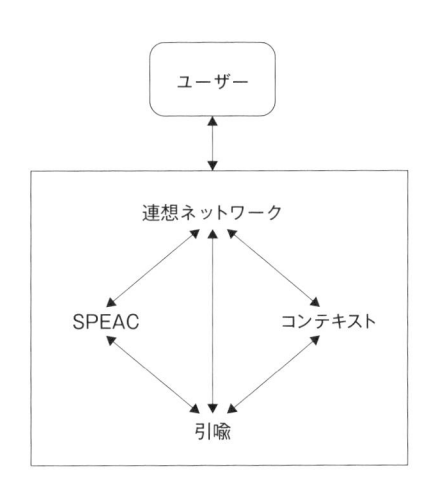

図 11.3 様々な創造プロセスを結び付けた並列なアプローチ

様式によってトレーニングさせる時も同様である。しかし一度トレーニングが完了すれば，プログラムは，やや複雑な言語にも凝った音楽の呼び出しにも，対応可能となる。もちろんもっと重要なのは，プログラムがこちらからわざわざ起動しなくても創造的にふるまい，テキストや音楽の入力に対して予期しない，しかし意味ある答えを返してくれることである。

　並列プロセスは，音楽が直接参入することなく作曲に〈感化〉を与える。それは私が第8章で導入し第10章で詳しく述べた，図11.4で紹介するアイデアである。この図で分かるとおり，2次ネットワークはコンテキストの情報をデータとして持ち，1次連想ネットワークと1つのノードを共有してつながっている。この連結は1次ネットワーク内での連結作業を薄めることなく，2次ネットワークが作曲に介入することを可能にする。このアプローチにおいて，連想ネットワークには共有するノードを何らかの論理的基準（同等な内容，関係する内容など）をもって前もって設定しておく必要がある。また，このダイアグラムだけでは，単一ノードによる接続がどうやって音楽的結合を解かずに〈感化〉を促進するかはわからない。

　これらの問題に答えるために，私は内包ネットワークを設計した。これは連想ネットワーク（1次ネットワーク）がその時点であるノードを通じて2次ネットワークから〈感化〉を受ける時，移動可能な位置にデータを内包する仕組みである。このアプローチには但し書きがあって，コンテキストのデータのノードはそれ自体のほかに，1つ前および1つ後の1次ノードに一点で接続しているものとする。図11.5の左側は小規

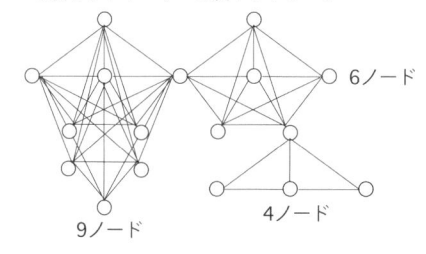

図11.4　連想的マルチネットワーク

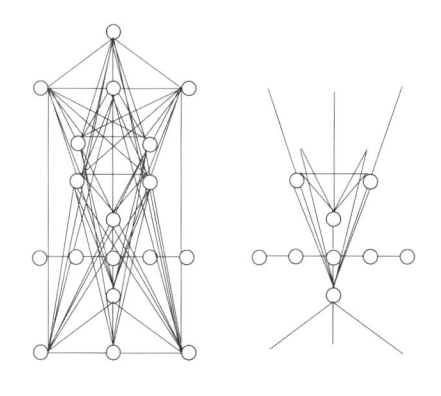

図11.5　マルチネットワークの候補提示版

模の内包ネットワークの例である。トップから6番目の層はコンテキスト情報を保持している。

　図11.5を精査してみると，図の上から6番目の層は1次ネットワークの1段上方および1段下方の層のみと結び付いている。図の右半分はこのデータ連結をより明瞭に示している。わかりやすくするために下位層は無視すると，6番目の層はそれらの間では接続されるが，中央のノードのみが例外的に1次ネットワークにつながっている。この場所が不特定であるために，複数のネットワークからなる内包アプローチは，コンテキストからの〈感化〉のある場所を論理的に特定する。この内包プロセスはコンテキストの〈感化〉によって音楽を〈組み替え〉る際にも同じく用いられる。このコンテキストからの〈感化〉は，音楽の様式の一貫性を薄めたり妥協させたりすることはない。

　残念ながら並列プロセスは多くの問題を持つ。たとえば並列に働いている様々なモジュールが連想ネットワークに対して矛盾する入力を作り出すことがある。逐次型のプログラムでは階層的に処理が進むため，このようなことはない。逐次処理は煩雑ではあるが，このような矛盾を防ぐことができる。したがって逐次型処理も並列型処理も，音楽の創造性に必要なプロセスを適切に組み合わせるものではない。

統合

　連結に関する直列・並列モデルのそれぞれの問題が明らかになったところで，私はこの本で述べてきた様々なプロセスの組み合わせについて完全に統合されたモデルを選ぶこととする。この統合モデルは直列モデルと並列モデルの利点を組み合わせて1つのアプローチにしたものであり，シンプルなので図やフローチャートにする必要がない。このアプローチは統合された〈組み替え〉，〈引喩〉のためのパターンマッチング，SPEACと形成，コンテキストからの〈感化〉を含み，一貫した1つの連想ネットワークに仕立てられたもので，これらのプロセスの各々は自然なネットワークの有機的結合を形成し，呼び出しに応じて起動されるため，分離して接合されたサブプログラムには見えない。手短に言えば，この統合は以下のように動く。

1. 音楽の〈組み替え〉を行うプロセスは，第4章および第10章で述べたように，連想ネットワークの応答メカニズムの自然な機能として起動される。
2. 〈引喩〉のパターンマッチングは入力時に起き，全ての〈引喩〉，シグネチャなどがタグづけされてノードに蓄えられる。
3. SPEAC は既に音楽の形式をノード名 (第10章参照) に持ち，作曲過程で自然に〈組み替え〉を起こす。
4. 形式は，音楽が入力された文体のようなものの副作用として導き出される。各々のフレーズは入力の段階で解析され，〈引喩〉のように，返答の際に再利用される性質を持つようにタグづけされる。
5. 〈感化〉は一般に〈引喩〉と同様なアプローチに従う。ただしこちらは〈組み替え〉られた結果の音楽には寄与しない。

　上記項目の1，3，5はもう説明の必要がないだろうが，〈引喩〉と形式化プロセスはさらに少し注意が必要である。というのはそれらのプロセスは容易に統合されないからというだけではなく，それらが悩ましい対照的な問題をはらんでいるからである。

　創造性の統合モデル，すなわち私の Web サイトで Apprentice と呼ぶモデルがもつ問題の1つは，創造的アプローチをどうやって音楽の形式に統合するかである。Apprentice のプログラムは音楽の形式に対して2つの明確に異なるアプローチを取る。それは抽出する操作と生成する操作である。この2つの異なるプロセスを用いるという方針は，これまで私が書いた他のプログラムと異なる Apprentice 独自のデータストレージへのアクセス方法から導かれたものである。これまでは，新しい曲を作曲する際には，データベース中にある既存の完成曲を少なくとも1曲要求することになっていた。一方 Apprentice は，標準的なデータベースには依存せず，ユーザーとのやり取りに依存する。その際には，いつモデルが終わるのか，あるいは実際にどんな完成作品を構成するのか (すなわちユーザーの入力や，入力と出力の組み合わせなど) の情報はほとんどない。ある意味で，このようなプロセスからの抽出作業は，続行中の会話から小説を抜き出す作業に似ている。一方で，抽出にはそれ自身の不具合もあることがやがてわかる。

　音楽の形式を抽出するため，Apprentice は初めに，ユーザーによって起動されたインストラクションを受け取らなければならない。そのコマンドはティル

ダ「~」というサインを持ち，単に応答を返すのではなく，完成品を制作せよという命令になる。この時点でプログラムは SPEAC 記号の階層的な構造を完成させ，遡って SPEAC の識別子を加えるか削除するかして（第7章で述べたような）ハイブリッドの形式を生成する。プログラムは，他に条件を与えられない限り，次に全ての入力・出力から完成曲のフレーズを構成する。このデータ入力の増加は，Apprentice と私の他のプログラムの多くとを分ける重要な特徴である。この後者の他のプログラムはカデンツが来るかどうかを決定するために，さらなる解析を必要とする。一方 Apprentice において，カデンツは入力・出力の終わりに自然に現れる。この動作の不利な点としては，この解法はセクションの終わりを決定しないし，第7章で述べたように，プログラムは依然音楽の類似性を解析し対照し続けなければならない。

　解析された階層と形式（両者は第7章で定義されたように厳密に区別されなければならない）は，ある程度の生成を経て新たな曲となり，その音楽形式が入力の単なるコピーでないことが確約される（このプロセスをある程度深く理解するためには，第7章，特に図7.23に伴う議論を参照）。手短に言えば，形式はシンタックスの拡大から得られ，トップダウン型の木構造となり，そこに〈組み替え〉から得られたセマンティクス（実際の音楽）が盛り込まれるが，〈組み替え〉によって作られたフレーズの順序づけは SPEAC のシンタックスに従う。

　多重の連想ネットワークは言語も扱うことができるが，それによって音楽形式を決定する上での自然なリソースを作曲プログラムに対して提供でき，形式に関する条件が他になければ，形式の論理的な割合を与えることができる。音楽の形式を作成する際には，私は Apprentice に言語的な返答のパターンマッチングを行い，繰り返し・参照・変形の範囲を見つけさせてきた。〈引喩〉を選択する際には，私はプログラムに，言語による特徴づけを可能な限り多く付与した〈引喩〉をたくさん蓄えさせる。それは歌の場合は歌詞であったり，作品名だったり，テンポやその他の情報の言語的説明などである。次に，作曲の段階においては，現在対象にしている音楽に強く結びつく言語表現と，それにもっともフィットする言語表現によって表現された音楽の〈引喩〉をペアにする。言い換えれば，言語は〈引喩〉とその周りにある音楽を結び付ける触媒である。

　第10章で述べたとおり，新しい音楽における〈引喩〉は類似度を重みづけした結果であり，それらは，もとのグルーピングとそれらが向かう方向を，潜在的

な新しい結びつけの選択と，それらの向かう方向に比較して得られるものである。相対的な割合（実際の重みではない）はここで〈引喩〉を選択し展開するのに用いられる。この「&&」（リージョナル）の誘発的連想は，ローカルに作られた音楽を越えてユーザーが生成したネットワーク（データベース）に追加される。

　Apprentice は，様々なサブプログラムを組み合わせて実現される，もう1つの重要な部品を取り込む必要がある。それは「意図」である。人が作った音楽作品には意図が込められているがゆえに，作曲者も聴者も共に音楽作品はとても価値あるものであると考える。同様に，価値ある音楽作品を生み出すプログラムにとっても，意図は潜在的に重要な要素である。

　私は音楽の意図について何度か書いてきた（この本の第1章および Cope 2001a 参照）。私には音楽には意図も意味もないのだという信念があるが，それでも —— 少なくとも文学的な意味において —— 私は自分が間違っているという可能性を念頭に置きながらも実験を続けている。この章で述べた統合プログラムは，私がこれまで書いたどのプログラムよりも，音楽における意図や意味といった概念をテストする機会をもたらすものである。連想ネットワークがそのプロセスに意図を持たせる最も簡単な方法は，連想ネットワーク中のノードに蓄えられた音楽やことばの各々のグルーピングに対して，それらの性質を述べるような何か関連ある情報，潜在的に意味を持つ情報を含めることである。この情報は私が書いているプログラムのデータ構造，すなわち言語／音楽の入力の組み合わせに依存する。

　私はここで，意図を「意味」という語と並べて扱う。なぜなら意味は意図が取りうる最も自然な形態の1つであるからであり，意図は，短調が意味すること，トニックが意味すること，悲しさが意味すること，解決が意味することなどと同等に考えることができるからである。私がここで述べるプログラムは，容易に短調やトニックの機能を解析でき，それらを連想ネットワーク中のノードの中に，音楽のグルーピングに付随する属性として蓄えさせることができる。しかしプログラムにとって，「短調」や「トニック」に対して「悲しさ」や「戻ってくるところ」(home) の語を割り振ることは多分におこがましいことである。これらの連関は，誰もこのような解釈が普遍的に有効なものであると証明したことがないからだ。このことはテンポ・調・音色・アーティキュレーションなどについても同様で，このような属性から導き出される意味は幻想かもしれないし，そうでなくても普

遍的なものではない。一方で，自分たちの聞く音楽の中に意図された意味が存在すると信じる場合は，そのような音楽の意図を想像できた時に，音楽を聴く喜びや音楽を讃える気持ちを持つだろう。このような人たちにとって，意図の存在は議論する必要もなく自明なこととなる。

　私は Apprentice のグルーピングになるべく多くの論理的な属性を蓄えようとしたが，さらに意図や意味の類いのコンポーネントを持ち込んだ。この意図した「意味」とはモード・機能・テンポ・調・音色・アーティキュレーションを含み，さらにそのグルーピングが属する曲のタイトルと，そのグルーピングがもつ不協和度のテンションの重み，そのグルーピングを取り囲むオリジナル曲，SPEAC が割り当てる値の原則，そのグルーピングが属する〈引喩〉のソース，そのグルーピングが作るパターン（シグネチャ，目印など）までが盛り込まれる。これらの属性のそれぞれは，プログラムが〈組み替え〉を選択するグルーピングを選ぶ際に考慮すべき要素をマッチングして混合する際に加えられる情報である。データが足りない時にこれらの意図や「意味」属性はほとんど用をなさないことは明らかだ。しかし入力量が増えるにつれ選択肢は増え，正しい選択をする可能性は飛躍的に増し，こうした意図の機微を左右するような属性はより重要になる。

　人間の作曲家も音楽を作曲しようというインセンティヴを持つ。それは依頼を受けたものかもしれない。あるいは上演が差し迫っていたのかもしれないし，長年の人生の夢の実現のためかもしれない，それは不滅の芸術への個人的追究かもしれないが，とにかく新しい音楽は，理由なくしては作られない。こうしたインセンティヴによって人間の音楽作品は実現の日の目を見るのである。

　連想ネットワークにソフトウェアの作曲インセンティヴを与えるために，私は連想ネットワークの各ノードに，インセンティヴ属性という独立した属性を用いた。インセンティヴ属性は最初 0.1 から 1.0 の間のランダムな数値にセットされる。次に，出力された音楽に直接含まれているノードに対応するインセンティヴ属性は，ユーザーが「yes」に相当する答えを返すたびに 0.01 ずつ増加される（ただし 1.0 は越えない）。ユーザーが「no」に相当する返答をした場合には（0.0 を下回らない範囲で）インセンティヴ値を 0.01 ずつ減らす。この時プログラムは全体のインセンティヴ値が 1.0 を目標としてここに向かうよう平均化される。もちろんこの目標値はほとんど実現不可能であり，全てのセッティング値が 1.0 の時のみ平均が 1.0 になる。しかし 1.0 の目標値に近づけることは可能である。

面白いことに，人間の作曲家の究極の目標，すなわち「完全な音楽」は，誰もが思うとおり，達成は不可能なように思える。重みの平均値が1.0に近づくということは，プログラムが常動的にユーザーを満足させる返答を探し続けるということであり，ノードの選択に関わるインセンティヴ値を増やし続けるということである。私はAssociateのインセンティヴ値として図11.6にある式を用いた。

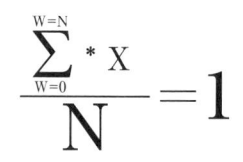

$$\frac{\sum_{W=0}^{W=N} * X}{N} = 1$$

図 11.6　Apprentice にインセンティヴを与えるめたの数式

Wは全てのインセンティヴのセッティングで，Nはノード数である。Xは目標とする平均値1.0との近さを表す。

　連想ネットワークがほぼ不可能な目標を「志向する」ことで，いくつかの興味深い帰結に至る。この「志向」がユーザーの満足する方向にプログラムをガイドするのみならず，ユーザーが無理に行うよりずっと自然に，誘発的連想つまり創造性を起こさせるのである。

　これらの属性のどれが有効であったかは，確かに一概には言えない問題で，それら属性を加えるべきだったか否かは検討が必要である。たとえば，プログラムがユーザーを満足させることを優先して作曲を行ったと知れば，曲の聴者はそこに意図，すなわち意味を感じ取ろうと一生懸命になる。よって意図があると思うことは必ずしも悪いことではあるまい。

　図11.7と図11.8は言語と音楽を結び付けた連想ネットワークのノードの中身のグラフィック表示である。図11.7の単語ノードは（第9章で議論したとおり）連想ネットワークの言語でのやり取りに必要となる属性を含んでいる。このノードは〈引喩〉やコンテキストの音楽例に向かうリンクを持っている。このノードにとって結び付けられるべき特別な作品は，その「近さ」からそう結論づけられたものであり，リンクをつけたい語の直後に〈引喩〉やコンテキストの音楽を入力したくなる。図11.8の音楽のノード表現中，カデンツや連続性の値に続く数値はプログラム済みの辞書引き用の表を指しており，様々なタイプのカデンツや連続性が定義されている（第7章）。私はこのグラフィック表示に実際の音楽を加えたが，音楽のノードは実際にはイベントが含まれる（付録B参照）。語または音楽ノードから外側の延びる線（接続）の脇の小さい数は重みであり，連想ネットワーク中，他のノードへの連結の重みの値を示す。

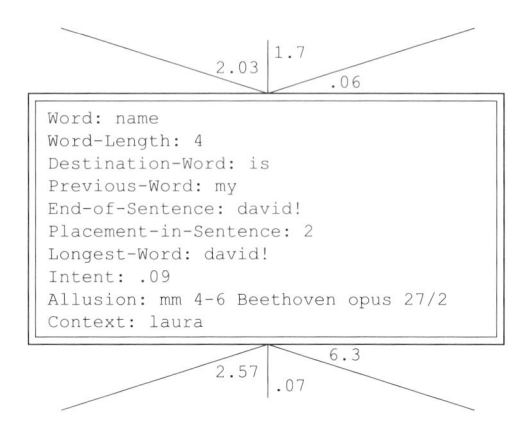

図 11.7　言語と音楽を結び付けた連想ネットワークにおける語ノードのグラフィック表示*

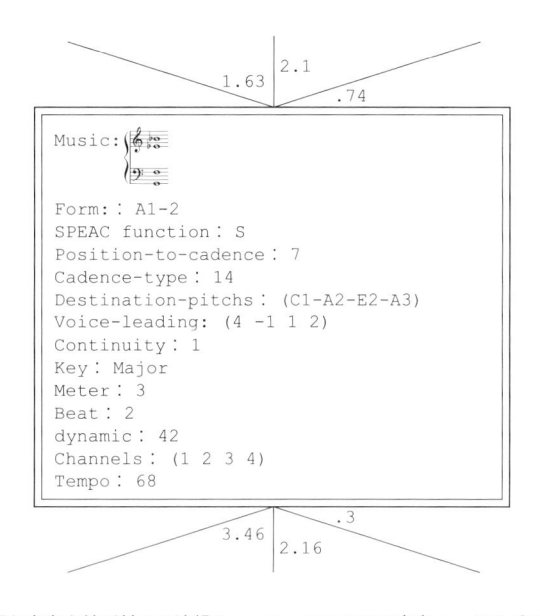

図 11.8　言語と音楽を結び付けた連想ネットワークにおける音楽ノードのグラフィック表示†

---

* 各項目名は上から順に，単語，語数，最終単語，先行語，文末，文中位置，最長単語，意図，引喩，コンテキストの意。

† 各項目名は上から順に，音楽，形式，SPEAC関数，カデンツの位置，カデンツ型，最終音高，声部の動き，一貫性，調，拍子，拍，強弱，チャンネル，テンポの意。

したがって，これまで見てきたように，連想ネットワークは語と音楽を混合することが<u>できる</u>のみならず，<u>混合すべき</u>なのである。というのは，語の中に〈引喩〉やコンテキストの情報が蓄えられ，わずかの重みによってこれらの語は音楽に結び付き，誘発的連想を行う基本的なルートを表示しているからである。

図11.9 はどのように語と音楽が同じ多重ネットワークの中に共存できるかを示す。ノード間の連結の重みは両者の間でかなり違うものであるが，これらはほとんど排他的に働く。連想ネットワークは音楽が入力された時に音楽を生成し，言語が入力された時は言語で返答する。しかし時折，2つのデータ型の間に混同

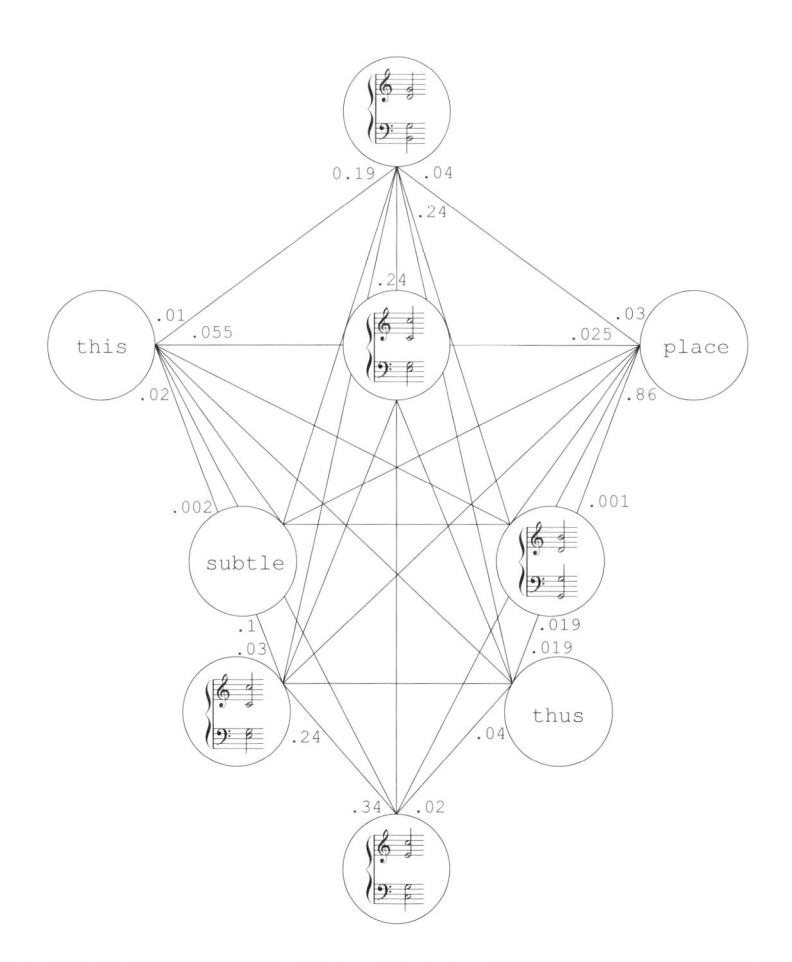

図11.9　語と音楽が共存する多重モーダルネットワークノード間の連結の重みは両者の間でかなり違うために，これらはほとんど排他的に働く

が起き，面白いことが起きる。たとえばある語と特定の音楽モチーフや他の音楽アイデアが結び付いていることがあり，言語でやり取りしている時に音楽が出力として引き出されたり，また逆のことが起きたりする。

　図 11.10 に，Apprentice に対する言葉と音楽の両方を用いたセッションから，簡単化した書き起こしを示す（この連想ネットワークは私の Web サイトから入手可能である*）。この書き起こしは数時間に及ぶ Apprentice とユーザーのやり取りから作成された。そのやり取りの間に，Apprentice は私の入力した言葉から「学んだ」（私は「理解した」とは言わない）。図 11.10 中，「＜＞」の中に書かれてある中身はそこで起きた返答を示す。ダブルクォートで括られたところはプログラムへの言語入力である。この図で分かるように，完成された音楽の小品を除いては，やり取り

```
Improviser: <plays music>
                 （音楽を流して）
Apprentice: <responds with music>
                 （音楽を流します）
Improviser: "Let me edit that."
                 （あの曲を編集させて）
Apprentice: <responds with printed music on screen with editor>
                 （画面上のエディターに楽譜を表示します）
Improviser: "Let me hear this again."
                 （この曲をもう一度聞かせて）
Apprentice: <plays edited music>
                 （編集した音楽を流します）
Improviser: <plays music>
                 （音楽を流して）
Apprentice: <responds with music>
                 （音楽を流します）
Improviser: "Let me hear a complete composition of about five
                 minutes duration."
                 （5分くらいの出来上がった曲を聞かせて）
Apprentice: <responds with composition>
                 （曲を流します）
Improviser: "Let me edit that."
                 （その曲を編集させて）
```

図 11.10　Apprentice の簡素化されたセッション

---

* p.iv を参照。

は主に短い音楽と言語で行われ，これはあたかも2人の音楽家の間の会話を思わせる。Apprentice がすぐにここに示すような出力を創れると思ってはいけない。プログラムをトレーニングするにはしばしば莫大な時間がかかり，一般には何日にもわたるセッションが必要である。しかし限られた数のセッションでさえ，プログラムは驚くような結果を提示することができ，それは私が最初 Associate の名を Pandora と名付けた理由である。むろん，Pandora の予測不可能性はその最も魅力的な特長の1つではあったが，答えがある程度予測可能だと，結局それは創造性が欠如したモデルになってしまう。

Apprentice のプラットフォーム依存版（私の Web サイトで手に入る限られた版[†]）は，作曲家がプログラムなしで自分の音楽を編集するのと全く同様な編集機能も提供する。たとえばユーザーが自分の編集したい曲を演奏するか画面に表示するようプログラムに命令すると，ユーザーは記譜プログラムが提供する容易な編集ツールを使ってその結果を編集することができる。あるいは別のやり方として，ユーザーは自分の音楽を MIDI ファイルに保存し，自分の好きな楽譜編集アプリを開いて編集することができる。前者の場合，編集された音楽は自動的に連想ネットワークの中で旧作に置き換わる。後者の場合は，元音楽を残そうと思えばプログラムに再入力する必要があり，連想ネットワークの中で新しいノードを作ることになる。残念なことに，ネットワークに残った編集されない音楽は，繰り返し否定的な返答によって重みが 0.0 に減少し，消えてしまうことになる。

図 11.11 はこの本でこれまで述べた様々なプログラムの統合版によって生成された2曲の音楽である。この2曲はどちらも，私の3台のディスクラヴィーア（第4章参照）のための《アルゴリズミック・ソナタ第3番》（第1楽章の中間部と第4楽章の冒頭部）であり，1993 年に完成したものである。この曲は，あるアルゴリズムによって素材を統合した結果が，再び鏡のように次の統合の素材になっている例である。この図で第1楽章の例（a）では，音楽的アイデアが拍子変更や音域移動と結び付いてミニマルに繰り返される。第4楽章の例（b）では3台のディスクラヴィーア（人間のピアニストなら6人必要である）のほとんど全ての音域を用いるが，第1楽章と同様に拍子変更を伴うミニマル音楽である。完全なアルゴリズミック・ソナタ第3番は様式とアイデアの一貫性を示し，原曲の特徴を保持する。

[†] p.iv を参照。

図 11.11 　３台のディスクラヴィーア（第４章参照）のための《アルゴリズミック・ソナタ第３番》より（a）第１楽章の中盤と（b）第４楽章の冒頭 (1993)

多くのアプリケーション，特に作曲のアプリケーションは，マウスを数回クリックするだけで宣伝通りの返答が得られるようできている。しかし私のウェブにあるプログラムは，少なくとも最初はワードプロセッサーのようなもので，エレガントな出力はずっと後に訪れる。誇張でなく言うが，連想ネットワークに言語と音楽を教えることは時間のエネルギーを多大に浪費する作業である。ユーザーはこの作業に自身をコミットする覚悟が必要で，すぐ投資結果が得られると期待してはならない。

　Apprentice はキーボードからの MIDI 入力も受け付けるが，MIDI ファイルそのものも，このプログラムのプラットフォーム依存版が提供する記譜ソフトの楽譜も入力として受け付ける。もちろん後者はプログラムに向かって直接演奏するより遅い処理となる。しかしながら，MIDI ファイルをロードしたり記譜ソフトで人手を使ってスコアに記譜したりしておくことは，正しい入力を行おうとする際に結局編集量を減らす。それは記譜ソフトで1つ1つ音を入力するよりも演奏は誤りを犯す確率がはるかに高いからである。残念なことに，記譜ソフトを使っていると，いくつかの演奏データ（特に演奏時間など）を喪失してしまうことがある。

　第5章でのバッハの『平均律クラヴィーア曲集』についての議論で述べたように，ほとんどの作曲家は —— 伝統的な作曲家でさえ —— その創造的プロセスで何らかのアルゴリズムを用いている。今日，コンピュータは現代の作曲家に多大なる恩恵を提供しているが，そのスピードと正確さを実現するのに，人間だったら何年もかかることだろう。しかし作曲もプログラミングも信じられないほどの集中を必要とするし，多くの作曲家はプログラマになるだけの技量も適応性も足りない。逆もまた真である。未来の多くの作曲家が実際にプログラム作曲家になって，彼ら自身が作曲を行うプログラムを書くとは想像し難い。同時にこれらの作曲家は商店の棚から買って来れるような既成の作曲ソフトに自分の作曲過程を委ね，そのソフトの窮屈な仕様に縛られるようなことは欲しないだろう。しかし，データ依存のプログラムに組み込まれたバイアスはごく小さいものであり，これなら作曲家たちは創造的な仕事をするのにためらいがないものと思われる。私がここで紹介したプログラムはデータ依存型であり，作曲家たちにプログラミングスキルがなくとも自分自身のプログラムを仮想的にデザインする機会を提供するものである。

12 | 美学

◉原理：創造性があるかないかは，美に対する価値観，すなわち提示された美を許容するか拒否するかの判断に依存する。

予備審判

1989 年に同僚のリンダ・バーマン＝ホールが Experiments in Musical Intelligence（EMI）のコンサートをプロデュースしてくれた。私はそこで，クラシックの作曲家の様々な様式をまねて曲を披露した。コンサートのことがメディアに知れると，ローカル局を中心に騒ぎが起きた。ある音楽評論家は，クラシックの作曲家の様式にしてコンピュータ作曲の音楽を演奏するのはけしからんと憤慨し，音楽史の年鑑に冷酷なレヴューを書き，それはコンサートの2週間前に現れた。その評論家が本当に意図してレヴューをコンサート前に出したのかどうかはわからないが，とにかくそれは出現した。彼の名誉のために言えば，彼がコンサートに行ったふりをしたようなことは書かれていないし，その音楽を聴いての感想を装ったわけでもない。そうではなく，彼はこのイベントの「アイデアそのもの」に嫌悪を示した。彼は，そのコンサートの曲目にあった C.P.E. バッハ（C.P.E. Bach）の音楽が世間にほとんど知られていないことを憂え，コンピュータによる偽作（彼の使った用語である！）によって原曲の魅力を薄めるのは許し難いことであると述べた。

ある意味では，私はこういう気持ちになるのに同意している。しかし私は，彼らは近視眼的であると思う。私は C.P.E. バッハのレパートリーも，他の作曲家のレパートリーの魅力を薄めるつもりはないし，EMI が C.P.E. バッハの音楽と実際に張り合うものだとは一瞬たりとも思っていない。しかしそれでも私はコンピュータプログラムから出てきた音楽がおもしろく音楽的であると思うし，もし禁止する理由がないなら演奏できてしかるべきだと思う。私はその批評家に電話してコンサートに招待したが，断られた。

いくら私がコンピュータの創造性について説得力ある議論をしても，聴衆が出力 ―― 成功か失敗の証明 ―― を無視し否定的に予備審判するなら，私がこの本に書いてきたことなど明らかに無意味だろう。予備審判は我々がいかに音楽を感

じるかに影響を与えるのである。私がこの本を通じて議論してきたように，音楽を聴いて単に美しいと感じたり，創造的に作られているか考えたりすることより，我々にはもっと知らなければならないことがあるはずだ。そしてこれを知ろうとするためには，創作方法（私がコンピュータを用いて作曲したこと）が聴衆に明かされてはならないのである。コンピュータの作曲を創作と言おうと，単なる出力だと言おうと，この音楽は聞くには値しないと聴者に思われては評価のしようがない。これは悔しい。少なくとも私の感覚からすれば，私の音楽は聴いてもらう価値があるものである。この章では，私はコンピュータが本当に創造性を模倣できるのかどうか，聴者はなぜ自動的にマイナス評価になるのかを考えてみたい。

　この章の最初の2つの節は第9章から11章まで論じた連想ネットワークのことではなく，EMI について扱う。このことは次の2つの理由による。まず EMI は，経験的に言えば，私と一般聴衆との唯一適切な美学のインタラクションである。次に，たぶんもっと重要なことであるが，1990年代の当初より EMI はそのプロセスの中心に連想ネットワークを用いてきており，それゆえ少なくとも私の考えでは創造性を内在する（この章の後半で，私は再び統合連想ネットワークについて議論し，それが私にとって基本的な音楽の創造性であるとする）。

　美的インタラクションの問題を扱うプログラムの出力として，短い例であるが，《マーラー》という名のグランドオペラからの断片を紹介する。それは EMI によって作曲され，グスタフ・マーラーが妻アルマとアントン・ブルックナー，トーマス・マン，アルノルト・シェーンベルク，リヒャルト・シュトラウス，アントン・ヴェーベルンらと取り交わした書簡をもとに脚本を校合させたものである。《マーラー》は私の2番目のオペラ（最初が《モーツァルト》，最後が《シューマン》）で，作曲家が取り交わした書簡をリブレットにし，その作曲家名をタイトルにしたオペラ三部作の1つである。私は自分自身の特別な好みと，3人の作曲家の尋常ならざる人生に惹かれ，オペラのテーマにした。

　オペラ《マーラー》は，マーラー自身と妻アルマの年代記をもとに，子供時代から死までのマーラーの人生を描く。マーラーは成長してからの人生の大半をオペラの指揮に費やしたが，彼自身オペラを作曲することはなかった。私は《マーラー》が「もし彼が生き長らえていたら書いたであろうオペラだ」などと言うつもりはない。ただ《マーラー》は私が聴きたかったオペラであるというだけである。このオペラはマーラーの書法で作られ，スコアは大規模編成のオーケストラ

に合唱とソロ歌手が伴う。

《マーラー》のいくつかのパッセージは，マーラー自身の曲に似る。たとえばオペラの〈序曲〉はマーラーの《交響曲第1番》と《同第5番》を思い出させるものである。第3幕の開始は《第1番》の第3楽章に似ている。オリジナル曲とオペラ中のパッセージを比べると，後者は引用というよりは言い換えに近い。私は通常このような模倣は好まないが，マーラー自身は好んで自作を引用したことから，ここでは気にしないことにする。

図12.1は，《マーラー》第1幕から，アルマによって歌われるアリアをピアノ伴奏譜にしたものである。最初の声楽ソロ部分は，マーラーの《春の朝》に似ている。しかしコンピュータが創造した音楽は，この後かなり違った方向に進む。プログラムが作った曲を《春の朝》（ここにはスコアは示さない）と注意深く比較してみると，コンピュータ作の音楽のオリジナリティが現れ，プログラムが様式的な統一感を保ちつつも和声進行を展開し，変化させていくのが見てとれよう。

コンピュータ制作のアリアの2番目のテーマ（第42小節から）はマーラーの《ハンスとグレーテ*》に共通する要素を多く持つが，マーラーの原曲にあった断片はコンピュータによる音楽の中でフル旋律に引き延ばされている。これらの類似性を抜きにしても，このアリアの音楽はマーラーの作風に変形されてはいるが，オリジナルのものである。

コンピュータの作曲した曲に歌詞をつけるのは，興味ある挑戦である。まず，ほとんどの作曲家は与えられたテキストに対して曲をつけるものであり，逆ではない。これは音楽の拍子を詩の音韻リズムに合わせる必要があるからで，通常歌詞は固定したものであるのに対して，音楽は柔軟であることによる。しかし私のプログラムはテキストをうまく固定することができないので，このプロセスは逆にした。私のプログラムでは（ドイツ語からの）翻訳テキストを利用することができるので，英語にいくつか異なる翻訳を作っておいて，これらを選択したり組み合わせたりすることにより，音楽に最適に合うようなテキストをつけた。

ほとんどのマーラーの歌曲はオーケストラ譜になっていない（少なくとも私が用いたデータベースにおいては）ので，主に彼の交響曲をモデルとし，これをもとに新しい曲を特徴づけた。多くの人にはオペラ《マーラー》を聞いたり，演奏したり

---

* 曲中では Hänsel と Gretel，すなわちヘンゼルとグレーテル。

図 12.1 《マーラー》第 1 幕より，アルマによって歌われるアリア

図 **12.1** 続き

図 12.1　続き

図 12.1 続き

するチャンスが与えられているというのに，なぜ皆みすみすその機会を逃がすのか！　この曲は，歌ったり弾いたり聴いたりすることによってその美が納得されるのである。

　EMI をコンサートの 2 週間も前に「批評した」批評家のように，多くの聴者はこのオペラ《マーラー》のように，コンピュータが作った音楽に対しては，その質と効果を予め決めた上でアプローチするのである。これは実際に音楽を評価しなければならないリスクから聴衆を安心させる。実際，聴衆はコンピュータが作った音楽を，創造的に制作された芸術とはみなせないがために，過小評価する。

　図 12.1 の曲（私の Web サイトで MP3 ファイルを入手できる[*]）の演奏を聞いたことがある人は，この聞くという経験がこれまでの聞くという作業と全く似ていないことを自覚するだろう。彼らにとって，コンピュータが作った音楽とは美的な経験というよりは哲学的挑戦である。以下に示すように，聴衆の感想に現れるであろう賛辞の多くは，音楽を直視することを避けるための言い逃れである。

　たとえば，私のプログラムの音楽は本当の作曲でない（Selfridge-Field 2001）とか，創造的プロセスに光を当てていない（Berger 2001）などと批判されている。明らかに多くの批評家たちは私の仕事が何でないか知っていると思っている。しかし，ほとんどの人は何であるかを知らないようだ。批評家たちが人間の作った曲，特に歴史的な様式の音楽を美学的に評価する時，恒常的に用いることばは型にはまった狭い意味に定義されている。したがって，コンピュータが作った音楽を評価するために用いるのは，不可能ではないにしても困難である。しかしながら多くの聴衆は，その音楽がコンピュータ作曲と知らなければ，感情が深く反応するのを経験するはずである。そしてほとんどの人は深い疑問は抱かない。「皮肉なことにコンピュータプログラムは時々モーツァルトと同じくらい崇高な曲を作るが，そのコンピュータ自身は天才の手になる作品か単なるエレベータ内 BGM か区別できない」（Holmes 1997, p.27）。しかしながら「天才の作品」と「エレベータ内 BGM」を区別することは，量的基準を設けてできるようなことではない。「区別をする」ことは多分に主観的なプロセスであり，コンピュータプログラムの全ての出力に深淵な疑問を投げかける理由にはなっていない。

　コンピュータが作った曲における創造性に言及して，ブリングヒュードとフェルッチは，チャイコフスキーについて述べた。彼らによると，《交響曲第 6 番「悲

---

　† p.iv を参照。

愴」》では何か背後に隠された意味を明かしているのだという。彼らは次の脚注を加えた。

> ……EMI（エミーと発音する）システムは作曲家を指定して，その作曲家の様式で音楽を生成するシステムである。しかしこのチャイコフスキーの一件は，このシステムに抜け落ちている性質を端的に指し示している。EMI は，人間の聴者と意味を共有するまでのレベルに作品を高めることができない。(Bringsjord and Ferrucci 2000, p.28)

ブリングヒュードとフェルッチは，『ニューヨーク・タイムズ』(1997) の「バッハの未発見曲か？　いや，書いたのはコンピュータ」というタイトルのジョージ・ジョンソンの記事に言及した。皮肉なことに，彼ら2人はコンピュータによる創作を激しく非難しておきながら，EMI プログラムが人間によって制作されたものであることを勘案していない。

　EMI は，単に私に時間と気力があるなら手で書くであろう曲を作曲しているだけである。EMI の作品が 1000 曲以上公開されたという事実は，私が自分の著作の中で主張してきたとおり，作曲のリバースエンジニアリングが可能であることを証明している。私がバッハに似たコラールを作曲した時は，これらの作曲原理に基づき手で作ってみたのだが，プログラムによって同じタスクを行うより8万倍も長い時間を要した。（私は 5.5 時間を要したが，コンピュータでは 0.25 秒である）。この事実に基づき，音楽の量を考えると，時間的には私のプログラムは大まかに私が 200 年以上（寝ずに）かかる作品を創作したのである。機械よ，ありがとう！

　EMI による私の作品を批判する他の評論家は，この音楽が人間の創造性を危機に陥れるという。私は逆に，プログラムによる音楽が，人間の創造性を実際にサポートするのだと思う。人間が，プログラムを走らせるためにコンピュータを設計し，製作したのである。人間が，音楽を制作するコードを書いたのである。人間が，コンピュータが利用するデータベースの中身の音楽を書いたのである。そして，多分より重要なのは，人間が，出力結果を聞き評価することである。しかし依然，これらの事実は，機械に置き換わることへの深い恐怖に紛れてしまっているのである。

おもしろいことに，私が EMI の音楽を CD に録音しようとした時，私はもう1つの興味深いパラドックスに出会った。この CD の発売が何度も拒否されたあと，ある会社が私のプログラムによる作品が最近作られたものであるにもかかわらず現代の音楽ではなくクラシック音楽だと言ってきた。それは私がクラシックの書法をまねたからである。私はこのコメントを真剣に受け止め，クラシック関連を扱うレコード会社に音楽を持って行った。しかしその時私は，これは今作られた音楽であるからクラシックではなく，現代音楽だと言われた。

　私は最後にコンピュータ音楽専門の CD 会社にアプローチした。この専門というところに強みを感じ，実際にプロのコンピュータ音楽の作曲家に協力的だったことから，私はこの会社に作品のテープと私のプログラムの作曲プロセスを書いたライナーノーツを送った。私はほとんどのコンピュータ音楽の作曲家がコンピュータを本質的にはシンセサイザーとして使い，作曲のツールというよりは楽器として使っていることを知っていた。しかし私はこのような作曲家であれば，コンピュータ作曲の本質的な重要さを概念として理解しているだろうと考えた。しかし会社のメンバーは彼らの間で何度も話し合ったあげく，私に私のプログラムの音楽は実際コンピュータ音楽ではないと通告してきた。コンピュータ音楽らしく聞こえないからというのがその理由である。私は怒って，もしコンピュータ作曲とシンセサイザー音楽という 2 つのパラダイムのどちらが真のコンピュータ音楽であるか選ぶとしたら，絶対に作曲の方だろうと返答した。彼らは同意しなかった。
　聴者と批評家たちも EMI の成果を判断する時，その様式に対する信頼性まで含めて，用いる基準も再定義する。言い方を換えれば，音楽は作曲時のデータベースにある作曲家の音楽様式にマッチすれば成功であり，様式の検証と独立に音楽自体が成功しているかどうかは問わない。これらの聴者はデータベース中にある音楽への引用や言い換えのために聞くのである。もし原曲を〈引喩〉するものがあると，これら聴者は，作曲プロセスは新しい曲を作るのではなく，模倣を作っているのだと主張する。ところが（第5章で示したとおり）作曲家たちは何百年にもわたって，自分たちやあるいは他の人の作品でも意識的・無意識的に引用をしているのである。
　ジム・エイキンの EMI に対する数多くの批判はこの種のものに属する。

私は最初コープの偉業に熱意をもって飛びついたが，すぐに悪寒を催すような，苛立ちを覚えるような不満へと変わった。テープ中にある曲はモーツァルト風であるのが認識され，そこには何の疑問もない。フレーズの特徴ある変化は和声構造がわかるように組み立てられ，音型を変化させ，適当なバスの旋律とカデンツが正しく現れている。問題はそれが質の悪いモーツァルトであることである。ここに優秀な音楽学者がいて（コープのこと），彼は同時にコンピュータのプログラマであり，疑いもなく聡明で真摯な感受性を持った人物である。しかし彼は 10 年もの時間を質の悪いモーツァルトを作ることに費やしているのだ。それがどんなに凝ったものかは知ったことではないが，問題は，とにかくコンピュータプログラムが理論的に質の良いモーツァルトを作ることができるかなのだ。私は No であると主張する。(Aikin 1993, p.25)

この最後の記述は，エイキンがプログラムの出力を実際に聞く前からその態度を決めているような人間であることを強く示唆している。

何人かの批評家は EMI の出力を聞いて，それ以前に聞いたコンピュータ作曲の音楽と比較して，判断基準を再定義する。他の批評家たちは作曲中のプロセスを聞き，解析上のミスを逃さない。多くの他の聴者たちはそもそも音楽の聴き方を知らない。ほとんどの人が音楽を単に音楽そのものとして聞いて，新しい音楽が知られた様式で書かれているのを評価しようとはしない。たぶんこの評価の欠如は，音楽を聴く時点までに音楽に対するアプローチを再定義してしまうことに起因する。このような人たちは，もはや音楽を聴く理由を持たない。彼らの耳と心は既に閉ざされているのである。

『アルゴリズム作曲家』の中で，私はステファン・スモリアーの議論，すなわち EMI は人間の演奏家によって演奏されるからこそ聞かれるのだという発言を引用した（Cope 2000, p.240）。この言により，私は EMI の最初の商業レコーディングを MIDI コントロールのディスクラヴィーアで録音した。演奏家の容喙を避け，プログラムが作曲したものを正確に再現するためである。ジェイソン・ヴァントムはこの機械演奏に批判的で（Cope 2000, p.240），それは人間の表情を欠くと言った。これら 2 つの見方により，EMI はライヴで演奏された時，成功は演奏者のものとなり，機械的に演奏された時には成功はなかった。いずれにせよ，評論家の視点に立てば，プログラムの出力は失敗作だったのである。

ダグラス・ホフスタッターは EMI を不承不承認めた上で次のように言っている。「このプログラムはいかなる生命体も経験していないモデルに基づき，それ自身何の感覚も持たず，ショパンを知ることもなく，音楽の1音すら聞いたことなく，音楽が出現に至る道筋すら持たない。私はこれを人生の格闘と労苦から鋳出される完全なる人間の魂と比較する。(中略) そして感動・動揺・失望・屈従などあなたが思いつく人格形成のための全ての経験とも」(Nuttall 1997, p.5)。このロマンに溢れた音楽観が人間の経験を表現しようとしていることに私は困惑する。私は，何十年にもわたって楽譜の中の音符の黒玉と線を読んできたが，これらの格闘と労苦を見つけることがなかったようだ。

　ホフスタッター同様に，確かに私は，音楽を聴けば同様な，そして時には違った感情を抱く。しかし私は，音楽というものが印刷されたスコアのページの音符の黒玉と線から湧き出てきたものであるというようなあやかしは持ち合わせていない。この感動はわたしのものである。レヴィ＝ストロースは，他の意見の中にあって，私が抱くよりはるか先にこの考えを提示した。いわく，人間はあるゆる意味を物に帰する必要があり，それゆえ，音楽を聴いた時には我々はそこに実在していない意味を付与する (Levi-Strauss, 1971 参照)。このテーマに関して私はジョン・ケージを引用し彼の意見を繰り返さずにはいられない。「ほとんどの人は自分が音楽を聴いている時自分が何かをしているのではなく，何かが彼らに対してしていると思っている。今やこのことは真ではない。我々は音楽を構成 (arrange) しなければならない。我々は芸術を構成しなければならない。我々は全てのことを構成して，自分たちがしていると思っていることは本当にしていることなのだと自覚し，何か別物が自分たちに作用しているのだという考えを否定すべきである」(Nyman 1974, p.21)。

　おもしろいことに，ホフスタッターは自分が2万行のコード (こちらも点と線からなる) によって感動させられることを懸念しているとコメントした。彼が言うには，コンピュータ作曲の音楽と人間作曲の音楽との区別がつかないということは，(1) 音楽はさほど深くないか，(2) 人間はさほど深くないか。あるいは (3) コンピュータプログラムは我々が想像するよりずっと深いということである (Cope 2001a)。これらの兆候のどれもが彼を失望させるものである。ホフスタッターは憂えてこう言う。「作曲家の魂は音楽には関係ないのか？　(私はそうだとは言っていないが) もしそうなら，私は生涯ずっと音楽に騙され続けてきたことになる。私は多大な幻

想に吸い込まれていたことになる。これは悲劇である。私はずっと音楽には感動し続けてきたのだ。私はいつも人間性の絶対的な本質とコンタクトしていると感じてきた」(Holmes 1997, p.23)。このホフスタッターの意見は、感情移入できるロマンチックな考えではあるが、私はそれを信用していない。

　多くの聴者が、EMI の存在の意義を問いながら、同時に距離を置いている。たとえばカール・パットナムはこう述べる。「歴史的に知られた様式で音楽を再構成しようという試みが成功を収めるのは明らかだ。問題は、それに何の意義があるかということだ。ある一曲が多くの音楽理論によって『説明』される。たぶんここで、論点はこの音楽理論家[*]は自分の理論をテストしてきたということである。それも作品に対してではなく、一作曲家に対してでもなく、1つの音楽様式に対してでもない。さらにもっと、同理論を用いて新たな音楽作品を作るところまでやってきた」(Putnam 1997, p.103)。この意見は褒めているようでもあるが、しかし再び音楽本来のあり方を問うことから逸れていった意見である。多くの批評家たちは、EMI の意義は、作曲と様式の理論に対してテストを行う能力にあるというふうに我々を信じ込ませようとしている。マイケル・ケイシーが書いているように、「……なぜコンピュータは、我々人間が既にもっとよくできるようなことまでやろうとするのだろう？　答えは、そうすることにより、人間自身が人間の知性のシステムとしての音楽について、さらに新たな発見をするからである」(Casey 1993, pp.1054-1055)。

　聴者もインタビュアーもそして作曲家も、私の指針、すなわちプログラムを創造し、そのプログラムが歴史的様式で音楽を創造し、音楽を増殖させることについて質問をしてきた。私が思うに、これには多くの良い理由がある。まず、評論家が指摘するように、私のプログラムの解析的で構成的なアプローチは音楽の様式・構成・作曲プロセスを明らかにする。プログラムの最も重要なテクニックの1つであるパターンマッチングは、様式の特徴を発見し、考慮すべきとあらば、シグネチャ・目印・〈引喩〉、その他、私と他の何人もの人が以前より決まり文句のように使ってきたパターンを明らかにする。ある作曲家の作品について長期間これらのパターンを研究していると、話題が横道に逸れた際に発見されたような重要な様式上の展開が明確に現れることがある。

　反対に、私は自分の仕事の最も重要な側面を主張する。それは曲である。自分

---

[*] コープのこと

の仕事にとって，20年余にわたる過去の中で最も辛辣なコメントは，私の学生から発せられた無邪気な一言である。彼は私のEMIを「解析ソフト」と呼んだ。このコメントは解析とプログラミングを中心に置いたもののみならず，音楽作曲とプログラムの産物を完全に無視しているものだった。この言い方は，極端ではあるが，自分の仕事を取り巻く様々な混乱の象徴である。混乱の中になかったのは，私が音楽の本質は何だと問うのを聞いて混乱した人たちである。

アンデルセンのおとぎ話に「ナイチンゲール」と題されたものがある。昔，中国の皇帝と家来がナイチンゲールの歌声に魅了された。しかしある時，機械仕掛けのナイチンゲールが作られ，本物よりきれいに鳴いたので，皇帝の気に入り，本物は森に放たれた。皇帝が死の床につくとナイチンゲールの声を救いに求めたが，機械仕掛けのほうは壊れてしまい，誰も修理することができない。本物のナイチンゲールが呼び出され，その声を聴いて皇帝は元気を取り戻す。

このシンプルな話は，アンデルセンが，技術を虚偽に満ちたよそ者の世界と見ていたように思わせる。しかしこの話の中では，生きているほうの鳥がもし死んだらそれを蘇らせることは不可能だという点や，なぜ誰も壊れた人工鳥を修理する方法を知らなかったのかにも触れられていない。この話が伝えるのは，魅力に思えるテクノロジーは最後には我々を欺くという単純な教訓である。アンデルセンの見方は，結局技術嫌いが用いた比喩であり，ブルース・マズリッシュの次の考えに至る。「我々が選択できるのは，我々が作り出したフランケンシュタインを恐れて拒否するか，『超人の長所』を盲目的に信じて全ての人間の問題を解決するという痛ましい信仰に走るかである」（Mazlish 1993, p.7）。しかしこの選択肢のどちらとも真である必要はないし，実際真ではない。マズリッシュはこう加える。

我々は今や，人間と人間が作り出した機械は連続した概念であり，脳の働きは「考える機械」がどのように動くかで説明できることを知りつつある。ところが，人間のプライドとそれに付随する拒絶やためらいがあるために，人はこの連続性を認めるには至らず，技術に対する不信を育む土壌を形成し，産業化社会は遅れを取る。究極的には（中略）人間が機械の性質を理解し受容することを拒否し，自分たちが作り出した道具や機械と連続したものであると考えることに不信を抱く。
(Mazlish 1993, pp.4-5)

ここでマズリッシュは，我々はコンピュータができること・できないことを感知できるからと言って，コンピュータを非難すべきではないと諭している。そうではなく，我々と我々のコンピュータが手を携えて一緒にできることをより評価すべきであるとする。この見方において，我々はもはや我々の「人間性」を守る必要がなく，コンピュータはシンプルに我々自身の延長だと理解すべきである。カーチス・ローズは次のように述べている。

　作曲プログラムの危険は，それを用いるユーザーが創造性の代理として使えてしまうことである。（中略）もし作曲が単なるパズルかことば遊びであるなら，機械による技術的な巨匠性は，既に人間の努力を片隅に追いやっていただろう。機械は形式化された作曲規則を実行でき，それは人間がその過程を追いかけられないほどはるかに複雑になっている。機械は大した努力もなく何声もの微分音による対位法の網を紡ぎ出し，どの初期音列からでも好きなように複雑な制約に縛られたフーガを生成できる。シーケンサは超人的なスピードと正確さで演奏に音列を急き立てるが，複雑な推理をするような機械作曲も同様であり，人間に畏怖の念を呼び起こす。過剰な複雑さと過剰な正確さはそれら自身のせいで，味気ない退屈な音楽のダイエットになる。アルゴリズミックな作曲技法を使うことができる作曲家の才能は，逆に自分に甘いソフトウェアの天才が行き過ぎるのを抑制するスキルに用いられることもある。(Roads 1996, pp.851–852)

　確かに音楽は「単なるパズルやことば遊び」でも「複雑な推理」でもない。しかしそれは，偉大な音楽はコンピュータプログラムによって生成できないということを意味しない。人間がコンピュータに対して人間自身ができることをプログラムできないということは，思うに，人間がより優れているということを意味しない。むしろ人間は劣っていて，自分の創造的プロセスを理解し繰り返すことができるほど有能ではないのである。ストラヴィンスキーは次のように述べている。

　……人々は，私が音楽の高等数学と呼ぶことになるものから頭を逸らし（中略），音楽を初歩的実利主義の諸要求に従わせることによって，創意のない応用に貶め，通俗化することを目指します (Stravinsky 1970, 笠羽映子訳 2012, p.44)。

もし自分のプログラムが作った作品 —— 様式の模倣を意図した作品 —— が重要な作曲家の失われた音楽として紹介されたなら，私がここで書いたように，あるいは他の様々な場所でも，非難に晒されることもなかっただろう（特にCope 2000, 2001a参照）。これらの経験は我々の多くが，音楽を聴き評価する上では，コンテキストというものが非常に重要な役割を演ずることを確認するものである。

　その一方で，芸術作品というのはそれ自体の価値で判断されるべきものであり，誰によっていつどのように作られたものかは重要ではないと考える人たちがいる。20世紀にはたとえばクレアンス・ブルックスたちは，「ニュー・クリティシズム」と称される人たちの周りに集まったグループの意見として，詩は自己目的的な芸術品であると考えた（Brooks 1947）。手短に言えば，このことばが意味するところは，詩はそれ自身で内部完結的に扱われるべきで，それ自体のために創作され，作った詩人の人生や意図，歴史的な背景には関係ないということである。しかし，聴者が自分の聞く音楽に対して，それを取り巻く背景を無視することは，私には馬鹿げているように思えるし，そんな芸当は誰にもできない。

　音楽の背景は，我々に深い音楽経験をもたらす頼りとなるのだが，残念ながら，その背景は部分的に，もしくは全体が不正確なものかもしれない。例えば，私は1980年代にあるアルゴリズムによる作品を作曲した。リズムをずらして対位法的に対立する2声が，半音階上を短2度で同時に上行下行するものである。この作品を作って1年ほどしてから，私の親友が逝去し，その葬儀で演奏する曲がすぐ欲しかったために，私はこの曲を彼に捧げた。演奏ののち，多くの聴者がこの音楽の悲しさに心打たれ，お悔やみの気持ちを感じ取ったと言う。しかし，これらは作曲時に意図したことではない。作曲家はしばしば音楽以外の言語情報（タイトルや標題など）を与えて聴者を誘導するが，実際のところ音楽作品を作曲した際のインスピレーションや指針はほとんど関係がない。

　コンピュータのプログラムは人間の作曲家が作った音楽のデータベースを用いるが，多くの評論家は，このデータでさえコンテキストを欠いていると言う。もちろんこれは真実ではない。実際は，コンピュータが制作した音楽は，伝統的に作られた曲よりおもしろい背景・由来すなわちコンテキストを持つことがある。私がこの章で述べた音楽に対する様々な評論家の反応でさえ，このようなコンテキストを作るのに寄与する。

　コンピュータ作曲の音楽は，人間作曲の音楽の中に現れた時，コンテキストな

しではそうと認識するのは難しい。たとえば，第3章と第10章で述べたベートーヴェンとそのコンピュータプログラムによるスケッチのテストは，ともに創造性あるオリジナリティを示す。図12.2にあるように順序の意味を守ってスケッチを交互に入れ合わせたあと，どちらがベートーヴェンの手になるもので，どちらがコンピュータプログラムによって作られたものかを確かめようとすると，コンピュータ作のほうを同定するのがいかに困難かが明らかにわかるだろう。しかし，また，以下の点は私の初期の議論から見逃されてしまう。すなわち，創造性そのものがプロセスであって，プロセスの結果ではなく，そのことにより創造性は通常のようには評価できないということだ（第2章参照）。

　確かに私のプログラムによる作品に出会った人全てが，作品に対して否定的な反応をするわけではない。ホフスタッターは，EMI が作ったバッハ様式のインヴェンションをトロントで紹介した時，聴者の1人がバッハのオリジナルよりずっといいと主張したという話をしていた。私はそこまでは言わない。このトロントの聴者と同じく，別のある人はこう言った。「……機械は，人の魂を深く掘り下げ，神とともに空に昇れるような芸術家の仕事をしないと言うのは易しいだろう。(中略) 音楽好きスノッブには悪いニュースだが人間の脳 (灰白質) はモーツァルトの42番*はモーツァルトのように聞こえると主張するはずだ(EMI 作のモーツァルト風の交響曲を『モーツァルトの42番』と名付けたのはボブ・ホルムス [Holmes 1997, p.23] で，私ではない)」(Mancini 1997)。しかしながら，このようなコメントは例外的で，よくあることではない。

　EMI は興味をそそる音楽を創造してきたと私は思う。もしプログラムが人間だったら，それだけでこのことは確証された。もちろん，この音楽が固有の美を持つと評価してもらうためには，聴者に余計なバイアスを取り除いてもらわなければならない。聴者は創造性が人間固有のプロセスであると思い込んでいるかもしれないからである。しかし，私の意見では良い音楽はその存在だけで十分であり，余計な正当化は不要である。

　多くの同僚は，何年にもわたって EMI を商業用のアプリケーションソフトとして発売することを提案してきた。彼らは，私が金銭的にも利益を得る上，誰にとっても様式をまねて作曲する技法を可能にするのだと主張した。第2章で述べたように，ハロルド・コーエンは彼の絵画アルゴリズム Aaron を後日安いスク

---

* モーツァルトの交響曲は41番までである。

図 12.2 ベートーヴェン作曲か，コンピュータ作曲かを検証するための旋律のスケッチ

リーンセーバーとしてリリースした。たぶん EMI はクラシックの Muzak[†] の生成器となり，エレベータに乗るたび，病院の待合室で待つたびに繰り返し聞かされてきた同じ曲のうんざり感をいくらかでも救うことになるだろう。しかし，私には私のこの版のソフトウェアを商業的にリリースしない多くの理由がある。理由のいずれもが危険を孕むし，理由を全部合わせれば，どうしたって商品化は遠慮したくなる。

　商業的なソフトを創るのは簡単ではない。市場にあるほとんどのアプリケーションは，数百人のプログラマが何年にもわたって開発し磨き上げるものである。私の前著の EMI ですら，小さいアプリケーションであるにもかかわらず，この種のソフトウェア開発は困難なものであると思い知った。真剣な商業ソフトウェアを作るには，資本を投資し，プログラムのソースコードをソフトウェア会社に利用可能にしなければならないが，どちらとも興味あるものではなかった。

　データベースの中に含まれる音楽は，量子化誤差を含み，またピッチ・リズム・

チャネル・音量が許容範囲を逸脱していたりする。これらのエラーは，データベース中の音楽に対して変更や修正を要求するが，それと同時にユーザーのほうにも，音楽を知り，プログラムを知り，そして Lisp 言語を知ることを要求する。何年もの経験からすると，私は恒常的にこういうデバッグを行い，問題を解決してきた。上記のような問題が起きないデータベースの作成でさえ，膨大な量のチェックと修正が要求される。というのはごく小さなミスがプログラム制作の過程で増大し，間違った出力のもととなるからである。商業用ソフトウェアのユーザーに音楽やプログラミングの知識を期待することはできないし，これらの問題を他に回避する方法を私は知らない。

　私のプロジェクトが蓄えた小さい成功は，私が思うに，西洋調性音楽だけに集中したことによる。これに対して，商用ソフトウェアの世界では，制作者も消費者もクラシック音楽にはほとんど興味がない。私は EMI をポピュラー音楽のために複製することには，ほとんど興味がない。もし私がその分野に冒険しようと思っても，プログラムがポピュラーのジャンルをうまく複製できないだろう。ポピュラー音楽はほとんどの部分を歌詞，特別な音色，演奏の背景にあるものに頼るが，これらはプログラムがうまくコントロールできないファクターである。私が知る単純な事実として，ポピュラー音楽は演奏者が主であり作曲家が主ではないことからもこの問題を認識できる。

　EMI は 1 つのプログラムではなく，多くの小さなプログラムからなり，それらを私はしばしば個別に走らせる。たとえばデータベースとなる音楽を選択するというのは，作曲全体のプロセスにおいて非常に重要な側面であるが，これは他のプロセスと分離して，長い時間をかけて熟考し，エラーチェックをしなければならない。次に，私はデータベースのほうを作曲とは独立にチェックを繰り返すことになる。パターンマッチングも典型的には作曲以前に別作業として起こる。この過程では，可能な音楽的シグネチャを繰り返し聴いて，プログラムのコントローラが正しく設定されていることを確認する。新しい作曲を受容するかどうかを決めるのはその後で，作曲プロセスとは峻別して分離した作業である。実際のアルゴリズムに基づく作曲作業は全体作業を集積し，作品のデータベースを解析する上で，5 パーセントを占めるにすぎない。複雑な単一プログラムでは，バグの場所や性質を同定するのが大変であり，様々なプロセスに分離することでデバッグが容易になる。しかし，これらの作業はスキルを要し，多く時間がかかる

が，これは特にユーザーが嫌がるものである。ユーザーは，コンピュータ作曲はその作品を聞く時間よりも短い時間でできてしまうくらいに思っていることを私は知っているが，誤解もいいところである。

EMI は進行中の仕事（ホフスタッターが「移動する標的」と呼んだ）であり，固定されたソフトウェアアプリケーションではない。私は常に様々なサブプログラムを手掛け，改善できると信じて環境（システム・ソフトウェア・ハードウェア・MIDI ソフトウェアなど）を常に正している。したがってこれらの補助的プログラムが 6 ヶ月間変更なしということはまれである。商業用アプリケーションを版を重ねてメンテナンスすることは「移動標的」と考えることができるが，私は EMI の商業版に長年の修正を加えることに興味はない。

私の EMI に関する 5 冊の本は，—— 何も重要な秘密を隠すことなく —— このプログラムに対して時間とエネルギーと情熱を持って改善版を作ろうという人のために，青写真を提供している。私は自分の書き方が必要十分なガイダンスになっていると期待する。興味を持った人には私の本でモデルとして配布したコード，特に EMI の基本原理に従う SARA（Simple Analytical Recombinance Algorithm の頭文字。Cope 1996 参照）を使ってみることもお勧めする。他の人がこの仕事の本体の上にさらに屋上屋を重ねることは，私にとっても多いに利益に浴する話であり，プログラムを商用化して小さな経済的利益を得るよりずっとよい。

結局，私が EMI を西洋クラシック音楽の複製に興味ある人のために商用化するとしたら，私はごく少額の利益のために，今まで EMI が作った曲と競争でき，同等かあるいはもっと良い新曲を作成できる可能性を持たせるべく，簡易版に仕立てるだろう。これは矛盾かもしれない。誰かが EMI 原理のいくつか，あるいは全てに基づいて自分のプログラムを作り，(上で述べた) 作品を発表したところで，それは同じではない。EMI，あるいはこの本で紹介したどのプログラムでも，私はその商用版を作ることに反対する議論を尽くし，私はもう自分がこの目的を追求する気はないのだと感じている。

しかし読者の中でこれらの目標に興味がある人のために，私は自分のプログラムのソースコードの多くを CD-ROM（Cope 1996, 2000 参照）および自分の Web サイトで公開している[*]。本書でも，あるいは別の機会にも指摘したとおり，ユーザーがデータベースを正しく作成するのに時間をかけるなら，これらのプログラムは

---

[*] p.iv を参照。

良質の作品を作ることができる。それゆえ，私が EMI の商用版を手がけることに今でも興味を持つ人がいるとは想像できない。

　私が商用化するように繰り返し要求してくる，あるしつこい人物に，私はこう書いた。

　あなたは，私の仕事がソフトウェアに関係すると思っている。私は，自分の仕事は音楽に関わっていると思っている。それは良い音楽のこともあるし，良し悪しの判断が興味深い問いかけとなる音楽のこともある。もしかすると問いかけ自体が重要な音楽かもしれない。ある意味，私はあなたの頑迷さによってむしろ褒められている気になる。あなたは私のソフトウェアを金の卵を産むガチョウのように考え，あなたが金の音楽を創り出したがっている。あなたが私の仕事をソフトウェアに関係すると思う限り，あなたは誤解し続けているのだ。

　おもしろいことに，私がここで言及した重要な質問は「コンピュータは良い音楽を作れるか？」とか「コンピュータの作曲プログラムは，人間の作曲家にとって代われるか？」というタイプのものではない。私が重要だと言及したのは「音楽の様式とは何か？」とか「なぜこの作品は良くて，ある別の作品は悪いと考えられるのか？」あるいは「音楽の評価において背景（作曲家の人生など）はどういう役割を持つのか？」そして「音楽は意味を持つのか？」などである。最初のほうの質問は表層的である。言葉遊びで音楽経験のない，訓練されていない耳の持ち主を欺くことができる。最後のほうの質問は，我々がなぜ音楽を聴くのかという真芯を捉えた質問であり，音楽を他の芸術や他の人生経験と区別するものである。私が先にメールで返事を書いたような人が，これらの質問の差異を理解するまでは，EMI によってできた作品は好奇心の域を出ないであろう。これらの質問の意味の差異を理解する人にとっては，私のプログラムの創造的な点に関する質問は，完全に答えができないにしても，刺激的な本質と連関を持つ。EMI のようなプログラムの未来の生まれ変わりは多く存在すると考えられ，それゆえ音楽を評価する研究の可能性に新しい世界を拓くはずである。私はこのことを前著（特に Cope 1996, 2000 の最後の章）で述べた。

EMI (1980–2003)

1980 年以来，私は EMI の作品の演奏会をおびただしい回数試みた。残念なことに成功例はそう多くない。演奏者はこれらの作品をさほど真剣には考えてくれなかった。私の友人の一人は，コンピュータプログラムによる作品数が膨大であることに注目した。彼は，固有性が人間の美学にとって非常に大事な要素であると感じていた。私のプログラムがほぼ無制限に作品を生み出す泉であることを知ると，それがどんなに美しく他の作品と異なるものであっても，見た目のおもしろみを半減させると言う。多くの人は，自分のプログラムがいつでも再スタートでき，もう一千個の作品を生み出せるものであることを知ると，一作品に対する興味を半減させてしまう。また，音楽作品を聞く経験とは（どんな種類の芸術でも同じであるが）たとえ模倣であってもその作品は作品固有のものだと知ることである。この意味の固有さは，少なくとも人間の作った作品に対しては，作曲家はいつか死ぬという事実においてより高められる。

　これらのことを考えて，私は（2003 年初めころ）EMI によって歴史的な様式の複製を作るのを止めようと決意した。簡単に考えてのことではない。なにしろ EMI を思いつき，コードを書き，開発し，説明を加え，擁護するのに既に 25 年の歳月を費やしていたのだから。これらの努力にもかかわらず，しかしプログラムの作る音楽は，少なくとも大部分は好奇心であるとみなされた。音楽家からの関心もたまにあるとしても，関心の的はプログラムであり音楽ではない。その結果私は数式のほうが，その数式が作り出す音楽よりも重要だと思われているという印象を持った。

　人々はしばしば EMI の音楽を，それらの支持者でさえ，「出力」と呼ぶ。これはコンピュータプログラムの産物であるという意味で全く正しい。しかし読者はもうもちろんお気づきのことと思うが，私は EMI の出力は私の出力だと思っている。私が出力を気に入り，それが自分のものだと思う時には，もう出力とは考えない。私はしばしば「出力」という言い方をし，それがコンピュータプログラムの産物であることを強調するが，私はそれを音楽作品だとみなす。

　私が思うに，多くの人にとって「出力」という語が最初に思い浮かぶ理由の一つは，コンピュータプログラムの生成力に事実上制限がないことによる。コンピュータプログラムの「出力」では，人間が音楽を創った時と同様の固有性を主張できない。私が歴史的様式からの転換を図るのは，こうしてその「出力」が，まれにしか見られない貴重なものであるがゆえであり，もう少し価値を感じて欲

しいと思うからである。

　私は EMI をお蔵入りにすることにした。私はコンピュータプログラムと協力して歴史的様式で作品を作る人生に終わりを告げた。これまでに作曲された作品はインデックスが付けられ，演奏され，録音され，研究され，全作品を完成した作品の総体とした。これらの作品はかくも固有であり，望むらくは，毎日新しい音楽が作られる可能性がある時にも，依然音楽的にもっと価値があると思われて欲しい。このような新しい価値というステータスを得た上で，プログラムの作った音楽が私と親しい友人や同僚以外からも演奏され録音されて欲しい。

　手短に言えば，私は私自身の様式で作曲するように回帰しており，音楽の創造性について調査をしており，歴史的様式で作曲することにもう時間を割いてはいないのである。私はこの決断を後悔しない。結局私は 1991 年以来 5 冊の本をEMI のために完成し，さらに数多くの記事を編集して雑誌に寄稿して，商業的にも意義のあるレコーディングを行ってきた。私は EMI に関する研究を終了するが，私は Apprentice や Alice（Cope 2000 参照）他，開発したプログラムを使ってアルゴリズミックな作曲は続けるつもりである。

　私が歴史的の作曲へ再び魅了されて戻ることのないよう，それを確実にするために，私は EMI のデータベースを全て消去した。これらのデータベースを作るには数百時間かかる。私が一時期喜んで引き受けようとしていたプロジェクトは，私の最初の作品コレクションの全てのコピーを周到に消去した今，2 度と引き受けない。ただし，私はプログラム自体を消していない。

　付録 A は私が EMI によって作曲し発表した，入手可能な作品一覧である。それぞれの項目には作品名・楽器編成・時間が記載されている。これ以上新しい作品が加わることもないし，既存の作品は少なくとも私の手では変更しない。このリストは，私が慎重に取捨選択を検討しなかったら，もっと長くなっていただろう。私のこのリストには，関連する様々な作品（この本の最初に議論し，Cope 1996 で述べた 1992 年の 5000 作品）は含めなかった。なぜなら，これらの作品は特に歴史的様式を示すものでもないし，これらの作品を MIDI 形式から演奏可能（楽譜表示）な作品にするという巨大な仕事にまだ手をつけていなかったからである。

　付録 A にあるリストは簡約版や異なる編曲，あるいは他の版を含まない。たとえばピアノ協奏曲はそれぞれ演奏の機会を増やせるよう 2 台のピアノ版に編曲されている。3 つのグランドオペラは英語版・ドイツ語版・英独混合版などがある。

これらの仕事の全ては Spectrum Press（http://spectrumpress.blogspot.com/）から公開されている。

　私は当初，EMI を使った研究において，ある特定のジャンルの曲をリリースするに際し，元作曲家のオリジナル曲数を上回らないよう決めた。たとえば EMI によるバッハ様式のコラールは 371 曲あり，この数はリーメンシュナイダー（Riemenschneider; 1941）が集めたバッハの作品数と同じである。バッハ風の 48 の前奏曲とフーガも，オリジナルのバッハの『平均律』と同数である。私は新しい作品が，それらがベースにしたオリジナルの曲と張り合うと思うわけではない。私はむしろ膨大な数の同じ様式の新しい曲の中に，オリジナルの曲が埋もれてしまう危険を冒したくないのである。

　2005 年の初期に，私は，コンピュータが作ったバッハ風のコラール 5000 曲を自分の Web サイトに置いて，EMI の作曲能力に興味を持った人がダウンロードして多数の作品に触れられるようにした。これらの作品は，潜在的に成功してはいても，多くの誤りも含んでいた。しかし，これは実験のみであり，私がここで記した以外の意味では出力ではない。従って，私はこれらをリストに含めなかった。

　付録 A のリストにある作品は，EMI のプログラムが実際に出力した氷山の一角にすぎないことに注目すべきである。たとえば『アルゴリズム作曲家』（Cope 2000, p.26）で述べたショパン風の 1000 曲のノクターンは，圧縮された非 MIDI 形式で 10 年以上も放置された。後に自分で MIDI に直して聞いてみて，改めて保存するに値しないことに気づいた。ショパン・オリジナルのノクターンは 19 曲とデータベースが小さいため，ほとんどの出力は似過ぎているからである。大きなデータベースを用いても，10 曲やそこら作ったあとの EMI の作品は，同じような主題と和声進行などを用いて似て聞こえ始める。前に述べたように，EMI の目的は良質の音楽を生成することであって，あまり重要ではない音楽の出力を大量に蓄積することではないし，西洋クラシック音楽の様式の音楽によって世界を埋め尽くすことでもない。また，私の主張は人間の作曲家と張り合うことではなく，目的はより完全に音楽を理解することであり，最終的にはもっと音楽を評価することだと信じている。

　付録 A のリストに載せた作品は十分にメリットを持っている。たとえば 3 つのグランドオペラは完成にするのに時間を要し，膨大な量のテキストを読んで選

択しリブレットのために翻訳し，また音楽はデータベースから集めアリアやレチタティーボに見合うものを選択し，リブレットを音楽に合わせた。3つの交響曲《モーツァルト》，《ベートーヴェン》，《マーラー》）と3台のキーボードのための協奏曲（《バッハ》，《モーツァルト》，《ラフマニノフ》）および『ウェル・プログラムド・クラヴィーア』（バッハ風の48の前奏曲とフーガ）は全てプログラムの出力の質を保証していると私は信じる。私はある作品群については，あるまとまった量を載せた。数百曲のバッハ風のコラールは，一般に十分な音楽的価値があるものだと判断したからである。これらのコラールは，1000曲のコラールの中からベストだと思われるものを選択した。私はモーツァルトの弦楽四重奏曲も，ハイドンのピアノ・ソナタも，アイヴズの宇宙交響曲も完成しなかったのを悔やむ。同様に，何人かの人は私がシューベルトのいわゆる《未完成交響曲》を完成しようとしなかったとからかってきた。残念ながら，これらのプロジェクトは膨大な時間とエネルギーを注ぎ込むことが要求され，私は人生のこの時点において別のことに注ぎ込むべきと考えたのである。

　私は，付録Aのリストの中に，私自身の様式のものを含めた。偉大なクラシックの作曲家たちの名前に並んで私の名前があるのは，厚かましいと思われるかもしれない。しかし，この曲は私の様式と好みを表す私自身のデータベースをモデル化するものだと思い，ここに含めるのが適当だと思った。

　この本のお別れの辞として，付録EにはEMI作ベートーヴェン風交響曲から楽章を1つ掲載する。この緩徐楽章（実際は4楽章で完成している交響曲の第2楽章）はベートーヴェンの《交響曲第3番》の〈葬送行進曲〉（第2楽章：Marcia funebre）と同じように始まり，主題の後にその変奏曲が続き，いくつかのカデンツ風の音型が割り込むものである。しかし2つの楽章が似ているのはここまでである。コンピュータが作曲したほうの曲は直截的な旋律とリズムのプランを持つが，ベートーヴェンの楽章は旋律の絡まりが複雑なタペストリーを作り，ダイナミックで，何か予想を裏切るようなリズム上に展開する。

　このコンピュータが作ったベートーヴェン風の楽章はこれまでこの本で述べてきた多くの様々なプロセスの組み合わせからできたものである。たとえば連想ネットワーク（1990年代の初めよりEMIの中心にある）は音楽が論理的に文法的に流れるように，基本的な〈組み替え〉の枠組みを提供している。ベートーヴェンの音楽へのいくつかの〈引喩〉（すぐ気づくのは最初のテーマがベートーヴェンの〈葬送行進曲〉

の言い換えになっていること）が出てくるが，これらは入力音楽を Sorcerer のプログラムが解析することによって提供されるものである。この楽章の全体構成は，作曲の過程でデータベース中のベートーヴェンの作品の多くを SPEAC が解析した結果による。コンテキストからの〈感化〉は直接的であるよりもむしろ間接的に出てくるため，どの部分がそうだとピンポイントに指すのは難しい。しかし以前の経験から思うに，音楽の質は，少なくともある部分は，このような〈感化〉を与えるプロセスを含めることによって高められる。

　明らかに，この付録Ｅのような楽章は，十分に「学習した」連想ネットワークとよく定義され，よく研磨されたデータベースなしではありえない。そのデータベースは原曲とコンテキストとなる音楽のソースからなる。付録Ｅで示されたベートーヴェンの楽章においては，数ヶ月にわたるデータ収集と開発，さらには何世代にもわたる修正と欠点含みの出力を経て，最後にこの質の音楽が得られるのである。

仮想クリエータ

　奇術師がいろいろ失敗した時，観客の想像を捉える技法がある。このトリックでは，まず奇術師がレモンを一個観客席に投げ，誰かそれをキャッチした人にそれがどんな風に見えるかを問う。次に奇術師は１ドル札を代わりにもらう。彼はその札を手にすると，その記番号をゆっくり大きな声で読み，観客に向かって誰か紙にそれを書き留めてくれるようお願いする。この準備が終わると奇術師はマッチを擦って札に火をつけ，燃やして粉にしてしまう。奇術師は次にレモンを回収し，ナイフで２つに割り，そのレモンの中にさっきの１ドル札が入っているのを取り出し，その番号を，先ほど番号を書きとった観客の１人に見せる。驚かなくてもよいのだが（これは結局奇術なのである），その番号は，先ほど燃やした札のものとぴたりと一致する。

　うまく演じられた時には，この奇術は効果抜群である。明らかに１ドル札はレモンの中に移動したはずはなく，他にどんな説明もうまく付けられない。しかしどんな奇術であっても，奇術は奇術でしかないのだ。この錯覚を起こすためには，奇術師は芸をする前にレモンからしっぽを切り取り，中に空洞を作っておく。次に奇術師は１ドル札の番号を親指の爪にでも書き出しておき，その１ドル札をレモンの中に詰め込んでおき，再びさっき切り取ったしっぽをうまくレモンにくっ

つけておく。彼が1ドル札の番号を観客の前で読み上げる時には，実際は親指の爪に書かれたものを読み上げ，観客を欺くのである。

全ての奇術にタネがあるように，この奇術にも魔法はない。手管・欺き・隠ぺい・観客の思い込みなどがみな奇術師の手品の兵器庫にある。この本で，私は創造性にも何の魔法もないことを証明しようとしてきた。創造性における唯一の魔法は，魔法が含まれていると我々が思っていることである。確かに創造のプロセスは複雑であり，その道筋を辿ろうとするのは大変困難である。しかしそれは魔法ではない。結局のところ，私がここでそのプロセスを正確に複製できたかどうかはともかく，創造性はプログラム可能である。

第1章の後，私はチェスについてあまり語らなかったので，いまここでチェスの話に戻ろう。ジェームズ・イードはコンピュータチェスについて次のようにコメントしている。

> ……チェスは長い間私を魅了してきた。しかし私はいまはそんなに熱心ではない。確かにコンピュータは強いが，問題は彼らは本当にチェスをやっているわけではないということである。彼らは計算をしているだけなのだ。(Eade 1999, p.235)

確かに多くの人は，チェスプレイヤーであろうとなかろうと，この考えには同意する。疑いもなく，上記の引用は一度でもコンピュータによってチェックメイトされた人にとっては，完全に同意してもらえるだろう。しかしイードがチェスをする時，彼自身は何を思っているのだろうか。いかなるレベルにおいても彼は何も計算をしていないというのだろうか。私は，イードがより人間らしいゲームに対するアプローチを区別するために，創造性を用いていると考える。私がこの本でこれまで述べてきた原理に従えば，コンピュータは，イードあるいは人間のチェスチャンピオンが弄することができるあらゆる技法，微妙な機微，創造的な計略を同様に駆使することができる。つまり実際は，機械はチェスをすることができ，音楽を作曲することができ，それも場合によっては人間と同じかそれ以上にうまくできるのである。これは驚くには値しない。驚くべきことは，我々人間がそう信じようとしないことである。また同様に驚くべきことは，このような人たちは，人間がまずチェスのゲームを作り出し，コンピュータを作り出し，これらプログラムを作り出したということをほとんど賞賛していないことである。

この考えを心に抱いて，私の創造性に対する 12 個の原理をまとめてみよう。

1. 創造とは，別々の独立したアイデアを，独特な予想もできない方法で接続することである。
2. 創造性は，排他的に人間のインスピレーションに依存するのではなく，コンピュータのプログラムのような他の要因にも由来するものである。
3. 創造性を，新規性や複造性 * と混同してはならない。
4. 創造性とは，結果がどれほど独創的に見えようと，無から生じるものではない。それはむしろ，他人の作品を合成することである。
5. 創造性は，他者による作品を〈引喩〉して並べることによって生じることもある。
6. 創造性は，恣意的ではない有益な結果を生むために，学習と知識を必要とする。
7. 創造性は，一音一音の動きで判断されるのではなく，全ての構造レベルで生じる。
8. ここでいう創造性とは，コンテキストを取り込み，コンテキストに〈感化〉を与えることで発達する性質のものである。したがってコンテキストなしに孤立した創造性はありえない。
9. コンピュータプログラムが創造的であるというなら，コンピュータ自体が発展・展開する能力を持つ必要があり，プログラムの言いなりに命令を追うだけであってはならないはずである。
10. 音楽の創造性は，作曲家・演奏家・聴者のそれぞれが，音楽の伝統の広い地平に自分の経験を結び付けることによって生ずる。
11. 創造性は様々な機能を 1 つの実体に束ねたものから生じ，全体は個々のパーツを足し算したものより大きくなっていなければならない。
12. 創造性があるかないかは，美に対する価値観，すなわち提示された美を許容するか拒否するかの判断に依存する。

私は連想ネットワークにおける創造性の原理を，ユーザー由来の，あるいは自

---

* comtivity：032 ページ参照。

己由来の誘発的連想によって実現しようと試みてきた。私は，この誘発的連想が，効率的に創造性をモデル化していると信じる。しかし多くの読者は，我々が創造したものには我々人間の消し得ない印が捺されていると主張するだろう。この証拠は単一のイベントや単一のプロセスではなく，我々が制作する過程のどの局面においても，小さくても重要な影響を与えるものである。我々は，我々が作る音楽全てにこの影響を見出す。それが最低レベルの音楽であっても最高レベルの音楽であっても，最も単純な音楽であっても最も複雑な音楽であっても，最も俗悪な音楽であっても最も高尚な音楽であってもである。

しかし，私の作品の秘密は，与えられた影響を模倣しようというよりは，第4章で最初に論じたデータ依存のプロセスを用いて，出力にその影響結果を残そうとしたことである。私は自分のプログラムを，オリジナルの音楽の影響が〈組み替え〉の過程にも息づいているように作った。私は，オリジナルの音楽にある人間の影響に手出しする（歪める）のを頑強に拒んだ。このことは，人によっては思い入れが強過ぎると思われるかもしれないが，全てを人間の作った音楽の解析に依存させようとしたのが私の希望である。ということは，オリジナル曲がどのような美学的価値を持とうと，少なくともある程度まではそれが私のプログラムが作り出す音楽の中に生き残るということである。

おもしろいことに，一般にプログラムがデータ依存のプロセスで作った音楽は，他のプログラム（第8章参照）で作った音楽よりもっとコンテキストの〈感化〉を受けると主張することができる。人間の作曲家が作った音楽のように，人間が作った音楽の〈組み替え〉と解析に基づいてアルゴリズミックに作られた曲は元曲のシグネチャ・目印・様式的な識別子をユーザーのソフトウェアの〈感化〉同様に保持するのである（Cope 1996 参照。特にデータ依存のソフトウェアである場合，ユーザーはデータベース中のどの音楽を用い，どの作品を生き残らせ，どの作品を棄却するかを選択する。これは生成プロセスにおいて決定的に重要となる）。実際のところ，長年にわたって私のデータベースと出力選択は確固とした様式の選好を行い，それは疑いもなく，私の代わりに他の人が選んでいたら違った作品になっていたものである。手短に言えば，データ依存のプログラムが人間性を欠くと主張する人たちは，このような人間の決定的な寄与に気づかないのである。

疑いもなく，創造性は私がこの本のあるゆるページで書いてきたことと，それに基づくプログラムよりはるかに複雑である。しかしそれにもかかわらず，この

本の記述と私のプログラムは創造性の始まりを意味する。連想・〈引喩〉・構造・形式化・コンテキスト，これら全ては（これらの用語をどのように定義しようとも）創造性に寄与する。私はここで述べた努力が，創造性の定義，すなわち「これまで積極的に結びつきを考えられていなかった2つ以上の多面的な物事・アイデア・現象どうしを初めて結びつけること」の理解を高めることに貢献することを期待する。ここで定義したモデルは，人間がどうやって —— あるいは「なぜ」と言っていいほど —— 作曲活動にこれほど多大なエネルギーと希望をつぎ込んでいるのかについて，私の理解を深めてくれるだろう。

　創造性は動的で複雑であるが，しかしそれは解析可能で計算可能であることは明白である。ここで私が述べた創造性のモデルが成功しているのかそうでないのかは，この事実を何一つ変えるものではない。今まで見てきたように，創造はものではなくプロセスである。私はそれゆえ創造性の最も有用なモデルは，連想ネットワークの中に見出せる動的プロセスに似ていると信じる。この本で紹介したコンピュータ制作の音楽は，このモデルの信ぴょう性を証言している。このモデルは，本来モデル化しようとしている音楽をすり換えるのではないかと心配する人がいる。しかし，そんな心配は要らない。創造性は空からは出てこないが，解が必要な問題からは湧き出てくる。どんなコンピュータプログラムであっても，自ら問題を知覚する自覚力はまだ持ち合わせていないし，問題を解く必要の知覚に至ってはさらに不可能である。このようなプログラムができるまで，真の創造性は人間の領域で特有に生き残るだろう。

　今までこの本で述べたことを踏まえた上で，私は今，機械の創造性について3つの公理を提示する。

　　1. コンピュータプログラムは創造性を持つ。
　　2. 音楽の質は，誰が（何が）作ったかとは関係がない。
　　3. 機械に何ができるかの限界は，人間が機械に対してできることの限界である。

　最初の公理に関して言えば，もし創造性の定義が人間に限定されないならばコンピュータのプログラムは創造が可能であることを証明しようとしてきた。2番目の公理で私が言いたかったことは，コンピュータが作った音楽に対して判断したり偏見を持ったりすることによって我々が得るものは，唯一，我々が可能性を

秘めた優れた音楽を経験する機会を自ら放棄することである。3番目の公理はコンピュータの創造性に対して多くの評論家がいかに近視眼的であるかを示した。機械の可能性に関して我々が限界を設けるのは我々自身に間接的に限界を設けているのである。

　この本の中で，これら原理やプログラムが創造性を正しくモデル化されているかは読者の裁量に委ねるしかない。私は，コンピュータが創造できることを証明し，それをみんなに納得させたとまでは思い上がっていない。しかし私は，創造性に関する多くの基礎的な問題を把握し，かつそうすることによって多くの重要な概念とそれなしでは創造性を持ち得ないプロセスを明らかにしたと信じる。

　私がこの本や他の本・論文で述べたことを読み，私のプログラムが創造した音楽を聴いたあとで，もしそれでもこれらのことばや音楽がコンピュータソフトウェアの実験的な「出力」として扱われても，私には痛くもかゆくもない。それはその批判者の理解が不足しているのだ。私はこのように思い，新しい創造的な実体の発展形である新しい音楽を紹介しよう。

　図12.3は音楽作品の例であるが，完全に統合化された連想ネットワークから生まれたものであり，その動作原理はこの本で述べてきたものに従う。この音楽は2台のピアノのための作品で，3つの前奏曲と3つのフーガから構成され，《闇から光》と題され，2004年春に完成したものである。この作品がかくも異様な構造になったのは，最初私がプログラムにうまく指示することができなかったことに起因し，対照的な音楽を優美に推移させることができなくて，やっと人々に受け入れられる程度につなげたものである。こうして6つの楽章は1つの楽想を展開する。全てを前奏曲にする代わりにフーガを用いることにしたのは，初期の実験で連想ネットワークの定式化を組み込み，それらが使えるものであることを示そうという私の気持ちからである。

　楽譜を見ればわかるように，音楽は三和音に基づき疑似的に調性を持つ。オリジナルの素材は部分的に EMI のラフマニノフ風ピアノ協奏曲 (Cope 2003c) から引用した。ラフマニノフは1フレーズずつ私が連想ネットワークに入力した。この創造的作品のデータベース，すなわち連想ネットワークは，主に EMI の音楽からなる。このフーガは，最後のほうまで対位法的である一方で，バロックの頃の標準的なフーガの構成とは多くの点で異なる。しかしこれらのフーガは，極め

て生き生きとエネルギーを保ち，最後の小節に向かって強い駆動力を持って展開する。

　私はこれらの楽章を作曲した統合連想ネットワークが，続く何年かの間も新しい音楽を創り続け，ダイナミックで固有の様式において，時間が進むにつれてよりよい作曲家になっていくことを夢みる。これらの本質的音楽を作り出すことについて，私の指針は，危険を冒してでも私が長年にわたってデザインし実装してきた統合連想ネットワークの原理・プロセスと言語学的に音楽的に対話を続けていくことである。この本はこの新しいプログラムの序論である。

　そして彼女の名前は，Emily Howell である。

図 12.3 《闇から光》より各楽章の冒頭

図 **12.3**　続き

図 12.3 続き

● 付録 A - EMI による作品リスト

コンピュータ作曲によって1981年から2003年の間に生成された，35人の作曲家様式による作品群
（個別に数えると1000曲以上に及ぶ）

作曲家様式	曲名		編成	演奏時間
アルビノーニ	アダージョ	Adagio	弦楽オーケストラ	3'
ヴィヴァルディ	黄道十二宮	Signs of the Zodiac	独奏（複数），弦楽オーケストラ	56'
	ヴァイオリン協奏曲	Concerto for Violin	ヴァイオリン，弦楽オーケストラ	12'
	チェロ協奏曲	Concerto for Cello	チェロ,弦楽オーケストラ	13'
	ヴァイオリンとチェロのための二重協奏曲	Concerto for Violin and Violoncello	ヴァイオリン,チェロ,弦楽オーケストラ	12'
	2つのヴァイオリンのための協奏曲	Concerto for 2 Violins	2つのヴァイオリン,弦楽オーケストラ	11'
ヴェーベルン	ドローム	Drome	ピアノ	1'
ガーシュウィン	前奏曲	Prelude	ピアノ	2'40"
グリーグ	→オムニバス曲集			
コープ	ホライゾンズ	Horizons	オーケストラ	10'
	バキューム・ジェネシス	Vacuum Genesis	ピアノ	4'
	24の前奏曲とフーガ	24 Preludes and Fugues	ピアノ	3h
シェーンベルク	小品	Eine kleine Stücke [sic]	ピアノ	2'
シューベルト	→オムニバス曲集			
シューマン	オペラ《シューマン》	Schumann (opera)	独唱（複数），オーケストラ	3h
	オペラ《シューマン》(短縮版)	Schumann (opera) [short version]	独唱（複数），オーケストラ	2h
シュトラウス, ヨハン	→オムニバス曲集			
シュトラウス, リヒャルト	→オムニバス曲集			
ショパン	マズルカ (56曲)	Mazurkas (56)	ピアノ	3h
	ノクターン	Nocturne	ピアノ	3'
	変奏曲	Variations	ピアノ	10'
ジョプリン	ラグ (2曲)	Rags (2)	ピアノ	7'10"
スカルラッティ	ソナタ	Sonata	ピアノ	2'30"
スクリャービン	詩曲	Poeme	ピアノ	3'
ストラヴィンスキー	→オムニバス曲集			
ドビュッシー	レ・プレリュード	Le Prelude	ピアノ	4'
バーバー	→オムニバス曲集			
バッハ, C.P.E.	フルート・ソナタ	Sonata for Flute and Keyboard	フルート,ピアノ	16'
バッハ, J.S.	ブランデンブルク	Brandenburg	オーケストラ	21'
	カンタータ	Cantata	独唱（複数），合唱，弦楽アンサンブル	25'
	371のコラール	Chorales (371)	混声4部合唱	16h
	チェロ組曲	Cello Suite	チェロ	20'
	ギター（リュート）組曲	Guitar (Lute) Suite	ギター（リュート）	8'
	15のインヴェンション	Inventions (15)	ピアノ	30'
	キーボード協奏曲	Keyboard Concerto	鍵盤楽器,オーケストラ	21'
	ウェル・プログラムド・クラヴィーア	Well-Programmed Clavier	チェンバロ	5h
バルトーク	コスモス	Kosmos	ピアノ	1'
	ブルガリア舞曲	Bulgarian Dance	ピアノ	1'30"
パレストリーナ	ミサ	Mass	合唱	16'
プッチーニ	→オムニバス曲集			

作曲家様式	曲名		編成	演奏時間
ブラームス	間奏曲	Intermezzo	ピアノ	3'
	ラプソディ	Rhapsody	ピアノ	2'40"
プロコフィエフ	ピアノ・ソナタ第10番	Sonata 10	ピアノ	12'
ベートーヴェン	バガテル	Bagatelle	ピアノ	4'
	ピアノ・ソナタ	Sonata	ピアノ	10'
	交響曲第10番	Symphony 10	合唱, オーケストラ	60'
マーラー	アダージョ	Adagio	弦楽オーケストラ	8'
	4つの歌	Four Songs	ソプラノ, アンサンブル	28'
	生と死の歌	Lieder von Leben und Tod	独唱(複数), オーケストラ	25'
	オペラ《マーラー》	Mahler (opera)	独唱(複数), 合唱, オーケストラ	4h
	オペラ《マーラー》(短縮版)	Mahler (opera) [short version]	独唱(複数), 合唱, オーケストラ	2h
	歌の交響曲	A Symphony of Songs	オーケストラ	30'
	管楽器のための組曲	Suite/Winds	管楽8重奏	40'30"
	マーラー・カンティクル	The Mahler Canticles	合唱, 吹奏楽	14'
	3つの歌	Three Songs	テノール, ピアノ	12'
	3つの二重唱	Three Duets	アルト, テノール, 合唱, ピアノ	20'
ムソルグスキー	→オムニバス曲集			
メシアン	時のはじまり	Debut du Temps	合唱, オーケストラ	4'
	永遠	l'éternité	オルガン	4'
	永遠	l'éternité	弦楽オーケストラ	4'
メンデルスゾーン	無言歌	Song without Words	ピアノ	3'
モーツァルト	ピアノ協奏曲	Concerto for Piano	ピアノ, オーケストラ	29'
	バリのモーツァルト	Mozart in Bali	ピアノ, オーケストラ	10'
	オペラ《モーツァルト》	Mozart (opera)	独唱(複数), オーケストラ	3h
	オペラ《モーツァルト》(短縮版)	Mozart (opera) [short version]	独唱(複数), オーケストラ	2h
	ロンド・カプリチオ	Rondo Capriccio	チェロ, オーケストラ	12'
	ピアノ・ソナタ(3曲)	Sonatas (3)	ピアノ	31'
	弦楽四重奏曲	Quartet	弦楽四重奏	19'
	交響曲	Symphony	オーケストラ	27'
ラヴェル	→オムニバス曲集			
ラフマニノフ	ピアノ協奏曲	Concerto for Piano	ピアノ, オーケストラ	38'
	2台のピアノのための組曲	Suite	2台ピアノ	8'
リスト	→オムニバス曲集			
EMI	ワールド・アンセム	World Anthem	ヴァイオリン, ピアノ	2'
	音楽の歴史	L'Histoire du musique	オーケストラ	25'
	48のインヴェンション	48 Inventions	ピアノ	2h
オムニバス	5つの歌(バッハ／プッチーニ／モーツァルト／R.シュトラウス／シューベルト)	Five Songs	声, ピアノ	10'
	献呈(バッハ & バーバー／プロコフィエフ／ストラヴィンスキー)	Dedications	オーケストラ	20'
	5つの歌(一般的なブロードウェイ様式)	Five Songs	声, ピアノ	7'
	リアレンジメンツ(グリーグ／リスト／J.シュトラウス／ベートーヴェン／ラヴェル他)	Rearrangements	2台ピアノ	12'
	みにくいアヒルの子(プロコフィエフ／バッハ／ストラヴィンスキー／ベートーヴェン他)	The Ugly Duckling	朗読, オーケストラ	25'
	2台のピアノのための組曲(バッハ & バーバー／プロコフィエフ／ストラヴィンスキー)	Sute for 2 pianos	2台ピアノ(オムニバス《献呈》からの編曲)	20'

● 付録 B – データベースフォーマット

　データベースに最も必要とされるのは，プログラムのニーズへ期待通りに応えることであり，異なる形式への不必要な変換は求められていない。すなわち，少なくとも本書で解説したアプリケーションでは，分析・パターンマッチング・作曲・MIDI演奏に対して，データは応答すべきである。この目的のために，私のプログラムはイベントと呼ぶものを用いる。イベントは，別々ではあるが関係づけられた5つの要素からなる単一のリストで，各音符の様々な属性を記述する。

　イベントの最初の要素は，開始時間である。リスト中で最も多くの場合に参照される部分なので，これが最初に来る。音符の開始時間は絶えず再計算されねばならない。〈組み替え〉アプローチのまさにその性質が，音楽の再配列と，演奏のために開始時間が再計算された結果を必要とするからである。開始時間は秒間1000分割で計算される。よって開始時間はかなり大きな数になることがある。しかし，1000で割ることで時間の計算がまずまずシンプルになる。

　リストの2番目の要素は音高である。MIDIノート番号60が中央C音に等しいMIDI規格で表している。12を加算したり減算することで様々なオクターヴのC音となり，1を足したり引いたりすることで半音を表す。したがって，60 – 62 – 64 – 65 – 67 – 69 – 71 – 72はハ長調の音階である（介入する数字はその調の半音階となる）。データベースから莫大な量の不必要なデータを取り除くため，イベントは音符（音符の開始と終了）のみを表現し，休符は表現しない。イベントがないと自然にリセットする。

　イベントリストの3番目の要素は持続である。持続は，開始時間と同じく，秒間1000分割で計算される。ひとつのイベントの持続は，開始時間と持続を加算することで個別に表すことができる。したがって，開始時間が6000で終了時間が7000のイベントの持続は1000となる。提案されたグループ分割にイベントがまたがる際に，こうした情報は分析システムにとって重要となり得る。持続情報は，MIDI出力機器の音色選択によっては，相反することがある。たとえば，持

続の短い音色を持続の長い音符で演奏する（等）は，プログラム出力の持続的側面のほとんどを無効にし得る。

　イベントリストの4番目の要素は，チャネル番号（1から6）である。チャネル番号は，演奏で予定されるイベントがどのMIDIチャネルであるかを示す。最終的にチャネルが提供するのは，MIDIインターフェースを通じた，シンセサイザーやサンプラーの音色セクションへのアクセスである。チャネルは，演奏のために選択されるMIDI楽器の様々な役割にアサインされるだろう。データベースに格納されたチャネル番号は，データベースにある音楽のもともとの声部分割を示すことを意図している。

　イベントリストの5番目の要素は強弱である。強弱は0を無音，127をフォルティッシモとし，その間の数は両極に比例している。アフタータッチやトレモロ，フィルターシェイピングなどは，私のソフトウェアではMIDI以降のコントロールとして考えられる。したがって，演奏段階でのシンセサイザー／サンプラーのハード／ソフトウェアに残される。強弱は相対的で，MIDIインターフェースに接続される様々な再生機器のアンプのゲイン操作によって，強調されたり食い違ったりする。

　イベントはオープンエンドだということに注意してほしい。最初の5つの要素に悪影響がないあらゆる必要なパラメータを，イベントリストの最後に加えてもよい。たとえば，イベントの6番目の場所は，作曲中に移調されたイベントを示すアスタリスクで占められるかもしれない。しかしこのアスタリスクは，演奏では役割を担わないだろう。

　イベントは独立して生じるのではなく，より大きなフレーズや作品リストの中で生じる。したがって，作品は時にとても長くなるため，特定のイベントを発見することは困難なことがある。イベントを見つけるための最良の方法は，開始時間を見つけることだ。時間を節約し可読性を高めるために，おおむね時系列に沿ってイベントは並べられる。

● 付録 C - プログラム一覧

　以下のリストは，本書で解説し，著者のWebサイトで入手できる*全てのプログラムの名称である。プログラムの多くは2種類の型をとる。プラットフォーム依存と非依存である。前者の場合は，プログラムは表記されたマッキントッシュ・プラットフォームのみで動作する。後者の場合は，Common Lispのアプリケーションがあるどんなプラットフォームでも動作するはずである。

第2章	Poet
第3章	Markov
	CA
	Cosine
	Sonify
	Network
	Fuzzy
第4章	Chorale
	Improvise
第5章	Sorcerer
第6章	Gradus
	Infer
	Analogy
第7章	SPEAC
第8章	Serendipity
第9章	Associate
第11章	Apprentice

---

*p.iv を参照。

●付録 D – ゲーム・オブ・アークの決まり手一覧

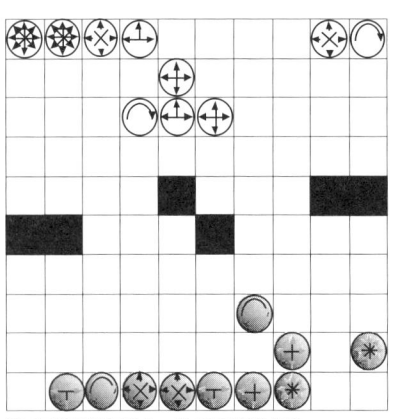

① 白が最初に動き，2手で勝利する。

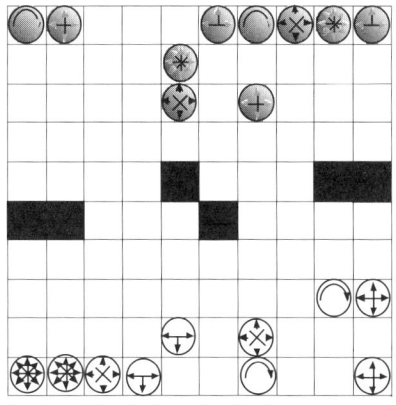

② 黒が最初に動き，2手で勝利する。

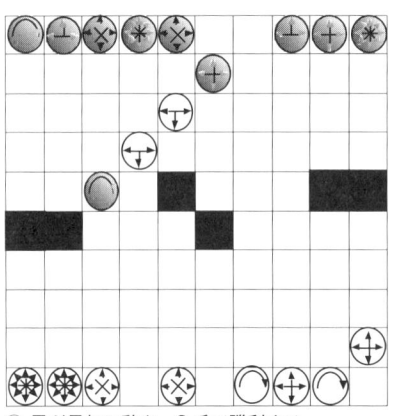

③ 黒が最初に動き，2手で勝利する。

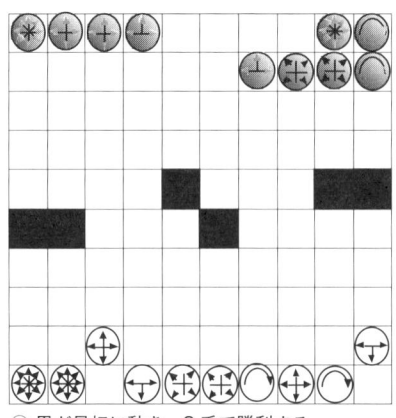

④ 黒が最初に動き，2手で勝利する。

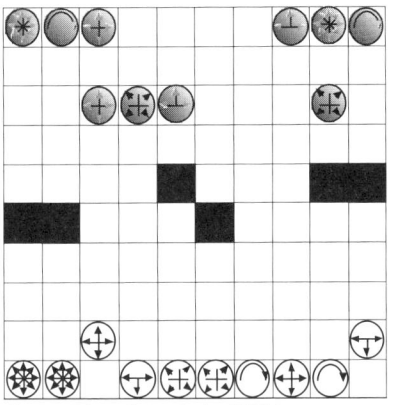

⑤ 黒が最初に動き，2手で勝利する。

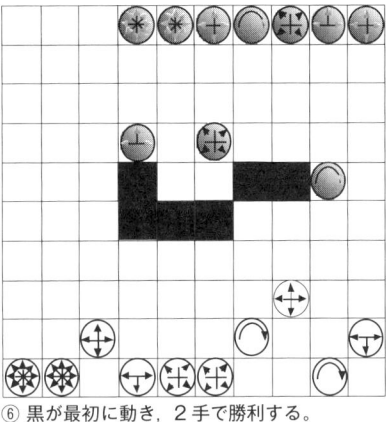

⑥ 黒が最初に動き，2手で勝利する。

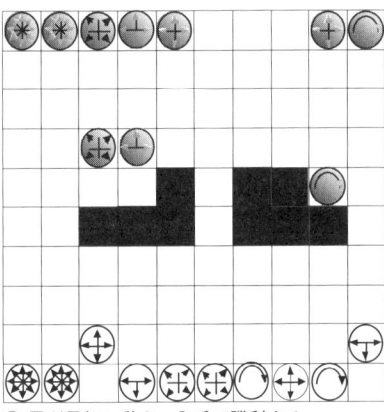

⑦ 黒が最初に動き，2手で勝利する。

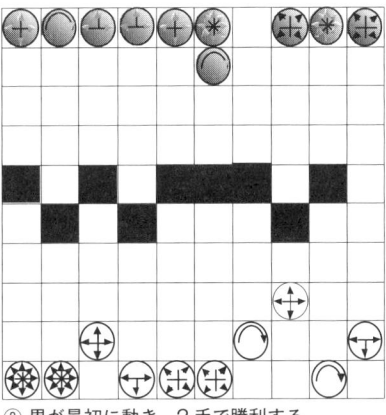

⑧ 黒が最初に動き，2手で勝利する。

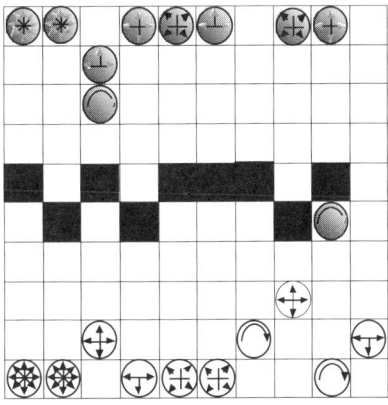

⑨ 黒が最初に動き，2手で勝利する。

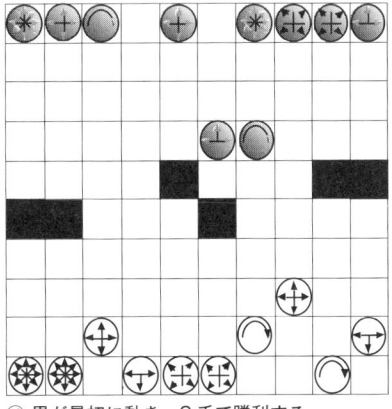

⑩ 黒が最初に動き，3手で勝利する。

● 付録 E － 楽譜 ： ヴァーチャル・ベートーヴェン作曲 《交響曲第 10 番》 第2楽章

153
Ob.
Vn.
Va.
Vc.
Cb.
mf
157
Ob.
Vn.
Va.
Vc.
Cb.
mf
161
Ob.
Cl.
Bn.
Vn.
Va.
Vc.
Cb.
1.
mf

289
Fl.
Ob.
Cl.
Bn.
Hr.
Tp.
Timp.
Vn.
Va.
Vc.
Cb.
subito p
cresc.
p
295
ff
zu 2
tr

参考文献

A　Adelman, George (ed.). 1987. *Encyclopedia of Neuroscience*. Boston: Birkhäuser.

Agawu, V. Kofi. 1991. *Playing with Signs: A Semiotic Interpretation of Classical Music*. Princeton, New Jersey: Princeton University Press.

―. 1996. "Music Analysis versus Musical Hermeneutics" In *American Journal of Semiotics* 13/1: 9-24.

Aikin, James. 1993. "Ghost in the Machine" In *Keyboard* 19/9: 25-28.

Ames, Charles. 1987. "Automated Composition in Retrospect: 1956-1986" In *Leonardo* 20/2: 169-185.

―. 1989. "The Markov Process as a Compositional Model: A Survey and Tutorial" In *Leonardo* 22/2: 175-187.

Anderson, Alan Ross (ed.). 1964. *Minds and Machines*. Englewood Cliffs, New Jersey: Prentice-Hall.

Anderson, John R., and Gordon H. Bower. 1973. *Human Associative Memory*. Washington, DC: V.H.Winston.

―. 1983. *The Architecture of Cognition*. Cambridge, Massachusetts: Harvard University Press.

Assayag, Gerard, and Shlomo Dubnov. 2002. "Universal Prediction Applied to Music Generation with Style" In *Proceedings of the Fourth Diderot Mathematical Forum*, 147-160. Berlin: Springer-Verlag.

B　Baldi, Pierre. 2001. *Bioinformatics: The Machine Learning Approach*. Cambridge, Massachusetts: MIT Press.

Barlow, Harold, and Sam Morgenstern. 1948. *A Dictionary of Musical Themes*. New York: Crown.

Berger, Jonathan. 2001. "Who Cares if It Listens? An Essay on Creativity, Expectations, and Computational Modeling of Listening to Music. In David Cope," In *Virtual Music* 263-281. Cambridge, Massachusetts: MIT Press.

Bernstein, Leonard. 1976. *The Unanswered Question: Six Talks at Harvard*. Cambridge, Massachusetts: Harvard University Press.（レナード・バーンスタイン／和田旦訳〔1978〕『答えのない質問』みすず書房）

Bible（新共同訳〔1987〕『聖書』日本聖書協会）

Binot, Jean-Louis. 1991. "Natural Language Processing and Logic" In *From Natural Language Processing to Logic for Expert Systems: A Logic Based Approach to Artificial Intelligence*, edited by A. Thayse. New York: Wiley.

Birchler, David, Peter Burkholder, and Andreas Giger. 1999. *Musical Borrowing: An Annotated Bibliography*. Accessed May 16, 2019. http://www.chmtl.indiana.edu/borrowing/

Boden, Margaret. 1987. *Artificial Intelligence and Natural Man* Second edition, enlarged. New York: Basic Books.（M・A・ボーデン／野崎昭弘訳〔1986〕『人工知能と人間〔第2巻〕』サイエンス社）〔ただし訳は邦訳初版に基づく〕

―. 1990. *The Creative Mind*. London: Weidenfeld and Nicolson.

―. 2004. *The Creative Mind: Myths and Mechanisms* Second edition. London: Routledge.

Bringsjord, Selmer, and David Ferrucci. 2000. *Artificial Intelligence and Literary Creativity*. Mahwah, New Jersey: Lawrence Erlbaum.

Brooks, Cleanth. 1947. *The Well Wrought Urn: Studies in the Structure of Poetry*. New York: Reynal & Hitchcock.

Bulhak, Andrew. 1990. *Postmodernism Generator*. Accessed May 16, 2019. http://www.elsewhere.org/pomo/

Burkholder, J. Peter. 1994. "The Uses of Existing Music: Musical Borrowing as a Field" In *Notes* 50/March: 851–870.

C Cairns-Smith, Alexander Graham. 1971. *The Life Puzzle*. Toronto: University of Toronto Press.

Cajori, Florian. 1934. *Sir Isaac Newton's Mathematical Principles of Natural Philosophy and His System of the World*. Berkeley: University of California Press.

Carbonell, J. G. 1983. "Derivational Analogy and Its Role in Problem Solving" In *Proceedings AAAI—1983*. Washington, DC: AAAI.

Casey, Michael. 1993. "Computers and Musical Style" In *Notes* 49/3 March: 1053–1055.

Cesa-Bianchi, Nicolò, Masayuki Numao, and Rüdiger Reischuk (eds.). 2002. *Algorithmic Learning Theory: 13th International Conference*. New York: Springer-Verlag.

Charniak, Eugene, and Drew McDermott. 1985. *Introduction to Artificial Intelligence*. Reading, Massachusetts: Addison-Wesley.

Cherkassky, Vladimir S., and Filip Mulier. 1998. *Learning from Data: Concepts, Theory, and Methods*. New York: Wiley.

Clarke, Eric. 1988. "Generative Principles in Music Performance" In *Generative Processes in Music: The Psychology of Performance, Improvisation, and Composition*, edited by John A. Sloboda, 1–26 . Oxford: Claendon Press.

Cohen, Harold. 2004. *Aaron*. Accessed May 16, 2019. http://www.kurzweilcyberart.com/

Cook, Nicholas. 1989. "Beethoven's Unfinished Piano Concerto: A Case of Double Vision?" In *Journal of the American Musicological Society* 42/2: 338–373.

Cooke, Deryck. 1959. *The Language of Music*. New York: Oxford University Press.

Cooper, Barry (ed.). 1988. *Ludwig van Beethoven: Symphony No.10 (First Movement)*. London: Alfred A Kalmus.

——. 1990. *Beethoven and the Creative Process*. Oxford: Clarendon Press.

Cope, David. 1974. *Arena*. New York: Carl Fischer.

——. 1991a. *Computers and Musical Style*. Madison, Wisconsin: A-R Editions.

——. 1991b. "Recombinant Music" In *Computer* 24/7: 22–28.

——. 1992. "Computer Modeling of Musical Intelligence in EMI" In *Computer Music Journal* 16/2: 69–83.

——. 1994. *Bach by Design*. Baton Rouge, Louisiana: Centaur Recordings 2184 (compact disc)

——. 1996. *Experiments in Musical Intelligence*. Madison, Wisconsin: A-R Editions.

——. 1997. *Classical Music Composed by Computer*. Baton Rouge, Louisiana: Centaur Recordings 2329 (compact disc)

——. 2000. *The Algorithmic Composer*. Madison, Wisconsin: A-R Editions.

——. 2001a. *Virtual Music*. Cambridge, Massachusetts: MIT Press.

———. 2001b. *New Directions in Music* Seventh edition. Prospect Heights, Illinois: Waveland Press.

———. 2002. *The Well-Programmed Clavier.* Paris: Spectrum Press.

———. 2003a. *371 Chorales in the Style of J. S. Bach.* Paris: Spectrum Press.

———. 2003b. ""Computer Analysis of Musical Allusions."" In *Computer Music Journal* 27/1: 11-28.

———. 2003c. *Piano Concerto in the Style of Sergei Rachmaninoff.* Paris: Spectrum Press.

———. 2003d. *Virtual Bach.* Baton Rouge, Louisiana: Centaur Recordings 2619 (compact disc)

Crumb, George. 1986. "Interview: Crumb/Shuffett" In *George Crumb: Profile of a Composer* 34-37. New York: C. F. Peters.

Crystal, David. 1987. *The Cambridge Encyclopedia of Language.* Cambridge: Cambridge University Press.

Dacey, John S., and Kathleen H. Lennon. 1998. *Understanding Creativity.* San Francisco: Jossey-Bass.

Damasio, Antonio. 1999. *The Feeling of What Happens: Body and Emotion in the Making of Consciousness.* New York: Harcourt Brace. (アントニオ・R・ダマシオ／田中三彦訳〔2003〕『無意識の脳自己意識の脳：身体と情動と感情の神秘』講談社)

Danlos, Laurence. 1987. *The Linguistic Basis of Text Generation, translated by Dominique Debize and Colin Henderson.* Cambridge: Cambridge University Press.

Dartnall, Terry (ed.). 1994. *Artificial Intelligence and Creativity: An Interdisciplinary Approach.* Boston: Kluwer Academic.

Davis, Morton. 1983. *Game Theory: A Nontechnical Introduction.* New York: Basic Books.

deBono, Edward. 1970. *Lateral Thinking: Creativity Step by Step.* New York: Harper & Row.

———. 1971. *New Think: The Use of Lateral Thinking in the Generation of New Ideas.* New York: Avon.

———. 1984. *The CORT Thinking Skills Program.* New York: Pergamon Press.

Dennett, Daniel. 1995. *Darwin's Dangerous Idea.* New York: Simon and Schuster. (ダニエル・C・デネット／山口泰司監訳／石川幹人・大崎博・久保田俊彦・斎藤孝訳〔2001〕『ダーウィンの危険な思想』青土社)

Dorian, Frederick. 1947. *The Musical Workshop.* New York: Harper and Brothers.

Dougherty, Ray. 1994. *Natural Language Computing: An English Generative Grammar in Prolog.* Hillsdale, New Jersey: Lawrence Erlbaum.

Dreyfus, Hubert. 1979. *What Computers Can't Do: The Limits of Artificial Intelligence* Revised edition. New York: Harper & Row. (ヒューバート・L・ドレイファス／黒崎政男・村若修訳〔1992〕『コンピュータには何ができないか』産業図書)

———. 1992. *What Computers Still Can't Do: A Critique of Artificial Reason.* Cambridge, Massachusetts: MIT Press.

Duckworth, William. 1992. *A Creative Approach to Music Fundamentals* Fourth edition. Belmont, California: Wadsworth.

Eade, James. 1999. *Chess for Dummies.* New York: Hungry Minds.

Edelman, Gerald, and Giulio Tononi. 2000. *A Universe of Consciousness: How Matter Becomes Imagination.* New York: Basic Books.

Ehrenzweig, Anton. 1967. *The Hidden Order of Art: A Study in the Psychology of Artistic Imgination*. Berkeley: University of California Press. (アントン・エーレンツヴァイク／岩井寛・中野久夫・高見堅志郎訳〔1974〕『芸術の隠された秩序：芸術創造の心理学』同文書院）

Elsea, Peter. 2000. Accessed May 16, 2019: http://arts.ucsc.edu/ems/music/research/FuzzyLogicTutor/FuzzyTut.html

Evans, Thomas. 1968. "A Program for the Solution of Geometric-Analogy Intelligence-Test Questions" In *Semantic Information Processing*, edited by Marvin Minsky. Cambridge, Massachusetts: MIT Press.

F Falkenhainer, Brian, Kenneth Forbus, and Dedre Gentner. 1990. "The Structure Mapping Engine" In *Artificial Intelligence* 41/1: 1–63.

Feynman, Richard. 1985. *QED: The Strange Theory of Light and Matter*. Princeton, New Jersey: Princeton University Press. (リチャード・P・ファインマン／釜江常好・大貫昌子訳〔2007〕『光と物質のふしぎな理論：私の量子電磁力学』岩波現代文庫）

Fischer, Eugen. 2000. *Linguistic Creativity: Exercises in "Philosophical Therapy."*. Boston: Kluwer Academic.

Fixx, James. 1978. *Solve It!: A Perplexing Profusion of Puzzles*. Garden City, New York: Doubleday.

Fodor, Jerry. 1983. *The Modularity of Mind: An Essay on Faculty Psychology*. Cambridge, Massachusetts: MIT Press.

French, Scott. 1993. *Just This Once*. Secaucus, New Jersey: Carol Publishing Group.

Freud, Sigmund. 1959. *Creative Writers and Daydreaming*. London: Hogarth Press/Institute of Psychoanalysis.

Fromm, Eric. 1959. "The Creative Attitude" In *Creativity and Its Cultivation, edited by Harold H. Anderson. New York: Harper*.

Fux, Johann Joseph. 1725. *Gradus ad Parnassum. English translation by Alfred Mann as Steps to Parnassus: The Study of Counterpoint*. New York: W. W. Norton, 1943.

G Gabrielsson, Alf. 1999. "Music Performance" In *The Psychology of Music*.

Galewitz, Herb (ed.). 2001. Attributed to Irving Berlin In *Music: A Book of Quotations*. Mineola, New York: Dover Publications.

Galton, Francis. 1879. "Psychometric Experiments" In *Brain* 2: 148–162.

Gardner, Howard. 1983. *Frames of Mind: The Theory of Multiple Intelligences*. New York: Basic Books.

Gazdar, Gerald, and Chris Mellish. 1989. *Natural Language Processing in LISP: An Introduction to Computational Linguistics*. Reading, Massachusetts: Addison-Wesley.

Gelernter, David. 1994. *The Muse in the Machine: Computerizing the Poetry of Human Thought*. New York: Free Press.

Gell-Mann, Murray. 1994. *The Quark and the Jaguar: Adventures in the Simple and the Complex*. New York: W. H. Freeman. (マレイ・ゲルマン／野本陽代訳〔1997〕『クォークとジャガー：たゆみなく進化する複雑系』草思社）

Gevarter, William. 1984. *Artificial Intelligence, Expert Systems, Computer Vision, and Natural Language Processing*. Park Ridge, New Jersey: Noyes.

Gilhooly, Kenneth. 1988. *Thinking: Directed, Undirected, and Creative* Second edition. San Diego: Academic Press.

Gjerdingen, Robert. 1988. *A Classic Turn of Phrase*. Philadelphia: University of Pennsylvania Press.

Gleick, James. 1987. *Chaos: Making a New Science.* New York: Viking. (ジェイムズ・グリック／大貫昌子訳〔1991〕『カオス：新しい科学をつくる』新潮文庫)

Goethe, Johann Wolfgang von. 1798. *Über Laokoon.* （J・W・ゲーテ／高木昌史訳〔2004〕「ラオコーン論」〔『ゲーテ美術論集成』所収〕青土社)

Gollancz, Israel. 1926. *The Sources of Hamlet: With Essays on the Legend.* London: Oxford University Press.

Gordon, W. J. J. 1972. "On Being Explicit about the Creative Process" In *Journal of Creative Behavior* 6: 295–300.

Greene, Brian. 1999. *The Elegant Universe: Superstrings, Hidden Dimensions, and the Quest for the Ultimate Theory.* New York: W. W. Norton. (ブライアン・グリーン／林一・林大訳〔2001〕『エレガントな宇宙：超ひも理論がすべてを解明する』草思社)

Grout, Donald. 1980. *A History of Western Music* Third edition. New York: W. W. Norton.

H Harris, James. 1772. *Three Treatises: The First Concerning Art; the Second Concerning Music, Painting, and Poetry; the Third Concerning Happiness* Third edition. London: Nourse.

Hindemith, Paul. 1937. *The Craft of Musical Composition.* New York: Associated Music Publishers.

Hinton, Geoffrey, and Terrence J. Sejnowski (eds.). 1999. *Unsupervised Learning: Foundations of Neural Computation.* Cambridge, Massachusetts: MIT Press.

Hofstadter, Douglas. 1980. *Gödel, Escher, Bach: An Eternal Golden Braid.* New York: Vintage Books.

——. 1985. *Metamagical Themas: Questing for the Essence of Mind and Pattern.* New York: Basic Books. (D・R・ホフスタッター／竹内郁雄・斉藤康己・片桐恭弘訳〔1990〕『メタマジック・ゲーム：科学と芸術のジグソーパズル』白揚社)

——. 1995. *Fluid Concepts and Creative Analogies: Computer Models of the Fundamental Mechanisms of Thought.* New York: Basic Books.

Holland, John. 1995. *Hidden Order: How Adaptation Builds Complexity.* Reading, Massachusetts: Addison-Wesley.

——. 1998. *Emergence: From Chaos to Order.* Reading, Massachusetts: Addison-Wesley.

Holland, John, Keith Holyoak, Richard Nisbett, and Paul Thagard. 1986. *Induction: Processes of Inference, Learning, and Discovery.* Cambridge, Massachusetts: MIT Press.

Holmes, Robert. 1997. "Requiem for the Soul" In *New Scientist* 155/2094: 22–27.

Holyoak, Keith, and Paul Thagard. 1989. "Analogical Mapping by Constraint Satisfaction" In *Cognitive Science* 13/3: 295–355.

Hörnel, Dominik, and Wolfram Menzel. 1998. "Learning Musical Structure and Style Using Neural Networks" In *Computer Music Journal* 22/4: 44–52.

Huron, David. 1993. "The Humdrum Toolkit: Research Software for Music Scholars" In *Abstracts of Papers Read at the Joint Meeting of the American Musicological Society and the Society for Music Theory.* Madison, Wisconsin: A-R Editions.

J Jacobson, Marcus. 1978. *Developmental Neurobiology* Second edition. New York: Plenum Press.

Jenkins, Harold (ed.). 1982. *The Arden Edition of the Works of William Shakespeare: Hamlet.* London: Thomson Learning.

Johnson, George. 1997. "Undiscovered Bach? No, a Computer Wrote It" In *New York Times* , November 11, pp. B9–B10.

Johnson-Laird, P. N. 1991. "Jazz Improvisation: A Theory at the Computational Level" In *Representing Musical Structure*,   edited by P. Howell, R. West, and I. Cross, 291–325 . London: Academic Press.

Jones, David Evan. 2000. "Composer's Assistant for Atonal Counterpoint" In *Computer Music Journal* 24/4: 33–43.

Jung, Carl. 1966. *The Spirit in Men, Art, and Literature.* New York: Bollingen Foundation.

K Kedar-Cabelli, Smadar. 1988. "Analogy—from a Unified Perspective" In *Analogical Reasoning: Perspectives of Artificial Intelligence, Cognitive Science, and Philosophy,* edited by David Helman, , 65–103 . Boston: Kluwer Academic.

Kellert, Stephen. 1993. *In the Wake of Chaos: Unpredictable Order in Dynamical Systems.* Chicago: University of Chicago Press.

Keppler, Philip. 1956. "Some Comments on Musical Quotation" In *Musical Quarterly* 42/October: 473–485.

Kirkpatrick, Ralph (ed.). 1979. *The Clavier-Bü chlein vor Wilhelm Friedemann Bach.* New York: Da Capo Press.

——. 1984. *Interpreting Bach's Well-Tempered Clavier: A Performer's Discourse of Method.* New Haven, Connecticut: Yale University Press.

Kivy, Peter. 1984. *Sound and Semblance: Reflections on Musical Representation.* Princeton, New Jersey: Princeton University Press.

Kling, R. E. 1971. "A Paradigm for Reasoning by Analogy" In *Artificial Intelligence* 2: 147–178.

Koestler, Arthur. 1964. *The Act of Creation.* London: Hutchinson.

Köhler, Wolfgang. 1929. *Gestalt Psychology.* New York: Liveright.

Kohonen, Teuvo. 1984. *Self-organization and Associative Memory.* Berlin: Springer-Verlag.

Kostka, Stefan, and Dorothy Payne. 1989. *Tonal Harmony, with an Introduction to Twentieth-century Music* Second edition. New York: Alfred A. Knopf.

Kramer, Jonathan. 1988. *The Time of Music: New Meanings, New Temporalities, New Listening Strategies.* New York: Schirmer Books.

Kris, Anton. 1982. *Free Association: Method and Process.* New Haven, Connecticut: Yale University Press.

Kris, Ernst. 1952. *Psychoanalytic Explorations in Art.* New York: International Universities Press.

Juszkiewicz, Antoni, Oskar Kolberg, Izydor Kopernicki, Zygmunt Noskowski, Jan Niecisław Baudouin de Courtenay (ed.) 1900. *Melodje ludowe litewskie, Cz. 1. (Lithuanian folksongs, Vol. 1)* Kraków: Wydawnictwo Akademji Umiejętności.

L LaRue, Jan. 1961. "Significant and Coincidental Resemblance Between Classical Themes" In *Journal of the American Musicological Society* 14/Summer: 224–234.

Leake, David, and Roger Schank. 1990. "Creativity and Learning in a Case-Based Explainer" In *Artificial Intelligence* 40/1–3: 353–385.

Lenat, Doug. 1982. "AM: Discovery in Mathematics as Heuristic Search" In *Knowledge-Based Systems in Artificial Intelligence,* edited by Randall Davis and Douglas Lenat, 1–25 . New York: McGraw-Hill.

Lévi-Strauss, Claude. 1971. *Mythologiques I–IV*. Paris: Plon.

Lewin, David. 1983. "An Interesting Global Rule for Species Counterpoint" In *Theory Only* 6/6: 19–44.

Lipschutz, Seymour, and Marc Lipson. 2003. *Discrete Mathematics: Based on Schaum's Outline of Theory and Problems of Discrete Mathematics* Second edition. New York: McGraw-Hill.

M MacKay, Donald. 1969. *Information, Mechanism and Meaning*. Cambridge, Massachusetts: MIT Press.

Mackintosh, Nicholas. 1983. *Conditioning and Associative Learning*. New York: Oxford University Press.

Mancini, Joseph. 1997. "Symphony from Beyond the Grave" In *Santa Barbara News Press*, September 18.

Mandelbrot, Benoit. 2001. "The Fractal Universe" In *The Origins of Creativity*, edited by Karl Pfenninger and Valerie Shubik, 191–212 . London: Oxford University Press.

Mazlish, Bruce. 1993. *The Fourth Discontinuity: The Co-evolution of Humans and Machines*. New Haven, Connecticut: Yale University Press.

McCorduck, Pamela. 1979. *Machines Who Think*. San Francisco: W H. Freeman.

――. 1991. *Aaron's Code: Meta-Art, Artificial Intelligence, and the Work of Harold Cohen*. New York: W. H. Freeman.

Meyer, Leonard. 1989. *Style and Music: Theory, History, and Ideology*. Philadelphia: University of Pennsylvania Press.

――. 2000. *The Spheres of Music: A Gathering of Essays*. Chicago: University of Chicago Press.

Michalski, Ryszard, Jaime Carbonell, and Tom Mitchell (eds.). 1986. *Machine Learning: An Artificial Intelligence Approach* , vol. 2. Los Altos, California: Morgan Kaufmann.

Miclet, Laurent. 1986. *Structural Methods in Pattern Recognition*. Berlin: Springer-Verlag.

Minsky, Marvin. 1963. "Introduction" In *Computers and Thought,* edited by Edward A. Feigenbaum and Julian Feldman, New York: McGraw-Hill.

――. 1986. *The Society of Mind*. New York: Simon and Schuster. (マーヴィン・ミンスキー／安西祐一郎訳(1990)『心の社会』産業図書)

――. 1995. "Steps Toward Artificial Intelligence" In *Computation and Intelligence: Collected Readings,* edited by George F. Luger, 47–90 . Menlo Park, California: AAAI Press.

Miranda, Eduardo Reck. 2001. *Composing Music with Computers*. Oxford: Focal Press.

Mitchell, Tom M. 1997. *Machine Learning*. New York: McGraw-Hill.

Moore, Johanna, and William Swartout. 1991. "A Reactive Approach to Explanation: Taking the User's Feedback into Account" In *Natural Language Generation in Artificial Intelligence and Computational Linguistics,* edited by Cécile Paris, William Swartout, and William Mann, 1–48 . Boston: Kluwer Academic.

Morton, Lawrence. 1979. "Footnotes to Stravinsky Studies: Le Sacre du printemps" In *Tempo* 128: 9–16.

N Nattiez, Jean-Jacques. 1990. *Music and Discourse: Toward a Semiology of Music,* English translation by Carolyn Abbate. , Princeton, NJ: Princeton University Press. French ed., Musicologie générale et sémiologie. Paris: Christian Bourgois, 1987

Newton, Isaac. 1726. *Philosophiae Naturalis Principia Mathematica*. London: Apud Guil and Joh. Innys.

Nuttall, N. 1997. "Composers Give Encores by Computer" In *London Times, August*.

Nyman, Michael. 1974. *Experimental Music: Cage and Beyond*. New York: Schirmer Books.

O O'Hara, Scott. 1994. "A Blackboard Architecture for Case Re-interpretation" In *Proceedings of the Second European Workshop on Case-Based Reasoning*. Chantilly, France: Fondation Royaumont.

O'Hara, Scott, and Bipin Indurkhya. 1994. "Incorporating (Re)Interpretation in Case-Based Reasoning" In *Topics in Case-Based Reasoning: Selected Papers from the First European Workshop on Case-Based Reasoning*, edited by Stefan Weiss, Klaus-Dieter Althoff, and Michael Richter, 246–260. Berlin: Springer-Verlag.

P Petty, Wayne. 1999. "Chopin and the Ghost of Beethoven" In *19th-Century Music* 22/ Summer: 281–299.

Pfenninger, Karl H., and Valerie R. Shubik (eds.). 2001. *The Origins of Creativity*. London: Oxford University Press.

Plantinga, Leon. 1977. *Clementi: His Life and Music*. London: Oxford University Press.

Powers, David, and Christopher Turk. 1989. *Machine Learning of Natural Language*. London: Springer-Verlag.

Pressing, Jeffrey. 1988. "Improvisation: Methods and Models" In *Generative Processes in Music: The Psychology of Performance, Improvisation, and Composition*, edited by John A. Sloboda, 129–178 . Oxford: Clarendon Press.

Putnam, Karl. 1997. "David Cope: Experiments in Musical Intelligence" In *Computer Music Journal* 21/3: 102–103.

R Racter. 1984. *The Policeman's Beard Is Half Constructed: Computer Prose and Poetry*. New York: Warner Books

Reilly, Ronan, and Noel Sharkey (eds.). 1991. *Connectionist Approaches to Natural Language Processing*. Hillsdale, New Jersey: Lawrence Erlbaum.

Restak, Richard. 1988. *The Mind*. New York: Bantam Books.

Rêti, Rudolph. 1962. *The Thematic Process in Music*. New York: Macmillan.

Reynolds, Christopher. 2003. *Motives for Allusion: Context and Content in Nineteenth-century Music*. Cambridge, Massachusetts: Harvard University Press.

Riemenschneider, Albert (ed.). 1941. *371 Harmonized Chorales and 69 Chorale Melodies with Figured Bass by J. S. Bach*. New York: G. Schirmer.

Roads, Curtis. 1996. *The Computer Music Tutorial*. Cambridge, Massachusetts: MIT Press.

Rochberg, George. 1969. "No Center" In *The Composer* 2/1: 86–91.

Rosen, Charles. 1994. *The Frontiers of Meaning*. New York: Hill and Wang.

Ruelle, David. 1991. *Chance and Chaos*. Princeton, New Jersey: Princeton University Press.

S Schaffer, S. 1994. "Making Up Discovery" In *Dimensions of Creativity* 13–52 . Cambridge, Massachusetts: MIT Press.

Shakespeare, William. 1601. *Hamlet* (ウィリアム・シェイクスピア／松岡和子訳〔1996〕『ハムレット：シェイクスピア全集1』ちくま文庫)

Schenker, Heinrich. 1935. *Der freie Satz*. Vienna: Universal Editions (Translated and edited by Ernst Oster as Free Composition. 1979. New York: Longman)

Schoenberg, Arnold. 1984. *Style and Idea: Selected Writings of Arnold Schoenberg,* edited by Leo Stein, translated by Leo Black, Berkeley: University of California Press. First published New York: St. Martins Press, 1975. (A·シェーンベルク／上田昭訳〔1973〕『音楽の様式と思想』三一書房）

Schottstaedt, William. 1989. "Automatic Counterpoint" In *Current Directions in Computer Music Research* 199-214 . Cambridge, Massachusetts: MIT Press.

Schwartz, Elliott, and Barney Childs (eds.). 1967. *Contemporary Composers on Contemporary Music.* New York: Holt, Rinehart and Winston.

Scott, Hugh Arthur. 1927. "Indebtedness in Music" In *Musical Quarterly* 13/4: 497-509.

Searle, John. 1997. *The Mystery of Consciousness.* New York: New York Review of Books.

Selfridge-Field, Eleanor. 2001. "Composition, Combinatorics, and Simulations: A Historical and Philosophical Enquiry" In David Cope, *Virtual Music* 187-219. Cambridge, Massachusetts: MIT Press.

Shelley, Percy. 1821/1966. *A Defense of Poetry. In Selected Poetry and Prose of Shelley,* edited by Herbert Bloom, New York: Signet Classics.

Shepherd, Gordon. 1988. *Neurobiology.* Oxford: Oxford University Press.

Simon, Herbert A. 1995. "Machine as Mind" In *Computation and Intelligence: Collected Readings* 675-691 . Menlo Park, California: AAAI Press.

Simon, Herbert, and Richard K. Sumner. 1968. "Pattern in Music" In *Formal Representation of Human Judgment,* edited by B. Kleinmuntz, New York: Wiley.

Smoliar, Stephen. 1994. "Computers Compose Music, but Do We Listen?" In *Music Theory Online* 0/6.

Sternberg, Robert. 1985. *Beyond IQ: A Triarchic Theory of Human Intelligence.* New York: Cambridge University Press.

Stewart, Ian. 2002. *Does God Play Dice?: The Mathematics of Chaos* Second edition. Malden, Massachusetts: Blackwell. (イアン・スチュアート／須田不二夫・三村和男訳〔1998〕『カオス的世界像：非定形の理論から複雑系の科学へ（増補新版）』白揚社）

Stravinsky, Igor. 1947. *Poetics of Music in the Form of Six Lessons,* translated by Arthur Knodel and Ingolf Dahl, Cambridges: Harvard University Press. (イーゴリ・ストラヴィンスキー／笠羽映子訳〔2012〕『音楽の詩学』未来社）

Stravinsky, Igor, and Robert Craft. 1960. *Memories and Commentaries.* Garden City, New York: Doubleday.

Symbolic Composer. 1997. http://www.xs4all.nl/~psto [inaccessible: May 16, 2019]

T　Tarasti, Eero. 2002. *Signs of Music: A Guide to Musical Semiotics.* Berlin: Mouton de Gruyter.

Thornton, Chris. 2002. "Creativity and Runaway Learning" In *Creativity, Cognition, and Knowledge: An Interaction* 239-249. Westport, Connecticut: Praeger.

Tillich, Paul. 1951. *Systematic Theology.* Chicago: University of Chicago Press.

Todd, Neil. 1993. "Vestibular Feedback in Musical Performance: Response to Somatosensory Feedback in Musical Performance," In *edited by J. Sundberg and V. Verrillo. Musical Perception* 10: 379-382.

Todd, Peter, and Gareth Loy (eds.). 1991. *Music and Connectionism.* Cambridge, Massachusetts: MIT Press.

Treffert, Darold, and Gregory Wallace. 2002. "Islands of Genius" In *Scientific American* 286/6: 76–85.

Treitler, Leo. 1997. "Language and the Interpretation of Music" In *Music and Meaning*, edited by Jenefer Robinson, 23–56. Ithaca, New York: Cornell University Press.

Turing, Alan M. 1950. "Computing Machinery and Intelligence" In *Mind* 59/236 pp. 433–460 Reprinted in Mind and Machines, edited by Alan R. Anderson. Englewood Cliffs, New Jersey: Prentice-Hall.

——. 1992. *Collected Works of AM. Turing,* edited by D. C. Ince, Amsterdam: North-Holland.

Turner, Mark. 1988. "Categories and Analogies" In *Analogical Reasoning: Perspectives of Artificial Intelligence, Cognitive Science, and Philosophy* 3–24 . Boston: Kluwer Academic.

Turner, Scott. 1994. *The Creative Process: A Computer Model of Storytelling and Creativity.* Hillsdale, New Jersey: Lawrence Erlbaum.

V Vidal-Ruiz, Enrique, and Pedro Cruz-Alcá zar. 1997. "A Study of Grammatical Inference Algorithms in Automatic Music Composition and Music Style Recognition" In *Proceedings of the 1997.* Workshop on Grammatical Inference, Automata Induction, and Language Acquisition. Nashville, TNICML.:

W Wallas, Graham. 1926. *The Art of Thought.* New York: Harcourt Brace.

Webster's Collegiate Dictionary. 1991. New York: Random House.

Webster's New World Dictionary. 1984. New York: Warner Books.

Weizenbaum, Joseph. 1976. *Computer Power and Human Reason: From Judgment to Calculation.* San Francisco: W. H. Freeman.

Wermter, Stefan, Ellen Riloff, and Gabriele Scheler (eds.). 1996. *Connectionist, Statistical, and Symbolic Approaches to Learning for Natural Language Processing.* New York: Springer-Verlag.

Wertheimer, Max. 1945. *Productive Thinking.* New York: Harper and Brothers.

Widmer, Gerhard. 1992. "The Importance of Basic Musical Knowledge for Effective Learning" In *Understanding Music with AI: Perspectives on Music Cognition,* edited by Mira Balaban, Kemal Ebciôglu, and Otto Laske, 490–507. Cambridge, Massachusetts: MIT Press.

——. 1993. "Understanding and Learning Musical Expression" In *Proceedings of the 1993 International Computer Music Conference.* San Francisco: International Computer Music Association.

Wilson, Fred, and Bruce Alberston. 2002. *303 Tricky Checkmates.* Second edition. New York: Cardoza.

Winston, Patrick Henry. 1984. *Artificial Intelligence.* Second edition. Reading, Massachusetts: Addison-Wesley. （Ｐ・Ｈ・ウィンストン／長尾真・白石良明訳〔1980〕『人工知能』培風館〔ただし訳は原書初版に基づく〕）

Wolf, Fred Alan. 1981. *Taking the Quantum Leap: The New Physics for Nonscientists.* San Francisco: Harper & Row. （Ｆ・Ａ・ウルフ／中村誠太郎訳〔1990〕『量子の謎をとく：アインシュタインも悩んだ…』講談社ブルーバックス）

Wolfram, Stephen. 2002. *A New Kind of Science.* Champaign, Illinois: Wolfram Media.

人名索引

訳者あとがき

『コンピュータには何ができないか』は米国の哲学者ヒューバート・ドレイファスが最初1972年に世に問い，1979年，1992年と版を重ねた書である。それは機械による人間性の模倣を否定し，道徳性・愛・創造性は機械の限界を超えているとする。機械に解決可能な問題は選択肢が限られた閉世界にのみあり，機械は問題解決の快感を知ることもない。プラトン的還元主義においては，機械だって時間と十分な小ささの素子があれば人間の全ての所作，芸術作品の創作も可能であるとするのに対し，『何ができないか』で支持されるのは，人生の出来事全てに応じるに十分なほど多種多様な装置が備わることは事実上不可能であるとするデカルトの言である。

ドレイファスの後，状況は大きく変わった。機械学習が人間のヒューリスティックスを表現する手段として隆盛を極めている。全ての仮定とデータを手入力することが前提とされたコンピュータプログラムが，今やブラックボックス化され，ニューラルネットワークがコンピュータにとっての新たな感覚受容器官となっている。

本書の著者コープによっても，ニューラルネットワークではないにしろ，密結合を前提としたネットワークのシステムが構築される。そしてドレイファスによってほとんど語られることのなかった人間の創造性に目が向けられる。すなわち本書は「何ができないか」に置き換わり，コンピュータ内部のネットワーク化というパラダイム・シフトに乗って，「コンピュータに創造性はあるか」を問うエポックメイキングな一冊なのである。

人工知能の可能性を問う議論においては，記号の実世界への接地問題がしばしば述べられる。人工知能否定論者は，視覚・聴覚・皮膚感覚を持たないコンピュータにとって記号は依然記号であり，本質的に実世界の意味に結びつけられることはないとする。その点においてコープは爽快である。「音楽には接地可能な意味など最初からないのだ」。

レヴィ＝ストロースは，人間は音楽に架空の意味づけをしているのだと述べた。コープも，音符のオタマジャクシの羅列にどうして作曲家の人生を感じる必要があろうと同調する。作曲家は作曲時に曲の意図を込めるとは限らない。本書の繰り返しになるが，コープ自身，別の機会に作曲した曲を友人の葬儀時にかけたら，亡き魂に捧げるになんとふさわしい曲だと賞賛されたそうだ。

　それでありながら，一方で自らの態度を危うくする意見も述べている。詩はその作品の内部に書かれてあること自体で評価すべきとする意見に対して，コープはコンテキストを無視して作品を評価するなんてバカげていると反論する。一体，作品の外を見なければいけないのか，見てはいけないのか。かように，コープの論理も時に瑕疵がある。賛否もあろう。

　しかしクセのある主張と文体はおもしろい。自らの方法論で作曲を続け，曲として公平な評価を得たくても，世間は「コンピュータの作品を聞く前から，耳と心を閉ざしている」。こうした鬱屈が生む主張には，その苦しみを経験した著者だけが書ける力がある。

　コープの叙述には文章の論理展開が主観に走ってしまうようなところが垣間見られたり，作成した音楽システムの仕組みや構造に関する記述が時折難解であったりと，訳出は時に困難を極めたが，訳者チームで徹底的に論議し，念入りな訳とともに注を加えた。訳の分担は，前書きから第3章までを平田，第4章と第5章を今井，第6章から第7章を大村，第8章から第12章までを東条で行った。自由七科 —— リベラルアーツ —— から始まった音楽は，科学で語られる／語られ得るものであり，コープの試みはその意味で音楽の出自に根ざした正統な視点からスタートしたものだと言えるだろう。いま人工知能が人口に膾炙される中，創造性・芸術・偏見など，本書から提示される新たな論点も多い。本書を送り出すことで，こうした論点に啓発されて，喧々諤々の議論が起こることを期待する。科学はこれまでそうして発展してきたのだし，それは科学が科学であり続ける限り今後も変わらないのだから。

訳者一同

●著者略歴

デイヴィッド・コープ (David Cope)

作曲家，音楽理論家，情報科学者，作家。カリフォルニア大学サンタクルーズ校名誉教授（音楽理論・作曲），中国・厦門大学名誉教授（コンピュータサイエンス）。1941年サンフランシスコ生まれ。幼少期に始めたピアノで幅広く演奏活動を行い，チェロもたしなむ。アリゾナ州立大学および南カリフォルニア大学で作曲の学位を取得。作曲をジョージ・パール，ホールジー・スティーヴンス，インゴルフ・ダール，グラント・フレッチャーの各氏に師事。作曲システム Experiments in Musical Intelligence (EMI) を開発した。

出版作品は70作を数え，バーモント交響楽団，ピッツバーグ交響楽団，インディアナポリス交響楽団，カブリロ祝祭管弦楽団，サンタクルーズ交響楽団など多くの演奏団体によって，アメリカ国内外で数千回以上演奏されている。作品には9つの交響曲，6つの弦楽四重奏曲，4つのピアノ・ソナタ，《ピアノと吹奏楽のための変奏曲》，吹奏楽のための《Re-Birth》，《ピアノ協奏曲》，管弦楽のための《境界と視界》などがあり，Folkways，Opus One，Epoc Music などのレーベルからCDが多数発売されている。

●監訳者／訳者略歴

平田圭二 (ひらた・けいじ, Keiji Hirata)

1982年東京大学工学部金属工学科卒業。1987年東京大学大学院工学系研究科情報工学専門課程博士課程修了。工学博士。同年NTT 基礎研究所入所。1990～93年（財）新世代コンピュータ技術開発機構（ICOT）に出向。2011年より 公立はこだて未来大学 教授。1993年情報処理学会音楽情報科学研究会初代主査，2009年第10回 International Society for Music Information Retrieval Conference（ISMIR）プログラム委員長（G. Tzanetakis氏と共同委員長，神戸開催）などを歴任。一貫して音楽理解と生成の計算モデル構築に興味を持ち，現在は，記号論，代数，統計的機械学習などの方法論を駆使してアプローチ中である。自身もバンドにてキーボード担当。
主要編著書：『音楽 数学 言語 - 情報科学が拓く音楽の地平』（東条敏との共著，近代科学社）
『コンピュータ音楽 — 歴史・テクノロジー・アート —』（翻訳，東京電機大学出版局）『bit 別冊コンピュータと音楽の世界 - 基礎からフロンティアまで』（共立出版）。

今井慎太郎 (いまい・しんたろう, Shintaro Imai)

音や物の微細な運動の剪定と矯正による作曲とサウンドアートを手がける。国立音楽大学およびパリのIRCAMにて学ぶ。2002年から2003年まで文化庁派遣芸術家在外研修員としてドイツのZKMにて研究活動を，また2004年にDAADベルリン客員芸術家としてベルリン工科大学を拠点に創作活動を行う。2008年から2011年までバウハウス・デッサウ財団にてバウハウス舞台の音楽監督を務める。2012年にはダルムシュタット夏期現代音楽講習会にて講師を務めた。2015年に作品集『動きの形象』を発表。現在，国立音楽大学准教授。
ブールジュ国際電子音楽コンクールにてレジデンス賞，ムジカ・ノヴァ国際電子音楽コンクール第1位および若い作曲家のための特別賞，EARPLAY作曲家賞，ZKM国際電子音楽コンクール第1位などを受賞。数々の国際的な音楽フェスティバルで作品が上演されているほか，2004年にベルリニシェ・ガレリーにて作品個展を，2011年にベルクハイン（MaerzMusik）にて単独公演を行い，2016年にはSinusTonにレジデンス作曲家として招聘された。www.shintaroimai.com

著者近影

大村英史 （おおむら・ひでふみ, Hidefumi Omura）

2002年東京農工大学工学部機械システム工学科卒業。2009年東京工業大学大学院総合理工学研究科知能システム科学専攻博士課程修了（新田克己研究室）。博士（工学）。東京工業大学研究員，科学技術振興機構ERATO岡ノ谷情動情報プロジェクト研究員，理化学研究所脳科学総合研究センター客員研究員，国立精神・神経医療研究センター精神保健研究所流動研究員，東京工芸大学客員研究員を経て，2015年より東京理科大学理工学部情報科学科助教。

人間の情動に関わる音楽の構造分析や，音楽構造の定量化とその構築に関する研究に従事。また，雰囲気の定量化・応用に関する雰囲気工学の研究に従事。最近は，共同研究者とともに，脳波を利用したインスタレーションやアルゴリズム作曲による作品の制作も手がけている。人工知能学会，知能情報ファジィ，音響学会，情報処理学会，認知科学会の会員。

東条敏 （とうじょう・さとし, Satoshi Tojo）

1981年東京大学工学部計数工学科卒業，1983年東京大学大学院工学系研究科修士課程修了。1995年東京大学大学院工学系研究科博士（工学）。1983-1995年（株）三菱総合研究所，（財）新世代コンピュータ技術開発機構および米国カーネギーメロン大学機械翻訳センターにて，自然言語の状況に依存した意味の形式化と，論理プログラミングを用いた法律の推論システムの開発に従事した。1995年北陸先端科学技術大学院大学情報科学研究科助教授，2000年同教授，2016年組織変更により同大学院大学先端科学技術研究科教授。

自然言語の文法理論・形式意味論に基盤を置き，人工知能における言語・知識・信念の論理に従事する。特に近年は，動的認識論理（モデルの更新を行う様相論理）を用い，エージェント間におけるコミュニケーション・信念共有・信念変更の形式化および計算機実装を行っている。さらに，進化言語学において認知バイアスを導入する研究を遂行した。言語の文法理論を用いては，楽譜の言語学的構造に注目し，生成論的音楽理論に基づいて楽曲の木構造を生成する研究に成果を上げた。人工知能学会および情報処理学会会員。

人工知能が音楽を創る　創造性のコンピュータモデル

2019年7月5日　第1刷発行

著　者 —— デイヴィッド・コープ

監訳者 —— 平田圭二

訳　者 —— 今井慎太郎／大村英史／東条　敏

発行者 —— 堀内久美雄

発行所 —— 株式会社　音楽之友社

　　　　〒162-8716　東京都新宿区神楽坂6-30
　　　　電話　03(3235)2111(代表)
　　　　振替　00170-4-196250
　　　　https://www.ongakunotomo.co.jp/

装丁・デザイン —— 下野ツヨシ(ツヨシ＊グラフィックス)
楽譜浄書 —— 中村匡寿
図版作成 —— 藤井愛子
印刷 —— 藤原印刷(株)
製本 —— (株)ブロケード

Japanese Translation ©2019 by Keiji Hirata, Shintaro Imai, Hidefumi Omura, Satoshi Tojo
Printed in Japan
ISBN978-4-276-21413-2 C1073